当代中国国家治理丛书

国家"211工程"重点建设项目资助
江苏高校优势学科建设工程资助项目
江苏省重点学科政治学一级学科资助项目
马克思主义生态文明理论与江苏生态文明实践协同创新中心资助项目
江苏省"十二五"重点图书出版规划项目

丛书主编 赵晖

王家峰 著

行政权的共和化

南京师范大学出版社
NANJING NORMAL UNIVERSITY PRESS

图书在版编目(CIP)数据

行政权的共和化 / 王家峰著. —南京：南京师范大学出版社，2015.12

(当代中国国家治理丛书)
ISBN 978-7-5651-2344-3

Ⅰ.①行… Ⅱ.①王… Ⅲ.①行政权力－研究 Ⅳ.①D035

中国版本图书馆CIP数据核字(2015)第224381号

书　　名	行政权的共和化
作　　者	王家峰
责任编辑	彭　茜
出版发行	南京师范大学出版社
地　　址	江苏省南京市宁海路122号(邮编：210097)
电　　话	(025)83598919(总编办)　83598412(营销部)　83598297(邮购部)
网　　址	http://www.njnup.com
电子信箱	nspzbb@163.com
照　　排	南京凯建图文制作有限公司
印　　刷	江苏凤凰通达印刷有限公司
开　　本	660毫米×970毫米　1/16
印　　张	20.75
字　　数	329千
版　　次	2015年12月第1版　2015年12月第1次印刷
书　　号	ISBN 978-7-5651-2344-3
定　　价	59.00元
出版人	彭志斌

南京师大版图书若有印装问题请与销售商调换
版权所有　侵犯必究

总　序

新中国建立以来,经济、政治、文化、社会和生态等各方面均发生了巨大的变化。以改革开放为分水岭,新中国的发展分为两个阶段。改革开放以前,中国建立和实行一套计划经济体制以及与之相适应的政治体制、行政体制、文化体制和社会体制。实践证明,计划经济条件下以高度集中的政治体制为单一重心的国家治理方式经过30年的曲折发展,已然不能适应当代中国经济社会发展的需要。

改革开放以来,国家治理呈现出若干显著特征:(1)经济体制改革推动政治体制的适应性改革,政府管理由计划体制的管理逐渐转向市场经济体制的管理。(2)现代化条件下的国家治理方式经历了一个不断深化的过程,改革的重点由精简机构、党政分开到转变职能、政企分开,再到注重效率、责任行政、服务型政府的构建。(3)政府角色和管理方式逐步转型,从过去完全是管制型政府、全能型政府,转变为一个能够注重社会管理、注重服务质量的政府;由过去完全的社会资源的分配者逐步转变为资源的保护者、调控者和公共物品的提供者;行政行为由控制结果、权力主导转向过程管理、规则透明、服务主导。

国家治理方式改革虽然取得了一些实效,但是一些深层次的问题并未得到根本解决。当前的主要问题在于:(1)政府职能转变相对滞后的局面没有得到改变,政府在提供公共服务方面,和公众的需求相比,还存在着明显的差距,主要表现为对公共服务职能重视不够,公共服务投入不足,公共服务体制僵化,质量不高。(2)将国家治理成果完全量化,强调数字化的政绩,忽视社会全面、协调、可持续发展。在经济增长论英雄观念的长期主导下,公共服务理念并未引起一些地方领导的足够重视,招商引资、上项目、征地、筹措资金、经济规划等问题成为政府决策的主要议题,一些亟待解决的重大民生问题被忽视,形式主义、官僚主义、政绩工程等问题未能得到有效的遏制。(3)尚未建立公共服务型财政体制。目前中国的财政体制基本还是"建设财政"和"吃饭财政",其中用于经济建设的费用明显偏高,而用于社会服务的费用偏低。公共支出被过多地投入竞争性和盈利性领域,而涉及公共安全、公共卫生、教育事业、社会保障和基础设施方面的财政投入不足。(4)国家机构改革依然没有跳出"精简—膨胀—再精简—再膨胀"的循环,政府部门设置过多,部门之间职能交叉、权责不清、部门利益化比较突出等。

解决当前国家发展中存在的深层次问题的根本路径就是,在整个中国特色社会主义民主政治的框架下,依法治国,全面构建现代化的国家治理体系与提升现代化的国家治理能力。推动今日中国国家治理研究须坚持三条基本方法论。

1. 西方治理理论必须与中国本土化相结合

20世纪70年代以后,西方国家因为国家机构的庞杂僵化和效率低下等问题,将治理理论引入了政治学领域,其中突出表现为管理理论的更新。以奥斯本为代表的学者,主张在政府等公共部门广泛采用私营部门成功的管理方法和竞争机制,强调文官对社会公众的响应力和政治敏感性,倡导更加灵活、富有成效的管理。其后以登哈特为代表的一些学者,又提出了新公共服务理论,认为政府的职责是服务而非掌舵,追求公共利益是政府的最终价值。新公共服务理论将公民置于整个治理体系的中心,推崇公共服务精神,重视政府与社区、公民之间的对话沟通与合作共治,试图实现政治与行政、民主与效率在更高层次上的统一。这些理论不仅有力推动了西方国家公共行政的转型,也为推动当下中国公共行政转型提供了有力的理论支撑。

然而,西方国家治理理论,从一般理论设计到学科体系安排,都是以该国的国情与实践为背景和分析基础的,其理论设计和学科体系的安排必须解决两大问题:一是对该国现实的国家治理中的现象与问题进行理论解释,以解除人们认识上的困惑;二是对该国未来的国家治理活动进行理论指导,防止具体的治理实践活动误入歧途。可见,西方的国家治理理论实际上是该国国家治理活动中各种实践活动在理论层面的反映和诉求,其理论设计和学科体系安排与该国国情是紧密契合在一起的。加上不同国家的文化差异,导致国家治理理论中的基本概念的使用都被深深地打上了本国文化习惯的烙印。对于这种与某国国情相适应的公共行政理论,我们不能简单地照搬照抄过来,我们的正确态度只能是把其作为研究分析的素材和思路,结合我国的国情和我国的国家治理实践要求,进行必要的理论和理论体系的再创造。为此,我们要立足中国国情,坚持将西方国家治理理论与中国具体实践相结合,着力将西方先进的治理理论与中国传统文化相结合,科学、合理地批判、借鉴和吸收西方国家治理活动发展中所形成的基本理论,并以此来指导当前中国国家治理现代化的伟大实践,推进西方国家治理理论的中国化,为中国的国家治理现代化目标作出贡献。

2. 抓住政府理念转型建设这一关键议题

政府理念转型是贯穿当下中国国家治理的关键议题,是中国国家治理现代化的基本方向,是现代化国家治理方式的理论路径与现实目标。我国的政府理念属于传统型行政管制理念,政府是公民的管理者,公民处在政府政治权力的统一管制之下,并未将公民及其他社会组织视为对等的主体。同时,还认为政府职能无所不包。管制政府通常是所谓的"全能型政府",政府权力渗透到经济社会生活的方方面面,然而在提供公共产品和公共服务方面却缺乏物质保障。由于传统的管制行政模式缺乏调动公众积极性的有效手段,束缚了经济社会的健康发展,社会财富贫乏,公众的生活只能维持在较低的水平,民生陷入困境。市场化改革以来,由于政府在医疗、教育、就业、住房等问题上把一些本该由政府承担的职能推向市场,而市场的作用也不是万能的,因为市场机制在公共产品和公共服务供给上会失灵,于是种种民生问题凸显出来,教育、医疗、社会保障、住房等成为民众普遍且持续关心的问题,已到了非解决不可的地步。

要解决这些问题,根本的出路在于以全新的国家治理方式,推动实现政府职能的切实转变,并进行相应的机构改革,即从传统的国家管理转变为现代化的国家治理,打造真正的服务型政府。服务型政府就是要为社会服务,为公众服务,这不仅仅是对政府公共服务职能和社会管理职能的强调,也是对社会主义市场经济条件下政府管理本质、政府职能和管理方式的要求,包括政府如何服务于中国经济和社会的可持续发展,如何适应基本公共服务均等化要求,如何有效解决重大的民生问题等。

3. 促进社会治理与政府改革的有效互动

在国家治理现代化中,体制改革和社会治理都要经受考验,一切都要为适应内外的压力和挑战而进行积极的变革。当下中国正在经历一场伟大的现代化社会治理运动,即从农业的、乡村的、封闭的半封闭的传统型社会,向工业的、城镇的、开放的现代型社会转型。当代中国社会治理的实质就是如何完成经济、政治和思想文化等领域全面性的社会变革,由传统农业社会向现代工业社会、传统计划经济体制向社会主义市场经济体制、封闭型社会向开放型社会转变的社会变迁和社会发展,实现"中国式"的现代化。当下中国的社会治理对政府改革提出了紧迫的要求和严峻的挑战:公民对行政知情和参与的权利意识凸显,对于行政机构和行政者公正、关怀、善治与精细化服务的诉求和期待不断上升,而行政领域的信息透明度仍然不高,许多涉及群众切身利益、发展与福祉的问题未能得到足够的重视和解决;当代行政的系统性与交互性不断增强,而现实中"自上而下"的单向式行政模式难以满足新形势与复杂环境下社会治理科学性与精细化的需要;新兴领域不断涌现导致现有的行政监管盲区也不断扩大,而目前的行政资源、技术手段和制度保障严重不足,难以适应社会发展的需要;现实中不断涌现的众多公共问题和社会矛盾日益尖锐突出,亟待更优的行政管理和行政决策来解决和完善。在此背景下,中国宏观的国家治理理念与方式要尽快适应社会治理活动中变化的趋势,加快体制机制的改革,通过自身的改革积极回应社会治理的现实需求,强化政府的社会管理和公共服务,真正把政府自身的重心转移到医疗、教育、社会保障等民生领域中来,使公共行政成为实现社会转型目标的强大动力和重要保障,让中国的社会治理和社会发展从此进入到一个制度文明的新时代。

推动当代中国国家治理现代化是一项长期而艰巨的任务。遵循上述三条基本方法论,真正实现传统国家管理向现代国家治理转型,就必须在行政理念转型、政府形象塑造、政府绩效优化、公共政策创新、政府职能转变等方面下功夫。这几个方面构成了当前中国国家治理的核心课题。

转变治理理念是传统国家管理向现代国家治理变迁的前提。传统国家管理倾向于把效率视为政府行政管理的最终目的,从而常常使自己陷入单纯工具理性的泥淖。由于过分强调对效率和工具理性的追求,公共行政无力反省自身的根本价值,将其变为执行与管理的工具,以致它不但无力担负起捍卫民主政治价值的责任,也无法实现提升公民道德水准的使命。坚守民主、平等、自由、秩序、公共利益为核心的公共精神,推动公共行政以为最广大人民群众的根本利益服务为终极目标,是现代国家治理的价值体现,也是摒弃传统国家管理困境的必由之路。

国家治理中,政府是政策制定与决策的主导与核心。政府形象既是政府活动的产物,又是政府治国理政的前提和资源。如果政府在社会公众心目中的形象比较良好,这种形象就会转化为政府履行职能、提高公共服务能力的积极资源。反之,就可能会妨碍政府履行职能,甚至削弱政府的公信力和执行力。政府良好的形象需要政府的各级部门和政府中的公职人员通过自己的不懈努力来塑造。一个政府全心全意服务于公众,坚持依法行政,勇于担当责任,处处节约廉洁,有较高的执行力,它就具有树立良好形象的基础。因而,必须把各级人民政府的行政权力纳入法治化的轨道,建设法治政府;同时加强对行政权力的监督和制约,建设责任政府。

良好的政府形象要建立在公共服务的优质绩效上。在现代国家治理理念下,需要探索的是科学、合理的政府绩效优化管理,即政府绩效管理必须立足于优化政府公职人员的服务行为和质量,必须优化政府部门行为和服务的质量,必须优化政府整体行为和公共服务质量,制定绩效战略,明确各个层面的绩效目标,来达到优化政府绩效的目的。

公共政策是保证国家治理现代化进程的重要基础条件。公共政策的制定和实施是服务型政府的一项经常性工作。顺应体制转轨的需要,作为治国理政重要手段的公共政策必须创新,而且政府优良的形象和良好的绩效也要依赖于公共政策创新。公共政策创新的任务就是要致力于消解政策冲突、政策风险、政策负排斥、政策执行偏差、政策终结受阻、政策供给滞后等公共行政转型的难题。

政府职能转变是国家治理现代化的关键环节,其成败直接关系到国家治理转型的成败。总体而言,政府职能就是处理公共问题,包括经济调节、市场监管、社会管理和公共服务等,大量非公共性的问题应让位给市场,让位给社会。因此,必须转变政府职能,推进政府治理创新,从根本上理顺政府与市场、政府与社会的关系,强化政府公共服务职能,实施民生战略,提升政府公共服务能力,构建民生型政府。

基于以上考虑,我们不揣浅陋,编写"当代中国国家治理丛书"。本丛书的作者均为南京师范大学公共管理学院的教师。丛书从不同视角对当代中国国家治理进行解读,试图更加深刻地揭示当代中国国家治理的历史背景、动力机制,深入探究当代中国国家治理的价值向度和内在规律。然而囿于学术水平,各种观点必然存在诸多疏漏和不当之处,我们热诚欢迎学界同仁和广大读者的批评指正。

本丛书的出版得到江苏高校优势学科建设工程项目资助;南京师范大学出版社徐蕾女士、张春女士对丛书的出版倾注了大量的支持、关心和帮助;本丛书吸收了学界同仁的研究成果,在此一并表示衷心感谢。

南京师范大学公共管理学院　赵晖

2015年12月12日于随园

目 录

总　序 ………………………………………………………………… 1

绪　论 ………………………………………………………………… 1

第一章　行政权的共和化：社会治理的一项自反性命题 ………… 24
　第一节　行政权共和化释义 …………………………………… 24
　第二节　行政权共和化的历史逻辑 …………………………… 43
　第三节　行政权的共和化设计 ………………………………… 62

第二章　行政权的自主性设计：能动的治理 ……………………… 86
　第一节　寻找社会治理的权能向度 …………………………… 86
　第二节　从效率到混沌：行政权自主性的客观合法性 ……… 103
　第三节　行政权自主性设计的现实议题 ……………………… 120

第三章　行政权的竞争性设计：多元的治理 ……………………… 141
　第一节　自主性的限度之一：官僚生产的政治经济学 ……… 141
　第二节　公共服务机制：一个分析范式 ……………………… 159
　第三节　行政权竞争性设计的实践逻辑 ……………………… 178

第四章　行政权的服务性设计：积极的治理 ……………………… 196
　第一节　自主性的限度之二：行政权的民主化 ……………… 197
　第二节　创造社会价值：行政权的公共权能 ………………… 215
　第三节　行政权服务性设计的实践维度 ……………………… 233

第五章　行政权的参与性设计：合作的治理 …………… 253
　第一节　公民社会与生活世界：治理的社会基础 …………… 254
　第二节　公民共和行政：一个新的治理框架 ………………… 271
　第三节　行政权参与性设计的现实维度 ……………………… 290

结　语 ……………………………………………………………… 312

参考文献 …………………………………………………………… 318

后　记 ……………………………………………………………… 321

绪　　论

自20世纪后半叶以来,面对行政国家的崛起,如何恰当地处置行政权以保护和促进公民的自由与福利,已经成为自反性现代政治重建过程中社会治理变革的核心议题。然而,以新自由主义为主导的政府治理变革运动,在解构日益庞大和僵化的行政国家及其官僚体系的同时,却未能提供更为有效的治理筹划。后工业社会高度复杂的风险景象,不断扩张的公民权利需求,以及全球化进程所导致的相互依赖性的不断增强和深化,日益呼唤着更多的社会治理,并在客观上要求生成积极的、前瞻性的社会治理模式。面对外部环境的深刻变化,当代的社会治理不仅要能够有效地应对各种复杂性和多样性的社会需求,更要能够创造性地、前瞻性地发现和解决问题,并在此过程中建构和管理公共价值。在此现实下,自由主义保护型民主范式所主张的"消极"治理,不仅失去了有效回应社会变迁以及规划公共价值的能力,更无力承担起积极思考和治理社会的功能。

反思现代性阶段的社会治理模式,意味着有必要在不断深化政治民主化进程的前提下,重新调整政府与社会之间的关系,在此基础上建构多中心的社会治理结构,前瞻性地解决社会问题,而并不是简单地走向"无政府的治理"。从实践来看,出于对"新公共管理"运动的反思以及对社会正义和公共利益的不懈追求,以自由主义—管理主义的理念为基础的公共行政及其实践,正在不断地转向重建官僚制的合理性与正当性,并以此为基础寻求社会治理的多元模式以及公民品德支持的新方向。就此而言,超越自由主义与国家主义之间的简单对立,已经成为全球化进程中后工业社会治理模式的基本取向和基本共识。在此趋势下,以取乎中道、法乎均衡的共和主义精神和规则,来改造和设计深陷"管理主义"或"极权主义"窠臼之中的行政权,全面提升社会治理的公共性和有效性,无疑是现代性政治重建过程中社会治理演进的合理路径,也是建构后革命时代民族国家社会治理的核心机制。我将这样一种重大转向称为"行政权共和化"的过程。

从一般性的意义上说,权力是社会治理的"生命线"①,它根源于人性的必然性。面对有限理性和个体私利的人性前提,社会治理的集体行动如果缺少权力或权威这个基础,很难想象会取得成功。② 全球化、风险社会以及公民权利的扩张所导致的对社会治理需求的激增,客观上要求适当扩大权力的运用范围。另一方面,任意而专断的权力毕竟是压制、支配和侵犯的重要渊薮,如果对权力缺少必要的警惕和制约,必将会导致腐败和专制,严重地威胁个人的自由和福利。对权力运用需求的激增和对权力专断运用的恐惧和警惕,实际上构成了现代社会治理的核心难题。自由主义以缩小权力运用范围的方式来防止权力危害的治理方案,在客观上已经无法适应后工业社会和全球化时代的发展现实;而20世纪极权主义的浊流四溢也从另一方面提醒人们需要对权力的全能化倾向时刻保持足够的警惕。因此,社会治理的现实迫使治理的权力筹划需要在自由主义和各种形式的国家主义之间进行超越。从这个角度来看,共和主义的当代复兴,就不是无根之木、无水之源,反而具有了深刻的历史根源和逻辑基础。

相对于自由主义对权力的不安和敌视,以及国家主义对权力的偏好和放任,共和主义对公民自由与强大政府之间相互兼容的理解,使其超越了前两者各守一端的偏执和困境,因而特别适合于现代社会公共治理筹划的现实情境。"民主推崇多数统治,共和偏爱多元治理。"③共和主义对"天下为公"的积极诉求,对各种形式的"权力私有化"保持警惕的防御性设计,使之真正契合于现代社会治理的本质精神和实践需要。一方面,面对以公共物品为元话语的社会治理叙事,以积极的行政权建构公共利益已经成为"权利革命"之后民主政治生活的主题之一;另一方面,随着福利主义下国家与社会关系的深刻变革,以积极的公民参与以及多元共治的

---

① Norton E. Long. Power and Administration [J]. Public Administration Review, 1949, 9(4).

② [英]罗素. 权力论:新社会分析[M]. 吴友三,译. 北京:商务印书馆,1991:8.

③ 张凤阳,等. 政治哲学关键词[M]. 南京:江苏人民出版社,2006:87.

治理框架来解决"公器私用"的权力难题更是不可避免。在此情况下,面对不断崛起的行政国家,超越代议制民主的治理困境,解决公共物品生产的集体行动难题,实现社会制度的正义转型,行政权的共和化可以说已经成为当前社会治理变革的重要选择。更为重要的是,行政国家与共和主义之间在本质上就具有很高的亲和性。相对于因暴露在民主的压力下而显得过于敏感(over-responsive)的立法机关以及因独立于民主过程而显得过于隔绝(over-insulated)的司法机关而言,受到恰当设置的行政机关因其既能够与公民直接接触又能够审慎治理,反而更能符合共和主义公共决策理想的要求。①

对于发展中国家而言,后革命时代的社会经济变迁和政治发展的现实,客观上要求必须以建构内容不断丰富的公民身份为根本立足点,实现从全能型的强权国家向有限的服务型政府的角色功能转换,以此完成现代国家建构的历史任务。② 在此过程中,公民权利和公共利益也构成了后发国家政治发展过程拓展制度正义与治理公共性的逻辑起点和终极目标。在以政党科层法为基础的现代性结构下③,建立在政党科层制基础上的社会治理,同样不能偏离公民的权利诉求以及对公共价值的持久承诺。就此而言,行政权的共和化也是后发社会建构现代国家的重要内容之一。在这个意义上,可以认为,在承诺政治的民主框架中,面对不断激增的社会治理需求,以共和主义的精神和规则,规划与设计行政权以生成前瞻性的、多中心的社会治理模式,可以说是这个时代公共治理的"隐蔽逻辑"。因此,如何超越自由主义与国家主义之间的两极对立,从共和主义的立场出发,重新设计社会治理的实践逻辑,摆脱在各种管理主义和极权主义下塑造的单一中心模式,走向以信任、合作和公共性的再生产为目标的社会治理秩序,业已成为重建晚期现代性社会治理模式的基本取向,构成了政治学和公共行政学知识成长的基本主题之一。

---

① M. A. Seidenfeld. A Civic Republican Justification for the Bureaucratic State [J]. Harvard Law Review,1992,105(7).
② 张静. 国家政权建设与乡村自治单位:问题与回顾[J]. 开放时代,2001(9).
③ 刘小枫. 现代性社会理论绪论[M]. 上海:上海三联书店,1998:131.

一、研究背景与问题意识:反思民族国家的社会治理

如果说解放性政治是现代政治的逻辑起点的话,那么可以认为,自民族国家诞生以来,国家与自由之间的关系实际上构成了现代政治发展的基本框架。① 在这一框架之中,现代政治的基本思考点是,如何在国家之中不断地实现和扩大个人的自由及其权利范围。由于国家既可能是个人自由和福利的保障,也可能是个人自由和福利的最大威胁,因此在现代政治秩序中,实现个人自由的核心问题就是,如何在个人自由和公民权利的基础之上,从规范性和功能性两个层面,恰当地裁定现代国家的合法身份以及国家行动的合理方式与边界。换句话说,现代政治生活的根本主题是,如何"通过深思熟虑和自由选择来建立一个良好的政府"②,以确保公民的自由和福利增长。这无疑也构成了民族国家社会治理的根本问题。

以一种历史的视角观之,革命之后的民族国家社会治理建构的现实轨迹大致遵循着两种基本模式:其一是受政治革命的雅各宾专政传统的支配,民族国家根据核心—边缘模式进行组织和设计;其二是各种"科学管理"理论的盛行,塑造了包括国家在内的大型组织构造,其结果是以正义和效率为名对中央集权化的彻底认可。③ 这两种模式虽然在很多方面有所不同,但其共同的特征却都是取向于中央权威的集权化,并因此形成了单一中心的治理结构这一"隐性的帝国主义",以及由此带来的"掠夺性国家",最终造成了对公民自由的肆意践踏和公民福利的任意剥夺。④ 在此情况下,20世纪末期以来的反思性社会治理变革,将变革的矛头直接指向了在集权主义或管理主义的塑造之下所形成的、嵌入中心—边缘结构的社会治理模式,并试图以复合共和制为基础,重新建构社会治理的多

---

① 王家峰.在权力与权利之间:现代国家建构的历史逻辑[J].天津社会科学,2010(6).
② [美]汉密尔顿,杰伊,麦迪逊.联邦党人文集[M].程逢如,等译.北京:商务印书馆,1980:3.
③ 丹尼尔·艾拉扎.序言[A]//[美]文森特·奥斯特罗姆.复合共和制的政治理论[M].毛寿龙,译.上海:上海三联书店,1999:3.
④ [美]文森特·奥斯特罗姆.隐性帝国主义、掠夺性国家与自主治理[A]//迈克尔·麦金尼斯.多中心治道与发展[C].毛寿龙,译.上海:上海三联书店,2000:209-233.

中心场域。①

另一方面,伴随着行政国家的崛起,从执行权演化而来的行政权在功能和范围上不断扩张,日益成为社会治理领域中的核心力量。对各种形式的"弱治理"和"不可治理性"的担忧,以及客观上福利时代和风险社会所导致的社会治理需求的激增,使得政府不仅没有"空心化",反而变得更加不可取代。现代社会治理的复杂性、多变性、相互依赖性,以及社会风险的不可确定性,对于任何个体公民及小型组织来说,都将是"不可承受之重"。在这种情况下,由于代议制民主和选举制度在社会治理方面的困境,公民的自由和福利日益受制于行政权的规范功能和实际运作。这意味着如何塑造一个"好政府"实际上已经转换为如何设计行政权,也意味着行政权的设计与改造日益成为社会治理多中心变革的关键变量。事实上,如果不能成功地改造政府内部以统一的官僚制为基础的"权力金字塔",又如何能够消解中心—边缘式的治理结构并进而创生多中心的社会治理秩序?"离开权力结构和政体目的解决行政重组问题必然是一种妄想。"②就此而言,在拥有广泛自由裁量权的行政国家这一历史背景之中,面对各种形式的福利国和规制国,如何重新设计行政权的规范功能和运作规则,使之能够与公民的自由和福利相容,实际上已经构成了现代社会公共治理的核心难题。

从理论与实践相结合的角度来看,行政权处在今天社会治理变革的核心地带,大致有如下几个方面的原因。

首先,民族国家的历史发展使得社会治理日益取代政治统治成为当代政治生活的主题。随着解放政治向生活政治的转向、消极自由向积极自由的跃迁、公民权利内涵与外延的不断拓展,以消极保护公民个人权利与自由为取向的保护型民主制度,越来越不能成为公民权利的实现机制,因为其缺乏显示公民对公共物品和服务的需求偏好以及保障公民平等享有公共物品和公共服务的能力,患上了"承诺失衡综合征",并进一步导致民主与信任的危机以及政治合法性的衰减。与此相反,强调公民政治参

---

① 孔繁斌. 社会治理的多中心场域构建:基于共和主义的一项理论解释[J]. 湘潭大学学报(哲学社会科学版),2009(2).

② Norton E. Long. Power and Administration [J]. Public Administration Review,1949,9(4).

与和公民权利能力的参与式民主,正在世界各地显现各种形式的复兴迹象。当代政治生活形式的这些变化,使得以实现社会公共利益最大化为目标的多中心治理,正在日益取代单一中心的统治,成为公民权和公共服务时代主要的社会治理形式。民族国家的角色也日益从一个主权统治者的身份,转换为面向公民权利的公共服务提供者,承担起公共服务和社会治理的重要职能。

其次,在公民权利运动的推动下,公共性的再生产已经成为拯救政治合法性衰落的主要途径。作为政治逻辑演进的结果,合法性这样一个本质上属于统治伦理范畴的价值规范,已经无力承担起引领公民政治时代社会治理的行动准则和价值目标的任务。相反,以公共性补救合法性,反而成为政治重建过程的"价值共识"。"公共性"并不是指称某种特定的领域,而是意味着对公共服务的召唤及有效管理公共组织的一种深厚、持久的信任与承诺。以公共性塑造政府,意味着政府的职能基础在于提供公共服务。在"应享的权利"革命下,"政府在何种程度上拥有了公共性,也就需要在同等程度上提高公共服务的水平和改善公共服务的质量"[①]。从政治发展的角度来看,随着可治理型民主的实践,公共物品和公共服务这些在古典政治思想中"缺席"的政治符号,渐渐占据社会治理的核心并成为"元叙事"话语。在社会治理的层面,离不开公共物品和公共服务的叙事,否则政治共同体就会退化为"弱治理"的政治,不仅社会治理会失去对宪法的承诺,而且还会滋生、蔓延出种种社会问题。

最后,随着反思性政治和民主化进程的不断深化,治权日益取代主权成为自反性政治重建过程中的核心力量。面对政治统治日益走向社会治理,若期望可治理型民主日益取代保护型民主,除了要继续通过选举的方式落实民主价值以外,治理领域的民主化已经成为自反性现代性阶段深化民主的关键进程。代议制民主的治理困境以及政策过程中的利益集团化趋势,"老板政治""公司政治"的大行其道,官僚体制对社会生活系统的渗透和理性控制,充分说明社会治理领域中的民主化进程已经成为实现民主社会的政治抱负和理想目标的决定性力量。在社会治理领域,通过自下而上的参与式民主的复兴,推动民主制度的再民主化,业已成为政治

---

① 张康之.社会治理的历史叙事[M].北京:北京大学出版社,2006:39.

重建过程中的重要共识。

以一种整体性的视角来看,革命之后的民族国家在社会治理过程中所遇到的种种危机,大都与"法国大革命"过程中形成的统治—合法性—主权这一政治建构框架有关。在这一政治建构框架中,无论是雅各宾党人的专政传统还是"管理主义"的科学组织,都不仅没有解决公民自由和福利增长等问题,反而使得民主政治日益陷入重重治理危机之中。政府的治理行动不仅不能解决丛生的社会问题,相反政府行动本身就被视为问题的根源之一。作为这一历史逻辑演进的结果,自 20 世纪后半期以来,无论是右派的"过载论"还是左派的"无效论""压制论",都对政府的治理行动祭起了批判的大旗。[①] 而以美、英、德为首的西方发达国家的政府改革运动为代表的"新的治理"实践,也明确把"少一些统治、多一些治理"作为政府治道变革的新目标,这也使得治理—公共性—治权这一逻辑中轴取代了统治—合法性—主权这个传统逻辑中轴,成为自反性现代性阶段政治重建的新轴线。

在治理—公共性—治权这一新的政治框架中,行政权的核心地位不彰自显。如果说,"新的治理"所拒斥的恰恰就是单一中心的主权逻辑这一"隐蔽的帝国主义"的话,那么,它所追求的无疑是新的多元共生的治权逻辑。在此议题下,本书的问题是:应当如何在民主政治和社会治理的层面将治理的权力合理化?面对公民权利时代公共服务的强烈诉求,如何在集体行动和社会合作的框架之内理解治理权力的分配和运用?又将如何提升行政权力的服务效能?更重要的是,如果真如福柯所说,权力不仅具有禁止或抑制性,而且还具有创造性或生产性,那么在今天行政权已经确立其主导性地位的情况下,应当如何设置行政权才能确保权力生产的公共性?也就是说,"当以前对私人部门和公共部门进行区分的做法受到质疑时,当曾经引导社会国家进行经济干预的主要基点都变得模糊时,我们应该依据什么游戏规则行事呢"[②]?在国家与社会出现融合的情况下,如何确保民主政府"既是受到制约的又是能动进取的——也就是说,既能

---

① [德]克劳斯·奥菲. 福利国家的矛盾[M]. 郭忠华,等译. 长春:吉林人民出版社,2006:3-9.
② [法]让-皮埃尔·戈丹. 何谓治理[M]. 钟震宇,译. 北京:社会科学文献出版社,2010:10.

积极促进社会福利,与此同时,又不陷入仅仅在其组织得最好的公民之间分配利益的专制之中"①?

总之,在当代的政治现实中,随着国家功能日益从作为"领土国家"的安全保障功能和作为"宪政国家"的秩序维持功能,转向作为"民主国家"的权利维护功能和作为"干预国家"的福利创造功能②,行政权已经不可避免地成为社会治理的核心力量,以总统(或总理)及其领导下的行政机构为主体的单一行政部门(unitary executive branch),已经占据了社会治理的支配地位。这不仅被视为自由民主制度的重大威胁,也被视为是对自由市场效率逻辑的重大背离。单一中心的行政权所具有的干预逻辑和过载(overload)逻辑,使得重新塑造行政权成为治理变革的必然选择。新自由主义虽然开启了全球性的政府改革运动,但在全球化所推动的经济支配逻辑下,行政权的重新设计显然不能单纯地选择经济主义或管理主义的市场化方向。在此情况下,以超越新自由主义的共和主义来设计行政权就具备了历史的合理性与正当性。③ 以此认识为基础,本书的主要内容即是在对行政权共和化的逻辑进行充分阐释的基础上,建构行政权共和化的一般框架,并以此对行政权的共和化设计取向展开知识学层面的阐释和分析。

二、治理的共和话语与权力分析:一个文献述评

从文献考察的角度来看,第一次提出共和化命题的是美国著名的政治哲学家也是施特劳斯的大弟子曼斯菲尔德。在曼氏那里,"共和化"的过程意味着一个改造马基雅维利的嗜血式执行官的过程,一个力图将其所具有的反律法主义的能量纳入独特而灵活的宪政框架的过程。简单而言,就是一个"驯化君主"的过程。这种"驯化"的过程,并非是寻求一个软弱而完全听话的执行官,而是寻求一个"讲法治、行宪政"、靠得住、能信任

---

① [美]斯蒂芬·L.埃尔金,等.新宪政论:为美好的社会设计政治制度[M].周叶谦,译.北京:生活·读书·新知三联书店,1997:39.
② A. Hurrelmann, S.Leibfried, K. Martens, et al. Transforming the Golden-Age Nation State [M]. New York: Palgrave Macmillan, 2007: 5-7.
③ Steven Slaughter.Liberty Beyond Neo-Liberalism: A Republican Critique of Liberal Governance in a Globalising Age[M]. New York: Palgrave Macmillan, 2005.

的强大执行官。其目的在于,设计一个既有益于共和国又不会威胁共和国的强大执行官。一方面,现代共和国必须依赖于一个强大的执行官来实施高效的行政管理以及决断非常状态;另一方面,为了保护公民的自由,执行官又必须听命于法律和公共意志。从思想史的角度看,这一"驯化"过程就体现在自马基雅维利以后的一系列共和主义思想家的著作之中,并最终以《联邦党人文集》中所阐述的诸多共和主义原则为基础,在实践中形成了美国联邦这一总统制国家的宪政设计。[1]

应当承认,作为一项伟大的智识传统,共和主义内部的多样性、复杂性及观点上的分歧性是不争的事实。这大约部分源于共和传统本身所具有的混合均衡特征,也可能源于共和主义思想背景的多维性与复杂性。在今天作为"反君主制"而出现的共和主义,在传统意义上却是一种关于"理想国"的政制想象。[2] 然而,如果就共和国在本质上是一项属于人民的事业,并以遵守正义原则和公共利益为基础而组织起来的集合体而言,[3]公共性或公共利益或许应该成为把握共和传统的主要进路。相对于各种"腐败"统治的"家天下""私天下"的政治建构,共和传统所坚持的是"天下为公"的大道追求。正是在此意义上,卢梭才会作出如下断言:"一切合法的政府都是共和制的","因为唯有在这里才是公共利益在统治着,公共事物才是作数的"[4]。

因此,不用多少逻辑推论就能断定,共和传统的治理必须以公共利益的最大化为根本目标。换句话说,有效地服务于公共利益,实现对公共价值的有效管理,应当成为共和国治理始终不渝的目标。为实现此一目标,共和传统大约形成了两种基本的理论进路:一是公民共和主义的路径,二是制度共和主义的路径。[5] 前者的关键取向在于强调公民美德或公共精神以及以此为基础的积极参与,体现为"德治"方案;而后者则取向于一系

---

[1] [美]哈维·C.曼斯菲尔德.驯化君主[M].冯克利,译.南京:译林出版社,2005:6.
[2] 刘训练."共和"考辨[J].政治学研究,2008(1).
[3] [古罗马]西塞罗.论共和国论法律[M].王焕生,译.北京:中国政法大学出版社,1997:39.
[4] [法]卢梭.社会契约论[M].何兆武,译.北京:商务印书馆,1980:51.
[5] [英]戴维·米勒,韦农·波格丹诺.布莱克维尔政治学百科全书[Z].修订版.北京:中国政法大学出版社,2002:700.

列的防御性制度设计,目标在于防止"公器私用",体现为"法治"方案。①从历史角度来看,这两种理论进路的源头均来自于雅典城邦和罗马共和制的典型形态,并分别以亚里士多德和西塞罗所阐发的共和思想为代表。② 前者强调基于公民品德之上的积极参与,优良的城邦是建立在公民的优良品质之上的;③后者强调完善的制度设计,建构一种混合均衡的政体形式以及诸如分权、法治、选举与任期等制度来避免政体的循环往复。

应当注意到,上述两种理论形态或治国方案并非完全是一种排斥性的关系,而更可能是一种互补性的关系。理想的共和主义方案,既要注重完善的制度设计,也要注重公民美德的培养和积极公民的塑造,特别是对于权力的积极诉求而言。然而在现实中,随着市场经济的崛起以及由此而导致的商业文化的蔓延,公民美德在多大程度上能够成为大国善治的基础已经成为问题。休谟在制度设计时所主张的"无赖"假设,典型地反映了现代共和制度的设计已不再依赖于公民品德的塑造,反而将之视为遥不可及的理想而不断地虚化。在这种情况下,制度共和主义的进路在现实中就成为共和主义治国方案的首选,宪政、分权、制衡等成为制度设计的重要构成性内容;而这也决定了制度共和主义在设计共和政制时,不由自主地走向了消极的防御型体制,并融入了自由主义的保护型民主范式之中。

然而,从现实来看,这一共和化的过程并未彻底,它没能将在工业化、城市化过程中为应付不断增加的治理需求而崛起的行政权成功地纳入共和体制之内。其典型的表现是,在宪政体制及民主政治之外,还存在着大量握有准立法权、准司法权的官僚体系(在这个意义上,本书所讨论的行政权就并非指传统意义上的"执行权",而是指行政部门所实际拥有的治理权力)。这个官僚体系不但机构庞大、人员众多、权力范围不断增加,关键之处是,它几乎完全处在宪政控制和民主控制的机制之外。这个半独

---

① 张凤阳. 共和传统的历史叙事[J]. 中国社会科学,2008(4).
② Philip N. Pettit. Reworking Sandel's Republicanism [A]// Anita L. Allen, Milton C. Regan Jr. Debating Democracy's Discontent: Essays on American Politics, Law, and Public Philosophy [C]. Oxford: Oxford University Press, 1998: 48 - 49.
③ [古希腊]亚里士多德. 政治学[M]. 吴寿彭,译. 北京:商务印书馆,1965:121.

立的权力中心已经成为塑造现实政治生活和社会治理的关键力量,甚至在某种程度上能够成为一种决定性的力量。换句话说,如果就共和主义的核心原则是"公共性"这一点而言,传统的制度共和所依赖的混合均衡、任期制、代议、法治、分权、权利保护等制度设计,并没有将具有相当独立地位的行政权或行政部门容纳进去。这就意味着传统的共和制度无法在社会治理的过程中确保公共性原则的落实。因此,在某种程度上可以说,由曼斯菲尔德细加辨析并重新阐释的、以执行权为目标的、旨在"驯化君主"的宪政共和主义设计,并不足以保证治理的公共性,因而才必须在社会治理层面推进共和化的进程。

值得注意的是,尽管从历史的角度来看,行政权(administrative power)是从执行权(executive power)演化而来①,但两者之间存在着非常重要的区别。这种区别的关键之处在于:执行权内含有"王权"或"统治权",负载着政治统治的执行功能,并因而成为统治权力中最有力量的部分;而行政权则是在治理领域当中"异军突起"的一支力量,它的出现主要与当代社会治理问题的增多有关。相对于执行权,行政权所承担的主要任务是社会治理而不是政治统治,这种社会治理的任务在今天主要体现为提供公共物品和公共服务。在这个意义上,在治理领域中出现的行政权,已经不再是一项执行统治任务的权力,而转化为一种落实公共价值的权力。从统治的层面来看,执行权需要受到约束,否则将侵犯公民自由;但从治理的层面来看,行政权却需要积极地行使,"多做多对",否则公共利益得不到充足的保证,无法实现最大化。

因此,如果说在政体构成或政治统治的层面,需要"驯化"的是拥有强大执行权的"君主",那么在治理结构或社会治理的层面,需要"驯化"的就是拥有广泛自由裁量的行政权。它其实意味着在行政国家崛起的今天,仅仅立足于对执行官的"驯化"并不足以保证社会治理的公共性。在积极行政的时代,行政权的自由裁量已经超越了传统模式下的控制范围,从而需要在新的层面将能够自由裁量或自主独断的行政权所具有反律法主义的能量纳入新的共和体制之内。简单来讲,对于共和国的自由与繁荣以及公民的自由与福利而言,"驯化"的过程需要继续深化。根本的原因在

---

① 张康之,张桐. 对"行政"概念的历史考察[J]. 社会科学研究,2010(1).

于,行政权虽在其来源上具有合法性,但这种合法性并不足以保证其使用的公共性,必须通过"行政权的共和化"来"驯化"不断崛起的行政国家,促使社会治理不断地趋向于公共性的目标。

正是在这个意义上,奥斯特罗姆夫妇在社会治理层面重新启动了共和化的命题。他们通过重新阐释《联邦党人文集》中的麦迪逊式的民主思想,主张"以共和制补救共和病",以复合共和制为基本框架来建构基于自治的多中心场域,达到瓦解社会治理单一权威中心所具有的极权暴政潜能的目标,实现联邦党人隐而未发的共和取向。[1] 但是,在奥斯特罗姆夫妇的复合共和制理论那里,其所针对的问题主要还是各种单一中心的中央集权体制,并因此将努力的重点集中在以"公共池塘资源"为主题的自主治理之上,而缺乏对行政权进行合理筹划的整体性视角。更重要的问题在于,在社会治理层面推进共和化的进程,还需要考虑到权力的积极使用问题。奥斯特罗姆夫妇"复合共和制"的另一不足之处在于,没能考虑到权力的积极权能以及由此而导致的重建官僚制的合理性与正当性问题。

如果说有效地服务于公共利益,应当成为共和国的治理始终不渝的目标,那么,共和国的治理实际上既依赖于"促进性"的规则,也依赖于"否定性"的规则。就前者而言,共和国必须要让公共利益得以彰显,让实现公共利益的行为得以大行其道;就后者而言,共和国必须要禁止考虑不关乎公民利益的善、不关乎公认利益的善以及不关乎共同利益的善。[2] 因此,共和化设计的要义在于,它既要做到防微杜渐,防范各种可能出现的权力腐败和滥用,也要给予具有卓越品行、出类拔萃的公民以更大的发挥空间。这也是前瞻性社会治理的重要特征。在这个意义上,防御型的制度设计虽属必要,但不够充分。它必须按照麦迪逊在设计政府时所遵循的那种正反相成的原则:"必须首先使政府能管理被统治者,然后再使政府管理自身。"[3] 也就是说,既要使政府有足够的能力来完成其任务,又必须能够控制政府,防止其利用权力来为非作歹;既通过促进性的规则去建

---

[1] [美]文森特·奥斯特罗姆. 复合共和制的政治理论[M]. 毛寿龙,译. 上海:上海三联书店, 1999:86.
[2] 应奇,刘训练. 公民共和主义[M]. 北京:东方出版社, 2006:125.
[3] [美]汉密尔顿,杰伊,麦迪逊. 联邦党人文集[M]. 程逢如,等译. 北京:商务印书馆, 1980:264.

构政府的能力,又通过否定性的规则去控制其责任。

在这个意义上,行政权的共和化命题就不仅仅要考虑制度共和主义的基础性意义,也要恰当考虑公民共和主义的规范性价值。这实际上也意味着,行政权的共和化设计既不能简单地依循政体构成或政治统治层面的宪政分权体制所具有的"控权逻辑",也不能走向单一的以"公共池塘资源"为基础的公民自主治理。在官僚的科层治理与公民的自主治理之间,实际上还存在着其他未被重视的治理序列,以及相互之间的多样混合。这种治理序列及其混合,既不同于传统宪政体制的"控权逻辑",也不同于公民自主治理的"另起炉灶"。它其实强调的是,批判性继承古典共和在"混合均衡"基础上所形成的"多元共治"传统以及公民品德的诉求,对行政权进行多元取向的混合设计,以形成复合的治理面向,有效地服务于公共利益。

很显然,这种互补性或复合性的设计规则实际上是以对权力的复杂认识为基础的。权力是社会治理的基础,也是社会科学研究中的基础性议题,但却是一个在本质上有争议的概念,从来就缺乏一个获得广泛认同的精确定义。权力概念的这种分歧,部分原因在于概念本身。正如海伍德所言,政治概念总是特别令人费解的东西:"它们含糊不清,常常成为敌对和争论的主题;它们可能还'荷载'着其使用者也不甚了然的价值判断和意识形态的韵味。"[①]对于权力这一概念而言,就更是如此。正如卢克斯所言,权力的概念之所以如此充满分歧,部分的原因在于,当我们试图从理论上论述权力时,其实是在论述世界的运行方式,因而本质上是在表达一种世界观。[②]当然,权力概念的含糊不清与诸多争议,根本的还在于权力本身的难以捉摸。因此,当试图对它"精确地加以定位时,事实却证明它充满了诡谲和风险"[③]。

有关权力的争论大致表现在如下几个方面:

(1) 权力是什么?权力可以被视为一种能力,也可以被视为一种关

[①] [英]安德鲁·海伍德. 政治学核心概念[M]. 吴勇,译. 天津:天津人民出版社,2008:4.
[②] Steven Lukes. Power and Authority [A]// Tom Bottomore, Robert Nisbet. A History of Sociological Analysis [C]. London:Heinemann, 1978:634-678.
[③] [澳]马尔科姆·沃特斯. 现代社会学理论[M]. 第2版. 杨善华,等译. 北京:华夏出版社,2000:230-231.

系。前者如韦伯,后者如达尔。不仅如此,在福柯那里,权力被视为一种在微观层面被大量运用,与纪律相关的一系列技术与策略。另外,权力还可能是一种与货币相似的交往媒介,它承担着将社会整合并使之能够进行交往的任务。①

(2) 权力的作用方式是什么?权力可以通过暴力、威胁和允诺的方式来实现,也可以依赖一种"倾向性动员"或者说是控制议程的方式来实现。以一种"激进的观点"来看,还可以通过塑造当事人的偏好及其对自身利益的"虚假认识"来实现。② 在这个意义上,权力的作用方式可以是显性的,也可以是潜在的。

(3) 权力的来源是什么?权力可以是主观意志的产物,它要产生预期的效果,也可以是社会结构的产物,表现为外在的客观强制。

(4) 权力的形式有哪些?按照不同的标准,权力可以有不同的形式,可以表现为社会权力、经济权力、政治权力及军事权力,③也可以表现为立法权力、执行权力及司法权力。

(5) 权力在社会中是如何进行分配的?在政治社会学的理论中,一直存在着多元主义、精英主义等多种权力的分配模型。

除此之外,作为一种承载着"世界观"的权力话语,不可避免地要与各种价值判断联系在一起。"从 13 世纪起,关于权力的想法就带有善恶二元论的色彩,充满希望或恐惧,但是始终有一定之规:善对恶。在当今世界,这种想法并未完全消失;即使在自称务实与效率的模式下。"④而共和主义互补性或复合性的设计规则正与这种善恶二元论的观点有紧密的联系。一方面,通过否定性的规则和多中心的权力配置,"用野心来对抗野心"⑤,消除权力之恶;另一方面,通过促进性的规则以及公民美德的引

---

① [德]尼可拉斯·卢曼.权力[M].瞿铁鹏,译.上海:上海人民出版社,2005:4.

② [美]史蒂文·卢克斯.权力:一种激进的观点[M].彭斌,译.南京:江苏人民出版社,2008:15.

③ [美]迈克尔·曼.社会权力的来源(第二卷·上)[M].陈海宏,等译.上海:上海人民出版社,2007:1.

④ [法]让-皮埃尔·戈丹.何谓治理[M].钟震宇,译.北京:社会科学文献出版社,2010:47.

⑤ [美]汉密尔顿,杰伊,麦迪逊.联邦党人文集[M].程逢如,等译.北京:商务印书馆,1980:264.

导,推进权力的服务权能。行政权共和化命题的意义就在于,借由这些复合性的设计以实现行政权运行框架的完善,来解决行政国家崛起之后的治理困境和民主危机,赋予公民以更多空间和可能享有的自由和福利。

总之,在现代政治的框架批评下,无论是对于政治统治还是社会治理,(积极)权力与公民自由之间的关系都是一项基本的命题。它既是解读民族国家政治发展的一条重要轴线,也是理解现代社会治理变革的一个基本视角。更为重要的是,它也是"共和化"命题所指涉的基本内容。从某种意义上说,"共和化"命题的本质含义就是寻求(积极)权力与公民自由之间的合理结合,它力求实现强大的(积极)权力与公民自由之间的高度相容。这一问题表现在政治统治层面,就是如何让强大的执行权保护公民自由;而在社会治理层面,就表现为如何使行政权积极地促进公共利益的再生产。这实际上也是行政权共和化的目标,而就其基本内容而言,表现为以复合共和制为基本框架,重建理性官僚制的正当性,并呼唤以公民品德为支持的参与式治理,以此建构社会治理的"多元共治"模式。

三、研究方法与视角选择:诠释设计的社会科学

"福利国家"的危机在西方国家启动了一场政府改革运动,并且随着"冷战"体系的瓦解和全球化进程的深入,不断向其他国家蔓延和渗透,最终形成一场蔚为壮观的全球性治理变革运动。尽管这场政府改革运动被冠以"新公共管理""治理"等理论或意识标签,但隐藏在其背后的却是现代社会治理模式的反思性变革和重建的逻辑。从知识学的角度来看,公共行政学如何去回应这场全球性社会治理模式的深刻变革,实际上已经成为理论发展过程中的一个大问题。从某种程度上说,以回应治理变革为契机重建公共行政理论,似乎已经成为消除公共行政学的"合法性危机"的重要途径。从公共行政学的研究现实来看,围绕着"(新)公共管理"和"治理"等主题也的确集中了大量的研究文献,这些研究大致集中在以下几个方面:① 对治理变革的理论建构及反思性研究;② 对市场化机制的理论研究及反思性思考;③ 对第三部门治理机制的研究与探讨;④ 对国家与社会关系重新调整的研究与评估。除了上述这些研究议题以外,围绕着治理变革还衍生出了其他一些重要的研究议题,如公共行政学的范式变革、服务型政府研究、治理变革与国家建构的关系等。

从这些研究中可以看出,对社会治理变革的反思实际上已经构成了政治学和公共行政学知识再生产的重要来源和推动力。实际上,公共行政学和政治学如果对这场反思性的治理变革缺乏有效的回应能力,将会导致理论的贫困和想象力的枯竭。本书对行政权共和化的阐述,也即是出于对治理变革的反思性思考。为了充分阐释行政权共和化这一命题的历史正当性和逻辑合理性,本书的研究将选择下述方法和研究视角。

(一)设计取向的研究旨趣

"当代一切人文社会科学的研究,凡是涉及人类历史及社会的宏观思考,都倾向于生成社会治理的理论和实践方案。"[①]在此意义上,现代社会科学无不具有设计治理的取向,政治学和公共行政学就更是如此。"从一开始起,政治科学就不仅关注于解释和评价,它还集中在建立良好的政治体制和改善现有体制的实践活动。"[②]从柏拉图的《理想国》到罗尔斯的《正义论》,从亚里士多德的《政治学》到《联邦党人文集》,无论是规范的政治理论研究还是经验的政治科学分析,无不是以设计良政善治为其根本目标。从公共行政学来看,无论是威尔逊政治—行政两分法的良苦用心,还是新公共行政学派富有良知的呼吁,公共行政学科的诞生与发展也始终以治理美好社会为己任。

尽管设计的取向一直存在于社会科学的研究传统之中,特别是政治学和公共行政学的研究之中,但今天的研究者们却面临着与传统的研究者们不同的设计任务。与"设计一些政治制度来限制政治权力的行使"这一古典的宪政传统不同,今天的研究者们面临着新的任务,他们必须要将"对于通过行使政府权力以促进社会福利的这种功利主义和民主的关注",与"对于在行使这种权力时减少专制的那种长期的关注"成功地结合起来。[③] 也就是说,政治民主化的进程、工业社会的发展以及全球化进程的推进,已经改变了传统研究者们身处的历史环境,在那样一种环境中,

---

① 张康之.社会治理的历史叙事[M].北京:北京大学出版社,2006:1.
② [美]斯蒂芬·L.埃尔金,等.新宪政论:为美好的社会设计政治制度[M].周叶谦,译.北京:生活·读书·新知三联书店,1997:26.
③ [美]斯蒂芬·L.埃尔金,等.新宪政论:为美好的社会设计政治制度[M].周叶谦,译.北京:生活·读书·新知三联书店,1997:27,38.

政府的美好程度是与它的规模程度呈反比的。在今天,为了应付各种问题,政府的扩张已经成为不争的事实,对良好政府的期待早已超越了"最小的就是最美的"时代。在这种情况下,新的设计者面临的任务是,在一个不可挽回的"大政府时代",如何保证政府既是积极能动的,又是受到有效控制的。政府既要能够有效地解决各种问题,又要不失去对自由、公正的承诺。这意味着新的设计者具有不同的立足点和出发点,他必须区别于传统的宪政传统,从治理的立场出发,形成新的权力理论,将对治理绩效的关注和对治理民主的关注有效地结合起来。

(二)知识学层面的诠释视角

设计是社会科学的内在取向,也是当前关于治理理论的客观要求。设计治理的前提是:治理理论的研究者要投入到变革行动中去,要深刻地理解影响治理进程的环境、工作以及社会关系的本质。为此,他们需要审视和反思长期以来所形成的观察和理解公共组织生活的理论模式和思考方式,他们必须学会以批判性的态度致力于建立新的观察框架和理论模式的可能性。"我们所采取的视角以及所选择的前提影响着我们所观察的东西",而"已经形成了从全能的观察家的角度思考人类社会问题习惯的人,都不可能理解复合共和制的逻辑"。① 只有将新的"心智模式"和新的观察经验结合起来,设计的创新性和合理性才能得到有效的体现。设计本身是一种有目的的和创造性的行动,它通过充分解放智识精神,促使其向可能性的无穷尽的思考挑战,以完成或实现一个目标。设计还应该被理解为人们互动的过程,在这个过程中,相关的行动者通过工作,分享思想和经验,得以更准确地解释社会现实,发现行动的意义。设计的社会背景具有重要意义,范围广泛的公共意见、多元参与者的利益、知识、资源和权力,都会对设计过程产生影响。因此,有效的设计依赖于设计过程中的理解与交流,依赖于设计行动对环境和问题的理解和意义把握,以及对相关事件和意见的掌握及协调。②

---

① [美]文森特·奥斯特罗姆.复合共和制的政治理论[M].毛寿龙,译.上海:上海三联书店,1999:23.
② [美]全钟燮.公共行政的社会建构:解释与批判[M].孙柏瑛,等译.北京:北京大学出版社,2008:60-61.

由于设计的精神扎根于现象学和诠释学,属于建构主义的思维范畴,因此一种有效的治理设计理论,必须立足于知识学层面的诠释视角。如果我们坚持"一种社会现实是由人类思想和互动组成的"①观点的话,那么,对治理的设计观点显然就不能简单地向实证主义或功能主义还原。社会世界不能被理解为一系列可测量的客观物体,事实上它是一个通过规范的建构而形成的"有组织的意义世界",这些意义大大影响着普通人规范地活动和解释他们所居住的世界。② 在社会成员建构日常现实的过程中,表现为客观实在的社会现实除了是由行动者构成的客观内容之外,更是由思想、信念、知识等主观过程所进行的社会建构。社会被看作是借助语言与意义建构起来的,社会现实的结构由客观化了的人类意义组成,可以采用理解的方法来把握它。③ 具体而言,知识学层面的诠释视角将"理解"和"诠释"置于设计理论的核心位置,它赞同梅洛-庞蒂的主张,"理解的最高目的永远是为了建构、构成和生成此时此地的客体综合"④。它主张只有通过理解各种治理观点的知识学方位,理解各种观点产生和发展的历史合理性及逻辑正当性,才能准确把握各种治理观点的本质主张及价值。只有在此基础上,诠释新的设计才有可能。

(三) 理想类型的研究范式

"理想类型"(ideal types)的概念最初出现于韦伯 1904 年发表的《社会科学和社会政策中的"客观性"》一文中,此后他又在包括《经济与社会》在内的诸多著述中进一步讨论过这一概念及其对社会科学研究的意义。它是韦伯为了克服德国人文主义和历史学派过度个体化和特殊化倾向而提出的一种概念工具。⑤ 尽管韦伯的理想类型非常容易引起人们的误

---

① William G. Roy. Making Societies [M]. Thousand Oaks, Calif.: Pine Forge, 2001: 6.
② [美]弗兰克·费希尔. 公共政策评估[M]. 吴爱明,等译. 北京:中国人民大学出版社, 2003: 13.
③ [英]吉尔德·德兰狄. 社会科学:超越建构论与实在论[M]. 张茂元,译. 长春:吉林人民出版社, 2005: 36.
④ [美]全钟燮. 公共行政的社会建构:解释与批判[M]. 孙柏瑛,等译. 北京:北京大学出版社, 2008: 40.
⑤ 周晓虹. 理想类型与经典社会学的分析范式[J]. 江海学刊, 2002(2).

解,但是大多数社会学家都承认,这是他广为人知的对当代社会学的贡献之一。① 一般说来,韦伯"理想类型"概念的价值主要在于,它大大缓和了实证主义提倡的普遍化的思维方式和历史主义信奉的特殊化的思维方式之间的冲突和矛盾,能够成为社会科学研究中一种较为有用的比较分析工具和方法。理想类型虽然是研究者思维的一种主观建构,但并不是凭空虚构的,它是以理论结构的形式表示的一种客观物,是"通过单向突出事物的一点或几点,通过对大量弥散的、孤立的、时隐时现的具体的个别现象的综合形成的","这种理想的类型化的概念将有助于发展我们在研究中的推论技巧:它不是'假设',但能够为假设的建构提供指导;它不是现实的一种描述,但却欲图为这种描述提供一种明确的表达手段"②。

由于治理活动与各国的政治经济状况和社会历史传统存在着紧密的联系,它本质上具有特殊化的特征。作为一种理论阐释,发现治理的一般性价值和规律,必须借助于"理想类型"的分析策略。具体而言,本书将解释学和建构主义结合在一起,对于"理想类型"的运用将体现在两个方面。首先,本书将依据现代政治建构的两种"理想类型"——"统治—合法性—主权"以及"治理—公共性—治权"这一"两分法",展开对行政权共和化这一理论命题的历史合理性和逻辑正当性的诠释;其次,本书以行政权的治理取向和设计取向这两个基本维度来建构统一的分析框架,区分出了四种理想类型的设计路径,以此发现行政权共和化的可能机制和操作规则,使社会治理领域中的行政权理论不仅停留在规范功能层面的探讨上,还要使这种理想目标最终能够在实践规则的层面取得进展。

四、行政权的共和化:走向大国善治的理想之路

行政权的设计问题居于现代社会治理实践的核心位置,也是当代社会治理变革的关键进程。这不仅因为行政权自始至终承担着执行的功能,而执行之难常常超乎想象——"执行一部宪法变得比制定一部宪法要

---

① Susan J. Hekman. Weber, the Ideal Type, and Contemporary Social Theory [M]. Notre Dame and London: University of Notre Dame Press, 1983: 38.

② Max Weber. The Methodology of the Social Science [M]. New York: The Free Press, 1949: 90.

困难得多"①,而且还因为执行问题常常是政体中的重要组成部分,政治统治根本上有赖于果断而迅速的执行。正是在此意义上,曼斯菲尔德毫不讳言,执行权(executive power)"是现代政府中的关键因素",也是"现代政府力求加以管束的、无方向的自由中的关键因素"。② 这也使得自马基雅维利开始并经过洛克、孟德斯鸠等人的现代政治思想史,成为一个致力于"驯化"的设计过程,一个致力于"驯化"马基雅维利式的"嗜血君主",将其反律法主义的能量纳入一种独特而灵活的宪政框架的过程。然而,在今天看来,行政权的设计问题并未成功地完成,行政权面临着重新设计的任务。一方面,按照奥斯特罗姆的分析,设计问题往往具有三个相互联系的层面——立宪层面、制度层面和操作层面③,行政权的设计不能仅仅止步于宪政层面,还需要在制度层面和操作层面取得扎实进展。另一方面,现实的发展已经突破了传统的设计过程中批判怀疑主义的心智模式以及消极限制的保守倾向,行政权承担着日益增加的公共服务权能。

因此,今天行政权的设计所面临的状况是,在一个治理需求激增的时代,如何重新设计行政权使之既是积极能动的,又是受到制约的。这个问题不仅挑战了自现代以来的政治智识传统,也对当代的治理科学提出了严峻的要求。行政权的重新设计问题,已经在当代社会科学研究中引起了一些重要的理论变化。首先,当代社会科学研究领域中正在兴起一股"国家回归"运动。国家这个长期以来在主流社会科学研究中消失的主题正在得到研究者们越来越多的重视,以至于"宏观社会科学领域正在进行一种范式转移,该转移蕴涵着对国家与经济和社会关系之间的一种根本性的重新思考"④。在这些研究中,国家作为有影响力的行为主体身份或制度结构的观点开始流行起来。其次,政治理论研究中出现了新宪政主义的观点。在新宪政论者们看来,宪政理论应当超越对专横地行使政治

---

① Woodrow Wilson. The Study of Administration [J]. Political Science Quarterly, 1887, 2(2): 200.

② [美]哈维·C. 曼斯菲尔德. 驯化君主[M]. 冯克利,译. 南京:译林出版社,2005:8.

③ [美]埃莉诺·奥斯特罗姆. 公共事物的治理之道:集体行动制度的演进[M]. 余逊达,等译. 上海:上海三联书店,2000:81-85.

④ [美]彼得·埃文斯,等. 找回国家[M]. 方力维,等译. 北京:生活·读书·新知三联书店,2009:3.

权力加以限制的传统主张,政治权力应当并且能够依据人们的设计,以积极行使的方式,实现经济效率、民主管理以及其他有益的政治目标。在更广泛的层面上,他们相信,政治理论和社会理论需要从批判的怀疑主义转向思考一个良好的社会如何得以维系,一种良好的政治体制如何通过制度设计在经济效率和公民精神两个方面加以成功地构建。① 最后,以"新公共管理"运动的兴起与回落为标志,当代治理变革从理论与实践两个方面对重新设计行政权的现实要求作出强烈的回应。

如果说行政权的重新设计在今天已经成为一个不争的事实,那么,行政权设计的合理路径又应当在哪里?毫无疑问的是,作为对后革命时代国家治理实践的一种自反性思考,行政权的共和化设计具有了较高的正当性和合理性,也深深契合于当代治理变革的本质精神。具体来说,在后工业化社会阶段,社会政治结构的变迁导致行政权的共和化命题具有较高的理论价值和实践意义。

首先,自近代政治开端以来,民主大约成为政治发展的中心话题。作为近代社会历史条件下政治统治认同的一种建构方式,建立在个人自由和权利基础之上的保护型民主构成了现代民主政治的基本范式。② 但随着当代社会的发展,在自反性现代性重建阶段,现代政治正在由将个体和群体从对其生活机遇有不良影响的束缚中解放出来的解放政治,转变为促进个体自我实现的生活政治。③ 在生活政治的推动下,权利建构的重要性已经远远超过了权利保护的价值。民主政治和公民权利内涵的深刻变化,不仅推动着政府与社会关系的重新调整,而且导致现代民主理论需要将关注重点从宪政制约转移到国家治理过程上来。"如何有效治理国家,塑造一个民主的强政府,取代了如何制约权力的问题,成为民主政治理论的一个核心命题。"④ 在一个多元利益相互冲突的现代社会中,设计

---

① [美]斯蒂芬·L.埃尔金,等.新宪政论:为美好的社会设计政治制度[M].周叶谦,译.北京:生活·读书·新知三联书店,1997:39.
② [英]戴维·赫尔德.民主的模式[M].燕继荣,译.北京:中央编译出版社,2004:112-113.
③ [英]安东尼·吉登斯.现代性与自我认同[M].赵旭东,等译.北京:生活·读书·新知三联书店,1998:246-253.
④ 赵成根.民主与公共决策研究[M].哈尔滨:黑龙江人民出版社,2000:26-27.

恰当的治理结构和程序来最有效地平衡相互冲突的利益,并在此基础上建构公共价值,不言而喻地成为当代民主政治的主题所在。这使得以共和主义为基础的参与式民主的复兴对于社会治理结构的转换具有重要的政治价值。同时,面对全球化时代的市场竞争和资本权力的重新崛起,积极的民主参与对于矫正和免除政治腐败以及公共生活的衰落具有越来越重要的价值。"全球化过程和日常生活变化的结合,使民主化过程发生作用的社会情境产生了巨大改变,参与式民主成为重建现代性政治的一个'共识'。"[1]

其次,面对当代政治的转型,如何有效地代表和实现公共利益,已经超越对公民消极自由和权利的保护,成为当代社会治理的首要目标。从一定意义上说,社会治理即是一种公共治理,本质上是对公民多重权利(包括公共权利)的确认、实现和维护的公共政治活动,权利的逻辑成为理解、选择和衡量治理理念及其实践的标尺。在现代社会,市场经济的不确定性、工业化所带来的社会风险,使得公民资格的内涵不断地得到拓展,从市民权利到政治权利再到 20 世纪的社会权利。[2] 公民社会权利资格的确认,既是现代国家治理的一项策略——它消解了由于社会风险和不平等而给政治共同体带来的分裂和动乱的潜在可能性,也构成了现代文明社会的基石,成为判断现代社会政治文明进程的标志之一。作为这场"应享的权利革命"的结果,公民的社会权利资格日益导向了一个服务型社会治理的时代。作为对公民积极权利的回应,"公共物品和公共服务这些在古典政治思想中'缺席'的政治符号,渐渐占据了社会治理的核心并成为'元叙事'话语"[3]。

更进一步来看,当公共服务和社会福利的有效生产成为当今社会政治生活的主题之一时,公共利益就成为社会治理的最终目标。在对公共利益的追求过程中,社会治理的多中心结构就成为重塑国家—社会关系的制度基准。政府、市场和社会的多元化结构安排,既构成了当代社会福利的主要来源,也是公共事务治理的合理框架。如果没有一个负责任和

---

[1] 孔繁斌.公共性的再生产[M].南京:江苏人民出版社,2008:81.
[2] 马歇尔,吉登斯,等.公民身份与社会阶级[C].郭忠华,等译.南京:江苏人民出版社,2008:10-22.
[3] 孔繁斌.公共性的再生产[M].南京:江苏人民出版社,2008:93.

高绩效的多中心治理结构的存在,在"应享权利革命"的压力下,民主政治的前景必将走向"失衡的承诺",单中心治理模式的结构性危机无法避免累积效应所导致的政治合法性衰退。因此,在公民社会权利诉求以及与此相关的参与式民主或治理的推动下,创生以公共利益为目标的多元共治模式,不可避免地使行政权的共和化成为当今社会治理变革的核心议题,成为重建现代性政治和社会治理模式的根本路径之一。

由此可以看出,面对现代政治生活领域中的重大变化,作为对参与式民主的强势话语以及公共服务的刚性需求的积极回应,当代社会治理将变革的核心直接指向嵌入统治权威的行政权,意图通过自反性和前瞻性的改造,形成面向公共服务和社会福利的行政权,以此实现公共责任伦理的再生产,也使社会治理不仅能够在民主制度"强纲领"的呼唤下推动着公共权力的理性成长,而且也能够促使公共权力始终保持着对公共价值的回应能力和规划能力。

第一章 行政权的共和化:社会治理的一项自反性命题

行政权的共和化是反思性社会治理变革的基本认同之一。从一般意义上而言,社会治理的多中心模式需要一种新的权力结构和安排,而自由主义与国家主义的权力筹划,要么受到管理主义的影响,要么受到雅各宾专政传统的影响,无不取向于单一中心模式下的中心—边缘式构造,并因此成为社会治理变革的直接指向对象。与之相对的是,共和主义对权力的认识以及权力分配的主张,特别适合于多中心社会治理模式的制度筹划,因而可以说是社会治理自反性变革的一个基本趋向。从历史演进的视角来看,当代政治建构的逻辑从"统治—合法性—主权"向"治理—公共性—治权"的转换,也使得行政权的共和化具有了较高的正当性与合理性。在"治理—公共性—治权"的政治建构逻辑下,政府的角色日益从高高在上的统治者转化为公民权利的保护者以及公共物品和公共服务的提供者。行政权的共和化,实是公民权利时代公共治理的必然逻辑。

第一节 行政权共和化释义

一、重建社会治理的权力理论

从社会治理的发展及实践来看,重建社会治理的权力视角或权力理论不仅十分必要而且正当其时。以一种反思性的视角观之,至少存在两条支持重建权力理论的理由:一是当代的社会治理理论一直存在着研究框架上的分裂,权力理论可以为治理科学的研究提供一个综合性的视角;

二是社会科学或治理科学中传统的以"控权模式"为基础的权力观,已无力应付公共事务治理实践的需要,转换社会治理领域中的权力观已经成为后行政国家时代重建社会治理框架的必然要求。

首先,从当前社会治理的研究现状来看,分析框架的分裂已经成为一个显著的问题,而权力理论未尝不可以为之提供一种综合性的研究视角。著名的行政学家丹哈特曾经建构出一个统一的认识框架(如图 1-1 所示)。他修改了布雷尔与摩根用于分析组织社会学理论的框架,以适应公共行政研究的理论特征。这样一个分析框架包含两个维度的特征:第一个维度是关于社会科学研究的本质假定,它包含了本体论、认识论、人性论与方法论等相关问题,主要涉及两个非常不同的研究假定,人具有能动性,从而能够"创造、修正和诠释世界并发现自我",还是世界存在着客观普遍的法则并需要通过观察来理解和掌握。第二个维度是关于公共行政学研究论题在政治与组织取向之间的不同选择。自公共行政学诞生以来,政治与组织、民主与管理之间的紧张关系就一直是理论史中的持续性主题。威尔逊对政治与行政的区分,既创设了公共行政这一学科,也使政治与组织之间的对立与紧张贯穿了公共行政学的研究历史。公共行政学的研究者不是将研究精力集中在诸如回应与责任等政治问题上,就是集中在诸如效率与效能等组织问题上。

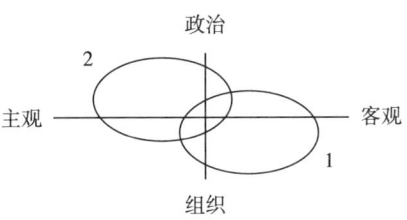

图 1-1 丹哈特的二维认识框架①

在丹哈特看来,对公民行政的研究和理解应当将这一认识框架中的所有象限都包含在内才算完整。然而,当前有关公共行政的研究,却无法成功地做到这一点。虽然美国公共行政的研究自 20 世纪 80 年代和 90 年代之后出现了重要的理论转向,但这种转向也只是将研究的焦点从图中 1 的位置移到了 2 的位置,从以强调组织的客观控制为主转向了对政治价值诸如社会正义、宪政精神等主题的关注。不但没有实现公共行政

---

① [美]罗伯特·丹哈特.公共组织理论[M].第 2 版.项龙,刘俊生,译.北京:华夏出版社,2002:193.

理论的整合,反而导致了公共行政研究的分裂。如果"公共行政一直是关于治理的科学"[①]的话,那么这一认识框架毫无疑问也同样适用于对治理的分析,丹哈特对公共行政理论现状的判断同样也适用于对治理理论现状的判断。

一般而言,治理既是一种政治架构,也是一种组织技术;治理既要具有实际效果,也要考虑行动的目标和价值所在。对治理的任何单一的理解都将存在着较为明显的局限性。因此,这一分析框架对于治理研究所提出的重要启示在于,对治理变革的研究既不能简单地走向政治学理论——治理不同于政治学理论的地方在于它是一门指向实践的理论,更不能简单地向组织主义或管理主义还原——治理不同于组织管理学的地方在于它承担着积极回应民主社会的公共价值这一崇高任务。对治理恰当的思考必须能够将政治与组织联系起来,并且既要看到治理过程中的结构性限制,又要能够激发个人的主观性创造;既要能够把握治理过程中的客观法则,又要能够让意义和价值得到充分的阐释和交流。假如"我们所采取的视角以及所选择的前提影响着我们所观察的东西"[②],那么一种综合政治与组织、主观与客观的综合性视角对于当前治理变革的逻辑及其发展趋势的把握就变得至关重要。

那么,对社会治理的研究以什么为出发点才能够建立起这样一种思考框架呢?很显然,相对于制度、结构、价值、责任等理论观察点而言,权力视角无疑是更好的选择。因为从一般的意义上讲,权力既与组织有关,更与政治不离须臾;权力既可以是一种结构性的强制力,也可以是一种主观性的影响力;权力的运用既可以是一种体现行动效能的社会实践活动,也可以是一种负载意义和价值的社会交流形式。[③] 更为重要的是,权力还是社会治理行为的基础。作为创生集体行动的动力

---

① [美]乔治·弗雷德里克森.公共行政的精神[M].张成福,等译.北京:中国人民大学出版社,2003:83.

② [美]文森特·奥斯特罗姆.复合共和制的政治理论[M].毛寿龙,译.上海:上海三联书店,1999:23.

③ W.J.巴克利在《社会学和现代系统论》中发展出了一种将权力视为"信息流"的特殊类型的看法。在他看来,权力是"一种对接收者代表着非利已活动的信息流"。参见罗德里克·马丁.权力社会学[M].丰子义,张宁,译.北京:生活·读书·新知三联书店,1992:87.

机制,权力在社会治理活动中不可缺少。因而社会治理体系的设计不仅受制于集体行动的目标,更受制于行动权力的观点。然而,尽管当代的社会治理亟需一种恰当的权力理论,但社会治理理论本身却一直缺乏对权力的有效关注,这种现状对于社会治理的研究而言,无论如何都是不恰当的。正如朗所认为的那样,如果权力成为行政管理的生命线,那么权力的获得、保持、增长、削弱和丧失就是公共行政的实践者和研究者都不能忽视的。忽视了这一点,其后果是致命的,将不可避免地导致治理行动的失败。

其次,当前治理科学中的传统权力观已经过时,无法适应后现代社会公共事务激增的治理现状,社会治理的发展迫切需要建立一种新的权力理论。权力曾经是社会科学的最为重要的研究对象之一,政治科学曾经也将主要任务放在权力的获取、分配以及使用之上。在今天,权力话题仍然具有重要的影响力,是现代社会科学的经典主题之一。正如福柯所说:"在西方工业化社会里,人们最迫切而强烈地关心像'谁实施权力?如何实施?对谁实施?'这样的问题。"[1]在罗素看来,权力之所以重要是因为它产生于人性的必然性,权力的必不可少是因为一个简单的道理——"人类是需要治理的",而"集体事业如果要取得成功,就必须有一些人发号施令,另一些人服从命令"。[2]

罗素甚至将权力作为社会科学的基本概念,就像在物理学中力是基本概念那样。他认为,爱好权力以及由此导致的对权力的追求是人类社会事务中许多重要活动的起因。因此,社会科学的重要任务就是要理解权力,并在此基础上制服权力,因为权力对于人类社会是非有不可的,"不是政府的权力,就是无政府冒险家的权力"。而只有"制服权力,使它不是为某一伙狂热的暴君服务,而是为全人类服务","否则世界就没有希望;因为科学已经造成人类不是全体生存就是全体死亡这种不可避免的局面"。[3] 朗也认为,对于治理行动而言,权力的重要性不言而喻,甚至胜过了经济资源的重要性。他警告道:"权力预算不平衡导致的破产,其后果

---

[1] 李友梅.组织社会学及其决策分析[M].上海:上海大学出版社,2001:143.
[2] [英]罗素.权力论:新社会分析[M].吴友三,译.北京:商务印书馆,1991:15,8.
[3] [英]罗素.权力论:新社会分析[M].吴友三,译.北京:商务印书馆,1991:74,22.

要比财政拨款不足导致的后果严重得多。"①因此,权力理论在治理科学以及社会科学中都具有基础性的地位。

然而,与权力在社会科学和治理科学研究中的重要性相比,权力概念本身却十分模糊,具有很强的争议性。从思想史的角度看,对权力的分析,最早可以溯源到亚里士多德。在亚里士多德那里,权力代表了主奴关系,奴隶与主人间"不对称的依赖关系,其基础是奴隶根本不能获得实现其自身目标所需要的资源,因而依附于主人对一切暴力手段的垄断"②。在当代,社会科学对权力概念的分析,大多遵循了韦伯的传统。在韦伯那里,"权力意味着在一种社会关系中哪怕是遇到反对也能贯彻自己意志的任何机会,不管这种机会是建立在什么基础之上"③。达尔从韦伯的传统出发,进一步将权力明确定义为"A 拥有支配 B 的权力,在某种程度上就是他能够使 B 去做某些 B 原本不会去做的事情"④。

达尔与韦伯之间的共同之处是,他们都将权力视为一种与支配关系有关的强制力。然而,卢克斯却认为,如果从一种支配性的视角来看,权力就不能仅仅被视为一种具有强制性的关系或能力,因为实际上支配关系不仅体现在具体的行动过程中,也可能体现在一种组织结构中,表现为"组织本身的倾向性",也就是通过结构设计实现对组织议程的控制,从而阻碍特定的政策议题进入公共领域。甚至权力还可能存在于观念层面。体现为塑造有关利益的虚假观念。因而那种只将关注点集中在"行为"上的权力观只能是所谓的"一维权力观",它忽视了支配的其他多种可能,包括"隐藏的"或"潜在的"形式。实际上,权力的支配机制是多维的,它可以体现在行为、结构以及利益的观念之中。⑤

本质上说,权力是一个争议性极强的概念。它不仅是一个多维的概念,也具有多重的功能属性。权力可能不仅仅指涉支配或强制这样一个

---

① Norton E. Long. Power and Administration [J]. Public Administration Review, 1949, 9(4).

② [英]罗德里克·马丁. 权力社会学[M]. 丰子义,张宁,译. 北京:生活·读书·新知三联书店,1992:128.

③ [德]马克斯·韦伯. 经济与社会(上卷)[M]. 林荣远,译. 北京:商务印书馆,1997:81.

④ Dahl. Robert A. The Concept of Power [J]. Behavioral Science, 1957, 2(6):202-203.

⑤ [美]史蒂文·卢克斯. 权力:一种激进的观点[M]. 彭斌,译. 南京:江苏人民出版社,2008:3-18.

消极或冲突的面向,也可能具有积极或和谐的意义。他认为,将权力理解为一种强制力或支配能力时存在着两个明显的问题。

首先,"这类定义中已包含了冲突和对抗的假设:A 之克服了 B 的反对,意味着 B 为了 A 的利益牺牲了自己的利益。但这忽略了权力关系可以是一种互惠关系的可能性:权力可能是一种有助于 AB 双方都实现其各自目标的手段"。帕森斯认为,"从社会这个层次上看,权力可被视为实现集体目标的普遍手段,而不是满足有限的局部利益的特殊手段"[①]。

其次,帕森斯认为,韦伯式的权力定义具有亚里士多德式的主奴关系属性,从而将权力视为一种不对等的关系或结构。这种定义只看到权力关系中所具有的主体属性,从而忽视了权力关系中本质上所含有的相互作用的属性。为了与此种权力观相区别,帕森斯发展出了一种与一致性和互惠性相关联的新的权力观。他从结构功能主义的视角出发,将权力视为一种"系统资源","权力是一种保证集体组织系统中各单位履行有约束力的义务的普遍化能力"[②]。权力在系统中承担着一种整合性或约束性的积极功能,它保证集体行动具有一致性,因而是系统整合不可缺少的资源或因素。换句话说,如果从微观的个体角度来看,权力表现为个体之间的一种关系,并因而具有强烈的支配性意味;但如果从超越个人之上的整体性角度来看,权力却具有一种使整体能够成其为自身的整合功能,并因而是任何一个系统不可缺少的关键要素。因此,权力不仅不可缺少,甚至还需加强。

可以说,韦伯和帕森斯的观点分别代表了当前社会科学中两种最为重要的权力观。在当代的社会治理行动中,这两种权力观对于我们理解权力的规范性意义和功能性作用都是必不可少的,它们在不同的方向上说明了权力对个体以及社会所具有的价值。如果说韦伯式的权力观表达了对个人自由的担忧,那么帕森斯的权力观就表达了对公共利益的向往。因此,社会治理需要同时实现个人的自由与公共的福利,它们对于社会治理的权力设计具有同样重要的价值。然而,从社会科学或治理科学的现

---

① [英]罗德里克·马丁.权力社会学[M].丰子义,张宁,译.北京:生活·读书·新知三联书店,1992:84.
② [英]罗德里克·马丁.权力社会学[M].丰子义,张宁,译.北京:生活·读书·新知三联书店,1992:86.

状来看,这两种权力观却未得到同等程度的重视。支配的权力观压倒了一致性的权力观,在治理科学中占据着统治性的地位,并深深地影响了社会治理秩序的筹划。

支配性权力观的盛行与下述观点有极为深刻的关联。首先,社会科学中关于人类社会的冲突性假定对支配性权力观的盛行具有决定性的影响。社会冲突理论将冲突视为社会的中心事实,认为每个社会都存在冲突,不断变化的冲突是社会变迁的重要根源。根据马丁代尔的分析,社会冲突的思想传统可以上溯至古希腊,从赫拉克利特到智者,都把冲突视为一个主要的社会事实。在波利比乌斯(Polybius)那里,冲突乃是政治制度发展的基本事实,是产生权力的重要根源,这种观点一直被马基雅维利、布丹和霍布斯所继承[1],并作为一种重要的政治思想传统延续到今天的政治科学理论之中:"政治就是赢得权力、利用权力和保持权力的斗争。"[2]

其次,权力支配性的观点也与人性本恶的假设密切相关。人性恶的观点也可以上溯到亚里士多德,他公开声称"不敢对人类的本性提出过奢的要求"[3],并认为"当脱离法律和裁决的时候,人就是最坏的动物"[4]。在中世纪,基督教对人性持有一种"原罪"观,认为人人都生而有罪,并因此赋予了神权统治的正当性。奥古斯丁断言,"自私统治着这个国度,各种自私自利的目的相互冲突,使它终将沦为罪恶的渊薮"[5]。只有在神的统治或意志那里才能发现正义的秩序。近现代以来,对人性的自然主义预设也使得欲望和私利成为人性的基础,"我们共和国的掌门人应该是快乐欢畅的伊壁鸠鲁和臀部丰满的维纳斯,而不是道貌岸然的马拉和沙里叶"[6]。个人欲望成为政治建构的基础,权力就是欲望与欲望之间相对抗的工具。

---

[1] Don Martindale. The Nature and Types of Sociological Theory [M]. Cambridge: The Riverside Press, 1960: 147-148.
[2] [英]戴维·赫尔德. 民主的模式[M]. 燕继荣,译. 北京:中央编译出版社,2004:65.
[3] 梁治平. 法辩[M]. 贵阳:贵州人民出版社,1993:184.
[4] [美]列奥·斯特劳斯,约瑟夫·科罗波西. 政治哲学史[M]. 李天然,等译. 石家庄:河北人民出版社,1993:148.
[5] [美]G. F. 穆尔. 基督教简史[M]. 郭舜平,等译. 北京:商务印书馆,1981:162.
[6] [意]詹姆斯·尼古拉斯. 伊壁鸠鲁主义的政治哲学[M]. 溥林,译. 北京:华夏出版社,2004:1.

很显然,当从社会冲突和人性本私的角度来看权力的支配性时,得出"权力是腐败的,绝对的权力绝对腐败"这一结论并因此导致当代的政治建构采取一种以宪政为基础架构的"控权模式"就毫不为奇了。

上述对当代治理科学中流行的权力观点及其制度设计的简单考察,并不在于说明其逻辑的合理性与正当性。恰恰相反,它意在指出我们现时代对权力的理解是如何的片面并因此导致了社会治理领域中面临着前所未有的困境。当前的社会治理理论,过多地重视了强调权力支配性特征的韦伯式定义,而忽视了权力对于维持集体行动一致性的意义。这种忽略不管是有意还是无意的,它在当代所造成的结果是,面对社会治理需求的激增以及由此导致的行政权的不断扩张,我们在传统的观点之上所建立起来的宪政制度已经无所适从,它失去了理解现实以及思考和反应的能力。

对此,洛伊很是担忧。他认为,目前流行的"把广泛的和没有界定的自由裁量权授予行政部门"的做法,实际上打乱了传统的宪政架构,妨害了宪政设计所规定的限制权力目标的实现。虽然"授予权力是任何政府的一个不可避免和必要的做法,任何关于代议制政府的理论如果没有它就是不完善的",但是"所有授予行政机构的自由裁量权在不同程度上都给创造私人的好处提供了条件"。[①] 面对广泛的授权所造成的宪政混乱,在目前流行的处置中,无论是"左派"还是"右派"都无法提供令人满意的解决方案。

从传统的权力理论来看,政治学家和法学家掌握着权力研究和诠释的话语权。政治学和法学对权力的研究虽然在出发点和视角上都有所不同,但却存在着一个共同的特征,那就是从统治的角度来研究和诠释权力,表现为或者是以建立支配—服从关系的效能为研究目标,或者是以制约和规范权力统治的范围为价值取向。然而,值得注意的是,"作为支配的权力,仅仅是一种类型的权力"[②],而"统治(也)只是权力的特殊情

[①] [美]斯蒂芬·L. 埃尔金,等. 新宪政论:为美好的社会设计政治制度[M]. 周叶谦,译. 北京:生活·读书·新知三联书店,1997:181-206.

[②] [美]史蒂文·卢克斯. 权力:一种激进的观点[M]. 彭斌,译. 南京:江苏人民出版社,2008:14.

况"①。这说明对当代社会治理领域中宪政秩序危机的理解,必须在支配和统治之外另辟蹊径才能别开生面。这实际上也是重建社会治理的权力理论的重要缘由。

二、社会治理的共和主义立场

如果说以公共利益为目标的多中心治理是20世纪末期以来全球性政府治理革命的"隐蔽"本质,那么作为现代性"政治重建"的多中心性,其内在价值毫无疑问取向于公共性的再生产。在一个多元的社会中,公共性维度为多种观念和利益之间的对话、讨论提供了更多的空间和可能性,使多中心治理结构成为一种能够对人类社会的重要价值作出回应的治理体系。从这个角度来看,社会治理的多中心变革既是一种具有批判性的社会理论,同时也是一种具有建设性的社会实践。作为一种批判性的社会理论,多中心治理所指向的是对单一中心集权结构下权力支配的厌恶与超越;作为一种建设性的社会实践,多中心治理的目的是还原公共生活的公共性,在这场以"公共性"补救"合法性"的政治重建运动中,权力结构不再是简单的支配关系,而是需要塑造成相互依赖的"合作"和"共治"关系。

从社会历史视野来看,自反性现代性阶段的政治重建构成了多中心治理的历史语境,而当前这一历史语境却发生着一场较为壮观的共和主义转向。综观20世纪以来的政治发展不难发现,对现代性政治产生大屠杀这种历史事实的恐怖性记忆,决定了在自由主义和极权主义成为现代政治两极构造的前提下,政治话语不断地偏向自由主义。对极权主义恐怖统治的戒惧以及对各种形式的"社会工程"运动失败的反思,使得自由主义的理论大麾成为现代性政治叙事中所向无敌的思想旗帜。特别是在后冷战时代,自由主义的"胜利"似乎已宣告了社会历史时代的终结。

然而,这不能不说是一个"错觉",特别是对于自反性现代性阶段的政治重建而言。"利维坦"固然不可取,但面对全球化时代和后工业化社会中的风险景观,只对价格敏感的市场和原子式的个人是否就是另一种合

---

① [德]马克斯·韦伯.经济与社会(下卷)[M].林荣远,译.北京:商务印书馆,1997:263.

适的治理之道呢？答案是不言而喻的。在现实中,以新自由主义为其哲学基础的新公共管理运动所受到的挫折和批判,就足以证明(新)自由主义在治道变革方面所能提供的正当性和建设性资源的确存在着严重的局限性。"自由主义在否定极权国家的论述中为多中心治理的出场提供了必要的前提,但限制公权力的宪政叙事和为个人权利申辩的浩大声势却难以在颠覆极权主义的中心—边缘治理结构的同时,为多中心治理提供正当性资源。"①

那么,既然自由主义无力独自承担指导这场治道变革的重任,而诉诸极权主义又是一个愚不可及的政治幻象,又有什么样的政治思想能够成为多中心治理的理论担当从而赋予这场政治重建以正当性和建设性呢？从全球范围内的治理实践来看,欧洲大陆对超越"左"与"右"的"第三条道路"所形成的政治共识,以及大洋彼岸由于"失衡的承诺"而产生的"对民主的不满",都充分说明需要在自由主义之外寻找有效的知识传统作为多中心治理的理论支撑。在现实中,作为一项不争的事实是,在这场名为"回归政治"的政治理论转向中,公共哲学开始向共和主义靠拢,各种形式的共和主义复兴构成了当代公共哲学中最引人注目的华丽景观。如果说自由主义和宪政主义虽然对全能主义国家的中心—边缘治理结构具有解构功能却不能为多中心治理提供建构功能,那么可以认为能够为多中心治理提供合法性和建设性论证恰恰是一直以来被自由和民主的高调所遮蔽的共和主义传统。从一般的意义上来说,"民主推崇多数统治,共和偏爱多元治理"②。社会治理的多中心变革和共和主义思想传统之间所具有的内在契合性至少可以通过如下两个途径表现出来：

（1）多中心治理对"公共性"和"共同善"的价值性诉求只能在共和主义那里得到合理回应。对于政治统治体系而言,合法性问题一直处在核心的基础性位置。因此,不管是哪种类型的政治统治,都会极力去寻求合法性,都会去对政治统治进行合法性论证,从而谋求将"强力转化为权利,把服从转化为义务"③。与传统政治将合法性主要系于天启式的神圣意

---

① 孔繁斌. 社会治理的多中心场域构建:基于共和主义的一项理论解释[J]. 湘潭大学学报(哲学社会科学版), 2009(2): 11-16.
② 张凤阳,等. 政治哲学关键词[M]. 南京:江苏人民出版社, 2006: 87.
③ [法]卢梭. 社会契约论[M]. 何兆武,译. 北京:商务印书馆, 1980: 12.

志和传奇式的个人魅力不同,近代政治在解放性革命的推动下,以"人民主权"为基础的民主政治置换了以神圣皇权为基础的专制统治,将政治合法性安置在以同意为基础的合理性统治之上。然而,在全球化时代,面对开放的全球性竞争市场,经济增长的有效性越来越成为政府获取合法性的压倒性方式,经济竞争的压力迫使各国政府不得不重新审视经济政策的有效性。在这种情况下,不仅民主处在冲击之中,以公民权利为基础的社会福利也受到非常严重的威胁。① 全球化时代的各国政府面对公民权利的诉求,普遍地处在合法性的衰落之中。

导致合法性危机的真正根源是,虽然有效性可以成为政府合法性的源泉,但如果缺乏公共性的有效支撑,经济增长所带来的社会福利将只会被私人利益或集团利益所捕获。社会治理不可避免地走向"掠夺性国家"。多中心治理的兴起,在某种程度上可以说,就是起源于民族国家框架中的中心—边缘式的治理结构无力回应公共性要求这一治理困境而产生的变革诉求。从这个意义上说,多中心治理结构的核心特征即其对公共性要求的回应能力,以及与公共性之间的内在契合性。它本质上是从规范和价值意义上恢复对"公共的善"这个政治学主题的关怀,强调公共的善优先于权利而不是相反。因此,对于多中心治理而言,能够承担其价值和规范基础的必将是一种以"公共善"为目标的公共哲学,这就决定了在各种政治思想传统中,只有共和主义才能够承担起此种重任。因为相对于自由主义强调权利优先于善,共和主义则肯定公共利益的政治,并且试图在公民中培养自治所必需的那些品格特征以实现公共利益。②

(2)多中心治理对多元治理秩序和合作主体的功能性诉求只能在共和主义那里得到有效满足。一旦现代政治将"公共性"和"公共善"置于其核心地位,这就意味着公共物品和公共服务在当代社会治理中取得了"元叙事"的地位。公共物品和公共服务在当代民主政治中的这种强势在场,决定了公共治理必须对其作出有效回应,这进一步决定了社会治理必须超越民族—国家中以官僚制为基础的单中心治理结构。对于现实的治道

---

① [德]汉斯-彼得·马丁,哈拉尔特·舒曼.全球化的陷阱:对民主和福利的进攻[M].张世鹏,等译.北京:中央编译出版社,2001:241-256.

② [美]迈克尔·桑德尔.民主的不满:美国在寻求一种公共哲学[M].曾纪茂,译.南京:江苏人民出版社,2008:28.

变革而言,问题不在于多中心治理是否必需,而在于多中心治理如何可能。"治理的提出并未降低国家或政府的重要性,而是要求重新设计、建构国家"①,这既需要重新塑造政府,也需要重新建构社会。

它不仅要求政府关注公共性问题,参与治理的社团也不能视利润为唯一目标,而公民个人也需从"唯私主义"立场中走出,成长为具有公共精神、公共品德的积极公民。这表明多中心治理的建构核心是需要一个成熟的公民社会和成熟的政治公民,他们既要热爱公共事业,又要对政府始终保持警惕以防止其被私人利益所腐化,而这正是共和主义思想传统一以贯之的理论立场。因此,"如果说多中心治理生成的合法性基础取决于民主政治的现代性流变;那么,多中心治理运转的正当性则奠基于是否能在现代社会治理实践中发育和构造合法、合理、合情的'共和'行动空间"②。

值得注意的是,虽然共和主义作为一种重要的政治思想传统,在当代社会治理中的价值不仅不容忽视,甚至在解决社会治理的模式问题上更具有正当性,但在长期以来的思维定式中,共和主义似乎历来都是从政治统治的层面来展开其正当性和合理性言说的,是一种想象政体构成的理论,与社会治理无关。其实,这是一种"误识"。与自由主义和民主理论相比,就共和主义的本质精神来讲,其理论逻辑似乎并不适合为一种政治统治的模式做合法性论证,而更可能是一种关涉社会治理的学说。这大约也是在近现代政治发展的过程中,共和主义不断地让位于自由主义"个人权利"以及民主理论"人民主权"的正当性言说的重要原因。因为作为一种"合法性叙事",其论证必然要取向于"纯粹"并走向于"极致",才可能不给任何相反的论辩留下可能的空间和余地。在这种情况下,共和主义的"混合均衡"以及"折乎中道"的特征,哪里能够比得上"人民主权"或"个人自由"的纯粹诉求所能带来的震撼与煽动性?

这就意味着当代的共和主义的复兴,如果仍然停留在政治统治的合法性层面,则它的前途必定堪忧。实际上,从共和主义对共和国的理解来看,它更像是一个关于社会治理的理论想象而不是政治统治的合法性言

---

① 王诗宗.治理理论的内在矛盾及其出路[J].哲学研究,2008(2):83-89.
② 孔繁斌.公共性的再生产[M].南京:江苏人民出版社,2008:127.

说。在共和主义的理论视野中,"共和国"(res publica)一直是作为一项"共同的事业"而存在的,共和国本身即是"公共事务",人们组成共和国之目的就是为了正义地解决共同事务的治理问题。更重要的是,共和国作为公共事业,它意味着共和国的公共性,共和国是公民所有的,公民对共和国具有最终的所有权和控制权。正义和公益是共和国的本质特性,离开了这两个要素,共和国就不能称为共和国。① 因此,公民要求共和国的使用应代表公共利益的共和权利,而共和国的治理应该制止那些企图掠夺公共资产或公共财富的个体或团体行为。②

从这个角度也可以看出,与自由主义和民主理论相比,共和传统主要关心的问题是如何通过制度设计和公共教育来组织公共事务的治理问题,而不是政治统治问题。如果说无论在逻辑意义上还是在历史意义上,"公共性"都是共和主义的价值中轴的话,那么对"公共性"宗旨的有效守护,在现实政治生活中就应该落脚于防范各种形式的公共权力"私有化"——"僭主化""寡头化"以及"平民化"。更为重要的是,为了防范公权私有化,共和主义不仅设计出了以防御型制度为特征的宪政共和体制,更提出一种以公共精神为基础、能够兼容各社会阶层的多元共治模式。③ 共和国既为全体公民所"共有",那么,公共权力就应为全体公民所"共享",公共事务则当由全体公民来"共治"。

如果说共和主义对共和国作为公民共有、共享、共治的坚持使其具有了强烈的社会治理品质,那么共和传统对"天下为公"的积极诉求以及对权力私有化的高度防范,则从制度上排斥了公共生活沦落为政治统治的现实可能性。从实践来看,以共和理论作为设计社会治理秩序依据的尝试并非没有,相反,在《联邦党人文集》中,美国的立国之父所阐发的复合共和制理论即是一次从社会治理层面展开共和主义想象的成功尝试。在奥斯特罗姆看来,美国的立国之父们当时非常清楚他们所面临的任务是设计人类社会治理问题的解决方案,而不是人类社会的统治制度问题,所以《联邦党人文集》中所提供的复合共和制的解决方案在根本上有别于霍

---

① 施治生,郭方. 古代民主与共和制度[M]. 北京:中国社会科学出版社,1998:344.
② Luiz Carlos Bresser-Pereira. Citizenship and Res Publica: The Emergence of Republican Rights [J]. Citizenship Studies,2002,6(2):151–152.
③ 张凤阳. 共和传统的历史叙事[J]. 中国社会科学,2008(4):79–95.

布斯从统治—主权角度所提出的方案。

在奥斯特罗姆看来,这是一项重要的政治创举,因为它表明了人类可以通过深思熟虑和自由选择来建立一个良好的政府,而不要靠机遇和强力来决定他们的政治组织。奥斯特罗姆认为,以主权理论建构起政治秩序的现代国家,自始就染上了"共和病",尽管通过革命推翻了君主的专制统治走进了共和,但此种以多数民主和政治代议为基础的共和反而成了多数人暴政的根源。根本的原因就在于,主权统治下单一权威中心的一元化安排无法提供保护少数群体权利和利益的有效机制。"如果在整个国家中只创建了一个单一的政府权威中心,规模原则所固有的寡头倾向就会让一个派别轻易地支配其他利益群体。"[1]在这个意义上,单一中心的社会治理模式构成了导致公共权力私有化的结构性因素。

三、行政权共和化的功能:走向公共性的再生产

如果说奥斯特罗姆通过归因单一权威中心的治理结构提出"以共和制补救共和病"的主张,使得假借人民主权而事实上体现为多数人统治的共和政体,能够与多中心的共和治理相叠合,从而成功地将共和主义落实为一种社会治理层面的制度设计[2]的话,那么可以认为,行政权的共和化,即是共和主义在社会治理层面得到合理推进的逻辑之一,是实现共和治理的权力机制,也是实现共和治理的构成性要素。更为重要的是,行政权的共和化命题,还对应于当前社会治理领域"回归政治"的反思性要求。它力求克服权力的"管理主义"或"经济主义"的工具理性向度,重申权力公共性这一伟大的共和主义传统。因此,在自反性社会治理的重建过程中,行政权的共和化践行着社会治理领域一个重要的时代性命题——公共性的再生产以及价值理性的成长。

首先,随着政府规模以及政策议题复杂性的持续增长,在政策领域中对政府干预的需求与保障公民主权的愿望之间的紧张性开始不断增加。当代社会问题所带来的挑战,特别是一些技术性议题,都增加了对技术专

---

[1] [美]文森特·奥斯特罗姆. 复合共和制的政治理论[M]. 毛寿龙,译. 上海:上海三联书店,1999:20,100.

[2] 孔繁斌. 社会治理的多中心场域构建:基于共和主义的一项理论解释[J]. 湘潭大学学报(哲学社会科学版),2009(2):13.

家和公共官僚的管理性需求。在这种情况下,如何去平衡专家治理与公民控制之间的紧张关系就成为一个紧要的问题。在传统的西方政治理论中,定期选举的代议制民主与多元主义利益集团的政治,提供了一个对国家权力的运行进行充分监督和控制的途径。但是,到了20世纪六七十年代,随着利益集团政治日益显示出寡头倾向,这种对官僚的民主政治控制模式开始受到质疑。各种不同的批判性观点形成一个共识:在现代行政国家的阴影下,(公共)决策不再服从于民主控制。① 利益的组织化以及行政自由裁量权的崛起,为各种形式的权力私有化提供了无数机会。

在这种情况下,行政权的共和化命题,实际上就是针对民主社会中这一"脱嵌"的行政权,使其重归社会治理的公共领域。因此,行政权的共和化设计,已经成为实现共和治理至关重要的构成性要素。同时,以上述权力视角观之,共和主义在社会治理领域中的展开,也为社会治理的多中心变革提供了恰当的处置权力的方案,即行政权的共和化。在社会科学的诸多传统中,只有在共和主义那里才能发现权力一致性、公共性、无支配的权力观等思想。这说明在重建社会治理的权力理论的过程中,共和主义即使不是唯一的思想资源,也是至关重要的、需要不断开发的精神宝库。在这种情况下,社会治理层面的权力观,与佩迪特的"无支配的自由"、阿伦特的"共同行动的权力观"以及哈贝马斯的"交往权力观"存在着特别紧密的联系。具体而言,共和主义为解决单一中心的行政权及其支配问题,提供了如下的解决思路:

(1)当研究的视角从政治统治层面转移到社会治理层面时,权力的正当性和合理性就与集体行动有了必然联系。"极为重要的是,一种权力可以被看作共同完成特定任务或公共职责的权利和义务的综合。"② 因此,"无论何时人们聚集在一起并联合行动,就会产生权力"③。在这种情况下,权力与统治无关。阿伦特提醒人们,将权力视为统治的工具,与命令、暴力混淆起来,其实是受到旧有的绝对主义权力观念的影响,其典型

---

① Gregory E. McAvoy. State Autonomy & Democratic Accountability: The Politics of Hazardous Waste Policy [J]. Polity, 1994, 26(4): 699-728.

② Samuel Stoljar. An Analysis of Rights [M]. London: Macmillan, 1984: 66.

③ Hannah Arendt. Crisis of the Republic [M]. New York: Harcourt Brace Jovanovich, 1972: 151.

代表就是霍布斯的绝对主权思想。其实,在共和传统中,真正的权力和法律概念的本质不是命令与服从的关系,也不是将权力与命令等同,权力本质是支持而不是服从。人们愿意接受政府和权力的要求,是因为他们为维护共同世界和治理公共事务,在经过理性对话和协商并取得一致同意后所给予的支持。"公民对法律、统治者、制度的服从,只不过是支持和同意的外部表现而已。"[①]因此,如果我们认识到社会治理的起点和目标是寻求和实现一致性的集体行动的话,那么,以共同利益为基础的一致性权力观显然比以冲突为基质的支配性权力观具有更高的逻辑合理性和价值优先性。而权力的使用也必须以通过协商交流所形成的社会共识为基础,最终体现为全体公民的"共治"。

(2)当从权力的支配性转换到权力的一致性时,权力必须被视为能够积极解决社会问题的治理力量,因此对权力的筹划就需要超越传统的"控权模式"。当然,权力的支配性观点在社会治理的领域中并非不重要,相反,权力的双重属性决定了只有在解决了权力的支配问题以后,一致性的权力才有可能,才是可欲的。然而,以社会治理和集体行动的观点视之,对权力支配性问题的解决方案必须超越传统的"控权模式",才能与对权力一致性的追求相一致。只有在这种情况下,才不至于造成洛伊所说的"宪政混乱"。也就是说,从社会治理的层面来看,政治制度和组织的安排,必须既要解决权力的支配性及其私有化问题,更要增强权力所具有的积极治理的能力。虽然"现代国家的权力越来越大,但它并未变得越来越有效率。因此,控制国家的权力只能是部分的解决办法;我们也需要使它更好地运作"[②]。在这种情况下,"宪政政体必须不止是限制权力的政体,它还必须能有效地利用这些权力,制定政策,提高公民的福利"[③]。创造更多而不是更少的权力成为社会治理实践中制度设计的重要任务之一。

(3)权力的积极性之所以成为可能,是因为存在着"无支配的自由"

---

① Hannah Arendt. Crisis of the Republic [M]. New York: Harcourt Brace Jovanovich, 1972: 148.

② [美]斯蒂芬·L. 埃尔金,等. 新宪政论:为美好的社会设计政治制度[M]. 周叶谦,译. 北京:生活·读书·新知三联书店, 1997: 94.

③ Stephen Holmes. Passions and Constraint: On the Theory of Democracy [M]. Chicago: The University of Chicago Press, 1995: 13 - 42.

和"无支配的权力"。从一般意义上说,社会治理与自由存在着十分紧密的关联,社会治理应该致力于促进个人的自由和福利。当个人自由成为社会治理不舍不弃的目标时,对自由的理解对于社会治理中的权力设计就十分重要。在当代的政治思想特别是自由主义的传统中,自由一直与干涉相对,从而将自由与权力对立起来。在这种情况下,似乎权力越多,自由就越少。然而,这种观点的不足是显而易见的,在逻辑上似乎也很难证成。在佩迪特看来,自由并非意味着干涉的阙如。如果说奴役是自由的对立面的话,那么自由的特征就应该是"无支配而不是无干涉"。就"支配而不是干涉"意味着一种结构性的不对等关系而言,奴役的本质特征是支配。把自由理解为"无干涉",存在着一个重要的问题,就是它忽略了支配可以在没有实际干涉的情况下也能存在。例如,奴隶主可能是仁慈宽厚的,不干涉奴隶的实际行为,但他或她也仍然在继续支配着奴隶。很显然,这里核心的问题是,干涉行为是否建立在专断的基础上。它是否完全取决于干涉者的意见,而无须考虑被干涉者的利益或意见。① 支配的本质是存在着任意而专断的干涉。因此,自由不能理解为"无干涉",而应当是"无支配"。并且,如果权力不是在专断的基础上运用,那么它就与支配无关。在这种情况下,权力的运用和增加就并不意味着自由的威胁和减少。

(4) 如果说作为治理力量的权力是与无支配的自由联系在一起的,那么公共性就是权力无支配性的重要来源。因为权力专断性或支配性的根源在于权力的私有化,在这种情况下,权力是为他本人而不是为共和国服务的,因而权力的使用仅须服从于他个人的意志,而无须考虑他人的利益或意见。而"非专断国家权力的要求是,这种权力的行使所遵循的是公众的福利和世界观,而不是掌权者个人的福利和世界观"②。权力的重要使命在于积极地保护公民自由以及促进个人福利,公民的自由和福利成为权力的合法性的重要来源。因此,权力的合法性来源于权力使用过程中的公共性,社会治理中的权力使用在多大程度上具有了公共性,也就在

---

① [澳]菲利普·佩迪特.共和主义:一种关于自由与政府的理论[M].刘训练,译.南京:江苏人民出版社,2006:36,64.
② [澳]菲利普·佩迪特.共和主义:一种关于自由与政府的理论[M].刘训练,译.南京:江苏人民出版社,2006:65.

多大程度上具有了合法性。也就是说,在社会治理层面,公共性取代了政治统治层面的合法性,成为建构权力责任的首要依据。诚如阿伦特所言,"权力绝不是个人财产;它属于整体,只要整体保持一致,权力就继续存在"①。这也使得权力问题的核心,不在于它是如何产生以及由谁来掌握,而全在于权力如何使用。"无支配的权力观"是与公共性联系在一起的,这也说明集体行动中的无支配权力,其目标在于保证和实现公共性的再生产。

最后,既然公共性是权力责任的首要依据,那么如何实现公共性就成为社会治理中权力的核心议题,这也是共和传统一以贯之的主题。在当代的社会治理实践中,共和传统为实现公共性的再生产贡献了杰出的智慧。对于共和主义者而言,治理的主要问题是对党派的控制。因此必须设计出复杂的制约系统,如全国性的代议制、两院制、间接选举、分权以及联邦—州关系,通过这些制约系统的和谐运转以对抗党派的影响,防止多数人或少数人攫取政府权力以便使财富或机会的分配有利于自己。② 然而,仅仅如此尚且不够。在今天,行政国家的崛起已经使得行政权取代了一般意义上的政治权力,处于社会治理公共性的核心位置。传统的宪政模式不能解决当前行政权的扩张所带来的工具理性对公共性的伤害问题。

哈贝马斯认为,用来执行福利国家纲领的行政手段,并不像工具理性思维那样,是一种消极的、中立的、无个性的媒介。实际上,干预主义的国家已经在很大程度上将行政部门压缩成一个自我中心的、由权力导控的子系统,这导致了福利国家不可避免地会遭遇合法性的危机。危机的根源在于行政权力的自我编程问题,"行政部门导控选民公众集体的行为、为执行机构和立法机构准备所要编制的纲领、把司法部门功能化,就此而言,它本身成为一种自我编制纲领的机构"③。为了拯救法治国的合法性危机,必须根据规范性—工具性的双重视角,在权力的交往性产生与权力

---

① Hannah Arendt. On Violence [M]. New York: Harcourt, Brace and World, 1970: 44.
② [美]斯蒂芬·L. 埃尔金,等. 新宪政:为美好的社会设计政治制度[M]. 周叶谦,译. 北京:生活·读书·新知三联书店, 1997: 219 - 223.
③ [德]哈贝马斯. 在事实与规范之间:关于法律和民主法治国的商谈理论[M]. 童世骏,译. 北京:生活·读书·新知三联书店, 2003: 642。

的行政性运用之间作出区分,并将权力的行政性运用置于权力的交往性产生的导控之下。借助于权力合法性获取的交往过程,行政权力具有了反思性的特征。也就是说,面对行政权的理性化扩张,必须要恢复公共领域,通过公共领域的交往活动促进行政权的共和化,将之植根于政治意见和意志形成的背景世界中,最终实现公共性的再生产。

总之,权力乃天下之公器,社会治理过程中的核心问题乃是如何实现权力的公共性权能,以保障公民自由和促进社会福利的增长。在传统的宪政设计中,将组织政治制度的核心问题放在了防范权力私有化的问题上,即防止公器之私用。虽然这种宪政思想和设计有其合理性,但从根本上说"是有缺陷的。它大体上由古典的宪政论形成,对其他宪政思想传统未给予充分的注意。结果是,当代的宪政论不能充分理解政治制度,而是把这些制度看成是限制滥用权力的基本上实用的手段"[①]。虽然"党派"控制问题(也即权力私有化问题)在今天的社会治理过程中仍然处在核心的位置,但它却获得了全新的表现形式。

今天的权力私有化问题是伴随着大量的授权活动而产生的。在单一权威中心的主权建构逻辑下,大量的组织化利益集结在"权杖的前厅"部分活动,已经远远脱离了传统宪政体制的监控范围。这不仅大大降低了社会治理的效能,也彻底损害了权力的公共性。在此情况下,行政权的共和化命题,即在行政国家的扩张导致行政权已经脱离了传统宪政体制控制的情况下,试图对权力重新进行共和化的设计,以在规范和功能上恢复对公共善这个社会治理核心主题的关注。它对权力问责机制的建构不同于宪政审查和民主代议的传统方法,而是试图恢复公共领域、激活公民社会从而创生社会治理的多元主体。通过多元主体的对话、协商、合作与共治等方式的社会设计,既增强社会治理的权能,又始终不离对公共性的承诺;既消解单一中心结构所固有的"私有化"倾向,又促进公共利益的再生产。

[①] [美]斯蒂芬·L. 埃尔金,等. 新宪政论:为美好的社会设计政治制度[M]. 周叶谦,译. 北京:生活·读书·新知三联书店,1997:144.

第二节 行政权共和化的历史逻辑

以一种历史的视角来看,当代社会治理的实践在"利维坦"和"无政府"之间的超越,说明公共治理的实践哲学正在不断地向共和主义靠拢。这实际上也意味着重新思考自由与权力的关系居于当前反思性社会治理理论的核心位置。从实践来看,在民主政治以及权利革命的推动下,自20世纪以来行政国家的崛起以及行政权的扩张已经不可避免。然而,以官僚制为基础的理性系统的过度扩张也的确给自由带来了严重的威胁,传统的自由主义民主模式已经陷入深刻的危机之中。这也导致只有植根于对传统政治建构模式的反思才能获得对自由与权力关系的重新理解。在这一过程中,行政权的共和化命题所具有的历史正当性和逻辑合理性得到如下事实的支撑:当代政治生活从主权建构的逻辑向治理建构逻辑的转换。

一、治理对话统治:政治建构的两种范式

在现代性政治重建过程中,治理理论可谓是异军突起并独领风骚,它不仅在经验层面折射着当代经济和社会领域中的重大转型,更在知识学层面被视为在与传统的统治政治对话过程中建构了一个新的政治发展范式。从统治到治理的当代转换,反映的现实是经济与社会的重大转型,是现代性政治对经济社会环境的重大变化而做出的适应性调整。现代社会的治理需要在现代性重建的界面复兴政治,围绕着分配正义、公民权利、公共生活的民主化以及可持续发展等公共利益目标重新政治化社会运行系统,抑制公司政治、老板政治等经济理性以及官僚系统所代表的工具理性对公共领域的渗透和操纵,恢复和增强公共领域的政治功能。在这种情况下,治理理论中所体现出来的重新调整国家、市场与社会之间的关系就不仅仅只是一种出于效率上的工具理性思考,而更具有价值理性层面的规范含义。

因此,在某种程度上,面对现代性政治建构不断偏离公共性这一重要

政治价值所导致的合法性危机,治理构成了对政治统治传统的反思性范式转换。一般而言,治理与统治之间存在着很多不同。然而,其最核心的差异还是表现在权力方面。① 首先,治理与统治之间的本质差异在于,相比统治是建立在政府单一权威中心的基础之上,治理则存在着多个权威中心。治理虽然仍然依赖权威,但这个权威并非一定是政府机构,它可以有多个权威来源。其次,治理与统治之间的差异还表现为权力运行的方向不同。与统治依赖于单一权威中心自上而下的垂直式运作不同,治理过程中的权力运作的方式则是多元的、相互交错的网络形式。如果说在统治那里,权力的运作机制是垂直的命令—服从机制,那么在治理过程中,权力的运作则必须通过相互依赖的协商—合作机制。

因此,以权力的视角观之,统治所体现的是一种权力集中的命令体制,而治理则寻求一种权力分享的合作网络。统治与治理之间的差异不可谓不大矣。然而,如果以知识学的视角来看,治理与统治之间的不同却并非由于单纯的经验性问题,而是具有深刻的智识传统,其关键的原因在于治理与统治各有其不同的生成逻辑。作为一种政治发展范式,治理对话统治体现的是当代政治建构逻辑的转换。现代社会自开端以来在主权政治思维下所形成的绝对主义逻辑,正日益受到当代治理理论及其实践的挑战。

现代政治的建构始于开端问题。现代性被视为是与传统间的严重断裂,现代政治与传统政治之间的差异往往体现为自由与专制的二元对立。作为一种全新的社会秩序,现代性在颠覆传统的价值和秩序时,也需要为新的秩序寻找依据,需要确证自身的正当性,因为现代社会已经"不能或不愿再从其他时代样本那里借用其发展趋向的准则,而必须自力更生,自己替自己制定规范"②。然而,问题在于,当现代政治通过革命的方式,推翻了神权政治的统治之后,面对上帝"死亡"之后所出现的权威真空,它有什么依据为现代政治的宪政体制确立正当性呢? 也就是说,如果说在现代政治的框架内,宪法构成了一切政治行为的合法性基础,那么宪政本身又如何获得其正当性? 宪法本身难道就不需要有更高的依据为自己确证

---

① 俞可平.治理与善治[M].北京:社会科学文献出版社,2000:5-6.
② [德]哈贝马斯.现代性的哲学话语[M].曹卫东,等译.南京:译林出版社,2004:8.

正当性吗？这就是现代性的开端问题或自我确认问题。

可以说,在现代性创建的过程中,开端问题始终是一个困境,对开端问题的理解和解决决定了现代政治建构的不同路径和逻辑。以阿伦特的观点来看,现代社会对开端问题的理解存在着两种不同的路径,法国大革命和美国革命及其以后的事件分别代表了解决开端问题的两种不同方式,并形成了两种不同的政治建构逻辑。然而,尽管美国革命所代表的政治建构模式远远优越于法国大革命的影响,但在对现代性政治的发展现实所带来的深刻影响方面,法国大革命却远远超过了美国革命。"法国大革命以灾难告终,却成就了世界历史；而美国革命如此功成名就,却始终不外乎是一个地方性的重大事件。"[①]在阿伦特看来,面对20世纪所呈现出来的极权主义的浊流四溢以及公共领域的花果凋零,珍视美国革命所形成的政治建构逻辑,转换现代政治建构模式已经势所必然。

从历史来看,法国大革命在解决开端问题的时候,采取了一种绝对主义的方式,这实际上是自霍布斯直到卢梭所坚持的一种理论传统。霍布斯在论述现代政治的开端时,诉诸主权者的契约。从"自然状态"中走出的人们为了寻求安全而制订契约,从而形成了一个主权者,这个主权者是神圣的并且不受法律控制,他拥有绝对的权力并高居于法律之上。在霍布斯那里,虽然主权者的权威来源于人民,主权者是人民相互订立契约产生的,但主权者一旦形成,人民却成了他的"臣民"。在这种情况下,主权者、权力和人民产生了分离,并高居人民之上。因此霍布斯的主权理论其实走向了自己的对立面,人民发现自己所要面对的其实是一个强大的"征服者"。为了解决霍布斯理论中"人民"和"主权者"之间的对立和分离,卢梭提出了更为激进的"人民主权"理论,通过发现"公意"的存在,解决"人民"和"主权者"之间的断裂问题。

卢梭认为,公意是公民整体的意志,是每个公民的公约数。服从公意就是服从自己。因此,唯有将国家的创制活动置于公意的指导之下,才能够保证公共幸福成为国家权力的目标。人民和主权者之间不是分离的,他们是通过"公意"而结合在一起的,主权在本质上就是由公意所构成的。并且主权是统一的,它"是不可分割的、不可转让的,而且它在本质上就存

---

① [美]汉娜·阿伦特. 论革命[M]. 陈周旺,译. 南京：译林出版社,2007：44.

在于共同体的全体成员之中"①。然而,在阿伦特看来,卢梭的"人民主权"理论并没有成功地解决开端问题,反而陷入了困境。"卢梭的问题十分类似于西耶斯的恶性循环:那些走到了一起构建了一个新政府的人,本身并不是宪定的,也就是说,他们没有权威去做他们已经着手达成的事情。"②革命分子并没有任何权威去创立一个新宪政秩序。新立的法由于宪法未建立,缺乏了"合法性",除非在实定法之外,确立一个位阶更高的"高级法"。然而,在神圣权威已经不存在的前提下,任何"高级法"又都必须是人定之法,否则就不具有有效性。而任何人定之法又必须依赖"高级法"才能证成自身。

因此,在这里出现了恶性循环。为了解决这种"恶性循环",最后卢梭也不得不求助于"上帝",以这种"绝对权威作为正义的源头而运作,新政治体的法律可以从中取得正当性"。在这个意义上,"卢梭的公意观念成为法国大革命中一切党派的自明之理,因为它其实是一位绝对君主的最高意志的理论替代品"③。在阿伦特看来,卢梭诉诸人民主权的解决方式的特征在于,它所设计的新的权威中心仍然是一个"要与源于君权神授的旧绝对性的鞋子相配,步其后尘,由此取替一个以万能上帝的命令为终极指令,以道成肉身观念为正当性之终极源泉的世俗秩序"④。那么,如何才能打破西耶斯制宪权的"恶性循环"呢?

著名的宪法学家和政治哲学家施米特提供了一个理论视角,他立足于"政治决断论",试图解决西耶斯的"恶性循环"问题。他首先继承了卢梭的人民主权理论,并利用了西耶斯的制宪权框架。施米特认为,在王权终结的时代,只有"人民的意志"才是革命政体正当性最根本的依据和来源。"王权时代已经终结,因为已经不再有国王,而且除非借助人民的意志,没有任何人有勇气做国王。"⑤因此只有诉诸"人民","人民,即民族始终是一切政治事件的根源,是一切力量的源泉"⑥。其次,施米特认为法

---

① [法]卢梭. 社会契约论[M]. 何兆武,译. 北京:商务印书馆,1980:35.
② [美]汉娜·阿伦特. 论革命[M]. 陈周旺,译. 南京:译林出版社,2007:169.
③ [美]汉娜·阿伦特. 论革命[M]. 陈周旺,译. 南京:译林出版社,2007:170,140.
④ [美]汉娜·阿伦特. 论革命[M]. 陈周旺,译. 南京:译林出版社,2007:27.
⑤ [德]卡尔·施米特. 政治的概念[M]. 刘宗坤,等译. 上海:上海人民出版社,2003:55.
⑥ [德]卡尔·施米特. 宪法学说[M]. 刘锋,译. 上海:上海人民出版社,2005:89.

国大革命本身包含着一种新的政治原则,这种政治原则就是"人们凭借有意识的决断,自己决定自己的政治存在的类型和形式"①。而且正是这种"自由决断"的原则,赋予了新秩序以正当性。因为在施米特看来,政治即是划分敌友的活动,所以政治活动的根本在于作出划分敌友的决断,而宪法的核心则在于对国家存在的类型和形式作出决断。

政治本身就是一种决断活动,权威就来自于这种自由决断。只要存在着与宪法相对应的政治统一体,制宪权主体——君主或人民(民族)——就具有能够决定统一体存在的类型和形式的决断权力。并且这种决断根本"不需要借助于伦理规范或法律规范来证明自身的正当性,而是从政治存在中获得其意义。在这里,规范根本不可能为任何事情提供理由,政治存在的特殊类型无须、也不能被赋予正当性"。在王权崩溃之后的民主时代,只要宪法是人民的自由决断,是人民为自己制定一部宪法,就根本不需要其他的任何依据来提供证明。对此,他引用西耶斯的话说,"民族行使意志,足矣"②。

然而阿伦特认为,施米特的这种观点其实并无特别之处。在她看来,无论是主权理论还是决断论,它们在解决开端问题的时候,都诉诸一种绝对性的力量,认为是这种绝对性的力量创建了新秩序,并为宪法提供了正当性。因此,它高于宪法之上,它是宪法权威的来源,宪法也无法约束它。但是,这种不受控制的绝对性的力量,往往是暴政的来源,因此一个源于绝对主义的新秩序就与它所要推翻的"暴政"无异。在这个意义上,阿伦特毫不犹豫地指出,"在人类事务领域,主权与暴政是一丘之貉"③。因此,主权决断论没有为奠基的正当性提供有效的论证。④ 不管权威是建立在"公意"的基础之上,还是来自于人民意志的自由"决断",只要以依赖宪法权威的主权者的方式来解决开端问题,就会面临着两难的选择,要么是陷入西耶斯式的"恶性循环",要么是陷入绝对主义的困境。如果革命之后的新秩序是为公民的自由立基的话,那么前者无法为新秩序提供正当性,而后者却根本地侵害了新秩序。

---

① [德]卡尔·施米特.宪法学说[M].刘锋,译.上海:上海人民出版社,2005:87.
② [德]卡尔·施米特.宪法学说[M].刘锋,译.上海:上海人民出版社,2005:98,88.
③ [美]汉娜·阿伦特.论革命[M].陈周旺,译.南京:译林出版社,2007:137.
④ 刘擎.大革命与现代政治的正当性[J].学术月刊,2006(9):27-34.

要解决在开端问题上所面临的上述困境,阿伦特认为必须要从根本上弃绝从霍布斯那里继承而来的主权观念或绝对主义思想。"如果人们希望自由,他们必须弃绝的恰恰是这种主权。"① 那么,如何才能避免从一个缔造者的角度去解决开端问题呢?阿伦特认为,美国革命的例子提供了这种可能。在她看来,美国革命不是突然爆发的,而是人们经过共同协商、依靠相互誓愿的力量而完成的。奠基不是依赖缔造者一人之力,而是依靠众人的结合之力。在这种奠基过程中所展露出来的原则,就是相互承诺与共同商议的原则。与法国大革命相比,美国的革命事件充分表明人类可以通过深思熟虑和自由选择来建立一个好政府,而不用依赖机遇和强制。② 那么,美国革命为何能够有如此突出的成就?

阿伦特认为,美国革命与法国大革命之间最大的不同在于,法国大革命是绝对君主制的遗产,因而深受绝对主义之苦,而美国革命则是"有限君主制"的历史遗产。在这种政治传统中不存在不受法律制约的权力,公民拥有广泛的自治经验,在政府中也不存在凌驾于法律之上的绝对权力。所以,在美国的立国过程中,根本无须出现一个绝对主义权力为新秩序奠基;相反,新秩序只能产生于众人的广泛协商和共同选择的过程之中。这里的关键之处在于,与绝对主义的政治建构在根本上需要仰赖一人之功的逻辑相对,美国革命则需众人合力。

也就是说,美国的立国过程本身即是一个自由公民自主聚合的过程。权力本来就是属于人民的,立国过程只不过是一个建立宪政权威以落实人民权力的过程。宪政无须另外的权威来证明自身的正当性,宪政所包含的秩序和原则本身就存在于立国的过程之中,并为所有的聚集在一起的人们所共同分享。宪法的权威在于它必须保证共和秩序的稳定性和永续性,保证共和国的长治久安。因此宪法的权威来源于政治行动之中,根本无须凭借任何外在的权威去证成自身。可以看出,在这里,阿伦特发展出了一种公共行动的政治观。她以古典时期的城邦政治经验为资源,视政治为人们在公共领域里以公民身份表现卓越言行,以及通过理性言说,

---

① Hannah Arendt. Between Past and Future: Eight Exercises in Political Thought [M]. Harmondsworth: Penguin Books, 1977: 165.

② [美]汉娜·阿伦特. 论革命[M]. 陈周旺,译. 南京:译林出版社,2007:199-200.

经由相互辩论和协商,形成治理公共事务的共识的活动。所以,在阿伦特看来,政治就是共同治理公共事务的行动。

通过上述法国大革命和美国革命在立国过程中所体现出来的智识传统,我们大致可以发现现代政治存在着两种不同的建构逻辑——主权决断的逻辑和公共行动的逻辑。前者预设了一个单一的权威中心,共和国的新秩序端赖此中心的力量和权威,通过自上而下的方式进行创建和奠基。以这种逻辑建构的现代政治,最终形成了主权统治的政治模式,其核心的特征是建立在代议制民主之上的单一中心的官僚体制。后者则预设了权力的多个中心,共和国的秩序必须依靠众人经过共同的协商和自由选择,以自下而上的方式进行创建。以这种逻辑建构出来的现代政治,最终形成了公共治理的政治模式,其典型的特征在于多重的自治共和国,即多个相互重叠的自治共同体,也就是复合共和制。

在阿伦特看来,与公共行动的建构逻辑相比,主权决断逻辑的问题在于,它不但在理论上预设了一种专断的统治者,而且在现实的制度设计中让人民再度成为被统治者。定期的选举制度,使得代议制纯粹成为民主政治的摆设,失去民主控制的单一中心的行政体制,也蜕化成为政治统治的专政机器。所以,在今天要想复兴政治、重建自由的秩序,从主权决断逻辑下的主权统治模式转向公共行动逻辑下的公共治理模式,已经成为必然。这实际上就是当代政治生活中隐藏在从统治到治理的这种政治转换背后的历史逻辑。也就是说,假如革命之后的共和国是以自由立基,那么它的政治建构逻辑就必须放弃主权决断的政治逻辑,转而遵循公共行动的政治逻辑,从而实现从主权统治的政治模式过渡到公共治理的政治模式。

二、从主权到治权:政治权力模式的转换

一般而言,"权力在政治领域中居于举足轻重的地位,犹如权利在道德领域具有举足轻重的地位"[①]。从当代的政治理论传统来看,自马基雅维利将政治的目的视为获取并保持权力以来,权力就一直被想象为政治领域的

---

① Alan R. White. Rights [M]. Oxford: Oxford University Press, 1984: 154.

中心主题。韦伯认为,"'政治'意指力求分享权力或力求影响权力的分配"①,因此哪里有权力关系或冲突存在,哪里就有政治。拉斯韦尔也认为,"正是社会中的权力——权力的本质、基础、前提、范围和结果——是政治学的主要研究对象……政治学家的兴趣焦点是明确的,它集中于夺取或获取权力,对其他人运用权力或影响力,或抵制这种运用的斗争上"②。美国现实主义理论家摩根索更是鲜明地断定,不论是国际政治还是国内政治,在本质上都是争夺权力的斗争。③ 在现实中,权力设施以及权力的运作机制的确构成了政治体系中的主要组成部分。权力不仅是经验主义政治学一直以来的主题,而且在规范主义政治学中也占据重要位置。任何一种公正的社会结构或安排同样也体现为一种有关政治权力的分配和运行的制度安排。因此,可以说,权力是政治研究不可缺少的构成性视角。

以权力的视角观之,上述以阿伦特的分析为基础所抽象出来的两种政治建构逻辑和政治模式之间的差别在于,主权决断的逻辑所建构出来的政治权力系统是一个以统治为主要取向的主权系统,而公共行动的逻辑建构出来的政治权力系统却是一个以治理为主要取向的治权系统。主权系统与治权系统之间的差别在于,前者主要解决主权的归属问题或主权者的正当性问题,而后者则更关心权力如何运作,公共事务如何才可能得到有效的治理。对于现代社会的政治而言,后者无疑具有更高的价值。因为自革命颠覆传统的专制统治的那一刻起,所有的个人都已经成为自由公民,主权在民的问题已经毋庸置疑,不需再诉诸其他任何的权威。革命的行动已经证成了自身,剩下的问题应该是如何保全自由以使共和国长治久安。这实际上也是隐藏在阿伦特分析背后的理论逻辑。因此,治理对话统治,其核心的特征在于政治权力模式的转换,而关键的部分就在于,要摒弃绝对的、单一中心的主权式权威。

---

① [美]艾伦·C. 艾萨克. 政治学:范围与方法[M]. 郑永年,等译. 杭州:浙江人民出版社,1987:21.

② David Robertson. A Dictionary of Modern Politics [M]. London: Europa Publications Limited, 1985: 9.

③ [德]汉斯·摩根索. 国家间政治:权力斗争与和平[M]. 徐昕,等译. 北京:北京大学出版社,2006:45.

与阿伦特通过重建政治的概念从而对主权统治模式提出批判不同，波普尔从其特有的批判理性主义的立场出发，也对政治学理论中主权式的统治思维进行了严厉驳斥。波普尔认为，政治学理论中从讨论主权问题或者统治问题开始根本就是一个错误的出发点。因为任何讨论"谁应该统治"或"统治者的正当性"之类的问题都是无解的；不仅无解，而且对这些问题的任何承认或肯定性的回答都可能会导致极权主义的危险。在波普尔看来，"谁应该统治"这个问题的潜台词就是政治权力不受限制。谁具备了统治的资格，就意味着他拥有和使用权力具有不可置疑的正当性。这种不可置疑的正当性使得任何试图对权力进行制约的观念无容身之地。

在古代的政治理论传统中，正是由于视统治者的权力不受限制，所以统治者的品质和资格就成为首要问题。在这种情况下，柏拉图才强调统治者的"智"和"善"，一如孔子强调统治者的"德"和"仁"。因此，承认"谁应该统治"这类问题就不可避免地意味着承认统治权的至高无上性和不受控制性，而对这种问题的任何回答都不可避免地与特定的个人(统治者)品质联系起来，并因此不可避免地具有走向极权统治的倾向。更重要的是，如果不幸一开始就面对这样的问题，那就可以说是一叶障目，会导致对另一个根本性问题的忽视，"这个问题就是，我们是否不应当努力奋斗，而通过权力之间的彼此平衡来对统治者实行制度控制"①。

很显然，权力应该受到控制。因为权力和人性存在着根本性的联系，权力根植于人性，而且受到人性的决定，权力很容易成为自由的最大威胁，因此不受制约的权力也不可能存在。如果现代政治仍是以自由为目标的话，那么就"从未有过不受制约的政治权力，只要人仍保有人性，就不会有绝对的不受限制的政治权力"②。这恰如美国的开国之父麦迪逊"人不是天使"的断言。所以，面对人性之私(恶)，设计对权力施加限制的制度就应该成为政治理论的核心问题。然而，问题在于，如果政治理论以讨论主权或统治权归属问题为起点，那么就根本不会产生权力制约的观念。在这种情况下，"对统治者的制度控制和对他们之间权力的制衡这个问题

---

① [英]卡尔·波普尔.开放社会及其敌人[M].郑一明，等译，北京：中国社会科学出版社，1999：284.
② [英]卡尔·波普尔.开放社会及其敌人[M].郑一明，等译，北京：中国社会科学出版社，1999：230.

还没有等到提出来就已经被消灭了。兴趣已经由制度转向全体成员,现在最迫切的问题成了挑选出那些天生的领袖,并训练他们的领导才能"①。制度建设这个政治生活的首要议题就活生生地被替换为讨论领导人的资格问题了。

很显然,如果现代政治缺少权力制约的观念,那就很难看出它与传统政治有何不同。在这种情况下,现代政治走向极权主义的统治也就没有什么悬念了。因此,波普尔教导我们必须要另起炉灶,重建政治思考的逻辑,寻找政治学的新途径,那就是要用"'我们怎样组织政治机构才能避免无能力的糟糕的统治者带来太多的损害?'这一新问题取代原先的'谁应该统治?'的问题"②。因为,"对我们来说十分紧迫的是,要明白与'权力如何被行使'和'行使多大权力'的问题相比,'谁应该行使权力?'的问题几乎是无关紧要的"③。也就是说,政治生活的首要问题并非是统治者的问题,而应当如他所言,"在相当长的时间内,一切政治问题都是制度问题,是法律构架的问题,而不是个人的问题,通往更平等的进步只能靠对权力的制度控制来保证"④。权力制约机制应该是政治学和政治建构的首要问题,这实际上指向了现代以来自由主义政治制度中的保护型民主范式。

当然,从上述分析也可以看出,与阿伦特不同的是,尽管波普尔批判了主权统治逻辑在政治理论和政治建构中的正当性,但他持有的却是一种支配性的权力观,从而形成了一种较为消极的否定性立场。这与波普尔的自由主义价值观存在着直接的联系,体现为保护型民主的防范性制度设计。很显然,波普尔这种批判却存在着一定的局限性。最大的问题在于,波普尔基于传统的权力观将权力视为一种支配性的力量,从而在某种程度上模糊了主权与治权之间的差异,进而忽略了权力对于集体行动

---

① [英]卡尔·波普尔. 开放社会及其敌人[M]. 郑一明,等译,北京:中国社会科学出版社,1999:231.

② [英]卡尔·波普尔. 开放社会及其敌人[M]. 郑一明,等译,北京:中国社会科学出版社,1999:228.

③ [英]卡尔·波普尔. 开放社会及其敌人[M]. 郑一明,等译,北京:中国社会科学出版社,1999:257-258.

④ [英]卡尔·波普尔. 开放社会及其敌人[M]. 郑一明,等译,北京:中国社会科学出版社,1999:258.

和社会治理所具有的基础性地位和积极性意义。可以说,以波普尔为代表的自由主义在解构主权问题上虽然取得了一定程度的成功,但在建构治权问题上却存在着明显的不足,因而对于公共治理的生成逻辑缺乏充分的理解。

相对而言,阿伦特实际上是通过重新建构一种权力观念,将权力与暴力相区别,从一种较为肯定的权力观出发,从而在批判主权逻辑的同时,提出了较为积极的建设性意见。这种意见集中体现在她所坚持的共和主义的理论立场上,而这样一种共和主义的立场,正是今天重建社会治理的权力理论所必须坚持和发扬的理论传统。这实际上也是公共治理必须从共和主义传统中汲取正当性支援和功能性建议的重要原因。然而,值得重视的是,共和主义作为一种重要的政治传统,虽然历史悠久,但经过了复杂的流转变迁并在现代政治思想中与民主、自由形成某种程度的合流,其理论立场和主要精神都发生了重要的变化,也变得十分复杂。在今天,社会治理的实践提出了"重申古老而伟大的共和传统"这一重要的思想命题,但重申的前提显然是需要正本清源,展开细致的"挖掘"和"整理"工作。

一般来讲,在共和传统的理论源流中,大致形成了古典共和的"兼容各社会阶层的多元共治模式"以及现代共和的"以防御型制度设计为主的宪政共和模式"①。这两种模式之间的区别,大约就在于贡斯当所言的"古代人的自由"和"现代人的自由"之间。在古典的共和模式中,存在着积极的政治参与,因而社会治理的核心在于各阶层之间的多元共治;而在现代的模式中,政治自由的内核转变成了"无干涉",从而与政治参与完全无关,反而是处于权力的对立面,因而其核心是限制政府权力。当然,从古典共和到现代共和的转换逻辑十分复杂,其中主要的脉络是,在革命的政治动员过程中所形成民主理论以及自由主义话语,对于共和传统向防御型体制的转变有着重要的影响。

首先,民主理论的"自由悖论"使得防御型体制的设计对于保障自由成为必要。在革命语境中,为反对专制君主,一切权力来源于人民的人民主权理论就具有了天然的"政治正确",成为引领革命的主导话语。然而,

---

① 张凤阳.共和传统的历史叙事[J].中国社会科学,2008(4):79-95.

从上述分析中可以看出，人民主权理论不仅在制宪权的意义上陷入困境，更重要的是它所具有的至高无上性以及绝对性，最终会使得以自由立基的现代政治走向自己的反面。一旦民主制度依赖于多数规则，少数人的权利保护就成为问题。正如托克维尔所言，"民主政府的本质，在于多数对政府的统治是绝对的，因为在民主制度下，谁也对抗不了多数"[①]。政治权力无论是建立在一个人的意志之上，还是建立在多数人的意志之上，都是以强制的方式进行运作的。因此，以个人意志为基础的权力可以实行专制，以多数人的意志为基础的权力同样也可以实行专制，只要这种意志被视为"绝对正确"。"如果你承认一个拥有无限权威的人可以滥用他的权力去反对他的对手，那你有什么理由不承认多数人也可以这样做呢？"[②]因此，民主与自由之间存在着内在的紧张关系，这使得以自由引领民主实现对政府权力的制约成为必然。

其次，自由主义对消极自由的肯定也使得防御型体制成为保护型民主范式的重要组成部分。出于对政府权力特别是民主政府的多数权力的担忧，自由主义发展出了一种"消极自由"的观念。在这种自由观下，自由被视为干涉的阙如，没有干涉即为自由。以这种自由观为基础，自由主义发展出了一种保护型民主范式，在这种民主范式中，赋予"一种保护个人利益免受国家或其他公民的任意行为侵害的正式而平等的资格"成为核心。[③] 在自由主义看来，通过人民掌握政府的方式并不能有效保证每个人都能免除干涉，相反，政府本身可能会是自由的最大威胁。因此，以自由的观点来看，人民掌握政府的问题最好替换为如何制约政府的问题。也就是说，在保护型民主范式下，民主的首要问题已经从人民主权转换为制约政府，制约功能被看成民主的主要功能。这样，在自由主义民主理论的塑造下，共和主义从传统的社会多元治理模式转向以制约权力为主要目标的"宪政共和"体制就成为必然了，"共和"就合乎逻辑地导向"宪政"。只有将政府置于宪法和法律的控制之下，实行分权制衡，才能有效地防范政治生活中涌现某种威胁"自由"的独霸性或支配性力量。[④]

---

① [法]托克维尔. 论美国的民主(上卷)[M]. 董国良, 译. 北京：商务印书馆, 1997：282.
② [法]托克维尔. 论美国的民主(上卷)[M]. 董国良, 译. 北京：商务印书馆, 1997：288.
③ [英]戴维·赫尔德. 民主的模式[M]. 燕继荣, 译. 北京：中央编译出版社, 2004：112.
④ 张凤阳. 共和传统的历史叙事[J]. 中国社会科学, 2008(6)：88.

然而，问题在于，在当代社会，政府的功能已经远远超越了消极的安全保障和秩序维持的范围，并被赋予了更多的积极性功能，如权利维护、福利创造以及公共教育等功能。在这种情况下，从保护型民主向可治理型民主的转换也就成了必然。作为这一历史转变背后的逻辑也反映在宪政背景下传统行政法模式的变迁上，在今天，"行政法的功能不再是保障私人自权，而是代之以提供一个政治过程，从而确保在行政程序中广大受影响的利益得到公平的代表"[①]。因此，当代共和如果仍然局限在设计防御型的宪政体制，将会失去引领重建政治的话语权。更为重要的是，宪政共和体制仍然停留在政治统治的层面，是作为制约人民主权的重要机制而出现的，在根本上缺乏有效的治理筹划。对于社会治理而言，根本的目标不是限制权力，而是创造更多的权力。在这种情况下，复兴古典共和的那种能够兼容社会各个阶层的多元共治模式无疑具有更高的价值。这实际上也是阿伦特共和主义立场的真正指向。

综合上述分析，大致可以发现，无论是从共和主义的立场还是自由主义的立场，在政治权力模式中抛弃传统的主权思维已经成为一种共识。以共和主义和自由主义的立场来看，主权式的思维应该被抛弃，根本的原因在于它与自由之间是相抵牾的。如果社会治理的具体制度是以主权的模式来设置的，那么社会治理就会异化为专制统治，与暴政无异，即使主权是属于人民的也不例外。"如果你确信人民主权不受限制，你等于随意创造并向人类社会抛出了一个本身过度庞大的权力，不管它落到什么人手里，它必定构成一项罪恶。把它委托给一个人、委托给几个人、委托给所有人，你仍将发现它同样都是罪恶。"[②]因此对于自由而言，权力的分立与制衡是一种必需的制度设置。对权力如无必要的制约，那么权力的运作形式必然会蜕化为专断的支配，自由也就不会存在。然而，分权制衡与绝对而统一的主权逻辑是不相容的，所以抛弃主权逻辑也就不可避免。

从这个角度来看，如果公民自由和福利仍然是现代政治的目标的话，那么在现代政治生活和社会治理过程中拒斥那种与"谁应该统治"的问题

---

① [美]理查德·B. 斯图尔特. 美国行政法的重构[M]. 沈岿，译. 北京：商务印书馆，2002：2.

② [法]贡斯当. 古代人的自由与现代人的自由[M]. 阎克文，刘满贵，译. 北京：商务印书馆，1999：56.

相连在一起的主权式的思维已经不可避免。阿伦特毫不犹豫地宣称:"伟大的,并且从长远来看也许是最伟大的美国政治变革,它本身是在共和国的政治体内一以贯之地取消主权,这是一种真知灼见,认为在人类事务领域,主权与暴政是一丘之貉。"① 波普尔更是断言,"一切统治权都是自相矛盾的","统治权无论是在经验上还是在逻辑上,其地位都是脆弱的"。② 很显然,从权力的角度来看,上述统治向治理的转向,实际上意味着从主权过渡到治权。当然,应该注意到,治权并不是主权的对立面,它在某种程度上是主权在社会治理层面的一种替代或转换。

三、以公共性规训有效性:行政权的正当性建构

如果说阿伦特和波普尔分别从共和传统和自由主义的理论脉络中提出了对主权的批判,那么福柯则是以一种较为奇特的后现代主义的立场来解构"统治权"的现代性叙事,并宣称要"斩下君主(主权者)的头颅"。福柯也认为权力问题的关键并不在于谁掌握了权力,而在于权力是如何发生的,或者说关键在于权力是如何运作的,这就是权力的技术、权力的策略、权力的实施机制等问题。福柯指出,在西方社会科学的理论传统中,人们一直强烈关注着"由谁实施权力""对谁实施权力"这样的问题。但是,这样的研究并不能令人满意,我们不能透彻地把握权力在现代社会里的实际功能和运用方式,"社会学的研究可以告诉我们,工商业界谁主沉浮、政治家是怎样培养出来的",以及"资产阶级的统治","但是,据我看来,在这些一般性的命题之下,实际的情况要复杂得多"。③

福柯进一步指出,"权力是如何发生的"问题虽然不可能与"由谁实施权力"问题割裂开来解决,但是权力是如何发生、如何运作的问题远比权力由谁实施的问题重要。"我们当然要找出发号施令的人。我们要注意像议员、部长、秘书长这样的人。但这并不很重要,因为即使把这些'决策者'一一指明,我们仍然并不知道那些决定为何作出,怎样作出,怎么为大

---

① [美]汉娜·阿伦特. 论革命[M]. 陈周旺,译. 南京:译林出版社,2007:137.
② [英]卡尔·波普尔. 开放社会及其敌人[M]. 郑一明,等译,北京:中国社会科学出版社,1999:233,234.
③ [法]米歇尔·福柯. 权力的眼睛[M]. 严锋,译. 上海:上海人民出版社,1997:28-29.

家所接受,又怎样对某些人产生了伤害。"[1]只有弄清楚权力是如何运作的,也就是说弄清楚权力的策略、技术、机制,弄清楚权力得以实施的各种手段,才能真正懂得权力是如何发生、如何运作的,才能真正弄清权力是什么。因为"权力不应被看作是一种所有权,而应被称为一种战略;它的支配效应不应被归因于'占有',而应归因于调度、计谋、策略、技术、动作"[2]。

很显然,福柯是从一种排斥宏大叙事的后现代主义立场,通过强调对权力微观运作机制的分析方式拒绝了主权式的思维。在他看来,权力运作机制的重要性远远超过了权力占有的重要性。就权力是一种"管理艺术"而言,它是工业社会的治理所不可缺少的。而且在今天,权力运作方式的显著改变已经使得"统治者—被统治者"的政治划分失去了意义,在社会治理的过程中,取而代之的是"正常者—不正常者"之间的纪律区别。在现代社会的运作体系中,权力是一种"纪律—规范化"的子系统,"它实际上不是镇压的而是生产性的——镇压在此只是作为侧面的次要的作用,次要是相对于那些相对这个权力处于中心的机制:进行制造的机制,进行创造的机制,进行生产的机制"[3]。在他看来,尽管权力仍然保留了控制,但是这种控制的方式已经发生了巨大的变化,而且权力控制的目的也不再是彰显全权君主的力量,而是服务于工业社会的经济生产目标。在某种意义上,权力已经成为社会治理不可缺少的手段。

所以,尽管福柯是从权力的微观机制角度来提醒人们现代社会仍然是一个权力控制的社会,但他也的确通过这种特殊的方式否定了现代权力所具有的"司法—政治"功能,从而否定了权力的政治统治功能。福柯的分析具有很大的启发性,他在分析主权式思维破产的同时指出现代社会中权力的另一种困境。在讨论权力的纪律—生产性特征时,福柯指出了两个问题。一方面,在工业社会,权力转换成为"纪律—规范化"子系统,意味着主权式的统治在今天已经失去了其社会经济基础;另一方面,生产性的机制处在了权力的核心地位,也意味着权力失去了其政治性,彻

---

[1] [法]米歇尔·福柯.权力的眼睛[M].严锋,译.上海:上海人民出版社,1997:29.
[2] [法]米歇尔·福柯.规训与惩罚[M].刘北成,杨远婴,译.北京:生活·读书·新知三联书店,1999:28.
[3] [法]米歇尔·福柯.不正常的人[M].钱翰,译.上海:上海人民出版社,2003:53.

底沦落为经济理性的产物,成为"管理的艺术"。更重要的是,为了支撑一种普遍主义的生产逻辑,作为管理手段的权力仍然被塑造为单一中心的模式。职是之故,权力仍然是控制取向的。并且,这种控制已经通过"纪律—规范化"系统,渗透到了社会生活的每个领域、每个角落。

从理论逻辑来看,福柯的分析和提醒不无道理。这种分析的价值在于,如果说工业社会的生产逻辑导致主权观念已经不再适用,那么这并不意味着权力已经不会存在。相反,以生产为目标的新型权力系统正在取代主权—统治式权力没落后空出来的位置,那就是生产—管理性权力。与统治权力的正当性建立在合法性的基础之上以及依赖于命令—控制机制不同,管理权力的正当性是与有效性高度相关的,并且它的运作依赖于纪律—规训机制。在福柯看来,社会权力的这种转换是与工业主义或现代社会的逻辑一致的。以一种历史社会学的眼光来看,现代社会与传统社会的不同,除了表现在政治领域中的"解放"以外,还表现在经济领域或者物质生产领域的"解放"。[①] 如果说政治领域中的解放集中体现在推翻专制统治,建立一种以个人自由为基础的"新秩序"——共和国,那么物质生产领域的解放却集中体现在创造出了一个"脱嵌"的经济领域。其结果是,它不仅撕下了罩在社会关系上的"温情脉脉的面纱,把这种关系变成了纯粹的金钱关系","使人和人之间除了赤裸裸的利害关系,除了冷酷无情的'现金交易',就再也没有任何别的联系了",[②] 而且它还试图进一步将经济—生产—市场的逻辑置于整个社会系统的支配地位,试图将人类社会变成经济体系的附属品。[③] 这才是福柯所分析的现代社会到处飘浮着纪律—规训符号、到处弥漫着权力身影这一现象背后的社会历史根源。

如果现实真如福柯所言,那么,现代社会的解放并未带来真正的自由,只不过是将个人从君主(主权)的统治之下置于新的统治逻辑之下而已。从现实来看,现代资本主义的经济交往,对经济效益的无止境的追求,决定了其的确"向行政管理提出既尽可能快捷地,又精确地、明晰地、

---

① 郭忠华.解放政治的反思与未来:安东尼·吉登斯现代性思想研究[M].北京:中央编译出版社,2006:28.
② 马克思,恩格斯.共产党宣言[M].北京:人民出版社,1997:30.
③ [英]卡尔·波兰尼.大转型:我们时代的政治与经济起源[M].刘阳,冯钢,译.杭州:浙江人民出版社,2007:65.

持续地完成职务工作"的要求。作为这种生产—效率的逻辑支配的结果是,以理性官僚制为基础的行政管理成为社会治理的基本模式。"精确、迅速、明确、精通档案、持续性、保密、统一性、严格的服从、减少摩擦、节约物资费用和人力,在由训练有素的具体官员进行严格官僚体制的、特别是集权体制的行政管理时……能达到最佳的效果。"①从这个角度来看,以官僚制为代表的社会治理系统的出现,是经济系统所具有的形式理性扩张的结果,官僚体制所具有的工具理性使之成为经济系统的最佳管理工具。因为"现代资本主义关系在内部首先是以计算为基础的。它需要一个法律系统和行政系统。至少在原则上,根据确定的一般规律,这个法律系统和行政系统能够被合理地加以计算,这正像一台机器的可能的运行被加以计算一样"②。在这种工具理性支配的话语中,社会治理系统"有一个明确的目的意识,一个意识形态和一套技术",那就是"使(公共)行政成为除既定的要实施的目标以外唯一剩下的中立工具"。③

在这里,社会治理在有效性逻辑的支配之下,除了发展出一种能够扩散经济理性的治理体系之外,还发展出了一种令人恐怖的工具理性系统。这一理性系统的恐怖之处在于,假如它落入独裁者之手,那么在极权主义的统治之下,官僚制就会成为有效的杀人工具。因为官僚制只会"按部就班地衡量最佳值,不会区分一个目标同另一个目标之间的差别,也不会区分人和非人目标之间的差别。重要的是效率和降低它们执行过程中的成本"。因此,"它包含了在执行种族灭绝过程中被证明是必需的所有技术因素。这种模式不需要对其结构、机制和行为规范作任何重大的修正,就可以应用于种族灭绝的目标"④。官僚制的恐怖之处还在于,它会形成自身的推动力。"所有官僚机器都忽视原初目标、转而专注手段",因此,"一旦启动,屠杀机器就会形成它自己的推动力"。⑤ 从现实来看,现代历史

---

① [德]马克斯·韦伯.经济与社会(下卷)[M].林荣远,译.北京:商务印书馆,1997:296-297.
② [匈]卢卡奇.历史和阶级意识[M].王伟光,张峰,译.北京:华夏出版社,1989:96.
③ [美]麦克斯怀特.公共行政的合法性[M].吴琼,译.北京:中国人民大学出版社,2002:139,142.
④ [英]鲍曼.现代性与大屠杀[M].杨渝东,等译.南京:译林出版社,2002:139.
⑤ [英]鲍曼.现代性与大屠杀[M].杨渝东,等译.南京:译林出版社,2002:41.

中法西斯分子统治之下的"大屠杀"足以证明现代社会治理模式中固有的缺陷。鲍曼引用布朗宁的话指出,"纳粹分子集体屠杀欧洲犹太人不仅是一个工业社会的技术成就,而且也是一个官僚制度社会的组织成就"①。

然而,鲍曼也看到,虽然"官僚体系有执行种族灭绝行动的能力",但它自身并不直接产生这种行为,"要进行这样一个行动,官僚体系还需与现代性的另一个创造相遇,即一个更好、更合理、更理性的社会秩序的大胆设计——比方一个种族单一的社会或一个无阶级的社会——以及最重要的是绘制这些设计的能力和使它们运作起来的决心。两种现时代普遍而丰富的创造相遇就产生了大屠杀"②。从这个角度来看,对主权—统治式政治模式的反对,是与官僚制—行政权的警惕联系在一起的。因此,只要当今世界中,极权主义的魅影还时常闪现,官僚体制的恐怖就应当令人警惕。在这种情况下,将官僚制纳入民主政治的制度性控制之中,就是现代政治的重要主题。

然而,问题在于,今天代议制已经使民主政治陷入困境之中。阿伦特认为,代议制民主是今天大多数民主政治的重要机构,也是体现主权在民的重要机制,然而它却成了今天民主政治中最重要的反民主的机制。她认为,所有的代议制都不过是下列两种情形中的一种:一种是作为人民直接行动单纯的替代品,另一种是人民代表对人民实施的大众化控制式统治。在第一种情形中,政府堕落为单纯的行政机关,公共领域消失了;在第二种情形中,人民被拒于公共领域大门之外,政府事务沦为少数人的特权。因此,代议制要么是去政治的,要么是反民主的。这是代议制无法解决的一个难题。更进一步来看,由于第一种情形实际上预设了代表始终视选民的事务比他们自己的事务更加重要这一前提,因此相比较而言,"第二种情形更为接近现实"③。也就是说,在现实中,代议制更有可能成为反民主的制度设施。

从实际来看,在传统的以代议制民主和理性官僚制所构筑的单一中心治理场域中,政治权威和社会精英的各种联盟操纵着政治议题的建构、

---

① [英]鲍曼.现代性与大屠杀[M].杨渝东,等译.南京:译林出版社,2002:18.
② [英]鲍曼.现代性与大屠杀[M].杨渝东,等译.南京:译林出版社,2002:141.
③ [美]汉娜·阿伦特.论革命[M].陈周旺,译.南京:译林出版社,2007:222.

设置和政策方案的选择,操纵着对社会事实的解释和政治价值的分配。不仅民主政治已经日益蜕化为由社会权力精英和经济精英操纵的、排斥一般社会公众参与的"老板政治""公司政治",而且"在官僚组织的支配下,绝大部分人口都对那些影响其日常生活进程的决策变得无能为力"[①]。多数的社会主体不仅日益被排除在民主政治和社会治理的过程之外,而且日益成为权力系统监控和规训的对象,沦落为民主政治的客体,成为被新崛起的社会权力主体所压制的对象。在这种"异化"了的主—客体政治范式下,随着工具理性的不断扩张,权力的运作日益精细化,不断发展的监控和规训不仅日益压缩了公共空间的成长,甚至侵犯了公民的自主性领域。其具体表现之一就是,"在实用主义和功利主义占据上风的公共行政范式中,理性工具主义塑造的单向度的社会不仅将完整的个体规训为社会事实中的一个功能符号,而且强大的垂直管理结构所形成的压制、服从和命令的交往机制,使得依附于理性官僚政府组织的公民丧失了公共伦理/政治的判断准则"[②]。

  私人利益对公共生活的侵蚀以及精英统治与大众民主之间的紧张关系,已经成为阻碍现代政治成长的关键问题。如果代议制民主已经使官僚制脱离了民主的控制,那么,面临急剧扩张的行政权,还有什么有效措施可解决官僚制—行政权所带来的严重威胁? 福柯、鲍曼以及阿伦特的分析足以表明,在代议制民主之外,通过复兴公共领域,从社会治理层面解决行政权问题的重要性。从主权到治权的过渡虽然是社会经济发展的必然,但正像在解放政治的过程中,主权并不一定能够成就自由那样,治权本身也并不一定必然导致自由。对自由的保卫战除了要消灭主权的这个坚硬而顽固的堡垒以外,还需要向工业主义社会的生产逻辑和管理主义思维开炮,恢复治权的政治性和公共性势所必然。

  总之,经过生产—管理—有效性的经济逻辑的双重转换,从统治—主权—合法性模式过渡到治理—治权—公共性模式已成为现代性政治重建的基本逻辑。在公共治理的政治框架中,行政权不仅要成为公民自由与

[①] Anthony Giddens. Social Class and the Division of Labor [M]. London: Cambridge University Press, 1982: 38.
[②] 孔繁斌. 公共性的再生产:多中心治理的合作机制建构 [M]. 南京:江苏人民出版社,2008: 136.

社会福利的捍卫者,而且还要成为自由与福利的提供者和服务者,在建设一个公正而自由的社会的过程中成为主导性力量。在这种情况下,传统的建立在民主基础上的主权统治模式、自由主义的保护型民主范式以及工业社会的管理主义模式,都无法为在公共治理中既具有积极能动性又能够促进公共利益的行政权提供一个有效的行动框架。行政权需要从统治模式中的统治工具以及生产模式中的管理工具转换为公共治理模式中具有公共性的能动力量。这意味着行政权的共和化既要拒斥统治伦理的合法性叙事,也要反对管理主义的有效性说教,要将公共性置于首要地位。

第三节 行政权的共和化设计

从上述分析来看,如果说共和国是以自由立国,并且随着民主的不断深化也需要不断地促进个人福利的增长,那么治理就应该取代统治成为现代政治生活的主题,而政治权力的建构模式也相应地需要从主权—合法性模式落实到更具公共理性的治权—公共性模式。在这个过程中,无论是行政权的规范性意义还是其功能性价值都将得到有效转换。重新设计行政权俨然成为当代治理变革的核心机制。从一般意义上说,今天对行政权的重新设计仍然面临着下述潜在的危险:"一个强大的执行官是必要的,而且显而易见的是,这个执行官不能仅仅从事字典意义上的'执行'。但是,假如他为此必须获得并行使'个人权力',暴政的危险将变得同样明显。"[1]行政权的重新设计问题实际上恢复了共和传统一以贯之的主题——防范权力私有化。然而,应该看到,在社会治理的过程中,对行政权私有化的防范是与积极行政的主题结合在一起的,这使得行政权的重新设计超越了传统的防御型的制度设计模式。这实际上也是今天行政权共和化设计所面临的现实要求和重要价值。

---

① [美]哈维·C.曼斯菲尔德.驯化君主[M].冯克利,译.南京:译林出版社,2005:19.

一、行政权的剩余价值:一项知识史的考察

一般而言,行政权(administrative power)来源于执行权(executive power),并且也一直被当作"执行的权力"来看待。从历史源流来看,行政权的最早论述可以溯及亚里士多德对政体构成要素的分析。亚氏认为,"一切政体都有三个要素……三者之一为有关城邦一般公务的议事机能(部分);其二为行政机能部分——行政机能有哪些职司,所主管的是哪些事,以及他们怎样选任,这些问题都须一一论及;其三为审判(司法)职能"①。然而,值得注意的是,亚里士多德的"行政机能"虽然类似于今天的行政权,但却存在着本质上的差异。他在讨论政体的三种机能时,实际上是在讨论王权的三种理性要素,而不在于这三种要素本身。因为"亚里士多德与柏拉图一样,认为最好的政体是最杰出者的王权政体",这样,"在亚里士多德能够阐明一种执行权观点的关键时刻,他却开始捍卫王权,以便让法律更准确地发言"②。在他看来,能够最好地将这三种要素结合到政体之中的是"法治"制度。

虽然从实践来看,在罗马时代的独裁官中存在着原始形态的执行官,但真正发现现代执行官的无疑应该是马基雅维利。"现代执行官,无论是政治的还是工商业的执行官,都朦朦胧胧地感到他们同马基雅维利有一种令人不舒服的亲缘关系",因为马基雅维利是"第一位经常把现代含义的'执行'作为一个主题加以使用的政治作家"③。马基雅维利生于16世纪意大利四分五裂的动乱时代。从历史的角度看,这个时代实际上处在早期现代化的发展阶段,在客观上面临着进行政治整合、建立民族国家的要求。从某种程度上说,马基雅维利孜孜以求的"新秩序"实际上呼应着时代发展的现实需要。作为一名关注现实的政治思想家,马基雅维利的核心关怀在于,如何能够在城邦林立、相互争战的无序状态中,实现民族统一、建立新的共和国,从而创造全新的政治秩序。多年的从政经验使他充分认识到,在这样一个动荡不安、混乱无序的状态中建立新秩序是何等

---

① [古希腊]亚里士多德.政治学[M].吴寿彭,译.北京:商务印书馆,1965:214-215.
② [美]哈维·C.曼斯菲尔德.驯化君主[M].冯克利,译.南京:译林出版社,2005:51,45.
③ [美]哈维·C.曼斯菲尔德.驯化君主[M].冯克利,译.南京:译林出版社,2005:139.

的困难,这也决定了创建共和国、确立新秩序实际上是现代政治的首要问题。

作为一名现实主义的政治学家,马基雅维利看到,既然人性是邪恶的,那么为了达到必然的结果,就需要一名执行官来铲除达到必然结果道路上的一切障碍。在他的分析中,可以发现产生现代执行官的多个要素:对惩罚政治的利用,这要求一个超常的执行人;战争和外交事务优先于和平和国内事务,这大大增加了紧急权力的机会;当统治被理解为代表统治者之外的人"执行"时,间接统治所具有的好处;通过发现或培养适用于所有政体的统治技巧,侵蚀作为一个整体的各种政体之间的差异;决断的需要,它来自于统治行为以当机立断为最佳的事实;为了令人吃惊而保守秘密的价值;自己承担荣辱的单一执行人,即"独自一人"的必要性。①

马基雅维利从历史经验中看出,只有智勇双全的强大君主,才堪当此等重任,并成就伟业。列强林立,要剿除敌对势力、结束混战局面,没有一个勇敢而精明的霸主如何可能?马基雅维利实际提出了共和国的一个恒久性的命题,那就是共和国的长治久安必须依赖一个强大的执行官。这个强大的执政官对外必须能够消灭各种敌对势力、保卫国家安全,对内必须能够保持秩序稳定、防止分裂、主持公道以及保障自由和法律。因此,在紧急时刻赋予执行官以强大的权能几乎成为挽救共和国的唯一之举。共和国的强大和持续繁荣端赖此人。"现代国家除非配备了强大的执行官,否则它会被认为并非一项持久的事业,没有执行官的国家在劫难逃,它会受到更幸运的国家的可怜和蔑视。"②

然而,曼斯菲尔德认为,马基雅维利只是发现了执行官,并没有发现执行权。他的执行官只追求"良好的效果",因自身品质的决定性作用而不能持久。要保证政体的长治久安,就必须要将现代执行官的统治普遍化,以制度化来消除它的人格化,使之不依赖于个人的品质。这样,就有必要发现执行官身上所具有的客观能力,并将之从人格化的特质中抽象出来。曼斯菲尔德认为这个任务是由霍布斯完成的。他"创造了一种抽象的'权力',使其成为政治科学的核心","在霍布斯之前,权力(power)

---

① [美]哈维·C. 曼斯菲尔德. 驯化君主[M]. 冯克利,译. 南京:译林出版社,2005:150.
② [美]哈维·C. 曼斯菲尔德. 驯化君主[M]. 冯克利,译. 南京:译林出版社,2005:1.

是一个物理学概念,而不是一个政治科学概念"①。霍布斯将马基雅维利的经验分析进行了抽象,并对之进行了普遍化和道德化的处理。借助于"自然状态"和"利维坦"的分析,霍布斯发现了权力的必然性以及权力的合法性。在霍布斯看来,权力的必然性和合法性都与自由有关,"权力和自由不是对头,而是相互依存的伙伴;权力从来源上说依靠自由,而自由为了避免悲惨的处境,也要依靠权力"②。

然而,霍布斯的论述存在着不可调和的内在矛盾。权力是从公民自然权利的执行过程中产生的,但创生出来的权力却不可分割,只能交由君主行使,因而不得不走向绝对主义主权模式,试图建立一个拥有无限权力的君主政体。因此,这种模式几乎从一开始就承认了暴政的必然性。绝对主义模式所导致的暴政威胁和极权统治潜能已经有目共睹,相反,分权的宪政体制倒可能是保存自由的更好选择。"在洛克看来,对于个人权利最好的制度性屏障乃是由这样一种宪政提供的:它在几乎所有的内政事务上都严格地使执行权(那一定是很强大的)隶属于法律,并且最终隶属于有明确界定的立法议会。"③

洛克的分权理论就是要通过宪政安排建立这样一种政治结构。他认为,暴政产生于君主的全权,因此必须要将政治权力分立,分权的价值在于防止暴政。将执行权(它通常也包括司法权)同立法权分离,把执行置于从属的地位,其直接目的是维护法治,终极目的则是维护公民的自由和权利。"这种分权是为了防止立法者为了迎合自身而适用法律,执行人的从属地位是为了阻止法律的执行人按自己的利益改变法律。"④然而洛克也看到,立法也可能无法完全反映或满足自然权利实现的条件,因此,他并没有放弃原始形态的、由自然权利所创生的执行权。无论立法权还是执行权,都是为保护生命、财产和自由权力而建立的。立法权只是代表着这种政府的原则,但这种原则并不能总是有效地反映政府目的的实质性

---

① [美]哈维·C. 曼斯菲尔德. 驯化君主[M]. 冯克利,译. 南京:译林出版社,2005:51,45.
② [美]哈维·C. 曼斯菲尔德. 驯化君主[M]. 冯克利,译. 南京:译林出版社,2005:184.
③ [美]列奥·施特劳斯. 自然权力与历史[M]. 彭刚,译. 北京:生活·读书·新知三联书店,2003:236,238.
④ [美]哈维·C. 曼斯菲尔德. 驯化君主[M]. 冯克利,译. 南京:译林出版社,2005:210.

要求,法律并不总能达到预定目的。因此,虽然立法权至高无上,可以避免专横地使用权力,但执行权的自由裁量也是必要的。

洛克承认宪政体制失败的可能性,在这种情况下,他赋予执行官以特权,在规则之外为公共利益服务,执行权因而具有了形式和实质上相对立的暧昧性。正是通过执行权的暧昧性,宪政体制因分权而获得了一种自我批判的能力,使之更好地服务于公共利益。然而,执行权这种暧昧性也集中体现了现代宪政体制中的基本问题。虽然洛克首先发现了现代执行权,然而由于他的执行权中包含了司法权,因此这时候的执行权还不是现代意义上的行政权。但洛克对执行权的暧昧性论述却一直保留在现代的行政权之中,并且由于行政国的扩张而变得至关重要。

孟德斯鸠通过将惩罚权从执行权中分离出来从而将执行权成功地转化为现代的行政权。孟德斯鸠认为,将惩罚权置于执行权之中,由行政主体执掌,将会导致出现对惩罚权的政治利用,一如马基雅维利在《君王论》中所建议的那样,这就会破坏宪政结构。因此,必须将"惩罚的权力从执行官的紧急处置权和外交决策权中剥离出来。这样一来,他便使惩罚与政治相分离,由此阻止或限制对惩罚权的政治利用,而这正是马基雅维利筹划的事情,并被霍布斯和洛克(以更讲法制的方式)加以扩大。孟德斯鸠设立了一个不必令人恐怖的强大的执政官,他证明了自由的政府不必恐吓自己的人民也能管理自身的事务"①。

然而,孟德斯鸠在建立了一个比洛克的理论更精致、更能有效运行的宪政体制的同时,却也将执行权中庸化了。孟德斯鸠本质所要建立的是一种理性的、能够自我运行的宪政体制,因此他取消了作为共和国执行原则的优秀品质,同时将分立的权力置于一种制衡的结构中。从马基雅维利开始的执行权所具有的那种积极权能不见了,取而代之的是一种温和的平衡体制。这样一种温和平衡的体制虽然能够有效防止权力的扩张和专断,但同时也使政府的能力弱化了。毕竟共和国的强盛需要政府具有积极的权能,而积极的权能也并不一定就意味着权力的扩张和专断。在曼斯菲尔德看来,美国政府体制的设计真正体现了这一目标,通过执行权的共和化,产生了一位与共和政体相符的强大执行官。

---

① [美]哈维·C.曼斯菲尔德.驯化君主[M].冯克利,译.南京:译林出版社,2005:248.

在美国联邦党人看来,虽然强大的执行官未必总是好事,但执行官软弱无力肯定是坏事。"软弱无力的行政部门必然造成软弱无力的行政管理,而软弱无力无非是管理不善的另一种说法而已;管理不善的政府,不论理论上有何说辞,在实践上就是个坏政府。"[①]因此,《联邦党人文集》中的政治科学的任务,就是证明能够把一个强大的执行官纳入共和政体。为了在良好施政上做到出类拔萃,共和政体必须依然是一个受到限制的立宪政府,但是这并不意味着统治最少就是最好意义上的消极的或最小的政府。相反,它是一个利用总统的优秀品质和能力的政府。共和政府不仅为了生存而需要他们,还要依靠他们做到出类拔萃。[②]联邦党人通过将共和主义与宪政结合起来,在宪政体制内纳入了强大的执行官。

在洛克的理论中,我们看到存在着两种最高的权力,一个是体现在立法机关的立法权,另一个表现为超出法律的自由裁量权。作为拥有自由裁量权的一方,执行官并不完全处在宪政体制之内,因而无法实现法律与自由裁量权的结合。同时,以洛克的理论立场来看,宪政体制只不过是公共利益的工具,缺少宪政主义者对宪政体制本身的尊敬。然而,联邦党人却做到了既将自由裁量权赋予执政官以形成强大的执行权,同时又将宪政体制置于最高的位置。他们采取的办法是通过公民选举而不是由立法机关任命的方式产生执行官。《联邦党人文集》把宪政体制中的执行官同人民主权原则结合在一起。由此,这个新型的宪政体制中的执行官,变成了一个公共的共和主义者,从而"把法律和特权之间的冲突纳入了宪政体制之中"。[③] 在这种宪政共和体制中,分权机制具有新的含义,虽然它的"首要作用是对依靠人民控制政府这种做法的一种'辅助性的防范'",但它同时却"还有一个目的——诉诸优秀品质"[④],也即塑造强大的执行官,这集中体现在今天的美国总统一职之中。

从上述考察可以看出,现代宪政设计的核心关切在于,如何将强权国

---

① [美]汉密尔顿,杰伊,麦迪逊. 联邦党人文集[M]. 程逢如,等译. 北京:商务印书馆,1980:356.
② [美]哈维·C.曼斯菲尔德. 驯化君主[M]. 冯克利,译. 南京:译林出版社,2005:304.
③ [美]哈维·C.曼斯菲尔德. 驯化君主[M]. 冯克利,译. 南京:译林出版社,2005:297.
④ [美]哈维·C.曼斯菲尔德. 驯化君主[M]. 冯克利,译. 南京:译林出版社,2005:302.

家与公民自由结合在一起。诚如联邦党人所言,"在组织一个人统治人的政府时,最大困难在于必须首先使政府能管理被统治者,然后再使政府管理自身"①。在某种程度上,强大的执行能力是良好政府的一个主要特征。在现实中,缺乏有效执行能力的政府无一不呈现出"弱的治理",无法落实法律和政策,对社会需求缺乏有效的反应能力,无法兑现政府的承诺和责任。这不仅会导致政府的合法性危机,严重的甚至会直接导致政权崩溃。因此,不管是何种类型的制度设计,拥有自由裁量的强大执行能力无疑应该居于重要地位甚至是首要地位,这实际上就是行政权在现代政治中的"剩余价值"。

在美国宪政体制的共和化设计中,执行权获得了一种暧昧性,形式上软弱的正式执行权的形象掩盖了非正式执行权所具有的强大的决断能力。"强大的执行官使软弱的执行官成为可能。强大的执行官的权能,使政府能够脱离古典意义上的'统治',变成一种范围和野心受到更多限制的事物——即现代意义上的'代表',它使政府成为人民的仆人……因为人民的意志的强大执行官,从原则和意向上说,是人民的一个软弱的统治者。"②正是借助于这种被掩盖的强大执行权,使执行官能够在非常时刻加以决断,共和国的安全与强盛才能得到有效的保障。可以说,赋予行政权以剩余价值已经是现代社会治理的一种必需,行政权的剩余价值是现代政治制度设计的逻辑起点。

然而,值得注意的是,虽然诚如曼斯菲尔德所述,通过宪政体制的共和化或者共和主义的宪政化,美国的政治制度实现了将强大的执行官和宪政体制结合在一起的愿望,从而既赋予执行官以强大的权能,又能保证宪政体制本身的稳定,既保证强大的执行权成为可能,又保证消极自由的不可僭越。在这个意义上,美国联邦党人以自己卓越的政治智慧,努力实现强大的政府和公民自由相结合的愿望。然而,我们需要怀疑的是,美国的宪政共和制度在多大程度上实现了这一目标。在今天,面对着大量的授权行为和自由裁量权,洛伊已经明确提出,这已经造成了美国宪政制度

---

① [美]汉密尔顿,杰伊,麦迪逊. 联邦党人文集[M]. 程逢如,等译. 北京:商务印书馆,1980:264.

② [美]哈维·C. 曼斯菲尔德. 驯化君主[M]. 冯克利,译. 南京:译林出版社,2005:16.

的混乱,自由正面临着日益扩张和强大的行政权所带来的严重威胁。[①]如果说美国总统由于选举机制和分权机制的存在还受到一些制约的话,那么大量行政部门中的行政官员却处在选举机制和制衡机制之外,他们手中所掌握的大量自由裁量权如何受到有效控制？如何纳入法治的体制之内？

更为重要的是,传统的宪政共和体制对公民自由的保障只立足于消极自由,在权利革命之后,积极自由取代了消极自由成为公民权利的基础,传统的宪政共和体制还能够提供有效保障吗？在这种情况下,很难令人相信执行权的共和化命题已经就此结束。相反,在今天执行权的暧昧性已经演化出大量的授权行为和行政自由裁量权的情况下,共和化的命题显然需要在新的层面上获得推进。这就需要从行政部门及其官僚掌握大量裁量权的角度,将共和化进程推向更深的层次,实现强大政府和公民自由的有效结合。

二、行政权的设计逻辑:从法律到政治

从某种程度上说,行政权共和化的命题,承接着曼斯菲尔德所提出的执行权共和化命题。当然,虽然两者之间存在着前后相承的关系,但两者之间也存在着很多不同。如果说曼斯菲尔德是从执行的角度提出了执行权共和化的重要命题,并直接指向了宪政层面的制度设计,那么,从行政的角度所提出的行政权的共和化命题,却直接指向了社会治理体系的构成性设计。更为重要的是,在曼氏那里,以美国宪政共和体制为代表的执行权共和化实际上是立足于消极自由的保守立场,而行政权的共和化命题却是立足于当代公民权利扩张的现实。因此,行政权的共和化无法从执行权共和化命题在宪政层面所指向的法律—规则性设计中得到有效满足,它需要在社会治理活动的互动过程中展现出来。

也就是说,行政权的共和化命题是立足于更具深度的公民权利诉求,直接指向以公共利益为目标的社会治理活动中的政治过程。从法律规则到政治过程的转变,不仅植根于执行权和行政权之间的差异,更契合现实

---

① [美]斯蒂芬·L. 埃尔金,等. 新宪政论:为美好的社会设计政治制度[M]. 周叶谦,译. 北京:生活·读书·新知三联书店,1997:181-206.

的需要,因而使得行政权的共和化命题具有了鲜活的生命力。从现实来看,现代社会的复杂治理依赖于广泛的授权行为和行政自由裁量权。行政自由裁量在现代社会中的必要性大致可归纳为:现代社会管理中的许多事情"必须留给行政人员去酌情处理"①。甚至连哈耶克这样一位保守的自由主义者也宣称,"任何人都不会否认这样一个事实,即政府为了有效地运用它所拥有的手段或资源,就必须行使大量的自由裁量权"②。

自由裁量权或行政授权行为的大量产生,既有法律本身的原因,也有其客观性。如果从法律规定的层面来看,"法律和政策本身的抽象性和模糊性,使得它们很少能够直接处理具体事务。在这种情况下,行政机关经常在若干受影响之特定利益星云密布般充斥其间的某个特定事实情形中,必须重新衡量和协调隐藏在立法指令背后的模糊不清的或彼此冲突的政策。必要的政策平衡就其内在本性而言就是自由裁量的过程"③。具体来说,第一,法律对行为条件的规定比较抽象、概括,因而导致对行政行为的适用条件即法律规定的解释上的自由裁量;第二,法律对行为种类和行为幅度的规定多样化的同时,还存在无法具体规定对应的适用条件等问题;第三,法律对行为程序规定的多样化并且无法具体规定对应的适用条件。除此以外,自由裁量或行政授权还存在着深层的社会性原因。

这些深层原因主要有:① 现代社会变化迅速,立法机关很难预见未来的发展变化,只能授权行政机关根据各种可能出现的情况作出决定;② 现代社会极为复杂,行政机关必须根据具体情况作出具体决定,法律不能严格规定强求一致;③ 现代行政法技术性高,议会缺乏能力制定专用性的法律,只能规定需要完成的任务或目的,由行政机关采取适当的执行方式;④ 现代行政范围大,国会无力制定行政活动所需要的全部法律,不得不扩大行政机关的决定权力;⑤ 现代行政开拓了众多新活动领域,无经验可以参考,行政机关必须作出试探性的决定,积累经验,不能受法律严格限制;⑥ 制定一个法律往往涉及不同的价值判断。从理论上说,

---

① [美]古德诺. 政治与行政[M]. 王元,等译. 北京:华夏出版社,1987:45.
② [英]哈耶克. 自由秩序原理[M]. 邓正来,译. 北京:生活·读书·新知三联书店,1997:271.
③ [美]理查德·B. 斯图尔特. 美国行政法的重构[M]. 沈岿,译. 北京:商务印书馆,2002:22.

价值判断应由立法机关决定,然而由于议员来自不同的党派,议员的观点和所代表的利益互相冲突,国会有时不能协调各种利益和综合各种观点,得出一个能为多数人接受的共同认识,为了避免这种困难,国会可能授权行政机关,根据公共利益或需要,采取必要的或适当的措施。[①]

一般而言,授权行为或自由裁量赋予了行政权以自主能动性,它的价值在于"它能够达到法律不及之处,从而弥补法律的不足"[②]。然而,值得注意的是,虽然以自由裁量为代表赋予行政权以剩余价值是当代社会治理的必然选择,但对行政剩余价值的认识却存在着一个发展变迁的过程。在这一过程中,由于对行政裁量的性质和作用存在着不同的观点,因而对行政权存在着不同的设计模式,表现为传统的以法律为中心的控制模式和以治理为中心的行动模式。并且,当代社会政治的发展现实,决定着行政权的设计模式需要从前者转向后者,行政权的设计需要从法律视角转换到政治和治理的视角。

如前所述,在现代政治生活中,行政权往往被视为执行的权力。例如,著名的公共行政学家古德诺就曾明确提出,"行政是执行国家意志的功能"[③](当然值得注意的是,古德诺是在政治与行政两分法的意义上讨论行政,因此司法权也被视为一种行政权)。由于"国家意志"往往由立法机关表达出来,形成法律和政策,因此行政的功能就是执行立法机关制定出来的法律和政策。在这个意义上,行政权是从属于立法权的,并且行政权也置于法律之下。在这种情况下,行政就是被动地执行法律和政策,同时,为了保证法律和政策能够得到忠实地执行,行政权受到立法权的严密控制。因此,在早期的政治法律观点中,以戴雪的观点为代表,否认行政裁量存在的合法性。以这种观点看来,任何实质性的自由裁量行为,都是与专制联系在一起的,都构成对个人自由的威胁,因而决不允许政府享有任何方面的自由裁量权。[④]

[①] 王名扬. 美国行政法[M]. 北京:中国法制出版社,1995:546-547.
[②] [美]哈维·C. 曼斯菲尔德. 驯化君主[M]. 冯克利,译. 南京:译林出版社,2005:7-8.
[③] [美]古德诺. 政治与行政[M]. 王元,等译. 北京:华夏出版社,1987:12.
[④] A. V. Dicey. Introduction to the Study of the Law of the Constitution (10th ed.)[M]. London:Macmillan Education Ltd.,1959:202-203.

然而，在现实中，行政权不可避免地具有自主性，特别是面临弹性法条的适用时更是如此。由于这种客观必然性，对行政自由裁量全面排斥的观点开始遭到批判。广泛的自由裁量并不一定就是"专断"，适应社会需求的自由裁量权与同样适应社会需求的法治并不冲突。因此，"法治所要求的并不是消除广泛的自由裁量权，而是法律应当能够控制它的行使"①。这种控制行政自由裁量的倾向，在欧洲大陆表现为，通过将不确定法律概念从自由裁量行为中排除，不断地缩小行政裁量的范围，并建立起行政裁量与司法审查的关系；在英美表现为以越权原则为出发点，以是否接受司法审查为标准确定行政裁量的具体权限。② 这样，对行政裁量的态度就从早期的全面排斥转向了法律控制，从而形成了传统的以法律为中心的控制模式。

在洛克林看来，以法律为中心的控制模式受到了公法传统中"规范主义"思想的影响。这种思想的根源"在于对分权理想以及使政府服从法律的必要性的信念。这种风格强调法律的裁判和控制功能，并因此而关注法律的规则取向和概念化属性"③。它基本上反映了一种法律自治的思想。公法中规范主义的思想基础是自由主义和保守主义。虽然保守主义尊崇传统、关注权威，并且视个人为社会秩序的有机组成部分，而自由主义主要以个人自治为预设关注个人的自由权利，而且两者在某些时候存在着一定的紧张关系，但两者之间的共同点是都强调个人自由的优先性以及法治原则之下的有限政府，在看待法律和政府的方式上具有某种亲和性。无论是自由主义的立场，还是保守主义的立场，公法中的规范主义都视自由为干涉的免除，从而在本质上只承认和保护消极意义上的自由。

因此，传统的以法律为中心的控制模式是以公民个人权利为本位、以个人主义和自由主义的政治理论为基础的。这种模式一般具有如下特征：第一，控制模式的基本原则体现为最大限度保障个体自由权利、制止行政机关侵害或干预个体权利和自由。行政权对个体权利和自由的干预只有在法律明确授权的情况下始得为之。第二，控制模式的核心是司法

---

① [英]威廉·韦德. 行政法[M]. 徐炳，等译. 北京：中国大百科全书出版社，1997：54.
② 周佑勇. 行政裁量治理研究：一种功能主义的立场[M]. 北京：法律出版社，2008：5.
③ [英]马丁·洛克林. 公法与政治理论[M]. 郑戈，译. 北京：商务印书馆，2002：85.

审查制度。第三，行政职能受到严格的法律限制，主要集中于国家的一些基本职能（如国防、外交、财政、治安等）以及有限的"消极意义上的行政"（如执法过程中的制裁）。第四，强调概括意义上的立法机关对行政的控制。行政权的获得及行使，都必须通过"法律授权"才能够得到合法化。①在这种情况下，行政权的行使被看作是法律的"传送带"(transmission belt)，其职责是在具体案件中执行立法机关的指令。

可以看出，以法律为中心的控制模式需要几个条件。首先，公民权利是建立在消极自由的基础之上；其次，与此相联系的是，政府是有限政府，也就是最小的"守夜人式"的政府；再次，法律或政府能够得到明确的界定；第四，立法机关和司法机关能够控制行政机关，能够独立地作出判断；最后，立法机关和司法机关具有足够的精力和资源。很显然，随着公民权利的扩张、行政国家的崛起、法律条文本身的抽象性和模糊性、行政官员拥有立法权等现象的出现，传统模式的不足就显而易见。在这种情况下，传统模式遭受到两个基本的批评。第一，随着公民权利的拓展和政府权力的扩张，传统模式将其保障范围局限于以往所公认的自由和财产权利就不再适当；第二，传统模式无法制止或矫正行政机关在某些领域中失于履行维护公共利益之职责的行为或现象。②

对传统模式的批评，促使其必须作出改变。在法律层面，这种转变过程中出现了若干趋向。第一个趋向是洛克林所说的从规范主义向功能主义的转变。洛克林认为，功能主义是与规范主义相对的一种公法思想类型。与规范主义不同，功能主义的风格"不是把法律当作一种与政制完全不同的东西，而是将其视为一种作为政制机器的一部分的工具"，用以实现与能动型国家目标紧密相关的目的。它坚持这样一种信念："政府是一种促进进步的进化式变迁的机构。"③简单来说，功能主义持一种进步主义的观念，而且将政府视为促进社会进步的能动性力量，法律是这个能动性力量的一个组成部分。因此，功能主义本质上视法律为一种服务于社会进步或发展目标的工具，主要关注法律的意图和目标，并采取一种工

---

① 王锡锌. 英美传统行政法"合法性解释模式"的困境与出路[J]. 法商研究, 2008(3): 94.
② [美]理查德·B. 斯图尔特. 美国行政法的重构[M]. 沈岿, 译. 北京: 商务印书馆, 2002: 2.
③ [英]马丁·洛克林. 公法与政治理论[M]. 郑戈, 译. 北京: 商务印书馆, 2002: 188.

具主义的社会政策路径。它认为公法应当力图确保一种能够促进国家积极职能发挥的法律框架,在此框架中,有效运作的政府可以提供一种高效和公正的结构来促进公共福利。因此,在功能主义看来,授权行为和自由裁量都不属于专制权力的范畴,相反,是国家积极服务的条件。

第二个趋向是斯图尔特所说的"利益代表模式"。斯图尔特认为,在美国正在发生的转变过程中,"一个日益增长的趋势是,行政法的功能不再是保障私人自主权,而是代之以提供一个政治过程,从而确保在行政程序中广大受影响的利益得到公平的代表"①。因为在行政过程中,自由裁量不可避免地涉及对各种利益的权衡与判断,"归根结底就是政治的过程"②。在现实中,由于利益高度组织化,行政机关在执行宽泛的立法指令时,通常不公正地偏向有组织的利益,尤其是那些受管理或受保护的商业企业利益以及其他有组织集团的利益,而损害分散的、相对而言未经组织的利益。这样,"行政机关在执行立法命令以及维护行政管理机制在创设之初所欲服务的集体利益方面是失败的,而旨在抑制行政权力以保障私人利益的传统模式并没有关注这类失败的可能发生"③。因此,行政机关被认为在事实上为了受管制企业和受保护企业的私人利益而暗中破坏了公共利益。

可以看出,上述两种转变的趋向都是从法律框架或层面为应对福利国家和积极行政的出现而作出的适应性调整。然而,无论是功能主义的法律观还是"利益代表模式",都存在着较为明显的局限性。功能主义虽已看到,在"福利国家已经征服了(美国)法律……亚当·斯密无形的手已经被政府及其机构所确定的日益增多的'公共利益'所取代"④的情况下,由于国家权力的扩张以及积极行政的生长,原有的议会和法院仅仅通过严格的规则来对这种服务型政府及其能动性裁量权实行的机械式法律控制已不再有效。对行政权的设计必须从控制和权利原则转向功能和效率

---

① [美]理查德·B. 斯图尔特. 美国行政法的重构[M]. 沈岿,译. 北京:商务印书馆,2002:2.
② [美]理查德·B. 斯图尔特. 美国行政法的重构[M]. 沈岿,译. 北京:商务印书馆,2002:22.
③ [美]理查德·B. 斯图尔特. 美国行政法的重构[M]. 沈岿,译. 北京:商务印书馆,2002:20.
④ 施瓦茨·伯纳德. 美国法律史[M]. 王军,等译. 北京:中国政法大学出版社,1990:205-206.

原则,以有效发挥行政裁量权的自身能动性和促进社会发展的积极功能,这已成为时代的必然。然而,功能主义在强调发挥政府积极职能的时候,却将目标仅仅锁定在效率和进步上,从而忽略了对社会公正的关注,无法呼应民主社会的价值观,同时也失去法律本来就具有的正义内涵。更重要的是,功能主义无疑与功利主义和社会进化论的思想存在着紧密的关联,以一种效用主义作为法律的基础,将会使法律沦为经济理性主义的工具,失去重要的社会规范价值。

另一方面,"利益代表模式"却考虑到了社会公正原则的重要性,并因此致力于保障社会各个阶层的利益能够在行政权行使的过程中得到反映和照顾。然而,虽然利益代表模式在精神取向上符合行政权设计的要求,但在法律层面根本无法建立起有效的利益代表模式。斯图尔特教授承认,由法院通过发展司法审查原理和技术而实施的利益代表制度,存在非常重大的困难。[1] 从法律层面确保在行政程序中代表所有受影响的利益很可能要耗费大量成本,而且会导致行政机关运用粗劣的决定程序。法律如果为了促进利益代表而扩展公民的参与权利,将会导致每一个行政程序的多中心性和独一无二性,将使行政机关或法院更难确立用以调控大量案件的决定规则。每个决定都将倾向于对各方当事人所代表的各种力量充斥其中的特定领域作出回应,而形式正义以及与形式正义相随的优点的实现,都会因此遭受破坏。[2] 一言以蔽之,法律本身所具有的形式主义及其对形式主义的强调(这是由法律本身的特质所决定的),使其根本不具备发展出"利益代表模式"的可能性。

其实,认真分析就可以发现,"传统模式"与积极行政之间的断裂,实际上体现着法律与政治之间的辩证对立,直接呼应着现代社会的理性化难题。法律所体现的形式理性根本无法为现代多元社会中的价值争论提供一个有效的依据和判断的标准。法律本身是一套规则体系,而行政权的运用本质上是一种能够创造意义和价值的政治实践,根本不能将它简单地理解为一种遵守规则的活动。更何况规则的遵守也不能视为一种被

---

[1] [美]理查德·B. 斯图尔特. 美国行政法的重构[M]. 沈岿,译. 北京:商务印书馆,2002:131.

[2] [美]理查德·B. 斯图尔特. 美国行政法的重构[M]. 沈岿,译. 北京:商务印书馆,2002:167-168.

动的、机械的操作过程。尽管人的行动在预定规则中进行,但是规则本身并不是行为的最终依据,相反,规则在人的行为互动中被重塑。因此,"一条规则不能确定任何行动方式,因为我们可以使任何一种行动方式和这条规则相符合","每一个遵照规则的行动都是一种解说",而"解说"就意味着"用规则的一种表达式替换另一种表达式"。因此,"遵从规则"本身就意味着是一种有关自由裁量的实践。①

这说明,仅仅从法律层面作出的适应性调整无法有效应对行政权生态的这种变化所带来的种种挑战,同时,为应对行政权的积极转变要作出的有效调整,也超出了法律本身所能容纳的空间。这就意味着需要将对行政权剩余价值的设计从立法—司法的框架中转移到政治—治理的框架之中。这样才能做到既释放和激发行政权的积极性和能动性,又不使其失去对社会公正目标的承诺和回应能力从而伤害政体的合法性,使行政权成为公共治理过程中实现公共利益的自主性力量。而之所以需要进行这种设计框架的转换,归根结底在于行政权所涉及的问题具有根本的政治性,必须将它从单纯的法律框架中解放出来,并置于更为广泛的政治—经济社会背景中。只有在一种包含对社会、经济和政治发展之检视的综合性视角中考察行政权,才能进行合理的把握和设计。

三、共和化的设计模式:一个基本框架

以一种辩证的眼光来看,法律不能全部代替政治、不能有效限制政治的根本原因在于,政治行动永远具有创生性,而法律本身却是静止的,因而是封闭的。这样一个静止而封闭的框架,如何能够制约和代替那些活力四射、创造生活并且有无限可能的政治行动呢?"无论行动的特定内容是什么,它总是建立着联系,从而内在地具有冲破存在于人类事务领域之中一切限制和跨越一切界限的倾向。而这些限制和界限所提供的框架,从来都不足以抵御每一代新人进入时必然带来的冲击。""法律的限制从来不能完全可靠地防御从政治体内产生的行动,正如领土界线从来不能完全可靠地防御外部的行动一样。"因为"行动建立关系的能力,也就是它

---

① [英]维特根斯坦. 哲学研究[M]. 陈嘉映,译. 上海:上海人民出版社,2001:123.

特有的生产性能力的一面,恰恰是它的无限性"①。一个有限的法律框架如何能够去框定趋向于无限的政治行动?

另一方面,法律不能取代政治和制约政治,还因为政治行动还具有另一个非常重要的特征——"它固有的不可预见性"②。就此而言,固定的法律框架也无法为变动不居的政治行动提供足够而充分的依据和判断。更重要的在于,政治行动"结果的不可预见性密切关联到言说和行动的揭示性质"③,因为政治过程中的言说和行动在本质上是重新发现或创造政治生活的意义和本真状态,而这种揭示的结果根本上依赖于在主体间性的交往基础上所形成的共识。也就是说,政治行动的"揭示"性质即是发现或创建新的规范和行动规则,政治行动本身包含了创建法律的立法行为。政治活动往往创造出新的行动规则,而法律往往只是业已存在的规则,政治行动往往创造法律,是法律之源。

更重要的是,法律内容往往都是一套否定性的规则和禁止性的规定,体现为限定现实中不合法的政治行动,为其划出不可逾越的范围。虽然这些规则排除和制止了政治生活中的一些不法行动,但它却无法为如何创造有意义和有价值的政治生活提供任何积极有效的标准和依据。在此,政治行动与法律制度之间在根本上存在着一种对立和断裂。一种否定性的规则体系无法为创造性的政治生活提供依据与标准,政治行动必须依靠自身为自己确立方向和内容。政治行动因此而呈现出自主的、多元的、开放的状态。职是之故,政治与法律之间呈现出一种动态的、多元的、积极创造的公共实践与静止的、抽象的、消极防御的规则之治之间的显著差别。两者之间各有其活动的范围和领域,并不能相互取代。在法律无法触及以及不能发挥作用的地方,恰恰是政治实践大展身手的领域。

因此,将行政权的设计从立法—司法框架转移到政治—治理框架,本质上是意欲将现代社会的治理从立足于消极权利的、抽象的、防卫型的规

---

① [美]汉娜·阿伦特.人的境况[M].王寅丽,译.上海:上海人民出版社,2009:149-150.
② [美]汉娜·阿伦特.人的境况[M].王寅丽,译.上海:上海人民出版社,2009:150.
③ [美]汉娜·阿伦特.人的境况[M].王寅丽,译.上海:上海人民出版社,2009:149-151.

则之治中拯救出来,转向立足于公民的积极权利和更具政治实践向度的公共治理。在传统的观念看来,规则之治至少具有如下三种价值属性:第一,它能够通过法律限制专横武断和任意裁量的权力行为,尽管它不能消除这些行为;第二,它使得个人能够预测可能的后果,从而衡量和控制自己的行为,在这种情形下,规则之治从本质上支持个人自治;第三,它提供了评价其他活动(包括政治活动)的各种客观标准。因此,在这种观念中,政治被看作是一种在规则统治下的实践方式。但是,戴维·菲尔德曼认为,规则之治为了能够使自己适应各种特殊的情况,一般都体现为一种"元规则",而这些元规则的特性对是与非、合法与非法似乎并没有客观判断的标准。因而法律不仅仅是政治的产物,而且只能为政治家提供从事政治活动所遵循的最低限度的标准。[1]

很显然,如果说在最小政府时代,由于行政权活动范围受到严格的限制,这种"最低限度的标准"还能够为公民自由提供有效保障的话,那么在今天的"行政国"中,行政权的运用已经遍布社会各个领域的情况下,"最低限度的标准"在保障公民自由和福利时显得捉襟见肘、应付阙如就毫不令人奇怪了。因为规则之治的局限性在于,"法院在思想上是如此地将自己隔绝于行政过程之外,以至于它们的方法在许多方面都变得不合时宜。它们所能利用的控制工具是如此的生硬,以至于很难加以使用,而它们所采用的技术又使得它们的控制只能针对形式,而无法触及到实质"[2]。从现实来看,在积极行政的过程中,"行政法向利益代表制转变所引发的问题,也许可以由更为直接和明确的、保证受行政决定影响的所有利益都获得代表的政治机制来更好地解决"。在这种情况下,"宪法要求构建一种行政过程的利益代表制度"[3]。

规则之治的不合时宜还体现在它的权力观上。这种权力观将权力视作一种支配和控制,而将法律视为一种主体间的平等契约,因而本质上规

---

[1] David Feldman. Injecting Law into Politics and Politics into Law: Legislative and Judicial Perspectives on Constitutional Human Rights [J]. Common Law World Review, 2005, 34(2): 103 - 104.

[2] J. D. B. Mitchell. Constitutional Law [M]. 2nd Edition. Edinburgh: Green, 1968: 62.

[3] [美]理查德·B. 斯图尔特. 美国行政法的重构[M]. 沈岿,译. 北京:商务印书馆,2002: 169, 75.

则之治是对权力的一种反抗和制约,造成了权力意志与法律意志之间的紧张关系。"权力意志根植于支配他人并使他人受其影响和控制的欲望之中,而法律意志作为一种社会契约或者合意的存在则源于人类反对权力冲动的倾向之中,其要求摆脱他人专断统治的欲望。"① 从理论逻辑来看,由于权力意味着支配和控制,因此在权力关系中不仅相互之间的关系不平等,而且自由也不复存在。如果规则或法律来源于平等的自由人为了维护所珍惜的自由而订立的共同契约,对权力的制约与防范很显然将会成为契约的首要任务。因为如果放任权力,那么这样的契约无法存在,自由也就无法得到保障。然而问题在于,如果仅仅将权力视为支配和控制,不能看到权力对集体行动和公共利益的积极作用,那么,这种权力观显然无法适应当代生活的重要变化。这实际上是规则之治不合时宜背后的重要逻辑,也说明规则之治与前述传统政治建构逻辑之间的一致性和相关性。

与上述权力观相对应,立法—司法框架的不足还表现在另外一个方面,那就是无论是"规范主义"还是"功能主义",无论是"传统模式"还是"利益代表模式",其根本目的并非是"控权"——实际上,在阿伦特看来,权力是无法由法律所制约的②——而是致力于行政自由裁量权的"合法化"(包含法律意义上的合法化和政治意义上的合法化),或者说是努力为行政自由裁量权的存在和运用提供合法性解释。因为大量存在的行政自由裁量权既对规则之治形成了重要挑战,也威胁到了在以法律为中心的控制模式下行政权的合法性。这实际上也是使诸多宪政主义者和自由主义者感到十分不安的根源。在这种情况下,根据自由原则和宪政制度的要求,为行政权的行使设定一套制度和规则系统,从而使行政权的获得、行使及其责任具备现有制度框架所要求的合法性就成为一种必需。

换言之,在以行政法为主的法律系统中所表现出来的各种各样的对行政权取得和行使的控制规则,其实构成了对行政权的获得及其行使进行合法化解释和评价的重要系统。也就是说,它所面对的是下述问题:在

---

① [美]博登海默.法理学:法律哲学与法律方法[M].邓正来,译.北京:中国政法大学出版社,1999:363.

② [美]汉娜·阿伦特.论革命[M].陈周旺,译.南京:译林出版社,2007:135.

民主政治体制下,既非民选又非政治性任命的行政官员,如何有资格为社会做权威性的价值分配?如何合法化行政官员所掌握的大量权力?又如何能够有效控制这种权力?正是在这些问题的挑战下,"英美传统行政法模式展示了一个在各行政领域共同的社会价值,即运用具有控制功能的规则和程序,使原本在形式上不向选民负责的行政官员行使权力的行为得以合法化"①。但正如前节所述,对行政权的设计如果仍然停留在合法性的层面,显然并没有真正理解当前行政权设计所面临的政治生态上的重要变化。

至此,我们已经大致可以看到在政治—治理框架中重新设计行政权的逻辑和意义。但值得注意的是,将行政权的设计从立法—司法框架转移到政治—治理框架中,并不是意味着将之重新置入政治—行政两分法中。在政治—行政两分法中,行政区别于政治,因而行政权的设计实际上是走入了组织—管理的框架中,这样实际上将行政权重新置入了管理主义的牢笼。政治—行政两分法在公共行政甚或社会治理中具有重要的地位,它的意义在于在当时的政治历史环境中将行政从政治的腐败和低效率中分离出来,并因此消除了政府信任危机,从而拯救了民主政治;然而,其负面的效果却也不可低估。最重要的消极影响是将公共行政与科学管理等同,虽然这种等同符合当时社会流行文化的需要,使得公共行政具有合法性,但却因此将公共行政引上了管理主义这条错误的发展道路。公共行政与科学管理之间存在着根本的不同,"行政功能本质上是政治性的,(而)管理功能关注的是让其他部门的决策生效"②。公共行政与私人管理之间的相同也至多体现在所有不重要的方面。③ 对于行政权的设计,破除管理主义的意识形态迷雾已经非常重要和急迫。

从另一方面来看,立法—司法框架与政治—行政两分法在今天之所

---

① [美]理查德·B.斯图尔特.美国行政法的重构[M].沈岿,译.北京:商务印书馆,2002:3.
② [美]罗伯特·丹哈特.公共组织理论[M].第2版.项龙,刘俊生,译.北京:华夏出版社,2002:50.
③ Graham J. Allison. Public and Private Management: Are They Fundamentally Alike in all Unimportant Respects? [A]//竺乾威,马国泉.公共行政学经典文选[C].上海:复旦大学出版社,2003:328-360.

以会变得不合时宜,很大程度上是由于行政中立在现实中无法贯彻。行政中立将行政视为执行政策和法律的过程,认为行政活动不涉及价值判断和目标选择,只是将已经制定出来的法律和政策落实下去。因此,行政活动需要考虑的只有效率这一个目标。从知识学的角度来看,行政中立的观点应追溯到威尔逊针对"政党分赃制"的弊端而提出的政治—行政两分法,威尔逊将公共行政视为"事务性的领域",将公共行政置于"政治"所专有的范围之外,认为公共行政的问题"并不是政治问题,虽然公共行政的任务是由政治加以确定的,但政治却无需自找麻烦地去操纵行政管理机构"①。其后,古德诺明确地将政治与行政区分为"国家意志的表达"和"国家意志的执行"两种活动,在这里行政被界定为操作式的执行活动。

韦伯也认为政治与行政分属不同的行为范畴,因为政治家与行政官员具有不同的责任。"政治家和行政官员的职责和贡献截然不同。政治的本质在于选择立场、作出良心判断、对政策承担个人责任(personal responsibility)、接受政治角色的短暂性并在此过程中保持应有的热情;行政官员的职责则在于忠实地执行政治权威的决策,而不管这种决策是否符合自己的伦理判断和价值标准,行政官员的道德仅存在于对上级权威的服从之中。"②政治家和行政官员的这种职责区分在于政治家处在民主政治的场域,因而需要与人民进行互动并提供政策选择,而行政官员则活动于高度形式理性化的官僚制组织中,这种组织能够将政治及人格因素排除在外,从而保证行政官员能够专注于技术和效率,同时通过官僚组织建立起等级式的权威体系,使得行政官员只接受自上而下的命令,从而能够专注于任务的落实。

因此,行政中立的观念就是"把组织(行政权)仅仅看作是旨在为实现现代国家统治者选择的政策目标(也就是价值)的中立工具"③。古立克断言,"在行政科学中(无论是公共行政,还是私人行政),基本的'善'就

---

① Woodrow Wilson. The Study of Administration [J]. Political Science Quarterly,1887,2(2): 197-222.

② R. C. Chandler. A Guide to Ethics for Public Servants [A]//James L. Perry. Handbook of Public Administration. [C]. San Francisco: Jossey-Bass, 1989: 602-603.

③ [美]詹姆斯·W. 费斯勒,唐纳德·F. 凯特尔. 行政过程的政治:公共行政学新论[M]. 陈振明,等译. 北京:中国人民大学出版社,2002:54.

是效率。行政科学的基本目的就是以最少的人力和材料的消耗来完成手头上的工作。因此,效率是行政管理的价值尺度中的头号公理"①。从历史视角来看,行政中立观念的产生大约与工业社会的组织形式、公共行政在美国产生的政治环境以及社会科学研究中主张"价值中立"的科学主义有关。

从理论逻辑来看,行政中立使得政治—行政两分法中的政治控制模式以及立法—司法框架中的法律控制模式成为可能。由于行政官员只能照本宣科式地执行既定的法律或政策,不能独立地形成判断或进行决策,只能关注于执行的效率和任务,行政权的这种"传送带"模式因而符合自由社会的民主价值和宪政精神。正是由于行政中立有如此重要的价值,所以在现实中造就了"两官分途"的文官制度,并成为公共行政的重要基础。然而,问题在于,规则之治和政治控制取向下的中立行政已经无法维持,行政权的运用经常要触及实质性的价值。"政治控制模式的不切实际之处在于,政治与行政必然是相互关联的。"②

行政权也无法仅仅沦为法律的听差,"因为法律的统治所统治的是违法者,除非法律得到执行,不然它们形同虚设。为使法律得到执行,必须给予执行官一部分、大部分甚至是全部立法者的尊严"③。同时,行政官员常常会以各种形式介入到立法的过程中来,在立法过程中发挥着重要的作用,更何况还存在着大量的自由裁量行为。"从本质上讲,实施行政自由裁量权是一种政治行为。"④因此,行政人员是重要的政治行动者,他不仅以多种方式影响着决策过程,还会在政策执行过程中根据现实的情境、专业知识、工作经验和法律原则形成自己的判断,在某种程度上还会根据自己所代表的利益和政治立场作出决策。而且单纯从效率的角度来讲,也不能将行政仅仅定位于"听差"式的执行。"如果公然把执行官称为

---

① Robert A. Dahl. The Science of Public Administration: Three Problems [J]. Public Administration Review [J]. 1947, 7(1): 2.

② [澳]欧文·E. 休斯. 公共管理导论[M]. 第三版. 张成福,等译. 北京: 中国人民大学出版社, 2007: 38.

③ [美]哈维·C. 曼斯菲尔德. 驯化君主[M]. 冯克利,译. 南京: 译林出版社, 2005: 4.

④ Douglas H. Shumavon, H. Kenneth Hibbeln. Administrative Discretion and Public Policy Implementation [M]. New York: Praeger Publishers, 1986: 4.

听差,却是不明智的,因为损害执行官的尊严会降低他的效用。"①在这种情况下,法律控制模式以及政治控制模式都无能为力。

因此,行政权的重新设计,实质上是从强调立法限定、司法审查以及程序控制的以法律为中心的控制模式,转向以治理为中心的能动模式。在这种模式中,行政权从法律的规则体系以及政治的"环式民主"中转而进入面向社会和公共领域开放的治理空间中,从而使得曼斯菲尔德所提出的行政权共和化的命题在新的层面获得继续推进,以适应当代社会的治理变革需求。在治理层面推进行政权的共和化,对行政权进行重新设计的逻辑在于,行政自由裁量以及行政权的管理主义塑造使得由曼斯菲尔德所阐发的在宪政体制中进行行政权的共和化已经无法适应当前社会治理的现实需要。一方面,广泛的行政自由裁量使得宪政体制中的法律控制和政治控制都已失效,从而突破了权力分立的宪政体制所能达到的均衡状态,引起了宪政秩序的混乱;另一方面,为了应对不断激增的社会治理需求,在消极模式下行政权不得不诉诸管理主义,然而以官僚制为基础的管理主义却构建了一个单一中心的治理结构,而这种单一中心的社会治理结构,其首要损失在于它逐渐使社会治理丧失了公共性。②

简单来讲,定位于统治层面的宪政结构和民主体制无法支撑一种积极能动的行政权,而在治理层面的管理主义又使得行政权只服务于效率目标而大量丧失了其应有的面向公共责任的回应能力。正如卡蓝默所言,"目前民主的特征是在执政者的合法性和权力行使的合法性之间出现了一个裂痕"③。也就是说,代议制民主和选举制度虽然合法化了权力的来源,但却无力保证权力的行使也具有合法性。而广泛的自由裁量行为的存在也导致对行政过程的司法审查无力保证权力的合法性。"环式民主"的断裂以及"传送带模式"的失灵,实际上反映了传统宪政民主制度的治理困境。因此,在社会治理的层面对行政权重新进行共和化的设计就成为一种必然性的选择。

---

① [美]哈维·C. 曼斯菲尔德. 驯化君主[M]. 冯克利,译. 南京:译林出版社,2005:3.
② [美]乔治·弗雷德里克森. 公共行政的精神[M]. 张成福,等译. 北京:中国人民大学出版社,2003:4.
③ [法]皮埃尔·卡蓝默. 参与型民主与治理的原则[EB/OL]. 陈力川,译."中欧社会论坛资料库":http://www.china-europa-forum.net/bdfdoc-142_zh.html.

如前节所述,自由主义的保守态度以及国家主义的激进主张,都无法契合当代社会治理的实践需要,最终在民主福利国中,有关行政权的实践哲学不得不向共和主义靠拢。因此,行政权共和化设计的实质,是要将强大的行政权纳入当代社会的公共治理体制,既充分发挥行政权的积极权能,又能够回应民主社会的公共价值和目标,从而服务于公民的自由和福利,在对良政善治的追求过程中实现公共价值的有效管理。因此,这样一种设计方案,既超越了自由主义宪政传统中控制国家的消极模式,也超越了各种为行政国家张目的集权主义逻辑下的激进模式。这一设计所表现出来的多重面向(见表1-1)在于,它既需要从共和主义的权力观出发,又需要考虑到行政权在社会治理中的目标取向,也就是要回应社会对公共价值的定义,有效地促进公共利益。

表1-1 行政权的共和化设计

		行政权的治理取向	
		有效性	公共性
行政权的设计取向	授权(Delegation)	自主性设计	服务性设计
	规制(Regulation)	竞争性设计	参与性设计

具体而言,行政权的设计取向强调的是,行政权的共和化设计需要遵循复合性的规则。复合性规则的重要性在于,政治设计往往存在着多重标准,它们既不是完全相互兼容,也不是完全相互矛盾。因此设计的主要任务就是要将这些不同的价值以适当的比例混合在一起,它必须是在有关根本要素之间的妥协。① 这种设计观表现在行政权的共和设计方面,就是要在社会治理的层面建构新的权力理论,将社会公共利益和公民个体自由整合进统一的框架。也就是说,设计取向的不同规则,来源于对权力的不同认识:从权力一致性的观点出发,行政权的设计应该能够不断地促进其权能的发挥,表现在现实中要赋予行政官员以积极行动的权利,并承担起积极问责的义务和伦理;从权力的支配和扩张特征来看,必须形成多个权力中心,通过分立的权力之间形成积极的参与及竞争,构成权力公

---

① [美]文森特·奥斯特罗姆.复合共和制的政治理论[M].毛寿龙,译.上海:上海三联书店,1999:68-70.

共性运行的外在基础。行政权设计取向的核心在于,需要将社会公共利益与公民个体自由给予同等的考虑。

从行政权的治理目标来看,在社会治理的过程中,行政权必须始终既要有效,又要保持公共性,也就是以一种积极的效能服务于社会公共利益。首先,在全球化竞争加剧的今天,有效性对几乎所有的政体都构成了一种外在的压迫性要求。面对外部环境的复杂性、多样性与动态性,面对不同政体之间的竞争压力,社会治理的可治理性压力不断增加。在这种情况下,治理需求和治理能力之间的平衡,需要在有效性的议题下得到解决。这实际上也是20世纪以来全球性政府变革的根源之一。其次,从统治到治理的转变,其本质即在于公共性在今天已经成为补救合法性的重要途径。这既是出于社会正义的考虑,也是社会治理在今天得以彰显的根本原因。合法性虽然仍是现代政治的首要原则,但对于处于公共服务期待中的公民而言,国家治理的公共性无疑更具有直接的意义。然而,权力产生的合法性并不足以支撑权力运行的公共性,而国家治理一旦失去公共性,最终也会导致其政体陷入合法性的危机。因为任何不具备公共性的政府,在其实际的权力运作中都会偏离最初的合法性承诺,滑向被私人利益或集团利益所俘获的掠夺性国家的陷阱。当政治承诺无法兑现时,就意味着政府无法回应公民的合法期待,国家治理失去了公共性,公民对政府就会失去信任,从而会触发政体的合法性危机。

第二章　行政权的自主性设计：能动的治理

以一种生态学的眼光来看，对行政权的自主性设计是与当代政府所承担的职能和责任联系在一起的。在当前的社会生活中，政府正面临着来自系统内部和外部的双重压力。一方面，社会系统复杂性、风险性以及相互依赖性的不断增强，正日益挑战着控权模式下政府自身的治理能力；另一方面，随着民主进程的不断深入，公民对政府的愿景早已超越了"最小的就是最美的"的时代诉求，不仅要求政府做得更好，而且还要做得更多。在这种情况下，面对不断增加的各种治理需求，从传统的保护型民主转向可治理型民主已经成为一种必然。在可治理型民主范式之下，"可治理性"（governability）或"治理能力"成为衡量民主制度的首要标准。因此，如何设计一个能够有效治理国家的民主政府就成为当代政治发展中的核心议题。职此之故，行政权的自主性设计有其不可替代的正当性。更重要的是，自主性是创生行政权的根源，具有强大而自主的行动能力的行政权常常是共和国事业永恒的前提条件。但是，过于强大而自主的行政权，毕竟又是现实中产生专制权力的主要根源。因此，从理论上来说，行政权的自主性虽然成为共和化设计的逻辑起点，但却远非其终点。

第一节　寻找社会治理的权能向度

防范权力的任何形式的自主性运用，是建立在自由主义基础之上的保护型民主的主题，为此，保护型民主设置了对权力进行严格制约的宪政分权体制。然而，如果权力真的沦为法律亦步亦趋的"听差"，共和国就会因为过于软弱而无法维持自身的生存。"假如没有一个分支机构","在必要的时候绕开宪法,宪政体制就无法运行"[①]。因此,即使是指向消极行政的保护型民主,也主张存在一个强大的、负有执行功能的政府机构,这个政府机构能在特定的情况下自主行动。而如果将视角转换到可治理型民主的范式之下,则社会治理的权能问题就将因"可治理性"等问题而显得更加突出和重要。

一、强大的执行官:共和国的"掌门人"

我们今天生活在一个自由主义高扬的时代,然而,尽管自由的观念以及自由主义具有如此大的吸引力,但即使最为坚定的自由主义者也不得不承认,自由主义内部存在着严重的危机。当代的自由主义正在全球化和地方化两个层次上遭遇着困境:在全球化的层面,自由主义被认为是"造成全球治理困境的理论推手"[②];在地方化的层面,自由主义的保护型民主也无力应付日渐增多的各种社会问题。从某种程度上说,自由主义的当代困境与其在对权力或政府的观念上存在着严重的不足有着重要关联。在自由民主制社会里,对个人主义的追求已经使人们形成一种对权力十分不利的观点,即"权力总而言之是不合理的",这导致了对权威的集体性的不信任。这种观念或文化已经成为一种"内在的威胁",逐渐损害着所有的合作形式,削弱联系家庭、企业和社会的纽带,破坏了信赖和公民间合作的基石,阻碍了为任何一个共同目标而进行合作的努力,成为导致民主功能失调的一个重要原因。[③]

从理论逻辑上说,自由主义是建立在个人主义的基础之上的,任何有关个人自足或自治的理想从本质上都会排斥来自外部的权力干涉,并因此不支持任何形式的组织统治。因此,即使自由主义在某些时候承认政府及其权力存在的必要性,但它在本质上还是反对任何形式的"大政府"。自由主义依据基督教的思想传统,将个人从自然状态进入到政治社会视为堕落的结果。政府不是自然的产物,而只是人类社会缺陷的一种补救,

---

① [美]哈维·C. 曼斯菲尔德. 驯化君主[M]. 冯克利,译. 南京:译林出版社,2005:10.
② 赖文仪. 自由主义体制在全球化浪潮下的困境[J]. 全球政治评论,2009(27):66.
③ [法]米歇尔·克罗齐. 民主的危机[M]. 马殿军,等译. 北京:求实出版社,1989:140-142.

它根植于人性的邪恶之中。"人始终具有一些较为原始且凶残的本能,因此人们必须通过设计种种制度对这些本能进行制约和教化。"①同样的观点也体现在政府及权力的设计之中,并将掌权者视为"无赖",因而形成了一种对政府及权力不信任而使之接受严格约束的制度体系。

自由主义对权力或政府观点的局限性,还表现在其特殊的政治中立观上。自由主义从个人主义出发,强调个人是第一位的,是比人类社会及其制度和结构更为"真实"或根本的存在。因而相对于政府,个人具有价值上的优先性。政府在这里只能成为一种工具,服务于个人权利或利益,只具有工具性的价值。因此,政府或权力本身不应该独立形成任何形式的价值判断,它只应该接受来自个人的指令。个人权利优先于国家权力,个人权利规定了国家的本质,国家只是一个人权保护的消极技术领域,而不再是具有价值蕴含和政治意蕴的共同体。② 自由主义从现代资本主义经济与技术的浪漫潮流中发展出了一种中立化的政治观点,国家被化约为失去公共精神的纯粹权力运作领域和一个失去政治意识的中立技术领域。"自由主义的政治理论不是去促进某种特定的良善生活观念,而是坚持宽容、公正的程序以及尊重个人权利——尊重人们选择他们自己价值的自由。"③

在自由主义那里,政府不仅应该是一个"小政府",而且还应该是一个程序主义的政府。因此,自由主义在当代治理中的困境不仅源于一个无力应付复杂社会治理局面的"小政府",而且还源于一个无法为良善观念提供有效保障的"程序共和国"。"程序共和国不可能产生一种生机勃勃的民主生活所具有的道德能量。它导致了道德空虚,从而为狭隘的、不宽容的道德说教敞开了大门。而且,它也未能培育公民共享自治所需要的那些品质。"在这种情况下,"程序共和国不能维护它所承诺的自由"④。也就是说,自由主义所力图成就的那种中立性政府,由于不能预设各种目

---

① [英]哈耶克.自由秩序原理[M].邓正来,译.北京:生活·读书·新知三联书店,1997:68-69.
② [德]卡尔·施米特.政治的概念[M].刘宗坤,等译.上海:上海人民出版社,2003:116-117.
③ [美]迈克尔·桑德尔.民主的不满[M].曾纪茂,译.南京:江苏人民出版社,2008:8.
④ [美]迈克尔·桑德尔.民主的不满[M].曾纪茂,译.南京:江苏人民出版社,2008:27.

标,所以必须悬置价值判断。它的目的虽然是要为各种观点和价值之间的自由竞争敞开可能的空间,但这也会导致它在是非善恶之间缺乏有效的甄别能力。因而,这种程序共和国必定是空虚和无力的。

当政府成为一个为各种价值自由竞争的程序性机制时,它在为各种"善"提供了机会的同时,也为各种"恶"提供了可能——实际上"善""恶"之间的区别已经不见了,剩下的只是需要平等对待的欲望或偏好。因此,这种中立性与其说它是"允执厥中",不如说它是软弱无立场。自由主义因而也无法成就那种有德性的自由,那种道德崇高的自由。实际上自由主义只不过是在放纵欲望,进而走向虚无,这将无法保证自由最终会得到有效的保障。类似的、更严重的批评来自于施米特。如果说桑德尔对自由主义中立性和程序性政府的批评主要还是着眼于自由主义政治体系内部,看到自由主义悬置价值判断的做法无助于提供一个能够有效保障自由的有力政府,那么在施米特看来,自由主义中立性政府的弱点更在于它无力应付它的敌人。

施米特看到了自由主义的权力或政府理论实在是过于软弱,在面对外来威胁的紧急状态中,根本无力为其所宣称的自由提供有效的保护,因为它缺乏一个能在非常时刻迅速作出决断的统治者或执政官。在他看来,自由主义者完全是商人思维,他们天真地相信,一切冲突都可以通过理性的辩论去化解,所有问题都可以通过做生意一样的讨价还价去解决,这明显是缺乏政治意识、不懂政治的体现。因为政治意味着要"划分敌友",要在非常时刻进行决断。而自由主义把决断看作是个人私事的做法十分危险,把决断的权利交给每个单独的个人,会导致在现实情境中无法作出政治决断,这样无异于政治制度的"自杀"。因此,在施米特看来,自由主义最大的问题就在于它缺乏一种有效的权力观念,从而在本质上是"反政治"的。因此,"尽管可以有自由主义的贸易、教会和教育政策,却绝对没有自由主义的政治,充其量只会有自由主义的政治批判"[①]。

自由主义的政府必须要在出现敌视自由的异己力量的紧急状态下作出决断,为维护自由民主而斗争,因此它不可能做到中立,同时,它也不可

---

① [德]卡尔·施米特.政治的概念[M].刘宗坤,等译.上海:上海人民出版社,2003:203.

能做到对权力的严格限制。"以建制多样化的宪政政体,且不诉诸不受宪法干扰的执行者,就是一个过于技术化的复合体,如此的话,这个政体就不能经受政治上的例外状况的挑战。"① 因此,共和国的自由必须依赖于一个积极能动的政府,对内能够维护自由,对外能够保证安全。这样一种政府观念,就已经不是自由主义式的观念,而转向了共和主义的传统。在共和主义那里,一个自由的共和政体必须能够做到政治独立和公民自治,"独立"和"自治"是共和国自由和繁荣不可缺少的必要条件。② 在共和主义看来,只有政治上独立的强大国家才能有效保护共和国的安全,在内部避免陷入派系斗争和分裂局面,在外部抵御敌对势力的入侵和征服;而公民自治不仅能够防止权力私有化,防止公共事务落入专制者的手中而导致公民自由的丧失,还能够提升公民品性、发挥公民才智,促进公共利益和公共服务。

因此,对于共和传统而言,在一个没有国家或政府的前政治状态——自然状态中讨论自由问题,是不切实际的。相反,政治自由只能在国家、政府的权力作用下才能实现。只有在共和国中,公民自由才能得到有效的保障。因此,对于自由而言,第一事业就是要创建共和国,由此进入政治社会。然而,在一个动荡失序的状态中创建政治上统一而自由的共和国并非一件容易的事。马基雅维利发现,如果说共和国在遇到危机的时候需要一个勇敢果决、能够迅速作出决断的强大执行者的话,那么共和国的创建就更需要仰赖一个超凡脱俗、智勇双全、大权独揽的君主式人物。"以下所言可视为一条通则:任何共和国或王国的创建,或抛开旧制的全盘改造,只能是一人所为,要不然它绝无可能秩序井然,即或有成,也属凤毛麟角……因此,共和国的精明的缔造者,意欲增进共同福祉而非一己私利,不计个人存废而为大家的祖国着想,就应当大权独揽。"③

马基雅维利看到,在一个腐化失序的状态中,要创造全新的政治秩序,依靠公民集体很不可靠。一方面,缺乏强有力的领导,公民集体在意

---

① [美]约翰·麦考米克.施米特对自由主义的批判[M].徐志跃,译.北京:华夏出版社,2005:17.
② [英]昆廷·斯金纳.近代政治的思想基础(上卷)[M].奚瑞森,亚方,译.北京:商务印书馆,2002:26.
③ [意]马基雅维利.论李维[M].冯克利,译.上海:上海人民出版社,2005:71.

见方面总是会存在分歧,在行动方面也总是会过于分散,不能形成统一的意见和行动;另一方面,共和国开创之前社会动荡、规范失序,民风易于腐化,一般个人也只愿保存自己的性命,无力承担起建国的重任。所以,"共和国的奠基者必须是君主"①。只有一个有勇有谋的君主式的人物,才能成功地动员社会发起革命,才能领导和组织起庞大的力量,战胜各种分裂势力,建立起统一的国家。这几乎是一项历史的"铁律"。曼斯菲尔德认为,在这里,马基雅维利发现了现代政府不能缺少的一项关键要素——强大的执行官。

然而,尽管马基雅维利强调共和国的创建需要一个铁腕式的执行官,认为共和"制度的建立端赖他的智慧",但马氏同时也强调这种非常手段只能服务于共和国的事业,而不能为一己之私。因此,共和国创建以后,吸引公众参与共和国的治理也就特别重要。在同样的地方,马基雅维利写道:"即便一人精于治理,假如事务的秩序总是由他一肩承担,他本身也不会长久,若是始终受到众人的关切,其存续与众人休戚相关,则可传之久远。"②众人的智慧与参与同样也是共和事业不可缺少的条件之一。因为一旦公民在自由制度中积累了政治经验,察觉到了自由的好处,就会倍加珍惜自由生活的基本价值,并会以死来捍卫共和国的自由与安全。这样,集众人之力,共和国的事业才会永存。

在这里,马基雅维利似乎遇到了现代政治的一项基本悖论,那就是"共和秩序的创建需要单一个人(uno solo),但共和秩序的维护却需要多数公民集体的志业"③,而现代政治的困难之处就在于,如何能够将一人统治的权力集中与共和主义的公民自治辩证地结合起来。在马基雅维利那里,创建共和秩序的困难导致一人统治的重要性压过了公民自治的价值,但在共和秩序建立之后,便是公民自治的价值超过了一人统治的重要性。因此,曼斯菲尔德认为,自马基雅维利之后,现代政治便开始了一个漫长的"驯化君主"的共和化过程。这种"共和化"或"驯化"的要义在于,"使政府能够脱离古典意义上的'统治',变成一种范围和野心受到更多限

---

① [美]列奥·施特劳斯.关于马基雅维里的思考[M].申彤,译.南京:译林出版社,2003:426.
② [意]马基雅维利.论李维[M].冯克利,译.上海:上海人民出版社,2005:71,72.
③ 萧高彦.共和主义、民族主义与宪政理论[J].政治科学论丛,2006(27):117.

制的事物——即现代意义上的'代表',它使政府成为人民的仆人"①。

然而,值得注意的是,共和化的目的并非想要在现代政治体制中"一劳永逸"地取消执行官,相反,"所有现代政府都保留或试图保留一个强大的执行官"②。因此,共和化的目的毋宁说是寻求强大的执行官与自由体制之间的结合。在某种程度上说,它是要将强大的执行官纳入现代宪政体制之中,使执行官既是强大的又是软弱的。软弱的执行官可以使之听命于人民的意志,而强大的执行官则可以有效地执行法律和政策,这样自由才能得到有效的保障。换句话说,现代政治体制对执行官的设置,是以一个在法律形式上软弱的执行官来掩盖一个实质上强大的执行官。盖因"不依靠一个至少部分地处在法律之外、不被体制的解释所左右的执行官,任何法律或体制都不能确保它所要求的行为"③。因此,一个强大的执行官不仅是现代共和国的象征,也是共和体制不可取代的一项构成性要素。

二、民主的治理转向:行政国家的合理性言说

以一种社会历史的眼光来看,共和国的自由与繁荣需要一个强大的执行官作为"掌门人"。强大执行官的存在,不仅仅是从政体构成的角度强调了具有决断意味的执行权的必然性,而且从社会治理的层面来看,公共事务的复杂性也决定了建立在专业基础之上的自主行政权的必然性。如果说共和国的治理是一项艰难的事业,并因此需要治理者具有超凡的智慧和杰出的才能,那么就不是任何人都能执掌权柄,担当共和国的治理任务。正如西塞罗所言,由具有优秀卓越品质的人担任"执政官"与"裁判官"显然要比普通人当权更为合适。④ 而要使"最优秀的人"在治理共和国的过程中能够发挥出最杰出的才能和智慧,则最好的办法莫过于给予其适当的自由决断的权利与机会。

在社会治理的层面,行政权自主性设计的必然性集中体现为行政国

---

① [美]哈维·C.曼斯菲尔德.驯化君主[M].冯克利,译.南京:译林出版社,2005:16.
② [美]哈维·C.曼斯菲尔德.驯化君主[M].冯克利,译.南京:译林出版社,2005:27.
③ [美]哈维·C.曼斯菲尔德.驯化君主[M].冯克利,译.南京:译林出版社,2005:341.
④ [古罗马]西塞罗.论共和国论法律[M].王焕生,译.北京:中国政法大学出版社,1997:47-48.

家的崛起。一般而言,行政国家特指一种客观的政治—社会现象,国家占有或控制了大量的社会资源,并以此加强了对社会经济诸领域的干预,通过经济政策和社会政策对社会活动及经济运行加以调节。在这一政治—社会现象背后,公共行政机关及其人员在当代政府过程中发挥着重要作用,处在当代政治的核心地位,行政行为成为国家解决问题及实现其目标的主要手段。① 行政国家的实质是政府的功能尤其是经济功能及社会服务功能不断地扩张和加强,政府在社会经济等诸多事务的管理中日益成为一个积极主动的角色,并由此导致国家与社会之间的政治权力配置以及政府内部的权力结构发生了重大变化。

在国家与社会之间,政府权力日益渗透进日常生活的领域;在政府内部,政治权力日益集中于行政机关。传统民主制度中议会至上的权力格局被打破,行政权不断地扩张并在政府权力结构中日益占据着主导性的地位。尽管行政国家的崛起被认为是对民主制度和宪政体制的重大挑战,但却具有一种社会历史的必然性,根源于特定社会历史框架中民主形式的当代流变。一般而言,民主政治是现代政治的基本形式。就其根本的意义,民意指由人民直接统治,由人民亲自出场,积极地介入政治过程,作出关乎公共事务的集体决策——也就是由人民自己治理自己。这无疑也是理想意义上的民主含义和形式,或者说是民主的"理想类型"。然而,这种"原教旨主义"式的民主,要在现实中得以运转,存在着极其苛刻的条件限制。

首先就是政治共同体的空间和时间因素,直接民主制只适用于"小国寡民"的政治共同体,并且要求公民能够持续地参与政治。其次,直接民主还要求政治共同体必须具有同一性,公民只有在命运上休戚与共,在根本利益上具有一致性,民主才不会演化为分裂和冲突的根源。② 再次,公共事务的治理必须较为简单,公民对公共事务都具备足够的见识,否则,公共事务的复杂性会将大多数的公民最终排除在治理的实际过程之外。最后,直接民主对公民美德具有较高要求,公民必须将公共利益置于个人

---

① [美]戴维·H. 罗森布鲁姆,罗伯特·S. 克拉夫丘克. 公共行政学:管理、政治和法律的途径[M]. 张成福,等译. 北京:中国人民大学出版社,2002:50.

② Robert A. Dahl. Democracy and Its Critics [M]. New Haven: Yale University Press, 1989: 18 – 19.

私利之上,不允许将私人利益带入公共生活,否则,对公共事务的治理就会蜕化为追逐私人利益的场所。另外,如果事无巨细都必须通过直接民主的方式来解决,则意味着公共事务治理将面临高额的成本,在操作上不具有可行性。

由于受到上述条件的严格限制,"原教旨主义"式的民主无法成为现实,只能走进政治理论的规范性层面,为现实政治的合法性提供终极式的合法性证明。民主要转化为一种现实,就必须考虑到这些局限性,对理想式的民主进行现实主义的改造,以间接民主代替直接民主就成为一种必然的选择。在现代国家中,民众人数数以百万计,谋生和履行个人义务占去了他们几乎所有的时间;公共事务纷繁复杂,政府结构错综交叠。这些都使得举行由所有公民参加的共同体集会无法实现。因此,现代社会的"所有民主都是间接民主,即代议制民主,我们受着代表的统治,而不是自己统治自己"①。

换句话说,现代民主制度都采用了"主人"和"主事"相分离的代议制形式。在这种制度下,"全体人民或一大部分人民通过由他们定期选举出来的代表行使最后的控制权"②。大多数的公民并不亲自出场参加公共事务的治理,而是通过自由和竞争的选举方式,产生他们的代表参与公共事务的治理,这已成为现代民主制度的通则。在密尔看来,尽管直接民主制政府是最理想的政府,但在实际的情况中,代议制政府却是最好的选择:"能够充分满足社会所有要求的唯一政府是全体人民参加的政府……但是既然在面积和人口超过一个小市镇的社会里,除公共事务的某些极次要的部分外所有的人参加公共事务是不可能的,从而就可以得出结论说,一个完善政府的理想类型就一定是代议制政府了。"③

从密尔对代议制政府所作的辩护中可以看出,从直接民主制到间接民主制的转换无非是在一个大国范围内落实民主制度所作出的适应性调整的结果,是一种从理想类型转化为现实操作的"次优选择"。然而,在联邦党人看来,间接民主制并非只有矫正直接民主制的消极意义,它

---

① [美]乔·萨托利. 民主新论[M]. 冯克利,阎克文,译. 北京:东方出版社,1998:314.
② [英]约翰·密尔. 代议制政府[M]. 汪瑄,译. 北京:商务印书馆,1982:68.
③ [英]约翰·密尔. 代议制政府[M]. 汪瑄,译. 北京:商务印书馆,1982:55.

本身还具有较为积极的价值。麦迪逊看到，在现实的政治生活中，特别是在幅员辽阔、成分复杂的大国政治中，企望国民的利益高度统一是非常不现实的。由于存在高度分化的利益，政治生活中存在受不同利益驱动的"党争"就不可避免。在这种情况下，由所有公民直接参加公共事务的治理，非但无法制止派别斗争的危害，反而会刺激利益斗争，严重时甚至会造成政治瘫痪。与此相对，代议民主制由于控制了代表的数量，能更好地防止一个党派在数量上超过其他党派，从而出现压迫他们的情况。除此之外，代议民主制通过竞争选举产生出优秀的政治家，还能够提高决策的效率和质量，并通过选举机制改变了直接民主制下"法不责众"所导致的责任空洞化，提高了民主政治的负责程度。①

换句话说，现代社会公共事务的复杂性，需要具备特定专业技能的精英式政治家来实施治理，而不能指望一般的社会大众都能够胜任。同时，在现代社会，一般个人的生活重心也都集中在个人之"私"上，无力也无兴趣去参加政治事务。因此，现实中最佳的解决之道就是通过竞争性的自由选举，选择人民合意的政治家来治国理政，这构成了代议制民主的核心。在这种情况下，现代民主制度取决于有限的多数原则、选举程序和代表权的转移。② 然而，值得注意的是，从直接民主到代议民主的转换，虽然使得民主制具备了实践的可能性，是否能够仍然保留民主本身的精神与品质呢？或者说，是否还能保证主权仍然在民？这其实在现实中是大有疑问的。从现实来看，代议制民主的困境集中在两个方面：一个是其所固有的委托—代理难题，另一个是代议制民主的治理难题。

一般而言，代议制民主包含了两层含义：一方面，在归根结底或规范的意义上，人民仍然是主权者，掌握着权力的最终归属；另一方面，在实际的政治生活过程中，人民并不直接使用权力，而是通过法定程序将其转交给"代表"使用以处理公共事务。在这个意义上，代表与人民之间就形成了一种委托—代理关系。就其规范的含义，人民作为委托人，通过投票、选举等方式挑选合意的代表作为自己的代理人组成政府，而政府组成人

---

① 张凤阳. 在"民主"与"共和"之间：关于现代西方政制模式的一项逻辑分析[J]. 南京大学学报(哲学、人文科学、社会科学版)，2006(6)：38.
② [美]乔·萨托利. 民主新论[M]. 冯克利，阎克文，译. 北京：东方出版社，1998：33.

员作为人民的代理人,应按照人民的愿望行使职权,服务于公共利益的目标。人民通过选举机制监督和约束代理人的代理行为。然而,在实际中,虽然定期的选举可以在一定程度上对政治精英的行为构成有效的约束,谋求执政的愿望驱使他们总是需要考虑社会大多数公众的需求①,但仅靠单一的选举机制却无法保证他们的行为总是致力于公共利益这个目标。政治领导人所掌握的资源和信息常常决定着一般公民对他的行为无能为力。"一个懂得如何最大限度利用其资源的领导人与其说是他人的代理人,不如说他人是他的代理者。"②更何况,漫长的选举周期、利益的高度组织化以及选民的理性选择,这些都弱化了选举机制所具有的监督和约束作用。

更为重要的是,代议制民主的问题还在于,议会权力过大和政府力量不足③,使之面临着重重的治理危机。代议制民主的核心是需要人民来选举代表,因此选举程序和机制处在其核心地位。在某种程度上,代议制民主只不过是一种选举式民主,民主就沦为一种自由竞争的选举机制。"民主方法就是那种为了作出政治决定而实行的制度安排,在这种安排中,某些人通过争取人民选票取得作出决定的权力。"④对于政治精英来说,民主就是竞争领导权;对于人民,民主就是选择或挑选他们的领导人。在这种情况下,代议制民主的重心就集中在选举过程中,民主就成为竞争性的选举。在现实中,代议制民主越发具有沦为"投票日民主"的趋势。问题在于,"选举不制定政策;选举只决定由谁来制定政策。选举不能解决争端,它只决定由谁来解决争端"⑤。也就是说,间接民主由于只关注选举过程,无法为解决社会问题提供充分而合理的制度框架。

换句话说,代议制政府本质上是一种关于政体构成的民主理论,它主要解决政府权力的合法性来源以及权力主体资格的正当性问题,并没有

---

① [美]安东尼·唐斯.民主的经济理论[M].姚洋,等译.上海:上海人民出版社,2005:25-27.

② [美]格林斯坦,波尔斯比.政治学手册精选(上册)[M].竺乾威,等译.北京:商务印书馆,1996:407.

③ 顾不先.民权主义民主政治[M].台北:台湾三民书局,1993:400,404.

④ [美]约瑟夫·熊彼特.资本主义、社会主义和民主[M].吴良健,译.北京:商务印书馆,1999:395-396.

⑤ [美]乔·萨托利.民主新论[M].冯克利,阎克文,译.北京:东方出版社,1998:122.

解决诸如权力运用的合法性与合理性问题,这使得代议制民主的重心在于选举程序而不在治理过程。而与此相对应的是,社会事务的日益复杂以及全球化进程所带来的挑战等诸多因素都推动着现代民主政治需要将关注重点转移到国家治理过程上来,关注影响国家治理过程的主要因素。在这种情况下,提高政府的决策能力和行动能力,取代了传统的保护自由、制约政府以及公共权力获取的合法性问题,成为现代民主政治制度安排过程中需要首先和重点考虑的问题。

如何发展一种可治理型民主,成为当代民主理论需要解决的中心课题,成为现代民主政治发展的一个基本取向。在这种民主形式下,有效地代表和实现公共利益,取代了保护型民主和选举式民主下的权利保护及权力获取的合法性问题,成为民主治理的首要目标。而公民权利的内涵不断丰富,已经从单纯的政治权利向经济社会文化权利不断深化,并因此向民主政府提出更多的治理和服务需求。当代的民主必须将其重心从政治选举转向社会治理,行政国家的崛起作为一种客观的历史现象,正是在这样的时代背景及政治框架中应运而生。

三、从民主到官僚:公共行政发展史的一项阐释

从选举到治理的转向,是当代民主政治发展的一个重要趋向。就民主政治的内涵而言,它不仅需要在规范性的层面解决现代权力来源的合法性问题,更需要在功能性的层面解决现实中的社会治理问题。就此而言,以选举为中心的民主政治通过"主权在民"原则和委托—代理机制成功地解决了合法性问题。"权力属于人民建立了一条有关权力来源和权力合法性的原则。然而,如果民主政治只能以选举为中心,就无法为社会治理提供充分而有效的谋划。民主的治理转型可以说是自反性现代阶段的基本趋向,这典型地反映在美国的政治发展史及公共行政发展史之中。

一般认为,现代意义上的公共行政诞生于美国,威尔逊的政治—行政两分法被视为公共行政诞生的标志。对于威尔逊而言,要在强大的"反国家主义"的思想传统中开辟出支持政府积极行为的理论研究领域,确非易事。政治—行政二分法的要义就在它的"去政治化"以及"科学主义"的意识形态色彩,从而为建立一个高效合理的政府管理模式赋予了正当性。"公共行政提供了理性的管理方法和坚实的科学合法性以利于其发展,科

学管理原理巧妙地利用其商业形象的声望支持了这一新兴学科领域在改革进步年代的发展。"[1]但这也使得美国的公共行政自其诞生伊始就具有浓厚的中心—边缘式的行政集权味道和以效率为名的科学管理导向,这两者结合在一起导致了对中央集权化体制的彻底认可。[2] 这样一种中央集权化的公共行政体制,适合在特定的历史环境中推进美国公共行政的发展。由于其保守的宪政制度、悠久的自由主义文化以及多元主义的民主体制,恰当地集权以防止权力过于分散而导致的低效率和低权能,这是为提高行政效率的必要修正,其目的恰恰针对的就是自由主义民主的治理困境。

可以说,美国独特的政治文化和社会历史环境催生了现代意义上的公共行政。具体而言,公共行政领域诞生于美国政治文化中的联邦主义传统之中,这一政治传统的观点是"把社会看作是商业竞争的场所、把政府看作理性的人的领地",是对"商业巨人的认同"。[3] 经济力量对政府政治产生着重要的有时甚至是决定性的影响,政府被简单地定义为追求利益最大化的逐利资本家的保护性力量和工具。相比于政府的规则,经济社会秩序更具有价值上的优先性。受这种自由主义政治思想的影响,美国民众认为管得最少的政府就是最好的政府。自由民主是人们拥有的最宝贵的财富,一个强有力的政府的存在就是对民主自由的损害。"他们认为政府管得少些,自由就多些,政府管得多,自由就少了。"[4]

在这样一种自由主义式的政治文化环境中,政府越小越美,最多只是个警察,其作用就是镇压罢工、对付印第安人的反抗以及惩治犯罪,这不可避免地导致美国政府权力一直过于弱小。而政府权力弱小使得美国政府存在着两个方面的问题。

首先,有限政府的制度设置无法适应由工业化和城市化运动所导致

---

[1] [美]理查德·J. 斯蒂尔曼二世. 公共行政学:概念与案例[M]. 第七版. 竺乾威,等译. 北京:中国人民大学出版社,2004:26.

[2] 丹尼尔·艾拉扎. 序言[A]//文森特·奥斯特罗姆. 复合共和制的政治理论[M]. 毛寿龙,译. 上海:上海三联书店,1999:3.

[3] [美]麦克斯怀特. 公共行政的合法性[M]. 吴琼,译. 北京:中国人民大学出版社,2002:90,91.

[4] [美]梅里亚姆. 美国政治思想 1865—1916[M]. 朱曾汶,译. 北京:商务印书馆,1984:184.

的不断增长的社会问题。以工业化和城市化为核心的现代社会需要一个强大有力的政府来解决由此带来的安全、秩序、经济、人口、土地、劳资纠纷、企业兼并等诸多的社会问题。现代社会不仅要求政府承担消极的安全保障功能,还要承担调节和维持现代社会的运行和发展等复杂的功能。这样,早期以自由放任主义为基础的小政府以及"无为而治"的消极治理方式,就无力应付此等局面。"共和国早期的先知和政治家所设计的民主主义成分是农民的,倾向是农村的。但是,到了19世纪末,人口涌往大城市,就大大地改变了早期哲学家据以建立的基础。"[①]在美国内战结束以及西进运动完成之后,美国工业经济迅速发展,自由主义导致的权力弱小的政府就无法面对全国复杂的社会形势,美国政治开始面临治理危机。

其次,商业组织侵入了美国政治的选举和立法活动,被强势利益集团所操纵,导致政治极度腐败,社会严重不公。由于崇拜自由放任主义以及对商业文化的认同,导致在激烈的市场竞争中某些个人或集团会利用其经济实力破坏市场的自由竞争,并想方设法去勾结政府官员以谋取私人利益,逐渐形成了一些庞大的垄断组织。这些"支配财富的个人和集团一直企图利用其经济实力去腐蚀美国的民主政治"[②]。由于这些垄断组织的力量远远超过了政府的实力,政府权力过于弱小无法有效地抗衡垄断组织,使得垄断组织能够轻而易举地操纵政府,导致政府沦为其获取利益的工具。垄断组织利用其强大的经济实力,操纵选举、贿赂官员,影响政府的立法及政策制定,以政治交易手段获取更多的私人利益。在19世纪的大部分时期里,美国行政是"政党分赃制",从高层到基层的所有行政职位由在大选中获胜的政党指定的人担任。这种体制导致了严重的贪污腐败现象、政治动荡和行政低效率等恶劣后果。

从历史上来看,19世纪末20世纪初是美国历史上政治腐败最为猖獗的时期,这一时期的政治腐败层出不穷,遍及各地。在联邦一级,总统成了国会的仆人,而国会则完全服务于一些利益集团,总统上任完全依靠这些大财团。这一时期的美国,政党是获取利益的工具,官吏是私人利益的代理

[①] [美]H. S. 康马杰. 美国精神[M]. 南木,等译. 北京:光明日报出版社,1994:436.
[②] [美]阿密泰·艾乔尼. 美国首府政治腐败内幕[M]. 陈银科,等译. 郑州:河南人民出版社,1992:108.

人,立法仅仅是为了照顾某些人的利益,选举的背后是金钱操纵,贿赂成为普遍的社会风气。美国传统自由主义政治所标榜的民主自由已经徒具虚名,金钱成为衡量一切社会价值的重要标准,政治被视为少数人谋取财富的手段。正如当时的共和党党魁马克·汉纳所言,"民主制度下的一切问题都只不过是钱的问题,谁有了钱,谁就可以从中获利"①。

严重的政治腐败和治理危机导致美国民众对民主制度产生了信任危机,同时对政府提出了更高的治理要求以改变现状。以进步主义运动为代表,美国的政治改革运动直接将其目标指向了传统的自由主义政治。"对美国行政进行挽救的真正办法和那些直接的民主拥护者所表示的恰恰相反,所选择的政府官员应该有更多的而不是更少的权力,这种方法并不是蔑视人民的意见,而是表达了复杂社会现实中和组织纪律相一致的人民的要求。"②在进步主义者看来,只有通过政府的有效治理才能克服美国社会的弊端,因此,政府应该被赋予更多的权力,以矫正政治社会生活中的各种乱象。"民主的目的现在只能以汉密尔顿的手段达到,一个强大的中央集权国家,政府增加对经济生活的干预以及在政治上摆脱特殊利益集团的关系,这就是发展的方针。"③具体来说,改革的办法体现为两条:一是加强或扩大政府特别是总统的权力;二是建立高效的行政部门。于是在19世纪末期的进步主义运动中,为了结束把政府职位作为交易商品的任人唯亲的制度,进步党人创造了文官制度,实行竞争性的书面考试,防止任意雇佣和辞退公务人员。

从实践来看,改革后的美国行政部门大有压倒立法部门之势,造成这个结果有许多因素,包括立法机关一贯不得人心,行政权逐渐加强,一支永久性和专门化的行政管理队伍的形成,人民要求强有力和有效的领导来反对强大的特殊利益集团,以及人们普遍熟悉工业生活中卓有成效的行政典范和方式。在这个时期内,政府各部门之间牵制和平衡的学说削弱了,向全

---

① 李剑鸣.大转折的年代:美国进步主义运动研究[M].天津:天津教育出版社,1992:39,38.

② Richard W. Leopold, Arthur Stanley Link, Stanley Coben. Problems in American History: Through Reconstruction [M]. Englewood Cliffs, NJ: Prentice-Hall, 1966:231.

③ [美]理查德·霍夫斯达特.美国政治传统及其缔造者[M].崔永禄,等译.北京:商务印书馆,1994:242.

体选民负责的学说有取而代之之势;人民对政府立法部门的不信任增加了,而对行政部门的信任却增加了。①

从上述历史背景的分析中可以得知,公共行政领域是一个建构的领域,是在解决因政治腐败、治理无能而导致的民主危机以及民众对政府的信心逐渐丧失的问题中被有意识地建构起来。因为"政治失去了信誉,人们寻求新的政府形式替代它。公共行政就在与政治的紧张关系中应运而生"②。公共行政被看作与充满肮脏交易的政治领域相分离的、中立的,因而也是不受私利干扰的"纯净"领域,在这一领域中,"有技能的公仆""既肯接受人民监督",又是"民主手里的有效工具"③,尤其是以民主方式选举出来的政治家手中中立的工具。这一工具的要义在于,利用理性官僚制所具有的强大权能以弥补自由主义代议制民主在治理社会事务上的不足;同时也利用其形式理性以及规则—程序意识来有效地防止政府腐败。在这个意义上,现代公共行政"不过是一种政治立场的伪装,是一种使自身和自身所代表的政治意识形态合法化的策略"④,从根本上体现为"对古典自由民主理论中所隐含的内在矛盾进行批判性的反省"。⑤

从民主到官僚的美国政治建构,说明了下述国家建构的逻辑。现代国家欲达成良政善治,有两种制度断不可少:一为向全体选民负责的民主制度,二为以理性化为基础的官僚组织。两者缺一不可,过于强调任何一项制度,而忽视另一项制度,都可能产生相反的效果。过于强调民主政治的运作,强调由选举胜出者担任治理社会的工作,而忽略稳定的专业化官僚体系在社会治理过程中的作用,将可能使民主政治产生"分赃制"的弊端;而过于强调官僚体系的稳定性及专业性,忽略民选政府在治理上的正当性,将会使官僚结构过分自主而失去在政治上的回应性,最终导致官僚

---

① [美]梅里亚姆. 美国政治思想 1865—1916[M]. 朱曾汶,译. 北京:商务印书馆,1984:77,87.
② [美]麦克斯怀特. 公共行政的合法性[M]. 吴琼,译. 北京:中国人民大学出版社,2002:137.
③ [美]梅里亚姆. 美国政治思想 1865—1916[M]. 朱曾汶,译. 北京:商务印书馆,1984:82.
④ [美]麦克斯怀特. 公共行政的合法性[M]. 吴琼,译. 北京:中国人民大学出版社,2002:3.
⑤ 张铭. 美国行政学研究发轫的特点(上)[J]. 中国行政管理,1999(12):28.

政治的膨胀。① 足够制度化、专业化的官僚体制可与生动活泼的民主社会产生良性的制衡与互动关系,是民主政治得以稳定、有效发展的必要条件。由于官僚产生于考试所认可的专业能力,并且长期在行政机关任职,但与外界政治压力有相当隔绝且往往自成一个具有高度行动能力的团队,因此在发达民主国家中,经常能以整体长期且连续稳定的观点与方式,护卫所谓的公共利益,使国家的资源、权力与政策,不会为民主政治中的特殊利益集团及短视政客所扭曲或垄断。②

因此,概括起来说,以威尔逊的政治—行政两分法及韦伯的官僚制为基础的行政权的理性官僚化设计,是意欲在一个自由主义式的反政府观念占据统治地位的政治历史环境中,依据当时社会流行文化中对管理和科学的信仰,以管理主义的方式赋予行政权以强大而能动的权能的一种"变通"做法。这种做法的效果是既使行政权具有强大的权能,又避免使之与反政府的自由观念形成冲突。然而,值得注意的是,这种独特的理性化途径也不可避免地造成了意想不到的麻烦或问题,例如:行政权的管理主义不免使之失去对社会价值的回应能力,所以才有"新公共行政学派"试图将社会公正与效率同时并列为行政权的目标(见第四章);单一中心的官僚体制不可避免地存在信息和效率损失,因此才有"市场化""分权化"等竞争性的措施削减官僚垄断所带来的高昂成本(见第三章);还有,官僚操纵所带来的工具理性扩张的问题,所以才有以公民共和主义为基础的各种参与式民主,通过恢复公共领域的自由与活力以控制官僚理性的独断和支配倾向(见第五章)。但毫无疑问的是,强大的行政权仍是现代社会治理的基础,其地位具有无可置疑的正当性。从历史的角度来看,一个强有力的政府,是与现代社会的发展相伴随的,它既是启动和推进现代化的前提条件和政治保障,又是政治现代化、经济现代化以及社会现代化发展的必然结果。③

---

① 关中. 文官制度与民主行政:从行政中立谈起[EB/OL]."行政民主与都会永续治理"研讨会.暨南大学(台湾).2009.10.24.http://www.exam.gov.tw/public/Data/011317491671.pdf
② 王辉煌. 官僚制度与民主政治[J]. 人文及社会科学集刊.2000,12(2):348.
③ 亨廷顿. 变化社会中的政治秩序[M].王冠华,等译.上海:上海人民出版社,2008:121.

第二节　从效率到混沌：行政权自主性的客观合法性

在政治或行政生态学的视野中，政治体制与其社会环境之间存在着一种嵌合性的对应关系，政治体制必须与其历史社会环境之间保持充分的适应性互动，要能够对其所处的社会环境的变化及时作出反应，并能够通过调整自身以容纳在变迁过程中出现的新要素。非此，政治体制就会因其僵化、滞后或无能而失去存在的合理性和可能性。就此而言，当代民主政治中的从选举到治理、从民主到官僚的转向，无疑是政治体制适应社会变迁的结果。传统的保护型民主范式下的有限政府以及"无为而治"的治理方式已经无法有效满足因现代社会变迁而产生的大量的治理需求。当代社会的发展现实日益脱离了一个简单、封闭、独立的状态，呈现出高度的复杂性、相互依赖性、动态性以及不确定性。要在如此这般复杂、动态及充满不确定性的客观世界中，仅靠公民的自我约束和自由竞争来保障和实现公民的自由和福利，不啻于一种"乌托邦"式的幻想。"无为而治"的消极政府和有限政府，从客观上来讲已经过时，行政权承担更多的积极功能已属时代的必然。行政权需要不断地提高自身的治理能力，成为当前不稳定世界中的一支稳定的力量，以应付各种复杂的现象，适应现代社会的动态性发展，应对各种不确性的结果，以及处理多样性有时甚至是相互冲突的要求。

一、现代社会的治理逻辑：经典命题的再现

一般而言，社会的发展总是会对社会治理的实践提出许多不同的要求，并在一定程度上形塑着社会治理基本框架的多样性。早在20世纪三四十年代，行政学家高斯（John M. Gaus）就已经注意到社会环境与公共行政之间的关系问题，认为公共行政学的研究必须把公共行政的外部环

境包括在内。① 行政学家里格斯（Fred W. Riggs）进一步从生态学的角度，强调社会环境与公共行政之间的互动，认为公共行政学应该研究"自然以及人类文化环境与公共政策运行之间的相互影响的情形"②，并从宏观的角度，将人类社会分成三种理想类型，每种社会形态对应于一种公共行政的模式，开创了行政生态学研究的典范。

从根本上说，行政权是现代社会的产物，"公共行政的规范化观念和思想是植根于19世纪后期至20世纪初期的现代性世界的"③，而行政权的设计也应该置于现代性的背景之下才能得到正确的理解。现代性是公共行政得以实践、研究和传授的社会历史背景和政治文化背景，行政权的产生和设计根源于现代性早期阶段的那些理想。随着科学技术的发展以及生产力的解放，将人类从自然的束缚和社会的奴役中解放出来的那些理想成为现代社会的基本目标。要完成这些目标，除了坚持科学技术的发展和应用之外，还需要以现代国家为基本支撑点，通过执行法律和政策、管理社会和经济、投资包括科学研究在内的公共项目以支撑社会经济的持续发展。

现代性作为一个广泛的社会历史背景，既为现代行政权的设计预设了基本的目标和方向，也构成了行政权运行的外部环境，从而制约着行政权设计和运行的可能边界。要在一个包含着各种限制性因素的现代性环境中运用行政权以实现特定的目标，必须要充分理解现代性的特征和逻辑。行政权的设计必须要将其外部环境中的那些限制性因素包括进去。这是设计行政权的时候最需要关注的问题。

从一般的意义上讲，现代性是对现代社会总体特征的一种综合性称谓，用以概括那些决定现代社会发展方向的根本性特征或问题。它既包含了现代人所具有的那些共同观念和精神并因此而呈现为"一种新的时代意识"④，也包含了现代社会的那些建立在科学技术基础之上的制度和

---

① John M. Gaus. Reflections on Public Administration [M]. Alabama：University of Alabama Press，1947：6-19.

② 彭文贤. 行政生态学[M]. 台北：台湾三民书局，1988：19.

③ [美]特里·L. 库珀. 行政伦理学：实现行政责任的途径[M]. 张秀琴，译. 北京：中国人民大学出版社，2001：33.

④ Jurgen Habermas. Modernity：An Incomplete Project [A]//Hal Foster. The Anti-Aesthetic：Essays on Postmodern Culture [C]. Port Townsend：Bay Press，1983：3.

规则体系,呈现为一种新的社会形态或社会建制体系。在这个意义上,"现代性既指人类对世界的一系列态度、关于实现世界是向人类的干预行动完全开放的想法,也指一系列复杂的经济、社会和政治制度"①。作为一种与传统相断裂的社会意识和建制体系,现代性无疑包含多重维度。

在马克思看来,现代性的根本维度是其经济方面的特征——资本主义。资本主义以财产私有制为基础,以追逐资本利益为目标,型构了现代社会的基本活动方向。在这一过程中,商品化成为组织现代社会的基本原则。资本主义的经济制度和社会体系,根本上依赖于两种商品化形式——产品商品化和劳动力商品化。通过这两种商品化形式,所有的社会关系或社会联结都变成了"冷酷无情的'现金交易'",其结果是整个社会关系的商品化。商品交换关系的普遍化既是资本主义生产方式得以存在的前提,也是资本主义社会形成及运转的基础。"在资本主义社会,政治结构与经济结构之间的联系就是商品形式,两种结构的稳定都依赖于商品形式的普遍化。"②因此,从资本主义的角度看,商品化成为现代社会建制的基本原则和总体性特征。

在涂尔干看来,现代性意味着建立在工业化基础上的现代社会。涂尔干从工业主义的角度来理解现代社会。他认为,现代社会始于法国大革命和英国的工业革命,现代性的实现过程就是从传统社会向现代工业社会变迁的过程。现代工业社会的基本特征是劳动分工的日益细化和复杂化,并由此带来了更多的自由和更高的生产效率。高度的劳动分工形成了现代工业社会,同时也使得现代社会的整合机制从"机械团结"向"有机团结"不断进化。一方面,社会分工的发展和经济关系的强化日益消解了传统社会宗教、道德和习惯等社会整合纽带的基础,逐步削弱和瓦解着机械团结赖以存在和维持的前提条件。同时,分工程度的提高也使人们之间的差异越来越大,个体的独立意识也越来越强,这使得建立在集体意识控制力基础上的机械团结无力实现其整合功能;另一方面,劳动分工也以另一种新的方式,并且在一个比以往更高的程度上将人们紧密地结合

---

① [英]安东尼·吉登斯,克里斯托弗·皮尔森. 现代性:吉登斯访谈录[M]. 尹宏毅,译. 北京:新华出版社,2001:69.
② [德]克劳斯·奥菲. 福利国家的矛盾[M]. 郭忠华,译. 长春:吉林人民出版社,2006:19.

起来，这种新型的社会团结纽带就是由劳动分工的发展所造成的人与人之间在职能上的依赖。"劳动分工的最大作用，并不在于功能以这种分化的方式提高了生产率，而在于这些功能彼此紧密的结合。"①因此，从工业主义的角度来看，与分工相联系的工业化是现代性的根本特征。

然而，在韦伯看来，无论是资本主义的商品化还是工业主义的分工体系，都依赖于一种从观念到制度的理性化过程。商品化的社会组织原则依赖于一种以货币为联结纽带的形式理性体系，劳动分工本质上是一种建立在目的理性基础之上，追求效率最大化的工业行为，而资本主义企业的生产和经营就更需要建立一种形式化的管理和组织体系。从某种程度上说，资本主义或工业主义都只不过是现代性的表征，并不是现代性的实质或根本精神。现代性的精神实质是理性，而从传统到现代就是一个将自然和社会"祛魅"的理性化过程。这种理性化的过程典型地表现在人类社会行为的取向上，并体现为特定的社会关系。韦伯从行为取向的角度将社会行为分为四种类型：目的合理性行为、价值合理性行为、情感行为和传统行为。他认为，进入工业社会后，后两种行为即情感行为与传统行为不再占据主导地位，取而代之的是前两种理性行为，尤其是目的合理性行为。在资本主义的工业经济体系中，目的理性化的行为主要表现在两个方面：一是经营活动理性化，对劳动力管理及企业的运营要坚持理性化的计算性态度；二是资本再生产以财富积累为根本目的，而并非以投资者的物质享受为目的。②

在韦伯看来，随着理性资本主义的发展，理性化也渗透到社会生活的各个领域，包括日常生活、科学技术以及文化艺术甚至政治制度等各个方面。理性化是现代性的基本特征，"社会现代化实质上是理性主义化，即理性化的经济生活、理性化的技术、理性化的科学研究、理性化的军事训练、理性化的法律制度和行政机构"③。理性化对于政治制度以及社会治理体系的渗透，是源于现代性本身的逻辑。在韦伯看来，社会的现代化就是资本主义经济和现代国家的分化，资本主义经济和现代国家在功能上

---

① [法]涂尔干. 社会分工论[M]. 渠东，译. 北京：生活·读书·新知三联书店，2000：24.
② Anthony Giddens. Introduction [A]//Max Weber. The Protestant Ethic and the Spirit of Capitalism [M]. London: Harper Collins Academic, 1976: XI-XII.
③ 胡耀华. 合理性问题[M]. 广州：广东人民出版社，2000：2.

相互补充,相互稳定。资本主义企业遵守的是合理的经济行为,现代国家机关遵守的是合理的管理行为,二者遵守的都是目的理性行为。现代社会的经济系统和政治系统都只不过是目的理性的亚系统,从经济和政治制度上所表现出来的是目的理性行为在现代社会中的制度化。

在韦伯看来,目的理性行为在社会领域中的制度化集中体现在两个方面。首先,资本主义经济的组织核心是资本主义企业,其特征在于:脱离了家政;资本核算(合理的簿记);以货物、资本以及劳动市场的机遇为趋向的投资决策;有效地投入具有形式自由的劳动力;把科学知识应用到技术当中。其次,国家的组织核心是合理的国家机关,其特征在于:集中而稳固的税收系统;统一指挥的军事力量;立法和正当使用暴力的垄断化;以专业官僚统治为核心的管理组织。① 建立在形式理性或目的理性基础上的法律—行政体系,对现代社会实施着监控和管理职能,是现代社会不可缺少的重要组成部分,它与资本主义的经济系统存在着共生性的关系。一方面,形式理性或目的理性的法律—行政系统依赖于社会经济体系的形式理性化,特别是官僚体系的建立,是以形式理性的规则、货币化、官僚个人目的理性化等因素为前提的;另一方面,法律—行政体系所具有的监控和管理职能,也支撑着资本主义经济体系的运行。

形式理性或目的理性的法律—行政体系之所以是现代资本主义体系必不可少的制度基础,存在着多方面的原因。首先,韦伯认为,"现代资本主义关系在内部首先是以计算为基础的。它需要一个法律系统和行政系统。至少在原则上,根据确定的一般规律,这个法律系统和行政系统能够被合理地加以计算,这正像一台机器的可能的运行被加以计算一样"。"因为,具有固定的资本和精确的核算的现代企业,对于法律和行政的种种不合理性是十分敏感的。只有在具有合理法律的官僚国家那里,才能产生严格合理的劳动组织……在这样的国家里,法官的行为基本上可以事先预料到。"② 也就是说,资本主义体系本身所具有的形式理性拒斥任何经验性的、传统的、特殊化的管理所带有的不可预见性以及不精确性。

---

① [德]哈贝马斯.交往行为理论(第一卷):行为合理性与社会合理性[M].曹卫东,译.上海:上海人民出版社,2004:154.

② [匈]卢卡奇.历史和阶级意识[M].王伟光,等译.北京:华夏出版社,1989:96-97.

"在任何情况下,法律系统在形式上都有可能普遍化,以便适用于生活中的每种可能情况,并且这种法律系统是可以加以预断和计算的。"[①]它反对那种迎合不同的人的要求以及所掌握的具体材料的要求,因而表现为个性化或特殊化特征的传统管理和执法方式。

其次,公共行政所具有的工具理性特征也符合资本主义体系对利润和效率的理性化追求。现代资本主义的经济交往,对经济效益的无止境的追求决定了其"向行政管理提出要求既尽可能快捷地,又精确地、明晰地、持续地完成职务工作"。而理性的官僚系统所具有的"精确、迅速、明确、精通档案、持续性、保密、统一性、严格服从、减少摩擦、节约物资费用和人力,在由训练有素的具体官员进行严格官僚体制的、特别是集权体制的行政管理时……能达到最佳的效果"[②]。在这个意义上,建立在工具理性基础上的高度形式化是现代行政权设计的一项基本要求,其意义不仅在于适应现代性的普遍性要求——因为现代性不是一项地方性的事业,而是一项全球性的事业,而且还在于适应现代性的效率要求——现代性自其伊始就悬置了对最终目标的理性判断,而只将实现目标的手段的理性化作为最高的目标。

二、治理的动态性、复杂性、多样性及不确定性

资本主义的商品化逻辑以及工业主义的分工逻辑,除了对行政权的设计提出目的理性化的命题之外,还在不同程度上预设了行政权的社会功能和行动目标。以资本主义的视角观之,它使商品形式的普遍化成为可能;而以工业主义的视角观之,它使有机团结和社会整合成为可能。从资本主义的逻辑来看,商品化的形式理性体系是建立在契约的规则之上的,对契约规则和商品形式的维护是资本主义体系得以运转的核心基础。从工业主义的角度来看,劳动分工所导致的有机团结及社会秩序"失范"问题,需要建立新型的整合机制。在这两种现实的需求作用下,国家被构想为通过法治而处于良好秩序的法权主体,不仅要维护契约规则的有效

---

① [匈]卢卡奇.历史和阶级意识[M].王伟光,等译.北京:华夏出版社,1989:97.
② [德]马克斯·韦伯.经济与社会(下卷)[M].林荣远,译.北京:商务印书馆,1997:296-297.

性,以推动商品化形式的扩张,而且还要承担工业体系的社会整合和团结功能。

更进一步来看,行政权要实现其秩序维持功能和社会整合功能,还必须承担起一定的福利服务功能和道德建构功能。前者的目的是防止商品形式的瘫痪,使劳动力再商品化,以维护资本主义体系的运行[1];而后者则意在使国家成为一个"意识的器官",以实现有机团结为目标,推动社会新型道德信仰体系的形成和发展,防止高度分化的社会出现"失范"问题。[2] 从理性化的角度来审视行政权所要承担的这些功能,实际上是要求行政权应该以其形式理性或目的理性上的优势,在一个动态不居且复杂多样的现代社会中进行治理,为个人和组织的自由活动提供安全、稳定以及可预期的制度框架,并在必要的时候提供积极的帮助和支持。然而,行政权要实现这一功能其实并不容易,它必须要了解所处时代的外部环境的根本特征及其治理要求。

如果说现代性是在与传统的断裂上所形成的一个全新的社会秩序和历史形态,那么它必然具有一些传统社会所不具有的鲜明特征。商品化、工业化以及理性化的过程,似乎意味着现代社会是一个有条理的系统,但这只不过是现代社会的部分写照而已。人类固然可以利用自身的理性能力,来创造一个建立在技术和秩序之上的社会系统,以提升把握自然及其自身命运的能力,但这种理性化的能力显然存在着巨大的局限性。从治理的角度来看,这种局限性之一就在于它造就了一个具有高度的复杂性、动态性以及多样性的体系。这些特性不仅存在于体系之中,而且也渗透在其内部的子系统之中,使得即使是那些与人类生活密切相关的子系统,也存在着许多不为人知的运行规则。"人们逐渐认识到社会政治子系统(如医疗、教育、交通、环境保护和社会福利)的巨大的复杂性、动态性和多样性"[3],以及因此而给社会治理带来的巨大挑战。

首先,除了使社会关系普遍具备商品化的形式以外,资本主义还决定了现代社会具有永续的动态性特征。在马克思看来,相比较此前的生产

---

[1] [德]克劳斯·奥菲. 福利国家的矛盾[M]. 郭忠华,等译. 长春:吉林人民出版社, 2006:22.
[2] [英]安东尼·吉登斯. 涂尔干[M]. 李俊青,译. 北京:昆仑出版社,1999.
[3] 俞可平. 治理与善治[M]. 北京:社会科学文献出版社,2000:218.

方式,资本主义对利润的无止境追求导致其具有一种内在的扩张冲动,而这种内在的扩张冲动又进一步决定了资本主义生产方式在本质上是一种动荡不安、永无止息的生产方式。"资产阶级除非对生产工具,从而对生产关系,从而对全部社会关系不断地进行革命,否则就不能生存下去。反之,原封不动地保持旧的生产方式,却是过去一切工业阶级生存的首要条件。生产不断变革,一切社会状况不停地动荡,永远的不安定和变动,这就是资产阶级时代不同于过去一切时代的地方。"①

资本主义社会的变动不居主要来自于激烈的竞争和不断的创新。对利润的追求使得资本社会产生了激烈的竞争,并使得创新及发现新的市场成为获取高额利润的主要方式。资本主义的发展依赖于不断的创新或变革,创新是资本主义获得发展的根本推动力,而创新能力的衰竭也是导致资本主义走向衰亡的根本原因。② 这种创新不仅体现在技术、产品、包装等生产力层面,也体现在管理、制度等生产关系的层面,并进一步对社会关系的革新提出迫切的要求。在这种情况下,"一切固定的僵化的关系以及与之相适应的素被尊崇的观念和见解都被消除了,一切新形成的关系等不到固定下来就陈旧了。一切等级的和固定的东西都烟消云散了"③。

其次,现代工业体系的不断分工,导致现代社会的系统结构越来越趋向于复杂和多样。现代工业体系的发展依赖于不断推进的社会分工或功能分化,而不断深化的社会分工体系也造就了一个复杂的社会系统。劳动分工对社会系统复杂性的影响是双重的:一方面,劳动分工将不同的职业和功能区别开来,使得个人、组织、社区等因素之间的差异性不断增大,由此在系统内部创造了更多的异质性因素;另一方面,随着异质性因素的增加,不同因素之间的相互作用和联系的方式也随之变化或增加,由此导致系统内部的结构不断发生变化,系统必须具备更复杂的结构和机制才能处理异质性因素增加所带来的整合压力。

这样,处于现代化过程中的当代社会,随着劳动分工的不断发展,社

---

① 马克思,恩格斯. 共产党宣言[M]. 北京:人民出版社,1997:30.
② [美]约瑟夫·熊彼特. 资本主义、社会主义和民主[M]. 吴良健,译. 北京:商务印书馆,1999:144-150.
③ 马克思,恩格斯. 共产党宣言[M]. 北京:人民出版社,1997:31.

会系统的功能也不断地走向深层分化,造成了社会系统的结构不断地层级化和系统组成要素的异质化。在卢曼看来,复杂性在现代性的意义上就是层次化和异质化,而且没有功能分化也就没有社会系统的复杂性,"更为复杂的社会依赖于功能分化"①。通过劳动分工所导致的社会分化,使得现代社会从近代形成的大型社会结构迅速地分化为多重结构和多种类型的社会系统。各个不同系统组成要素之间越来越困难的协作,提出了更高的整合或控制要求,并因此导致社会系统的进一步分化,由此不断生产着现代社会的复杂性和多样性特征。

除了上述的动态性、复杂性及多样性特征以外,现代社会还具有高度不确定性。任何社会都存在不确定性,现代社会中的不确定性在于它是系统性的。现代社会中的不确定性通过所谓的"脱域机制"弥漫在整个系统之中,并且使得系统本身变得非常脆弱。"脱域机制"本质上也是一种整合机制,它首先表现为一种时—空分离机制。通过时空的分离及重组,社会关系和社会行动得以脱离具体的社会空间,在世界范围内的标准化框架中实现相互整合。时—空分离机制对于现代性发展的极端重要性,为现代社会的发展提供了新的框架,行动和经验的特征可以在世界范围内得到解释和诠释,因而为现代社会的合理化组织提供了运行机制。现代组织可以据此将地方性和全球性的因素连接起来,为世界的普遍合理化提供可能。这种脱域机制将社会关系和行动从彼此互动的地域性关联中脱离出来,使特定的社会关系或行动获得一种一般性的、普遍化的或抽象的形式,如货币等传播或交往媒介。

除了时—空分离以外,专家系统也是一种重要的脱域机制,它们构成了现代人生活于其中的外部环境。现代社会依赖于专家系统,依赖于知识的反思性运用。反思性是人类活动的重要特征,但随着现代性的出现,反思具有了不同的特征,它被引入到社会系统的再生产行为中,致使思想和行动总是处在连续不断地彼此相互反映的过程之中。对现代社会生活的反思存在于这样的事实之中:社会实践不断地受到关于这些实践本身的新认识的检验和改造,从而在结构上不断改变着自己的特征,并由此使得知识成为制度组成和转型中的一种建构要素。"现代性是在人们反思

---

① 秦明瑞.复杂性和社会系统[J].系统辩证学学报,2003(1):20.

性地运用知识的过程中(并通过这一过程)被建构起来的。"①

正是通过上述的时—空分离,依赖于象征符号(交往媒介)及专家系统所组成的脱域机制以及对知识的反思性运用,现代性发展起来了,资本主义体系和工业世界才成为可能,社会关系和社会交往才得以合理化,社会行动才能够合理地组织起来。然而,在促成现代性不断发展的同时,这些动力或机制也为现代社会带来了意想不到的后果。

首先是与货币相联系的普遍的商品化这一重要的脱域机制的发展,可能导致人类社会将要遭受覆灭性的后果。波兰尼认为,以货币为媒介的普遍商品化,将经济行为从传统社会特定的社会关系中抽离出来,简化为赤裸裸的以营利为目标的市场交易活动,形成了一个"脱嵌"的经济领域,并使之在社会系统中占据着支配性的地位。它意欲造就一个使土地、劳动力及货币在内的所有因素都商品化的世界,这意味着人的命运以及他所赖以生存的环境都处在市场机制之下,并且由于货币本身已成为商品,将不可避免地导致其价值发生周期性的波动,此举不仅可能导致经济体系的崩溃②,更破坏了社会关系赖以存在的信用基础。因此,"脱嵌"的商品化形式的普遍发展将导致人类的生存危机。

其次,现代性的全球化发展以及对科学技术及其产品的依赖,将现代性置于风险社会之中。在资本主义追逐利润动机的驱使下,依赖于时—空分离以及脱域机制,现代性不可避免地导致全球化。出于对利润无止境的追求与竞争压力,"资产阶级奔走于全球各地","开拓世界市场,使一切国家的生产和消费都成为世界性的了"。③ 而时空分离和脱域机制使得发生在不同地方的社会形式和事件能够在全球范围内延伸开来,能够在不同的社会情境或不同的地域之间建立起全球性的联系网络。因此,现代性的根本特性之一就是全球化。另一方面,现代社会高度依赖于科学技术及其产品,工业体系的高度发展,给人类带来了许多"人造"的风险。

在现代社会,"我们所面对的最令人不安的威胁是那种'人造风险',

---

① [英]安东尼·吉登斯. 现代性的后果[M]. 田禾,译. 南京:译林出版社,2000:34.
② [英]卡尔·波兰尼. 大转型:我们时代的政治与经济起源[M]. 刘阳,冯钢,译. 杭州:浙江人民出版社,2007:63.
③ 马克思,恩格斯. 共产党宣言[M]. 北京:人民出版社,1997:31.

它们来源于科学与技术的不受限制的推进。科学理应使世界的可预测性增强,但与此同时,科学已造成新的不确定性"①。全球化进程使得这些风险在世界范围内扩散,而且全球化进程也使得世界范围内的异质性因素在不同的情境下相遇,这带来了各种潜在的冲突,进一步加大了现代社会的风险性。除此之外,现代社会高度的不确定性或者说风险性,还来自于它本身的动态性和复杂性。激烈的竞争和无穷尽的创新,使得社会状况永远动荡不安,无法形成确定性的关系或行为模式。对于不断发展的社会现实而言,每一种确定下来的关系或模式都将成为过去,而高度的复杂性和多样性也导致对事件演化的结果无法预知和控制。

换句话说,作为现代性精神特质的理性化,仅仅体现在现代社会的各种建制上,体现在现代人对待外部世界及其社会关系的态度与行为上,但它并不意味着现代社会的外部世界都已全部经过了理性化的重组,都处在人类的掌控之中。相反,理性化是一个长远的过程,人类对外部世界的理解与掌握能力都会受到在这个过程中所取得或达致的进步程度的影响。在今天,虽然现代社会的各种建制都充分体现了理性化的特质,人类对各种现象的认知已经具备了理性化的特征,世界对于人类已经"祛魅",但一个已经"祛魅"的世界,并不意味着澄明的世界,这个世界仍然存在着许多的纷争和未明之理。理性化或"祛魅"只不过意味着人类对世界的把握方式从传统的神秘体验转化为理性化的探索而已。由于客观世界本身所具有的动态性、复杂性以及不确定性,人类通过理性化的手段,以简化的复杂性的方式去把握世界的上述特征,反而造成了社会系统的复杂性、动态性和多样性以及由此带来的不确定性。以人类的有限性去把握或控制客观世界的无限性,在某种程度上成为新的动态性、复杂性、多样性以及不确定性的根源。

三、混沌体系与治理能力:行政自主的客观逻辑

客观世界与现代社会的动态性、复杂性、多样性与不确定性,说明了行政权所面临的是一个具有混沌特征的环境。"混沌(chaos)是一种

---

① [英]安东尼·吉登斯,克里斯托弗·皮尔森. 现代性:吉登斯访谈录[M]. 尹宏毅,译. 北京:新华出版社,2001:218.

貌似无规则的运动,指在确定性非线性系统中,不需附加任何随机因素亦可出现类似随机的行为(内在随机性)。混沌系统最大的特点就在于系统的演化对初始条件十分敏感,因此从长期意义上讲,系统的未来行为是不可预测的。"现实的世界就是一个混沌的世界,"是一个有序与无序相伴、确定性与随机性统一、简单与复杂一致的世界……因此,只有抓住复杂性并对它进行深入研究,才能为人们描绘出一个客观的世界图景"①。

从理论界来看,"混沌"一词最早由数学家李天岩和约克(Yorke)提出。1903年,庞加莱把动力学系统和拓扑学相结合,首次指出了混沌存在的可能性。1963年,著名气象学家洛伦兹最早创立了混沌理论,他指出,在气候不能精确重演与长期天气预报者的无能为力之间必然存在着一种联系(即非周期性与不可预见性之间的联系),描述了混沌对初始条件的敏感性这一基本形态,也就是著名的"蝴蝶效应"(the Butterfly Effect)。1977年,比利时化学家普里高津因对混沌理论的杰出贡献而获得诺贝尔化学奖。之后,混沌理论被大量应用于物理、气象、经济、管理等领域,其影响已经波及整个社会科学的范围。混沌理论的一个主要成就在于,它能证明一个具有确定关系的简单体系如何能产生不可预测的结果。②

混沌体系的重要特征之一是非线性,它意味着系统中各种关系的呈现与发展并非严格成比例。传统的线性概念指的是系统各部分之间的变化关系是成比例的,因此在初始状态的变化会产生相关部分一致性的改变。但是,对于混沌体系来说,非线性关系才是一种常态,一些极小的变动会导致系统部分产生很大的改变。不同的事物和现象之间交互影响与作用,形成错综复杂的混沌状态。非线性与混沌系统中存在着大量的"奇怪吸引子"有关。奇怪吸引子常常隐藏在混沌现象的背后,是一类具有无限嵌套层次的自相似结构,是一种分形。"蝴蝶效应"与混沌体系中存在着正向反馈有关,正向反馈将初始条件的差异性不断地放大,使混沌体系的每一步发展都产生出一个新的结果。混沌体系还存在着分岔与分形。分岔是指系统中存在着不稳定的走向,以致其在运行的方向、本身的特性或结构上发生突然的改变,因此分岔意味着系统依据一项新的秩序进行

---

① 黄润生,黄浩. 混沌及其应用[M]. 武汉:武汉大学出版社,2005:1,4.
②② 朱春奎."新科学"与公共行政学研究:混沌理论[J]. 公共行政评论,2008(3):72-88.

自我安排,产生新的系统特征,这个系统可能与之前的类似,也可能完全不一样。②

因此,混沌体系具有动态性、复杂性、多样性以及不确定性,更适合于描述现实世界和社会的特征。混沌体系对行政权的理性化命题带来重要的挑战。从管理的角度看,面对混沌的体系,管理者必须做到以下几点:① 不要过度依赖精准的计划,应该将焦点放在目标上,允许组织结构随着发展的需要而调整。② 反应要迅速,及时行动,尽早适应急剧变化的环境。③ 计划、行动甚至组织结构都应具备弹性,随时评估环境,及时推动组织更新。④ 心智要灵活,保持一个动态的心境,随时根据环境的变化作出一些必要的改变以促进目标的达成。⑤ 善于利用混沌理论,创造一些小小的改变,带动组织发生积极而正面的变革。①

对于社会治理而言,无序并不一定是坏事,它可以导致多种可能性的出现,常常是产生新秩序和新结构的前提。关键的问题是必须转变治理的方式,传统的通过控制的治理方式已经不适用于混沌体系的治理,系统"越大,越是复杂,通过控制来管理就越困难",而且"加强管理控制可能会阻碍存在于组织中的那种改善组织的广泛的潜力"②。这样,建立在传统权力结构中的治理方式不仅本身会遇到很大的阻力从而无益于问题的改善,而且还可能带来更多的问题,破坏系统本身所具有的改善问题的潜力。在混沌体系中,传统治理方式的不适用性可能会导致非常负面的影响。"蝴蝶效应表明,最初的原因可能会被扭曲并进入公共行政管理系统,并随着时间的推移产生出惊人的效果。"③

在这样的局面下,混沌体系给行政权传统的理性化命题带来了严重的可治理性问题。从现实来看,来自于治理系统外部环境的压力以及传统治理系统内部的不足,使得当前的治理系统越来越难以一种自我维护

---

① Jason Stilwell. Managing Chaos: Use it to Your Advantage [J]. Public Management, 1996,78(9): 6-8.

② Kiel L. Douglas.Managing Chaos and Complexity in Government: A New Paradigm for Managing Change, Innovation and Organizational Renewal [M]. San Francisco: Jossey-Bass, 1994: 129, 125.

③ Kiel L. Douglas.Managing Chaos and Complexity in Government: A New Paradigm for Managing Change, Innovation and Organizational Renewal [M]. San Francisco: Jossey-Bass, 1994: 7.

或自我纠正的均衡方式运行。在现代社会的混沌体系中，传统社会控制的手段已经逐步失效，治理权威的合法性地位不断削弱，社会体系的治理需求已经远远超过了传统治理体系的应付能力。这已经使民主体系的治理能力确实面临一个十分紧迫的问题，"对于民主政府的要求不断增加，而民主政府的能力却停止不前"，官僚组织"曾经在一段时间为产生更能接受的理性的解决办法提供了一种有益的保护手段，但在今天已失去了它的作用"[1]。民主国家的政府的治理能力已经陷入了严重危机之中。

库伊曼（J. Kooiman）认为，对"治理能力"的理解和分析必须建立在治理体系的概念之上。一个完整的社会治理体系包括两个子系统：一个可以称为"治理的主体系统"（governing system），也就是作出治理行为的系统，是治理行为的施与者；另一个可以称为"治理的客体系统"（system-to-be-governed），也就是欲对其施加治理行为的系统，是治理行为的受与方。"治理的主体系统"必然是社会系统，它往往由制度、工具和机制等要素组成；而"治理的客体系统"可能是自然系统或社会系统，也可能是既包含了自然系统又包含了社会系统。治理即是这两个系统之间相互作用以寻求解决社会问题或为社会创造机会的过程，而治理能力就是在这一过程中社会治理体系实现其目标的能力。从治理的主体系统的角度来看，这种能力就是在与治理客体的互动的过程中，发出、组织及完成治理行为的所有能力。

从社会治理体系的一般框架来看，治理能力受到三个要素的影响：治理的主体系统、治理的客体以及这两个体系在治理过程中的相互作用（governance interaction）。[2] 在根本的意义上，治理能力最终取决于治理的主体系统与客体系统之间是否具有结构上相似的品质。如果两个系统之间存在着较大的差异性，两者之间的相互作用或互动必然会存在着结构上的不适应以及由此带来的冲突和困境。在这种情况下，治理不可能取得成功。

从治理体系的结构角度，我们可以区分出两种社会治理的类型：一种

---

[1] ［法］米歇尔·克罗齐.民主的危机[M].马殿军,等译.北京：求实出版社,1989：8,9-10.

[2] Jan Kooiman, et al. Interactive Governance and Governability: An Introduction [J]. The Journal of Trans-disciplinary Environment Studies. 2008, 7(1): 2-11.

是"作为统治的治理"(governance as governing),另一种是"作为治理的治理"(governing as governance)。前者是传统的治理模式,往往被视为"金字塔式"的,治理的主体系统处在较高的等级和指挥的位置,而治理的客体系统处在下级的接受命令的位置。社会治理体系因而是国家处在顶点的僵硬的科层体系,权威和责任高度集中并形成了强调强制和控制的自上而下的命令机制。因而这种社会治理体系的总体特征必须是自足的并得到清楚的界定,能够很容易地与其他系统区别开来。治理的主体与治理的客体也分属两个不同的子系统,不存在明显的相互影响。

而后者往往被视为一个依赖于它的环境并与之相互作用的开放系统,这个系统由多个处在系统之内或系统之外的有权力的利益相关者所构成的一个异质性网络或政治联盟组成。组成治理主体的利益相关者,其目标以及目标实现方式并未事先,也不可能一劳永逸地给定。每个集团都有它要追求的目标和保护的利益,都有它的需求,同时在治理的过程中都要发挥作用。在这种模式下,相关行为主体之间的协商、谈判及建立共识等复杂的互动取代了前一种模式下单一的命令—控制机制。政治权力在这里更像是个经纪人(brokerage),而不是权威的运用。更重要的是,在这个模式下,冲突并不一定必须得解决。相反,冲突成为治理的主体系统一个固定的特征,使主体系统内在呈现出动态性。冲突具有建设性、整合性和形塑性,并成为将人们聚合在一起推动系统前进的建设性因素。[①]

因此,对于混沌体系的治理,必须借助于"作为治理的治理"这一新的治理模式。因为混沌体系中治理能力的危机本质上在于将传统的治理模式应用于当前体系的治理,因而使治理的主体系统与治理的客体系统在结构上呈现出不适应性。在一个具有高度的动态性、复杂性及多样性的混沌体系中,必须建立起互动式的治理(interactive governance)体系。[②](如图2-1所示)也就是说,为了治理动态性、复杂性及多样性的问题,治理本身也需要具有动态性、复杂性及多样性。然而问题在于,这对治理本

---

① Svein Jentoft. Limits of Governability: Institutional Implications for Fisheries and Coastal Governance [J].Marine Policy,2007,31(4):360-370.

② Jan Kooiman, et al. Interactive Governance and Governability: An Introduction [J].The Journal of Trans-disciplinary Environment Studies. 2008,7(1):2-11.

身带来了巨大的挑战。例如,治理主体系统的复杂性会导致体系内部的统一行动或合作存在困难,提高了治理的成本或交易成本;同时,复杂性也意味着治理系统存在着多样化的因素,异质性因素的增加也可能导致治理在目标上会形成冲突。治理的动态性意味着治理的主体系统必须要经常改变规则和操作程序,而过于频繁的变化可能会使得利益相关者因缺乏一种稳定的工作环境而感到不安全。更重要的是,客体系统的混沌特征本身意味着不确定性,这要求主体系统必须具有较高的权变性及适应能力,而治理本身的不稳定性可能会导致治理体系产生崩溃的可能性。

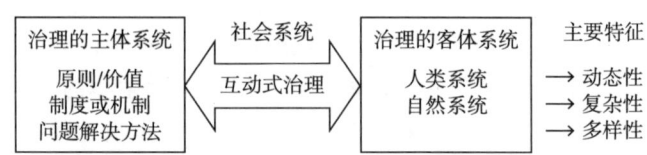

图 2-1　混沌体系中的治理框架

因此,在互动式的治理体系中必须存在一个能够介入、干涉及互动的主导性机制[①],这种主导性机制承担着建构制度框架以及设定治理的价值和原则的任务。这实际上就是要求由行政权承担起"元治理"的功能以避免治理失败。这意味着国家在今天仍然是一个处于中心位置的行动者,它具有其他利益相关者所不具备的优势,并拥有几乎全部的行动工具。国家不仅要在治理过程中承担不可或缺的角色,而且在治理失败时,是唯一能够对治理失败承担责任的行为主体。在今天这样一个高度复杂并相互依赖的环境中,任何其他的行为主体,如独立的个人或组织,都无力单独承担治理失败所带来的风险和后果。当然,行政权承担起元治理的任务,并非是回到传统的"金字塔"模式之中,"相反,它承担的是设计机构制度,提出远景设想,它们不仅促进各个领域的自组织,而且还能使各式各样自组织安排的不同目标、空间和时间尺度、行动以及后果等相对协调"[②]。

---

① Svein Jentoft. Limits of Governability: Institutional Implications for Fisheries and Coastal Governance [J]. Marine Policy, 2007, 31(4): 360-370.
② 俞可平. 治理与善治[M]. 北京: 社会科学文献出版社, 2000: 79.

从组织管理的角度看,行政权的目的就在于处理不确定性问题,虽然现代社会带来更多的动态性、复杂性及多样性,但降低不确定性却是任何组织发展的必然性问题。传统的模式是以一种封闭的方式处理不确性问题,表现为对内部的不确定性以集权化的方式处理,对外部的不确定性就会以兼并、吸纳等扩展方式将其整编,从而纳入组织的控制之内,而一旦受到阻碍,就会减少与环境之间的交换以从不确定性的情境中退出。[①] 显然,这种封闭的方式只能适用于一个简单的、线性的系统,也就是处在初级阶段的系统,如传统社会。对于非线性的混沌体系而言,面对由高度的动态性、复杂性及多样性而带来的不确定性,处理的方式就只能诉诸一个开放的系统。因此,行政权不但要承担起具体的操作性的治理任务,还要承担起战略规划及制度建设等"元治理"和引导性职能的任务,以建构一个开放的、动态的合作治理体系,保障互动式治理的安全与可靠。这也说明在当前的治理变迁中,行政权不仅不可偏废,而且还要承担更为积极的建设性任务。

认识到现代社会所具有的动态性、复杂性、多样性以及不确定性特征,那么,理性化所提出的技术—效率命题对于行政权的设计而言就不充分。当然,混沌理论并非是指一切现象都不可预测或不可控制,它只是意味着被无序遮盖着的更高层次的有序性,是有序中的无序和无序中的有序。"混沌绝不是简单的无序,而更像是不具备周期性和其他明显对称特征的有序态。"[②]混沌体系对行政权的设计所提出的命题就并非是要全面抛弃其理性化传统,而是要求行政权的设计考虑到更高层次的框架。也就是说,除了要使之保留传统的技术—效率上的理性化优势以外,还需要考虑如何在一个充满动态性、复杂性、多样性以及不确定性的混沌环境中承担起"元治理"以及引导性职能,以建构一个能够适当地解决社会问题以及增加社会机会的制度或行为框架。在这个意义上,行政权的积极自主性就不仅体现在操作层面的执行功能,更体现在制度或体系层面的规划、建构或引导功能。这无疑是当前的重要议题,也是从社会治理层面对行政权进行自主性设计的现实出发点。

[①] [美]尼古拉斯·亨利. 公共行政与公共事务[M]. 第八版. 张昕,等译. 北京:中国人民大学出版社,2002:122.

[②] 李浙生. 倏忽之间——混沌与认识[M]. 北京:冶金工业出版社,2002:3.

第三节 行政权自主性设计的现实议题

从宏观的历史角度来看,现代性作为一种社会历史背景,不仅催生了现代意义上的行政权,而且现代性所具有的基本特征和根本精神也构成了行政权设计的基本框架。正如弗里茨·马科斯(Fritz Marx)所言,"政府行政机构发展至今日的规模很大程度上与工业秩序的进展是一致的"①。现代社会不仅从一开始就决定了行政权所应具有的精神和特质,也决定了行政权应该承担的多重功能。而这些功能及其所面临的环境,决定了行政权必须是积极的,并且还要具有自主能动性,非此它无法成功地完成自身所承担的使命。

现代社会所具有的高度动态性、复杂性和多样性以及由此而来的不确定性,也说明以保守、稳定和封闭为特征的法律框架以及建立在周期性选举之上的民主政治,在当代社会治理中的功能必然存在着较为严重的不足。因此,保护型民主范式下的消极政府以及法律控制模式下仅仅让行政权成为听命工具的传统模式显然不再有意义。在当前的社会环境中,随着治理议题的不断增多甚至是相互冲突,必须赋予行政权以更多的自主性,让其在具有更高的理性基础上,通过审慎治理以及精英决断,来应付混沌体系所带来的动态性、复杂性、多样性以及不确定性,而不是将其交由大众民主的激情冲动、随波逐流与极端主义。(如图3-3所示)

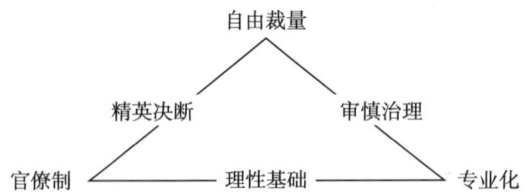

图3-3 行政权自主性设计的现实议题

---

① Fritz Morstein Marx. The Administrative State: An Introduction to Bureaucracy [M]. Chicago: University of Chicago Press, 1957: 2.

一、专业主义:治理权威的合理性来源

从理论源头来看,专业主义的思想可以上溯至柏拉图。他在《理想国》中设想了这样一种正义的生活图景:城邦的生活代表了最高的正义,而城邦存在的前提则依赖于一种合理的社会架构和秩序,这种合理的架构和秩序表现为,城邦的所有成员按其不同的品性或禀赋组成合理的社会分工,按其所能,各尽其责。每个人应该根据其能力和自身的特质确定一项最适合他的、能够体现他的个性并发挥他最大潜能的工作。城邦应该由专门从事生产的普通劳动者、士兵或职业军人组成的护国者及作为城邦统治者的"哲学王"所组成。在这里,柏拉图预设了一个命题——职务的专业化是社会稳定及繁荣的根源。"柏拉图的全部理论可以分为两个主要部分或两个主要命题:第一,政治应是一门依靠准确知识的艺术;第二,社会是由那些有能力彼此补充的人为了满足相互的需要而产生的。从逻辑上说,第二个命题是第一个命题的前提。"[①]

也就是说,柏拉图实际上揭示出了与专业主义相关的两个重要命题。首先,社会可以被理解为一个满足相互需要的分工体系。在这个体系中,每个成员既为别人服务,也接受别人的服务,每个成员的身份和地位与他在社会体系中的分工职责有关。社会本质上是一个建立在专业或职能分工基础上的劳动和需要的交换体系。因此,建立在需要之上的社会实践是产生专业主义的根源。其次,不同的工作对人的能力或品性有不同的要求。专业化的原则要求社会进行职能分工,每种职能需要具备不同的才能,专业性的工作必须建立在专业知识的基础之上。区别不同职业的标准就是不同的专业知识。正如工匠必须熟悉其所在的行业,医生必须掌握看病治病的技巧,"政治家应当真正知道善是什么,从而才能知道缔造一个完善的国家所需要的是什么"[②]。正义的实现最终依赖于每种职业群体都具有自己的专业知识。在这个意义上,"美德即知识"。

因此,专业主义往往包含两个方面的内容:一是劳动分工;二是专业

[①] [美]乔治·霍兰·萨拜因.政治学说史(上册)[M].盛葵阳,崔妙因,译.北京:商务印书馆,1986:68.

[②] [美]乔治·霍兰·萨拜因.政治学说史(上册)[M].盛葵阳,崔妙因,译.北京:商务印书馆,1986:73.

知识(技能)。这两个命题相互统一。除此之外,柏拉图更强调政治统治或社会治理的知识基础,"好政府不过是一个知识的问题,而掌握知识的总是一批优秀的专家"①。他甚至运用"航海"的隐喻来强调知识对于统治的重要性。"除非哲学家成为我们这些国家的国王,或者那些我们现在称之为国王和统治者的人能够用严肃认真的态度去研究哲学,使政治权力与哲学理智结合起来,否则……我们的国家将永远不会得到安宁,全人类也不能免于灾难。"②在这里,社会治理或政治的领域本质上是属于理智的领域,治理权威的基础在于知识,在于掌握真理。

柏拉图将善与真理联系起来,将正义与正确绑定在一起,并且强调用正确的方式进行管理等类似观念常常受到批评。最严重的批评无疑来自于波普尔。在波普尔看来,柏拉图的"哲学王"统治是"开放社会的敌人",他的政治纲领在本质上与极权主义的统治是一致的,因为柏拉图的政治纲领排除了对统治者进行制约的观念(见第一章第二节的相关论述)。从更深的层次来讲,柏拉图的观念具有整体主义的倾向,因而压迫了个人自由,并且柏拉图的政治纲领在本质上是建立在理性主义的基础之上的,而理性主义常常是自由主义批评的一个重要对象,它被视为各种"社会工程"的重要来源。这种观念认为,"人类是历史的主宰,相信我们可以按照我们的目的来影响或改变人类历史,就像我们已经改变地球表层一样"③。因此,理性主义与历史主义(决定论)一样,是极权主义的重要来源,是造成奴役的重要渊薮。波普尔甚至认为柏拉图所提出的"哲学王就是柏拉图自己",而《理想国》就是"柏拉图本人对神圣权力的要求"④。

很明显,这是对柏拉图最为严厉的一种批评。然而,不管柏拉图最终是否谋求一种极权主义的统治甚或是由他来主宰的统治,他的确指出现代政治或社会治理不可缺少的一项基础,那就是知识。海德格尔认为,当

---

① [美]乔治·霍兰·萨拜因.政治学说史(上册)[M].盛葵阳,崔妙因,译.北京:商务印书馆,1986:81.
② [古希腊]柏拉图.柏拉图全集(第2卷)[M].王晓朝,译.北京:人民出版社,2003:462.
③ [英]卡尔·波普尔.开放社会及其敌人(上)[M].郑一明,等译,北京:中国社会科学出版社,1999:50.
④ [英]卡尔·波普尔.开放社会及其敌人(上)[M].郑一明,等译,北京:中国社会科学出版社,1999:284.

柏拉图强调"哲学家本质上必然地要成为统治者"时,并不是说应当由哲学教授们来领导国家,而是说"承担和规定着共同体的基本行为方式必须建立在本质性的知识基础之上",因为"历史性此在的这种自由的自身奠基要服从于知识之判决,而不是服从信仰之判决"。① 柏拉图对知识的强调,并不意味着他对其他因素的排除,否则就不会有后来《法律篇》中的观点。因此,柏拉图的观点是否必然导致极权主义的统治是存在疑问的。波普尔自己也承认他对柏拉图的批评乃是"基于一种古老而又根深蒂固的偏见——对柏拉图理想化的倾向"②。

不管对柏拉图如何进行理解和诠释,但正如柏拉图所说,在现代社会治理中,知识已经成为权威的一项重要基础。在现代的政治体系或治理体系中,都存在着重要的理论预设,那就是知识是政治权威或治理权威的基石。③ 世界是否最终建立在理性主义的基础之上,是否最终由理性来统治姑且不论,仅从社会治理的层面来看,如果治理缺乏理性的基础,甚或将治理建立在非理性的基础上,那带来的只能是更多的无序、混乱、冲突以及不可治理性。社会治理固然不能排除非理性的因素,但更不能排除理性的因素,否则将一事无成。即使是对理性主义作出最严厉批评的波普尔等人,也并不是全然排斥所有理性的因素,毋宁说他所反对的乃是一种全面理性或者说是一种具有"整全性"的理性观,也就是排斥理性主义中所具有的"整体论""决定论"的色彩。而他所建立的批判理性主义,仍然是以理性为基础的,并非对理性的全然否定。而且波普尔所强调的开放社会本质上是与混沌体系治理中开放的治理体系一致的,在这个治理体系中,建立在专业主义基础上的理性依然是其重要的基础。

柏拉图对社会分工的理解以及对世界的理性主义预设,在韦伯关于现代性的理性化命题中得到了充分的展现,并构成了现代专业主义的早期来源。而专业主义本身的发展,也得益于科学技术的快速发展及其所推动的现代化进程,得益于工业社会中社会分工体系的高度发

---

① 马丁·海德格尔. 尼采(上卷)[M]. 孙周兴,译. 北京:商务印书馆,2002:183.
② [英]卡尔·波普尔. 开放社会及其敌人(上)[M]. 郑一明,等译,北京:中国社会科学出版社,1999:173.
③ 杰弗里·托马斯. 政治哲学导论[M]. 顾肃,刘雪梅,译. 北京:中国人民大学出版社,2006:93.

展及科学技术的不断进步。前者导致专业化分工的程度越来越高,后者导致专业化分工的深度越来越深。因为就专业化的本意而言,它包含了两个基本的维度:一是专业化在横向上所体现出来的异质性;二是专业化在纵向层面所体现出来的理性程度。现代社会的发展,在这两个基本的层面上都推进了专业化的进程。一方面,社会分工的体系越来越严密,体现为职业数量、经济部门等越来越多;另一方面,随着科学技术的进步,在各个领域,对专业知识的开发也越来越深,相应的专业知识的积累也越来越多。正是在这两种相互统一的发展进程中,形成了现代意义上的专业主义。

在今天,专业主义是以技术理性和科学分析为基础的。社会分工体系的发展导致现代社会中的每个人都不同程度地卷入"专业化"的过程中。[1] 专业主义的发展推进了科学技术的进步并由此在不同层面上提升了效率,但它也招致了很多批评。专业主义中的"技术理性要求对知识进行细致的划分,这种划分不可避免地导致一种无背景、无时限的实践(比如,在专业和学科中缺乏历史意识)。缺少或没有背景的专业会使得人们无法有意义地参与到社会的更为宽广的道德和政治关怀中。也就是说,由技术理性哺育和抚养的专业主义必然会无情地带来赤裸裸的公共广场"[2]。这使得现代性具有"反政治"的特质。这也反映在公共行政的历史发展之中。

从政治或社会治理的历史层面来看,专业主义的发展和繁荣与美国进步主义时代的环境相关,并与现代公共行政的发展相一致。当政治恩赐制走向衰落时,专业主义就开始崛起。[3] 今天,随着知识社会的来临以及混沌体系的治理,专业主义的重要性已经不可取代。"知识就是力量"的名言从来也没有像今天这样真实。社会治理就是知识,知识就是力量,

---

[1] Harold L. Wilensky. The Professionalized of Everyone? [J]. The American Journal of Sociology. 1964, 70(2): 37 - 158.

[2] [美]杰伊·D. 怀特,盖·B. 亚当斯. 公共行政研究:对理论与实践的反思[M]. 刘亚平,等译. 北京:清华大学出版社,2005:24.

[3] [美]尼古拉斯·亨利. 公共行政与公共事务[M]. 第八版. 张昕,等译. 北京:中国人民大学出版社,2002:454.

社会治理就是力量,这个三段论的重复循环就是后工业社会的主要现实。① 从总体上看,专业主义的发展对社会治理的影响是双重的。积极的影响是:它增强了对治理的技术能力以及对专业技术的尊重;在一定程度上使治理活动免遭社会及政治的压力而服从于伦理和技术标准;在治理体系内部提供了更多的人员激励和团体忠诚感等。消极的影响是:专业团体与一般公众之间存在着冲突;治理主体被隔离于公众控制之外;治理过程中民主程序受到削弱;降低了人员流动性,并且机构间难以协调;排斥了一般公众的参与等。②

因此,专业主义的适度发展,可以提高治理的效率及合理性,能够降低治理的成本,以及排除民主政治中的政治领导人及社会公众由于"外行"而提出的不合理要求;但专业化的过度发展也具有较大的问题,一方面可能导致协作的困难而降低了治理的效率与合理性,另一方面使专家处在控制之外从而威胁了民主政治的基础。因此,社会治理中的专业主义问题,本质上体现了社会治理与民主政治之间的冲突,并进而体现为治理精英与社会公众之间的冲突。过度的民主化会导致社会公众过度地介入到社会治理过程中,并因此导致社会治理的无序和效率低下;过度的专业化会导致社会治理完全操控在治理专家之手,可能会导致治理目标的异化,表现为对一般公众的利益剥夺,从而形成"掠夺性"国家的局面。

然而,从现代社会的现实来看,社会治理的领域既是一个民主的领域,更是一个理智的领域。专业主义对民主政治的侵害并不足以构成完全抛弃专业主义的充分理由,问题的关键在于如何实现和保证专业化与民主化之间的平衡,这无疑也是当代社会治理的关键性问题。在库珀看来,那种认为专业化与民主化之间存在冲突的观点,是建立在对专业主义认知的片面性的基础之上的,这种认知将专业主义视为技术理性的产物。从技术理性的角度来看,专业主义与对中立化、规则、效率、控制、标准化以及数量化等的追求相同,这充分表现在进步主义时代的公共行政以及

---

① James D. Carroll. Service, Knowledge, and Choice: The Future as Post-Industrial Administration [J]. Public Administration Review, 1975, 35(6): 578-581.
② [美]尼古拉斯·亨利. 公共行政与公共事务[M]. 第八版. 张昕, 等译. 北京: 中国人民大学出版社, 2002: 138-139.

直到今天的历史之中。然而,专业主义不仅仅体现为技术理性,在社会治理的过程中还具有深厚的规范性基础,这种规范性基础体现在每位专家所具有的公民身份之中。公民身份是治理专家或治理主体的首要身份,并对专业主义或治理行为构成了一种有效的约束。

在这种情况下,治理专家只不过是"专业化的公民"(professional citizens)或者"承担治理的公民"(ci-tizen-administrators)。对专业主义规范性基础的强调,并不是要将技术专家、理性化、专业知识排除在治理的过程之外,只是要求它们不再成为专业化治理的主要准则。强调治理主体的公民身份,是要将专业主义融入治理主体所具有的公民身份之中。因此,今天需要在充分理解公民身份的基础上重新定义专业主义,专业主义意味着治理专家必须对指导治理实践的那些基本原则负责。① 这最终体现为治理专家立足于自身的公民身份,以专业主义的方式践履或兑现对现代社会治理基本原则的承诺。在此,专业主义就不仅仅体现为技术理性,更体现为民主政治中的宪政责任,以专业精神和技术达致民主政治的目标。专业主义的基础就不仅仅只是技术理性,更是宪政精神制约或指导下的专业理性。

二、官僚制:精英化的治理场域

从上述库珀的观点,可以发现建立在专业主义之上的治理专家是以主权受托者和睿智少数的身份而出现的,在大众民主的浪潮中不随波逐流,不盲从一般的公众意见和社会舆论,而是秉承专业主义的精神和操守,承担着捍卫宪政体制和自由精神的神圣职责。在这里,专业理性与政治责任实现了统一。这意味着社会治理虽然不能完全由少数精英操控,但也不能仅仅听从大众民主的指令,特别是在面对现代社会的动态性、复杂性、多样性及不确定性的时候。虽然真理未必总是掌握在少数人手中,但多数也未必总是正确。"不同街道上的芸芸众生,就像会议室里的大人物一样各有不同。如果偶尔他们在一定程度上异口同声,那他们所说的

---

① Terry L. Cooper. Citizenship and Professionalism in Public Administration [J]. Public Administration Review. Special Issue:Citizenship and Public Administration,1984(44):143 - 149.

未必就是隽言妙语。他们可能正确，也可能错误。"①如果考虑到大众民主下"乌合之众"这一经典命题的有效性的话，盲目地推崇大众参与或多数治理，其所带来的威胁就并不低于寡头治理的后果。相反，建立在专业理性基础上的审慎治理更有可能反映社会治理基本原则和价值的要求，从而体现出高度的政治责任性。这意味着在社会治理的过程中，有必要在大众民主的狂热中建立起一道能够对过度的政治压力进行过滤或隔离的机制。在现实中，这种机制往往体现为官僚制以及精英决断的合理性。

官僚制是社会科学中的重要议题。自从韦伯在理性化的命题下提出"理想类型"的官僚制以后，一直是具有较高争议度的话题。一方面，官僚制的工具理性特征在现代社会中似乎不可或缺；另一方面，官僚理性的过度扩张又会导致压制以及非人性的一面。在这个意义上，可以说现代人对官僚制又爱又恨，甚至将其称为"必要的罪恶"(necessary evil)。在公共行政学中，官僚制已经成为一个老生常谈的问题，几乎所有的公共行政研究都必须在与官僚制的对话中表明态度和立场，以此阐发自身的理念和主张。然而，问题的老生常谈并不一定意味着此一问题已经得到较为合理的解决。相反，问题的持续存在反而说明了公共行政研究对官僚制一直缺乏有效的理论，并且还可能因为习以为常而导致下述两种不利现象的存在：要么是对其感到麻痹或不愿对其进行认真研究而表现出人云亦云的现象，要么是在研究的过程中过于追求标新立异或不落俗套而失去了对官僚制本真精神的精确把握。

从历史来看，官僚制产生于人类的政治和军事实践，在古希腊的军事及行政管理和古代中国的官员体制中，都可以发现官僚制的早期类型。但在那时，官僚制更多的被视为与君主制、贵族制和民主制相对立的一种政府形式。在这种政府形式中，统治的权力掌握在官员手中，也就是所谓的"官员的统治"，这集中体现在官僚制(bureaucracy)的字面意思上。②虽然作为一种组织形式，早期的官僚制与现代官僚制有本质性的不同，但

---

① [英]卡尔·波普尔.猜想与反驳[M].傅季重，等译.上海：上海译文出版社，1986：495-496.

② [英]马丁·阿尔布罗.官僚制[M].阎步克，译.北京：知识出版社，1990：6，95.

它也已经具备了现代官僚制的一些重要特征,如功绩制、薪金制、层级节制的控制机制等。在现代社会中,以形式理性和法理型权威为基础的官僚制,在各级私营部门及公共部门之中得到了普遍的发展,成为现代组织化社会的主要组织形态。

尽管官僚制在人类社会的历史中早已有之,并对推动社会实践的发展居功至伟,但官僚制在现代社会科学的大放异彩却要归功于韦伯的理性分析。韦伯通过对西方现代社会的分析,归纳出著名的"理性化"命题,认为社会生活的理性化(rationalization)、科学技术研究的智识化(intellectualization),以及将世界从宗教信仰中解脱出来的祛魅(disenchantment of the world),是现代社会的总体命运和特征。在此趋势下,组织理性化的发展成为必然。建立在法理型权威基础之上的官僚制就应运而生,以其技术理性上的效率优势成为现代社会的基本组织形式。"西方特有的理性观念在一个物质和精神的文化(经济、技术、生活、行为、科学、艺术)系统中实现自身,而这个文化系统在工业资本主义中得到了全面发展。这个系统旨在一种特殊的统治类型,这种统治已成为现阶段的命运:这就是总体官僚政治。"[①]

然而,作为一种组织形式甚或统治形态,官僚制自其出现以来一直饱受批评。在其早期阶段,"特权阶级用它来指责特权的丧失;商业阶级用它来指责对商业活动的干预;手工业工人用它来指责文秘工作的优越;科学家用它来指责官僚的无知;政治家用它来指责行政的拖拉"[②]。如今,对官僚制的批评仍然不绝于耳。官僚制所谓的技术—效率优势,在现实中的运作却常常与其"理想类型"相背离。一方面,从经济学的角度来看,与市场机制相比,由于处在垄断地位、信息问题等多种原因而缺乏有效的激励机制,无法促使官僚为提高效率而运作。另一方面,从组织社会学的角度来看,官僚依据规则行事容易导致"目标误置",出现将手段置于目标之上的功能失调,僵化的规则无法带来效率的有效提升;而官僚体制内部上下级之间的冲突以及利益的部门化,常常导致体制内不同的官僚在行

---

① [美]赫伯特·马尔库塞. 现代文明与人的困境[M]. 李小兵,译. 上海:上海三联书店,1989:78.

② [英]马丁·阿尔布罗. 官僚制[M]. 阎步克,译. 北京:知识出版社,1990:15-16.

为上产生目标冲突,在官僚内部充满各种各样的紧张关系,这使得官僚体制的效率降低;同时,官僚体制往往为了保持权力而显得过于保守,不仅不愿承认错误,而且从本质上拒绝创新。①

在民主政治和社会治理的领域,官僚制也常招致多种批评,甚至出现了摒弃官僚制的改革主张。"工业时代发展起来的……迟缓、中央集权的官僚体制,专注于各种规章制度及其层叠的指挥系统","已经不再能有效运转了"。它们正"变得机构臃肿、浪费严重、效率低下。当世界开始变化时,它们未能一起作出相应的改革"。因此,这种"中央集权,层次繁多"的官僚体系,"在变化迅速、信息丰富、知识密集的 90 年代已不能有效地运转"。② 当然,对官僚制最严重的批评来自于由技术理性而导致的"行政之恶"(administrative evil)的命题。这一命题认为,以技术理性为基础的现代行政,制造了包括现代大屠杀在内的恐怖性事件。在今天,以去人性化及种族清洗为表现的行政之恶的趋势,已经深入到公共事务特征当中。③ 因为官僚制的技术理性化排除了对任何道德和价值的考量,而其在效率上的优势可以为任何一种组织或机构运用于任何目的,"形式上可以应用于一切任务"④。在极权主义的推动下,官僚制就可以成为一架最有效的杀人机器以达到种族灭绝的目的。

然而,值得注意的是,行政之恶并非官僚制本身的问题,而是根源于现代文化的基本特质。在当代自由主义对个人主义的强调以及对科学技术的迷信中,很难相信行政之恶其实不具有深刻的心理之源和文化根源。在某种程度上,行政之恶具有社会建构的维度,它是一种相信个人之私以及迷信技术理性的产物。因此,真正的根源不在于官僚制本身,而在于现代性的基本特质:中立性与技术化。从中立性的角度看,现代性试图悬置重要的价值判断,并赋予个人偏好以天然的正当性,这典型地体现在现代自由主义的程序共和国观念中。这种文化观念的问题在于,它将导致无

---

① 黄小勇.现代化进程中的官僚制[M].哈尔滨:黑龙江人民出版社,2003:30-34.
② [美]戴维·奥斯本,特德·盖布勒.改革政府:企业精神如何改革公营部门[M].上海:上海译文出版社,1996:12-13.
③ [美]艾赅博,百里枫.揭开行政之恶[M].白锐,译.北京:中央编译出版社,2009:18.
④ [德]马克斯·韦伯.经济与社会(上卷)[M].林荣远,译.北京:商务印书馆,1997:248.

法对个人行为进行观察和评判,最终只会让个人的邪恶正当化。另一方面,技术理性往往缺乏历史与人文色彩,缺乏对相关背景的理解和道德反省,表现为对人的自由、意识和尊严的严重漠视。① 因此,行政之恶的解决之道不在官僚制本身,而在于需要改造现代性的特质,改变这个造就了"专家没有灵魂,纵欲者没有心肝"的现代文化本身②,在一种具有公共性的文化中,去除"平庸之恶",实现个人与专家的心灵转换。

与上述批判性的观点形成鲜明对比的是,也有不少人认为官僚制具有正当性与合理性的文献。例如,古德塞尔通过实证调查发现,"官僚的声誉与其实际所为之间有很大落差(与一般的批评式观点相反)……我们的政府确实在起作用——事实上,他们做得相当好"③。在实践中,官僚制已经成为现代政府的核心,民主制度本身的成功依赖于一个成功的官僚制度,如果没有官僚体制,那么就没有一个靠选举产生的政府能够存活下去。④ 在民主政治及社会治理领域,官僚制也是一项不可缺少的制度设施。科层官僚制虽非民主政治的充分条件,但它一定是个必要条件。汤普生也认为,假如科层官僚制或与其相类似的组织形式不存在的话,没有人能够相信现代民主政治下的人民之生活品质仍然可以维持。施特劳斯也断言,现代人必须生活在现代科层官僚制的巨灵之下,问题不是如何将它去除,而是如何使它驯服。⑤

在今天,出于对"新公共管理"运动的反思,重新认识官僚制的精神及其价值,重建理性官僚制的正当性已经成为反思现代性的重要议题。首先,应该认识到,韦伯的官僚制其实具有多重的维度,除了一直以来得到

---

① Gerson Moreno-Riaño. The Etiology of Administrative Evil: Eric Voegelin and the Unconsciousness of Modernity [J]. The American Review of Public Administration. 2002, 31(3): 296–312.

② [德]马克斯·韦伯. 新教伦理与资本主义精神[M]. 于晓,等译. 北京:生活·读书·新知三联书店, 1987: 143.

③ [美]查尔斯·T. 古德塞尔. 为官僚制正名:一场公共行政的辩论[M]. 张怡,译. 上海:复旦大学出版社, 2007: 5.

④ Carl J. Friedrich. Constitutional Government and Democracy: Theory and Practice in Europe and America [M]. Boston: Ginn and Company, 1951: 37–40.

⑤ 林钟沂. 科层官僚制的理论发展及其内在理路[A]//探索公共行政真义:吴定教授荣退纪念学术研讨会论文集[C]. "国立"政治大学(台湾), 1997: 2.

较多关注的形式理性特征以外,还具有政治或治理过程中无法消除的"精英化"倾向。在这里,"精英"特指那些具有特定知识和技能的知识精英或专家,它所体现的是一种知识或技术精英的治理观。韦伯认为,官僚制的正当性在于它所施加的治理是一种依赖于知识的治理。"官僚体制的行政管理意味着根据知识进行统治:这是它所固有的特别合理的基本性质。"①现代社会的复杂性及知识性特征决定了"人们只能在行政管理的'官僚体制化'和'外行化'之间进行选择,而官僚体制化的行政管理具有优越性的强大手段:专业知识"②。这种观点实际上承袭着从柏拉图那里而来的知识或技术精英治理的合理性。

精英理论一直是现代社会科学中的一个重要理论流派,这可以上溯至柏拉图的治国理念。现代的精英理论主要体现在莫斯卡、帕雷托、米歇尔斯、加赛特等人的社会政治理论著作中,也体现在韦伯、熊彼特的民主政治传统中,并在当代的政治理论中与多元主义民主形成两极对峙的局面。以精英理论来看,在现代政治或社会治理过程中寻求全民参与几乎是不可能的事,除了技术等一些客观的因素以外,大多数的公民也都因为私人事务缠身以及缺乏有效见解而表现出对公共事务的治理或者没有兴趣或者没有能力。"在正常的状况下,在典型公民的心理经济学中,重要政治问题和他们的够不上嗜好的业余兴趣及不负责任的闲谈主题处于同等地位。"③因此,过于复杂而专门化的公共事务只能交由知识精英或专家来打理。知识或技术精英治理的正当性来自于显而易见的事实,那就是"管理某些事务需要专门的才能和技术",而"专家完全为了执行人民意志而行动"。④

多元主义民主政治的不足之处在于,民主虽然承担着利益表达和聚合功能,但它并不能排除在利益表达和聚合的过程中,需要对利益的正当

---

① [德]马克斯·韦伯.经济与社会(上卷)[M].林荣远,译.北京:商务印书馆,1997:250.
② [德]马克斯·韦伯.经济与社会(上卷)[M].林荣远,译.北京:商务印书馆,1997:248.
③ [美]约瑟夫·熊彼特.资本主义、社会主义和民主[M].吴良健,译.北京:商务印书馆,1999:384-385.
④ [美]约瑟夫·熊彼特.资本主义、社会主义和民主[M].吴良健,译.北京:商务印书馆,1999:371.

化与合理性进行有效的甄别和筛选。否则,民主政治就会因无法形成合理的判断而陷入不同意见的纷争之中,利益表达也就体现为无理取闹之举,利益聚合显然也无可能。在此观点下,当代协商民主所强调的讨论、协商就不仅是从合法性的角度对代议民主的一个补救,更是从公共理性这个角度对大众民主的一个有效约束。很显然,面对现代社会的高度复杂性及利益的多元化,民主过程中的意见表达就不应该只是一场喧嚣的闹剧,不仅仅是参与人利益的简单聚合,而更应该强调利益聚合与形成以及社会治理过程中的知识性和反思性特征。在这个过程中,集体决策和行动的正当化反思与证明,就不能仅仅体现为个人利益及偏好的聚合或汇总,而必须表现出某种程度的集体慎思及审议的特征。而与此同时,将官僚制视为精英化的治理场域,强调知识精英或专家的治理,并非是完全排斥一般大众的参与及控制。相反,它只是力图提高社会治理的审慎及反思性程度,防止其沦为芜乱繁杂甚至是无知浅薄的平庸意见下的产物。

这意味着,官僚制实际上在现代大众民主的喧嚣下以及市场经济的强势中,成为一道有效的过滤或隔离机制,以保持民主政治或社会治理的纯洁性以及对宪政精神和原则的回应能力。官僚制这项功能的优势还体现在其所具有的形式理性特征上。从历史上看,官僚制的"非人性"特征具有重要的积极性价值,对于现代政治的发展实有推进之功。本尼斯认为,现代"官僚制举起理性和逻辑的旗帜,批判和否定了产业革命初期靠个人专制、裙带关系、暴力威胁、主观武断和感情用事进行管理的做法"[①]。也就是说,官僚制并非仅仅具有技术—效率的工具理性特征,实际上还具有重要的价值维度,成为拯救现代政治、推动民主进步的重要机制。

韦伯自己也认识到官僚制的进步意义,他认为,"官僚体制化制造着社会的等级的拉平化,反过来,任何社会的拉平化都促进官僚体制化,因为社会拉平化排除了由于对行政管理物资和行政管理权力占有而掌权的等级的统治者,并且为了'平等'之故,也排除了依仗财产而能够担任'荣誉的'或者'次要职业的'行政管理职位的人,使官僚体制成

---

① 孙耀君.西方管理学名著提要[M].南昌:江西人民出版社,1992:279.

为前进中的'群众民主'的不可分离的影子"①。在另一些地方,韦伯同样论述道:现代官僚制"成功地从解决职位上的事务中,排除爱、憎和一切纯粹个人的、从根据上说一切非理性的、不可预计的感觉因素。旧制度要用个人的偏袒、宠信、恩典、感激,推动着统治者,相反,现代的文化,对于支撑着它的外在机构来说,正是要求要拥有熟悉'业务的'的专家,这种文化愈是复杂和愈是专门化,就愈加要求不掺杂人性的、因而严格的'业务的'专家"②。

韦伯的这些论述值得特别注意。在这里,官僚制作为一种重要制度设置,将传统社会中的一些不合理因素排除在政治或治理过程之外。它不仅消除了传统政治中特权等级的存在基础,而且也制约了金钱对政治的腐蚀,同时也将裙带关系、依附政治、感情用事等政治中的一切不合理因素阻挡在了民主政治和社会治理过程之外。因此,形式理性实际是一种消除传统社会各种不合理牵绊的重要机制,推动了现代政治的发展,推动了民主政治的进步并保证了政治本身的清廉和公正。在今天,传统社会中的那些不合理因素并未完全消失,政治人物仍然能够利用其地位和特权操纵政治议程,而经济力量对政治的侵蚀现象仍然屡见不鲜,大众政治的非理性或极端的情绪化特征仍然是现代政治挥之不去的"梦魇"。在这个意义上,强调官僚制的去人格化、去传统化、去情绪化等形式理性特征,不但具有工具理性上的积极效用,而且还具有规范意义上的防御价值,特别是对于一些发展中国家的政治发展而言更是如此。

三、自由裁量:自主性的实践形态

从现实来看,精英理论特别是专家治理大约是一个不大容易被驳倒的命题。只要公共事务的复杂性和技术性特征仍然存在,那么无论是哪种批评,都无法彻底撼动以官僚制为组织形式、建立在专业主义精神之上的知识精英或专家治理的合法性与合理性。并且,这一命题随着知识社会的来临就显得更为突出。虽然在某种程度上,专业理性特别是对专业

---

① [德]马克斯·韦伯.经济与社会(上卷)[M].林荣远,译.北京:商务印书馆,1997:251.
② [德]马克斯·韦伯.经济与社会(下卷)[M].林荣远,译.北京:商务印书馆,1997:298.

理性的极度信奉或迷信并因而表现出一种"贤人政治"的观念和制度,的确在历史上成为极权主义的重要根源,但专业理性本身并不足以产生极权主义的统治。相反,在今天的宪政体制之下,坚持专家治理既符合社会分工的一般性命题,也符合宪政分权的基本精神。在美国的政治实践中,官僚体制常常被视为总统、议会及法院之外的所谓"第四部门",成为捍卫宪法精神、践履自由价值的重要机构。

正是在这个意义上,罗伯特·贝恩(Robert D. Behn)认为,传统的治理失败并非是指官僚体系的失败,相反,政府失败或治理失败其实是行政、立法、司法以及公民社会的失败,官僚体系不但不是造成失败的主因,反而具有解决或改善这些失败问题的潜能。[①] 肯尼思·梅尔(Kenneth J. Meier)也指出,当前的政府问题其实是一个治理问题(a governance problem),出问题的恰恰不是官僚体系。以立法机构和政治官员为代表的民选机制(the electoral institutions)无法成功地扮演一个协商机制从而无法合理地协调多元的社会利益和矛盾,进而无法制定出没有目标冲突的、得到清晰界定的公共政策,这才是治理出现问题并导致官僚体系与民主制度之间出现危机的根本原因。如果民选机制能够制定出更清楚的目标,分配给官僚体系更多的资源并赋予他们更多的解决问题的自主权,那么官僚体系能够表现得更为出色。所以,基本的问题是,民选机制正在不断地恶化,无法发挥其治理过程中的应有作用。因此政府再造的焦点不应该集中在官僚如何执行政策上,而应该关注如何建构和运作治理体系,让官僚负起更多的责任,并因此主张"多一些官僚少一些民主"[②](more bureaucracy and less democracy)。

官僚制不仅具有技术理性上的功能优势,而且还具有现代民主政治所不可取代的规范性价值。那就是以其拥有的专业化知识、历史经验、审慎智慧以及社会的信赖,在宪政规则及民主精神的引领下,因势利导、积极能动地施加治理,达成公共利益的目标。在这里,官僚制实际上可以视为对大众民主机制的一种矫正。因为从根本上讲,那些对官僚制形式理

---

① Robert D. Behn. What Right Do Public Managers Have to Lead? [J]. Public Administration Review. 1998, 58(3): 209 – 224.

② Kenneth J. Meier. Bureaucracy and Democracy: The Case for More Bureaucracy and Less Democracy [J]. Public Administration Review. 1997, 57(3): 193 – 199.

性的批判,其实也表现在了现代民主制度的运作之中。现代政治的民主实践往往可以归纳为一种"程序共和国"的观念,在这里,政治本身不提供实质性的价值判断,而只是提供一个平台和机制,由公民和社团之间相互竞争。最终的政策结果不能依赖于任何一种独立的价值判断,只能依赖于"多数票决"机制。这样,大众民主就与市场经济之间存在着某种程度的一致性。这种一致性典型地表现在两者都是以量的判断取代了质的判断,或者说是以形式理性取代了实质理性,表现为以选票或货币的多少来决定事物的状态,作为最终决策的根本依据。这从根本上意味着,现代民主机制正与市场经济一样,都已经高度形式理性化了。

正是在这个意义上,施米特对现代民主政治提出了技术化的严厉批评,认为这种过分技术化和中立化的思维最终将任何种类的道德实质都中立化并因此产生了道德真空,这种文化或政治从本质上来说是漠视生命与灵魂的。① 因此,如果说官僚制的弊端在于技术理性的扩张,那么问题并不在于官僚制本身,而是根植于现代政治的基质之中。现代民主政治试图悬置价值判断并走向高度的技术理性化,意味着将人类社会的一些根本性的问题完全交由"数人头"的票决机制,并因而将建立在理性基础上的审慎判断排除在了公共决策之外。"多数票决"机制不但不能解决公共决策的合理性问题,相反还会导致民主的对立面的出现。因此,大众民主以人数的多少取代了实质性判断的趋势着实令人担忧。如果考虑到大众民主的匿名性特征以及由此而导致的责任空洞化,那么官僚制的治理机制就具有更高的正当性了。实际上,这也是威尔逊在赋予公共行政正当性时所一直坚持的主题或立场。

由于大众的匿名性、不负责任以及常常表现出来的一种"业余"水平,将公共事务的治理交由那些致力于服务社会并坚守宪政精神的官僚,并赋予其在特殊的环境中根据专业知识进行自主决断以服务于公共利益的权力,显然就比大众民主的量化机制更具有合理性。道理很简单,如果说面对技术理性化所造成的"机械—心灵"相对立的困境,需要现代政治作出实质性的道德判断的话,那么由专家依据其对专业知识或"善"的知识

---

① [美]约翰·麦考米克.施米特对自由主义的批判[M].徐志跃,译.北京:华夏出版社,2005:37-41.

的把握作出判断不是比一般大众的嘈杂更为合理与可行吗?也就是说,如果民主政治本身能够依据或形成一种实质理性,那么官僚制为何不能依赖于一种实质理性呢?事实上,虽然官僚制是建立在规则主义的基础之上——这常常被视为形式理性,并且在韦伯那里,这也是现代官僚制与传统官僚制之间的重要分野——但这并不意味着处在官僚体制内的官僚行为就因而具有高度的形式理性而呈现出非人性。以吉登斯的结构化理论来看,官僚作为一个能动的行动主体,完全可以感知和运用实质理性的判断作为治理行为的依据。

从传统的角度来看,官僚制常常被认为是一架非人性的"理性机器"而受到广为人知的批评。拉尔夫·休默尔(Ralph P. Hummel)认为官僚制具有如下特征:① 在社会层面,官僚制处理的是案例而不是人;② 在文化层面,官僚制的目的在于控制与效率,而不是正义、自由等;③ 在心理层面,官僚制是一种新的人格形态,无头脑、无灵魂;④ 在语言方面,官僚制目的在于形塑和告知,而不是沟通;⑤ 在认知层面,官僚制只用逻辑的方式来思考,而不是依据逻辑和有意义的方式来思考;⑥ 在政治层面,官僚制是一个控制机构,渐渐地统治了社会、政治和政府。因此,官僚制在本质上改变了人类的行为方式,它"以理性组织化的行动使每个人都遵循由上而下制定的目标和意义,取代了一般的社会互动,以及每个人经由彼此相互界定的意义而行动"①。

很显然,休默尔过于夸大了规则的制约力量,而没有看到处在结构中的个人常常具有的能动性特征。在吉登斯看来,个人虽然生活在既定的社会结构之中,社会结构对个人的行为产生制约,但个人也能够发挥其能动的作用,结构的制约和个人的能动常常是统一的。而两者之间之所以能够形成统一,关键的地方在社会结构具有"二重性"。在吉登斯看来,社会结构并非只是一套固定的或客观的规则体系和资源系统,从本质上看社会结构具有"二重性":一方面,社会结构是由人的行动建构起来的,产生于人的实践活动;另一方面,通过实践建构起来的社会结构成为个体活动的桥梁和中介,个人据此展开丰富的实践。也就是说,"社会系统的结

---

① Ralph P. Hummel. 官僚经验:对现代组织方式之批评[M]. 史美强,译. 台湾:五南图书出版公司,1997:8.

构性特征对于它们反复组织起来的实践来说,既是后者的中介,又是它的结果"①。因此,"它不仅意指社会生活的循环往复特征,而且意指结构与行动之间的相互依赖关系"②。

另外,个人行为还具有反思性特征,"社会活动的具体情境有一个特点,就是人类行动者的反思能力始终贯穿于日常行为流中"③。个人会习惯性地监测自身的行为和行动所涉及的社会情境,并根据情境和规范的要求作出适应性的调整,而且也会监控参与互动的其他行动者的行为,并对其作出判断。这种反思性特征使行动者的行为具有反馈性的特点,行动者根据自身的判断将新情况纳入下一步行动之中。从行动的反思性特征以及结构二重性的观点来看,个人行动与社会结构之间就并非是彼此对立的范畴,反而是相互联系和相互依赖的关系:一方面,社会结构被反复地纳入到行动者的行动过程之中,并跨越时空限制,通过持续的实践不断地得到生产与再生产;另一方面,行动者在行动过程中,通过对社会结构及具体情境的反思性运用,使行动具有合理性并得以持续。因此,结构的二重性以及行动的反思性说明了"社会系统的所有结构性特征,都兼具制约性和能动性"④。

吉登斯的结构化理论可以在两个层面上来理解。从宏观层面来看,社会结构源于个人循环往复的实践,在社会实践的过程中生产出来,然后又成为个人实践的中介。在这个意义上,结构是由实践活动创造出来并用于规范实践活动本身。因此,从长期来看,对于个人的行动而言,社会结构并不完全是客观固定的制约,它会因为实践活动的转向而改变自身。从微观层面来看,个人的行动虽然处在特定的社会结构之中,但行动的意图和方式并不完全由社会结构所决定,而是具有一定的自主性和能动性。个人的能动性不仅体现在行动的意图上,而且还

---

① [英]安东尼·吉登斯. 社会的构成[M]. 李康,李猛,译. 北京:生活·读书·新知三联书店,1998:89.

② Anthony Giddens. Central Problems in Social Theory[M]. London: The Macmillan Press Ltd. 1979:69.

③ [英]安东尼·吉登斯. 社会的构成[M]. 李康,李猛,译. 北京:生活·读书·新知三联书店,1998:42.

④ [英]安东尼·吉登斯. 社会的构成[M]. 李康,李猛,译. 北京:生活·读书·新知三联书店,1998:281.

表现在行动的能力上。意图上的能动性主要源于个人的实践意识,行动者对日常生活中的自己、他人以及周围环境拥有大量知识,它能够帮助行动者形成特定的意图。而个人在行动能力上具有能动性是因为个体拥有与其资格相联系的所谓权力,即"能够换一种方式行事"的"转换能力"（transformative capability）,也就是说个体"能够介入、干预这个世界,或是能够摆脱这种干预,同时产生影响实践的特定过程或事态的效果……个体有能力'改变'既定事态或事件进程,这种能力正是行动的基础。如果一个人丧失了这种'改变'能力,即实施某种权力的能力,那么他就不再成其为一个行动者"[1]。因此,行动者具有能动性,也就是拥有使世界发生某种变化,改变事物既定进程的能力。从这个角度来看,那种将行动视为由结构所决定的观点就存在着较为明显的片面性。

以上述吉登斯的观点来看,处在官僚体制中的官僚就并不只是一个完全被体制规则所决定的个体,其行动也并不完全被外在的结构所决定。官僚实际上拥有自主的意图和能动的行动能力,官僚在治理过程中是一个能动的治理者。在公共行政学家哈蒙看来,官僚在执行公共政策的时候,完全遵循理性化的纪律几乎是不可能的。他从现象学和诠释学的角度指出,个体的行动是有意识和有意向的,它发生在由社会建构而来的规范、规则、价值与期望的网络之中,这些规范、规则、价值与期望是由社会成员所分享的。行动的意向性和社会性导致了个体既是自主的,又是社会的。个体虽然受到社会规范的制约,但他并非只是社会环境的被动支配物,相反他是现实世界的主动者。个体的这种双重特征,导致了每个人会形成自己的行为风格,在公共行政领域,就表现为不同的行政作风。而实施行政管理的行为,就是官僚根据自己的行政作风,因应社会环境的要求而实施的行动。[2]

很显然,从这个角度来看,休默尔关于官僚人格或行为的那些批评就更像是一种单纯的想象而不是历史事实的描述。实际上,这也正是对官僚理性进行批判的传统观点的基本特征。它们的要义在于,必须建立在

---

[1] Anthony Giddens. Class and the Division of Labor [M]. London: Cambridge University Press. 1982: 30.

[2] Michael M. Harmon. Action Theory for Public Administration [M]. New York: Longman. 1981: 64.

一种关于官僚人格的抽象想象的基础之上,而这种官僚人格的抽象也大多是为了批评的目的而建构的"理想类型",往往抽象掉了历史的或现实的社会背景。因此,在某种程度上说,以所谓的官僚人格为前提或出发点对官僚制所作出的那些批评,基本上都是站在抽空了历史和社会背景的技术理性立场,将官僚视为没有道德和价值理性判断的"机器",而将官僚制视为一种没有历史和社会背景的组织技术形式,因而实际上表现为在承认技术理性前提下批判技术理性。结果是不但缺乏有效的批判力度,更误解了官僚制在现实的治理过程中所具有的作用或价值。

以一种历史的或现象学的眼光出发,处在官僚体制内的官僚并非只是一架具备所谓的抽象人格的"机器",他其实深具社会、历史,甚至地方性的意识和知识,也具有对社会传统、宪政精神及自由价值的感知。他的行动是在他的自主意识以及他对历史、社会以及具体情境的感知及反思的情况下作出的,而并不是仅仅体现为遵循理性化的规则或纪律。因此,他能够作出自主决断,正如古立克所言,"(公共官员)的每个行动都是一张严密的决断与行动之网"①。在这个意义上,自由裁量本质上就是官僚治理行为的一种根本属性。赋予行政权以自由裁量权不仅符合治理的现实特征,而且如果考虑到柏拉图的下述命题就更具有合理性:"法律从来不能签署一条对所有人具有约束力的命令,这条命令能使每个人处于最佳状态,也不能精确地规定社会每一个成员在任何时刻都知道什么是好的,怎样做是正确的。"②因此,法律只能消极防御而不能积极行事,法律只能事后审查而不能提前建构行动。

总的来说,对专业主义及官僚制的强调并非是坚持其技术理性的维度,相反,它强调的是从一种规范主义的维度来理解专业化与官僚制的技术理性,那就是通过赋予其以自由决断的权力和机会,利用这种形式理性与效率优势,服务于现代民主政治的基本目标和价值。盖因现代社会自身特质及其所处的外部环境,决定了社会治理必须以知识或专业化为基础,必须通过理性的决断才能应付各种复杂的治理需求。因此,从某种程

---

① [美]罗伯特·丹哈特.公共组织理论[M].第2版.项龙,刘俊生,译.北京:华夏出版社,2002:50.
② [古希腊]柏拉图.柏拉图全集(第3卷)[M].王晓朝,译.北京:人民出版社,2003:145.

度上说,行政权的自主性设计,可以认为是柏拉图命题的再现。然而,这种再现并不是建立在一种完全自信的态度和立场上,相反,这一再现是置于重重的怀疑与驳难之下的。柏拉图的传统与今天的自由裁量的根本差别在于,前者是以一种绝对的、全面的形式出现,后者却表现为有限的、相对的形式,是作为宪政体制和民主政治的一种补充或修正。这种差别的关键之处在于前者会走向一种极权主义的立场,而后者却只是走向了宪政共和主义之下能动治理的立场。也正是在此意义上,行政权的共和化虽然以自主性设计为出发点,但并不是其唯一的支点,也不是其最终的归宿。对于社会治理的善治目标而言,仅仅依赖于这种自主性是不够充分的,关键还要从两个向度上"驯服"这种自主性,这两个向度分别体现为经济理性的路径和政治理性的路径。

第三章 行政权的竞争性设计：多元的治理

强大的行政权，无论是对于政治统治，还是对于社会治理而言，都是一种必然性。从政治统治的层面看，主权若无强大的决断及执行能力就无法存续。而从社会治理的层面看，资本主义的商品化命题，工业主义的生产逻辑，以及现代社会的动态性、复杂性、多样性以及风险性对治理能力的强烈需求，都赋予了行政自主性以不可置疑的正当性。行政权的自主性设计，实是出于对治理有效性的追求。但是，尽管以官僚制为载体的治理精英化塑造，是现代社会治理有效性的必要条件，但却不是追求公共利益目标的充分条件，甚至也不是有效性本身的充分条件。以官僚生产为核心的政治经济学理论，充分揭示了行政有效性的限度。诸如"行政成本""巨人国"的失灵等概念，不断地解构着官僚理性、等级式行政国家的经济合理性。针对"权利革命"之后行政权的不断扩张，重塑行政国的原则和形式已经成为一种必然。经济理性的核心原则是要根据公共服务机制的效率逻辑，建构多层次的服务体系，并在科层与市场之间及之外进行恰当的选择，形成公共服务供给的竞争性关系。行政权的竞争性设计，遵循着多元主义的结构转向、竞争机制的理性设计以及绩效政府的结果导向等原则。

第一节 自主性的限度之一：官僚生产的政治经济学

从第二章论述中可以看出，行政权本身即具有决断性质，而行政权所承担的执行功能又必须要求其强大。强大与决断其实是统一的。无法自由决断,行政权只能附耳听命,因而在本质上是软弱的;不强而有力,行政权也就无法贯彻作出自由决断的意志,自由决断也就形同虚设。强大而自主的行政权是现代社会的一种必然性,体现在两个层面:在共同体的政治层面,它服务于紧急情况下政治决断的需要;在常规的社会治理层面,它服务于建构治理体系以及提供公共服务的需要,也就是说承担元治理及治理的任务。如果说元治理的任务在某种程度上说,是行政权在社会治理层面难以取代的一项制度功能,那么行政权在具体的治理过程中承担公共服务生产的任务就并非是一种必然了。事实上,其效果总是受到质疑。这种质疑首先体现在经济理性对官僚生产绩效的批判,并在总体上构成了行政权自主性设计的一种必要限制。

一、行政成本:解构官僚理性

在西方的现代政治思想中,自由主义一直占据着主导性的地位。尽管在历史上自由主义有着复杂的变迁,但作为一种重要的思想传统,"自由主义仍然保持着一个其主要组成部分不难辨明的完整形象"[①]。这种统一的传统集中体现为对个人主义的强调以及对政府或权力的怀疑,在政治上表现为对个人自由的追求以及对免除权力任意干涉的强调,在经济上表现为对"看不见的手"的信奉以及对政府干预范围的限制。因此,自由主义在本质上支持一个"小而美"的政府。"国家的基本任务——我们对国家最大的期望——是承认我们对生命和自由的权利,并且在必要的时候,帮助我们捍卫自己的生命和自由权利(以及它们的一切附带权利)。"[②]具体而言,就是"第一,保护社会不受其他独立社会的侵犯;第二,尽可能保护社会任何成员不受其他任何成员的侵犯或压迫,即设立完全公正的司法机构;第三,建立和维护个人或小团体所不感兴趣投入的某些公共设施和公共机构"[③]。

然而,时移势易,今天这样一个"小而美"的政府不仅在主观上不符合大多数人的期望,而且在客观上也不适应现代社会的治理需要。随着民

---

① [美]约翰·格雷.自由主义[M].曹海军,刘训练,译.长春:吉林人民出版社,2005:4.
② [英]卡尔·波普尔.民主国家理论与实践的反思[A].//戴维·米勒.开放的思想和社会——波普尔思想精粹[C].张之沧.译.南京:江苏人民出版社,2000:473.
③ [苏格兰]亚当·斯密.国富论[M].唐日松,等译.北京:华夏出版社,2005:494.

主政治的发展与公民权利的扩张,以及晚期资本主义内部难以调和的矛盾,传统的那种主张政府与社会分离的观点在今天也失去了现实的合理性。政府不仅需要为公民提供越来越多的保障和服务,也需要在经济活动中扮演着较为积极的力量。政府与社会已经出现一定程度的融合。在这种情况下,"小而美"的政府已经在客观上不能适应时代的需要,失去了其在实践上的立足点。这种变化使得自由主义自身不得不作出一些调整,以增强自身的适应能力和解释能力。这突出地表现为自由内涵的调整以及对政府适当干预经济活动的认可。然而,自由主义对自由概念和公民权利的调整,并不意味着其在根本上改变了自身的立场,而且自由主义在某些概念或理论上所作的调整或修正,本身即在其内部引起了巨大的争论。

尽管仍然存在着很多的争议,但在民主政治的环境下,积极自由以及公民社会权利已经越来越具有合法性,而由"瓦格纳法则"所表现出来的"棘轮效应"也说明政府为公民所提供的那些公共服务也越来越不可撤销,并成为赢得公民支持以获取合法性的重要基础。在这种情况下,自由主义如果对"大政府"存在怀疑,那么对它的批评显然就不能仍然立足于"消极自由"的立场,而必须另辟蹊径。从历史来看,这条批判路径就是对官僚理性的解构。

在政府范围的扩张的过程中,作为一种积极的行政权发展起来了。而在行政权的发展过程中,技术理性的特征是其重要的合法性基础,也是其主要的成长点。以美国的情况为例,正如所看到的那样,面对强大的反国家传统,作为现代公共行政学的开创者,威尔逊明白其所面临的根本性问题是"如何将天生考虑大众控制和参与的宪政民主制的概念与有效的、专业的行政管理(它们强调与民主监督和影响不同的系统规则和内部程序)结合起来"[①]。威尔逊采取的做法是使行政从政治中分离出来成为一个独立的领域,这样做的好处是,它既可以使行政从肮脏腐败的"政治操纵"中摆脱出来,又可以使行政在不受政治控制的情况下快速发展以适应工业化社会急剧增长的治理需求。行政的优势和合法性全在于它能够以

---

① [美]理查德·J.斯蒂尔曼二世.公共行政学:概念与案例(第七版)[M].竺乾威,等译.北京:中国人民大学出版社,2004:6.

其技术理性和效率优势承担起执行宪法的任务。很明显,正是通过建立在技术理性基础上的这种对管理主义的塑造,使行政权得以突破否定公共权力的宪法约束和观念上的藩篱,最终以一种特别的方式使作为美国立国之父之一的汉密尔顿的强大政府思想在行政部门中获得了蓬勃的发展。

因此,从历史上看,管理主义对于公共行政及社会治理具有重要的意义。威尔逊的政治—行政两分、韦伯的官僚制以及泰勒等科学管理原理,构成了传统公共行政及社会治理的理论基础和思想框架。这一理论基础的核心是建立在责任基础上的"效率"。以当时商业文化的流行来看,在政治—行政两分框架下,行政效率大约是一个不能够轻易驳倒的命题,即使在今天来说,效率也是公共行政和社会治理应当追求的重要目标之一。对于一个以私有财产为基础的社会来说,行政效率的要义不仅在于能够有力地执行宪法,更在于它意味着降低行政成本、控制政府开支、不挥霍公帑从而节约了国家财政,最终保护了纳税人的利益。因此,对行政效率的追求从根本上说是符合自由宪法与民主政治的根本精神的。在这种情况下,威尔逊以及其他公共行政专家都明确指出,效率是公共行政的目标,也是公共行政的立足点。行政效率为行政权的发展提供了一种有效的合法性支撑。

但是,从政府实践的历史中可以看出,行政权的发展其实有两个重要的来源,除了上述的效率基础以外,另一个重要的来源即是政府干预范围的扩张,这种扩张在理论上表现为"凯恩斯主义"以及"福利经济学"对政府经济行为和福利行为的张目。在现实中体现为"罗斯福新政"以及诸如"伟大社会计划"等一系列的政策实践,特别是随着"二战"以后建立在"福利共识"上的西方各国的福利国家实践。这种实践既有出于对早期发展经验的反思,也有出于意识形态竞争方面的考虑。因此,对于政府干预的合理范围不大容易能够取得完全一致的同意,而且在实践中这种"大而美"的政府也的确取得了某种程度的成功,造就了战后所谓的"黄金年代"。政府范围的扩大意味着自由竞争的市场受到了影响。对于那些坚持个人主义和市场经济的自由主义者而言,既然在今天让社会接受一个消极政府的观念已经显得不合时宜,那么对"大政府"的批判就只能选择另外一条路径,那就是针对行政权发展的效率命题。

这种路径的要义在于,虽然政府功能扩张存在着某种程度的合理性,但这并不意味着官僚体制事必躬亲,政府功能的扩张并不一定意味着政府规模的扩张,因为政府的服务不但可以而且应当仍然采取市场的方式加以解决。官僚体制之所以不能事必躬亲,是因为存在着大量的行政成本,传统的行政效率命题并不可靠。对官僚理性的解构首先来自于那些以经济学的假设与方法分析政治问题的公共选择理论。在公共选择理论看来,传统官僚理论的问题在于,它存在着一种关于不切实际的"官僚人格"想象。这种人格想象将官僚视为追求公共利益和宪政目标的个人,因而在总体上呈现出利他而不是利己的倾向。这违背了经济学包括现代自由主义对现代人的基本假设,那就是他(或她)首先是一个关心自我利益的个人。在这方面,官僚没有理由是个例外,"有代表性的或者普通的个人在参与市场活动和政治活动时,都是以同样的普遍价值尺度为基础而行动的。"对于与传统断裂的现代人而言,"无论在其市场活动中还是在其政治活动中,他都是追求效用最大化的人"①。

以这种统一的人性立场出发,唐斯认为必须在官僚的职责及其个人动机之间作出区分,个人利益在官僚行为中占据着主导性的地位,"每一个官员都至少部分地出于个人利益而行动,(其中)一些官员则仅仅被他们的个人利益所驱动而行动","每个官员都在很大程度上受他自己的个人利益的驱动,即使当他纯粹执行正式职责的时候也不例外"②。官员的自利动机表现在他对权力、金钱、声望、便利以及安全的追求上,当然,官员可能也会追求"为公共利益服务的渴望"等一些具有利他性的目标。出于对自身利益的维护,官僚行为具有一些共同的扭曲性特征:① 官员总是扭曲信息,以一种有利的方式或角度汇报自己或本部门的工作;② 官员会对政策及命令加以自由裁量,以执行那些对己有利的政策或项目,而反对或忽视那些有害于己或无益于己的政策或项目;③ 与前类似,官员为改变上级的指示,以对己有利的方式执行命令;④ 官员对自我利益的

---

① [美]詹姆斯·M. 布坎南,戈登·塔洛克. 同意的计算:立宪民主的逻辑基础[M]. 陈光金,译. 北京:中国社会科学出版社,2000:20,25.
② [美]安东尼·唐斯. 官僚制内幕[M]. 郭小聪,等译. 北京:中国人民大学出版社,2006:88,280.

关注会影响他对新职责或新政策的选择。①

官僚的这些动机以及行为的扭曲,会导致他们并不以提高效率的方式行事,相反,他们会与其他部门陷入资金、人员、领地及其他资源的争夺之中。同时,由于在程序设计、人事管理等方面存在着较大的"沉没成本",他们会不愿意创新而更多地以僵化的方式处理问题。另外,机构内部的扩张也有利于某些官僚实现自我利益。所有这些倾向,最终导致官员会谋求机构规模的最大化,最终体现为组织规模膨胀的"帕金森法则"。官僚体制不但没有缩减行政成本以追求效率优势,反而会创造更多的"繁文缛节"来增加事务量,以有利于机构的扩张。② 随着官僚机构规模的不断扩张,行政成本的上升就成为一个必然的趋势。

与唐斯类似,尼斯坎南也从官僚自利的角度出发,认为官僚可能追求的目标有"薪金、职务津贴、公共声誉、权力、任免权、机构的产出、容易改变事物、容易管理机构"③。在这些目标中,除了最后两项以外,其余的目标都与政府预算规模有正相关的关系。因此,官僚最终追求的是预算最大化的目标。在这个模型中,官僚组织作为一种非营利机构,不是通过在市场上销售产品来获得收入,而是通过社会提供服务从政府那里获得财政拨款。在这个过程中,官僚组织所获得的财政拨款是由政治家所确定的,而政治家根据官僚预期的所能提供的服务来决定预算额度。如果政治家确定的额度低于官僚生产的总成本,官僚将会降低服务的提供量而不能满足社会的需求,政府就会面临增加预算规模的压力。因此,预算最大化模型实际上根源于官僚、政治家(政府)及选民之间的三角博弈所取得的一种平衡:官僚谋求预算最大化,政治家获得选票最大化,而选民由于缺乏足够的生产信息,为了满足需求在官僚机构垄断的情况下只能接受一个价格远远超过市场水平的服务。

唐斯或尼斯坎南的模型尽管备受争议——后来有些学者如敦利威将

---

① [美]安东尼·唐斯.官僚制内幕[M].郭小聪,等译.北京:中国人民大学出版社,2006:82.

② [挪威]斯坦因·U.拉尔森.政治学理论与方法[M].任晓,等译.上海:上海人民出版社,2006:321.

③ William A. Niskanen Jr. Bureaucracy and Representative Government [M]. Chicago: Aldine-Atherton, 1971:38.

机构最大化模型与预算最大化模型进行了某种程度的修正与调和并因而提出了所谓的机构塑造模型①,但却在某种程度上成功地塑造了一个设法利用组织优势去谋求自我利益而对公共利益漫不经心的官僚形象。在这一形象中,公共官僚对自我利益的关注远远超过了对公共利益的关注。因此,如果我们接受由一个总体性官僚机构来承担公共服务的生产,那就意味着我们要同时忍受一个预算或机构规模不断膨胀、对公帑的胃口越来越大的组织机器。正是在这个意义上,行政成本在本质上构成了从经济—管理主义的角度作出的对官僚制的总体批判框架。如果考虑到传统理论中一直以来所塑造的关于官僚制在技术—效率属性上所具有的合法性,那么这种批判实际上构成了撕开官僚理性面纱最为重要的裂口。最为简单的道理是,虽然从规范的意义上不能一锤定音式地确定行政权的合理范围,但官僚生产所存在的效率问题却是较为明显的事实。在这种情况下,虽然不能再回到过去"小而美"的政府状态,但仍然可以将官僚制局限在有限的范围。最起码不能存在官僚垄断的情况,而是可能引入其他机制或组织来替代官僚生产。这对于批判政府的传统观点来说,虽然不是其最理想的状态,但也是一个可以接受的状态。

二、知识与计算:"巨人国"的危机

然而,如果官僚仅仅只是自私的话,并不能充分证明行政效率低下。要知道在韦伯的官僚制那里,官僚并未作为一个利他的角色而存在。相反,官僚是定期拿到报酬的,并且要保证官僚获得"相对较大的生活供给保障",使官僚的岗位"成为渴望得到的热门工作"②。官僚工作的动机正是建立在其对自身利益的追求之上的。因此,对官僚的自私理性的假设并不能完全解构官僚制本身,因为如果能够通过合理的制度设计,通过规则的控制与引导,解决激励不相容的问题,官僚制仍然可能利用自身的技术优势来提升行政效率。因此,真正能够解构官僚理性的并非是行政成本问题,而只能是它的理性能力问题。在以米塞斯、哈耶克为代表的奥地

---

① [英]帕特里克·敦利威. 民主、官僚制与公共选择[M]. 张庆东, 译. 北京: 中国青年出版社, 2004: 194-230.

② [德]马克斯·韦伯. 经济与社会(下卷)[M]. 林荣远, 译. 北京: 商务印书馆, 1997: 286.

利学派看来,官僚理性问题就在于它并非全知全能,它所具有技术理性限制,决定了它只能在某些领域发挥功能,而不能承担起所有的任务,特别是有关于生产和服务方面的任务。因此,问题的根本并不在于官僚的自利动机,而在于官僚制在从事服务生产的时候,缺乏关于生产函数的有效信息。

在米塞斯看来,官僚体制本身既不好也不坏,它只不过是一种管理手段,可以被用于人类活动的不同领域。但"有一个领域,即政府机构的管理,官僚手段是不可缺少的。今天的许多人视为罪恶的东西,并不是官僚体制,而是官僚管理领域的扩张"①。官僚制只是一种特殊的组织形式,它有其局限性。它的最大特征在于"不是追求利润的企业,它不能利用任何经济核算"②,"官僚制的产出的主要部分并不是直接或间接地由组织外部的市场通过权衡机制来评估"③,因而它只能用于"解决商业管理所不了解的问题",如"不能用金钱去衡量,也不能用会计方法进行核查"的那些公共行政的目标④。如果将官僚管理扩张到那些需要经济核算的领域,它的弊端就会很快显现出来。由于在本质上不能进行有效的利润管理,利用官僚制来生产公共服务的最大问题就在于,"谁来决定服务是有用的?更为重要的是:我们如何发现提供的服务是否价格太高,也就是说,它们所吸引的生产要素,是否来自于另一些利用方式,而后者能够提供更有价值的服务?"⑤

换句话说,在官僚组织那里,效率问题也与如何最有效地利用生产资料来生产公共服务的问题有关,公共服务的生产必须与相关的经济计算及信息问题联系在一起。因此,这种批评路径实际上可以上溯到奥地利

---

① [奥]路德维希·冯·米塞斯. 官僚体制 反资本主义的心态[M]. 冯克利, 等译. 北京: 新星出版社, 2007: 43.

② [奥]路德维希·冯·米塞斯. 官僚体制 反资本主义的心态[M]. 冯克利, 等译. 北京: 新星出版社, 2007: 46-47.

③ [美]安东尼·唐斯. 官僚制内幕[M]. 郭小聪, 等译. 北京: 中国人民大学出版社, 2006: 28.

④ [奥]路德维希·冯·米塞斯. 官僚体制 反资本主义的心态[M]. 冯克利, 等译. 北京: 新星出版社, 2007: 44.

⑤ [奥]路德维希·冯·米塞斯. 官僚体制 反资本主义的心态[M]. 冯克利, 等译. 北京: 新星出版社, 2007: 55.

学派所提出的社会主义经济制度的计算问题。米塞斯认为,任何有效率的生产机制或组织形式都必须首先考虑经济计算的问题,也就是如何去最有效地利用各种要素以生产产品的问题。生产组织要想提高效率降低成本,也就是想要以最小的费用达到其目标,它必须进行经济计算,以便找出最便宜的方法。这种最便宜的方法不仅包括新技术的利用,还包括生产要素的成本。因此,经济计算从根本上依赖于一种可以用来通约各种生产要素成本的信息机制才有可能。"在不能用一个共同单位来表示修建和养护铁路所需的劳动时间、钢铁、煤炭、各种建筑材料、机器和其他物品的地方,是根本不可能进行计算的。"[①]在现实中,这种通约机制就是货币价格机制,"在竞争性经济中,一切价格都能归结为货币这种共同表现"[②]。

而货币价格机制之所以能够承担起通约各种生产要素价格(或成本)的功能,是因为存在着一个建立在生产资料私有制之上的交换体系。在这个交换体系中,"商品的交换价值变成了核算单位","以交换价值为基础的核算,使我们能够把价值简化为一个共同单位"[③],从而使货币计算成为经济计算的媒介,也使经济计算成为可能。通过货币价格机制,每个人都以双重方式参与到经济计算体系之中:作为消费者,他为可供使用和消费的货物提供了评价尺度,从而为生产者的计算提供了依据;作为生产者,他根据经济计算把生产要素用于能够获取最大收益的产品。这样,通过这两个相互作用过程中的经济计算,各种生产要素能够得到合理的配置,不同的社会资源最终能够按照不同的效用程度以一种最有效率的方式满足人类的需求。

因而,有效的经济计算必须依赖于货币价格机制,"取消交换和价格机制就取消了经济计算的基础","假如我们取消货币计算,那么,任何经济计算体系将是绝对不可能的。"[④]在这种情况下,由官僚体制所主导的

[①②] [奥]路德维希·冯·米塞斯. 社会主义制度下的经济计算[J]. 经济社会体制比较,1986,6:60.
[③] [奥]路德维希·冯·米塞斯. 社会主义:经济与社会学的分析[M]. 王建民,等译. 北京:中国社会科学出版社,2008:81.
[④] [奥]路德维希·冯·米塞斯. 社会主义制度下的经济计算[J]. 经济社会体制比较,1986,6:62.

生产体系的核心问题在于,"管理机构可能准确地知道什么货物是最迫切需要的。但是它不能够象竞争性经济那样,把这一价值化为货币价格这种一致的表现"①。它缺乏一个能够作为经济计算基础的市场交换体系,因而既不能够发现各种生产要素的价值,也不能发现各种消费品的价值。在这里,米塞斯在某种程度上指出了官僚体制生产的核心困境。后来虽然有一些批评者认为可以采用"数学解决法"(mathematical solution)或"竞争解决法"(competitive solution)来解决官僚体制的经济计算问题②,但他们都忽视了一个重要现象,那就是现实世界的经济运行具有高度的动态性特征。现实中任何价格变化都会引发几百个相关价格出现不同程度的变动,官僚体制无法像在竞争市场上那样迅速做出调整,即使能够做出调整,它们也无法跟上经济变化的速度,因此往往已经过时因而需要重新计算。

也就是说,如果考虑到经济的动态性特征,那就必须认为任何价格都不是给定的,都处在不断的变化中,这使得任何建立在静态均衡理论基础上的理性计算都是错误的,因而在现实中都不可取。在这种情况下,作为一个动态的知识发现过程的市场就具有不可取代的作用。"哪些商品是稀缺商品,或哪些东西是商品,它们多么稀缺或价值几何,这是正是有待于市场去发现的事情。"③哈耶克继承了米塞斯的"经济计算"命题,并进一步发展为"知识发现"的命题。他认为,在一个高度复杂且具动态性特征的世界中,社会所面临的经济问题其实是"分立的知识"所引起的,根本的问题在于"我们所必须运用的有关各种情势的知识,从来就不是以一种集中的且整合的形式存在的,而仅仅是作为所有彼此独立的个人所掌握的不完全的而且还常常相互矛盾的分散知识而存在的"④。

在这里,哈耶克提醒人们注意,就社会中运用的知识而言,必须要区

---

① [奥]路德维希·冯·米塞斯. 社会主义制度下的经济计算[J]. 经济社会体制比较,1986,6:60.

② 李春放. 关于二三十年代社会主义经济计算大辩论的解读与反思[J]. 当代世界与社会主义,1999,3:77.

③ [英]弗里德里希·冯·哈耶克. 经济、科学与政治[M]. 冯克利,译. 南京:江苏人民出版社,2000:123.

④ [英]弗里德里希·冯·哈耶克. 个人主义与经济秩序[M]. 邓正来,译. 北京:生活·读书·新知三联书店,2003:117.

分出两种类型：一种是那种已经被组织起来可以清楚地加以描述的确切知识，通常被称之为科学知识；另一种是那种关于特定时空的具体情势的知识。他认为，人们通常以为前一种知识很重要，但实际上后一种知识才是在日常生活中必须依赖的知识。作为经济活动中的主体，这种有关各种情势的具体知识常常是作为经济决策的最为重要的依据。但这种知识从本质上来讲，是为各种独立的个人所掌握而分散存在的。在这种情况下，任何有关经济活动的决策都必须以最初并非为决策者所知道但却为某个其他人所知道，而后又以某种方式传递给决策者的那种知识为基础。在这个方面，市场成为一种能够有效收集分散在整个经济体系中的大量知识的社会工具。

在哈耶克看来，市场提供了竞争机制，而竞争与知识处于一种相互依赖的关系之中。参与到市场经济之中的每个个体，将其对物品或劳务的需求及程度的特定反应的知识融入了市场过程，并且对价格关系产生影响，最终对那些与这些价格关系及当前的条件相适应的行为如生产或消费等发挥作用。"数以百万计的行为主体的知识融入到市场竞争过程中，通过它们的互动作用，造成了一种经过编码处理的、价格信号形式的知识，它又为行为主体所利用，以便通过其行动适应正好有效的稀缺关系。也就是说，通过利用竞争这一协调程序，一方面数以百万计的行为主体的分散知识作为投入得以利用，另一方面同时通过竞争过程产生了作为产出的新知识。"[1]这种新知识又引导着新一轮的经济活动，由此导致经济活动的循环往复以及在动态过程中趋于均衡。

正是通过在市场竞争过程中所形成的"价格引导着他们去注意，在市场提供的各种物品和服务中，什么是值得发现的"[2]，从而作出有关经济活动的决策安排。在这里，市场作为一种能够收集各种分散知识的工具或机制，具有比官僚体制主导的计划机制更高的优越性或效率。建立在市场竞争中的价格体系，其价值就在于它提供了一种更为经济、简洁的交流信息或沟通信息的机制，使进入这个体系之中的个人只需要知道很少

---

① ［德］格尔哈德·帕普克. 知识、自由与秩序[M]. 黄冰源，等译. 北京：中国社会科学出版社，2001：167-168.
② ［英］弗里德里希·冯·哈耶克. 经济、科学与政治[M]. 冯克利，译. 南京：江苏人民出版社，2000：123.

的信息便能够采取正确的行动。

在这里我们可以发现,有效的生产方式依赖于两种重要的机制"经济计算"和"知识发现",这分别是米塞斯与哈耶克关注的重点。也就是说,如果说米塞斯强调"经济计算"并因此更关注价格机制的话,那么哈耶克则是因强调"知识发现"而更注重竞争机制。当然,这两种机制并非是截然分开的,相反是结合在一起的。在某种程度上,哈耶克实际上拓展和丰富了米塞斯的理论,并使其更具有理论逻辑上的严密性。米塞斯虽然提到了货币价格机制对于经济计算的基础性作用,但却没有给出非常有力的解释,这个解释是由哈耶克来完善的。因为在官僚体制主导经济的体制中,也可以存在作为交换媒介的货币和商品价格,但米塞斯却认为在那里,"用货币计算是不可能的"①。那么,为什么不可能?

在哈耶克看来,在这种体制下,货币价格作为经济计算的工具之所以失效,是因为不存在一个具有竞争作用的市场,因而不能使货币价格承担起交流信息的作用。货币价格要能够成为经济计算的基础,必须存在一个前提,那就是通过市场竞争使价格成为反映分散知识的工具。一旦失去竞争,价格就不能准确地反映经济计算所需要的准确知识,因而就不能作为经济决策的依据。也就是说,价格作为一种信息机制最终是通过竞争发挥作用的。因此,就有效的经济组织形式而言,竞争的作用不可取代,它真正的含义不仅在于它是一种形成意见的过程:"通过传播信息,竞争使经济体系达致了同一性和一贯性",也就是"竞争使人们对什么是最好的和什么是最便宜的这两个问题形成了自己的看法";而且还"使人们有可能知道的各种可能性和机会至少会与他们事实上所知道的一样多"②,从而能够激励生产者寻找和发现更有效的生产方式。也就是说,竞争在市场过程中作为知识发现过程的命题,不仅体现为其能够发现关于各种生产要素成本的知识,还体现在它能够发现关于最有效的生产方式的知识。

从某种程度上说,以米塞斯及哈耶克为代表的奥地利学派构成了对以集权的官僚体制为基础的任何形式的国家干预主义最为有力的批判。

---

① [奥]路德维希·冯·米塞斯. 社会主义制度下的经济计算[J]. 经济社会体制比较, 1986, 6: 59.

② [英]弗里德里希·冯·哈耶克. 个人主义与经济秩序[M]. 邓正来, 译. 北京: 生活·读书·新知三联书店, 2003: 154 – 156.

这种批判的要义在于,处在市场之外的官僚根本无法获得充分、正确、及时的信息,因而无法进行正确的计算并进行经济决策。在一个分散复杂的客观世界里,社会经济制度的核心问题如果说是知识发现以及经济计算的话,那么"我们根本不可能指望这个问题可以通过另一种方式得到解决:先把所有这样的知识都传递给某个中央机构,并在这个中央机构整合了所有这类知识以后再发布命令"①。有效率的生产方式必然是与竞争、价格等市场机制相联系的。正是通过市场中无数的、分散化的独立决策,不仅使知识发现和经济计算成为可能,而且与中心化的官僚决策相比,这种方式还能够以非常方便的形式和低廉得多的成本解决知识发现和经济计算的问题,而且还能够推动生产方式的创新和生产效率的提高。任何形式的对市场机制的干扰,不仅不能取得成功,而且还破坏了分散化决策的有利环境。因此,"一切干预主义方法注定是要失败的",除了灾难与混乱,干预主义不能带来任何有意义的东西。②

可见,奥地利学派关于"信息问题"的观点从本质上不仅排斥了由官僚体制所主导的计划经济,而且还对任何形式的政府干预活动都持反对意见。问题的关键是官僚制的无能,而官僚制不能无限制地扩张。因此,以知识与计算为核心的"信息问题"深化了公共选择理对官僚理性进行解构的行政成本命题。以萨缪尔森的观点来说,一切经济组织都要解决"生产什么"、"为谁生产"以及"如何生产"的问题。公共服务的生产同样也不能例外,同样也是要解决这些核心问题。在官僚体制主导公共服务生产的情况下,即使存在着某种程度的生产要素市场的话,也不存在充分竞争的产品市场。在这种情况下,由于缺乏有效的信息机制和竞争机制,官僚体制虽然具有其专业知识上的优势,但却缺乏关于具体情势的知识,在生产公共服务和公共产品时必然是无效的。"具有单一主导决策中心的巨人国成为其自己复杂的等级官僚结构的受害者。其复杂的沟通渠道使其行政对于社群中许多较为地方化的公共利益缺乏回应性。巨人国公共服务维持控制的成本可能如此之高,以至于其公益物品的生产在总体上是

---

① [英]弗里德里希·冯·哈耶克.个人主义与经济秩序[M].邓正来,译.北京:生活·读书·新知三联书店,2003:126.

② [奥]路德维希·冯·米塞斯.有计划的混乱[J].冯克利,译.当代世界社会主义问题,2008,2:6.

缺乏效率的",结果是"巨人国可能变得不敏感、笨重,不能满足地方公民日常生活所要求的对公益物品的需求"①。因此,"信息问题"在此的政策隐喻便是行政权的"去中心化"设置,通过建构分立的、多中心的服务主体,在公共服务的过程中引入市场竞争机制,才能提高公共服务的效率和水平。

三、重塑行政国:行政权的"去中心化"

值得注意的是,有关官僚生产的政治经济学分析,其目的并不在于解构官僚体制本身,而是在于批判行政权的干预范围和运用方式。正如米塞斯所言,错不在于官僚制本身,而是在于官僚制被运用的地方。因此,经济理性对行政权的解构或批判,其本质不应在于官僚制本身,而应在于官僚制对公共服务生产的垄断性供给。行政国家的弊端不在于它承担的责任太多,而在于它使责任实现的方式过于依赖官僚体制。需要改革的不是卸掉行政国家的服务责任,而是其提供公共服务的方式。在此,公共服务是作为一个产业(industry)而存在的。② 正是公共服务的这种产业性质导致官僚体制无法成为一个有效的生产者。

官僚体制在公共服务生产上的有效性是建立在"信息准确、监督能力强、制裁可靠有效以及行政费用为零这些假定基础之上"③的。但在现实中,这些假定常常无法存在,官僚体制会面临下述几个问题:① 失效或效率低下。主要原因有成本和收入之间的分离,过剩和成本提高,内在性的组织目标,具体的机构有追求预算增长、技术进步、更多地获得信息和控制等特性,公共政策派生的外在性,权力分配的不平等。④ ② 公共性的丧失。政府提供的垄断租金引发院外政客、官僚以及其他利益集团的追逐活动,大量的寻租活动导致政府利用公共权力为某些集团或群体服务,从而导致社会资源被浪费。③ 信息问题。层级繁复、结构复杂的官僚体

---

① [美]迈克尔·麦金尼斯.多中心体制与地方公共经济[M].毛寿龙,李梅,译.上海:上海三联书店,2000:55.
② [美]迈克尔·麦金尼斯.多中心体制与地方公共经济[M].毛寿龙,李梅,译.上海:上海三联书店,2000:11.
③ [美]埃莉诺·奥斯特罗姆.公共事物的治理之道:集体行动制度的演进[M].余逊达,等译.上海:上海三联书店,2000:24.
④ [美]查尔斯·沃尔夫.市场或政府:权衡两种不完善的选择[M].谢旭,译.北京:中国发展出版社,1994:51-88.

制,难以及时有效地掌握各种有关公共事务的信息,难以收集到不同的群体内部所储藏的知识和信息,由此而制订的政策难免脱离实际。

从现实来看,官僚体制的生产困境直接反映在福利国家的危机之中。"二战"以后,出于多种目的,西方发达国家普遍确立了积极的政府干预体制,建立了完善的福利经济体系,实现了接近充分就业和低通货膨胀的持续经济增长,创造了西方社会所谓的"黄金时代"(the Golden Age)。但这种为所有公民提供"从摇篮到坟墓"式福利的政治制度,必须要有坚实的客观基础,即要有充足的财政资源和持续的经济增长,表现在政策的层面,就体现为福利国家"经济政策和社会政策之间能实现正面的相互作用"。① 然而,随着20世纪70年代的"石油危机"而导致的通货膨胀加剧,经济增长放缓,失业率不断攀升,并且随着人口老龄化、经济全球化进程的不断加速,福利国家正日益面临来自政治、经济、社会、文化以及国际上的挑战。这些来自不同方面的压力以及福利国家自身的应对失当,构成了所谓的"福利国家的危机",它具体表现在福利国家持续下滑的国内经济、不断增加的财政赤字、对官僚体制日益增长的不满、政治和法律的冲突以及意识形态和价值观的不断争论等多个方面。

福利国家的危机是由多种因素的变迁而造成的,既是客观的又是主观的。从客观层面讲,全球化、经济结构的调整、人口老龄化等导致福利国家面临着经济衰退、财政负担过重的压力。但同时也应看到,"'危机'不仅应被看做是一组客观情况,也应被看做是包含主观解释的一种状态"②。从主观层面来看,福利国家的危机象征着"共识"的破裂和文化价值观的冲突。福利国家一直以来受到不同意识形态的批评。在以新自由主义和货币主义为代表的右派看来,福利国家并未取得成功,它不仅没有调和市场社会所产生的冲突,相反实际上还加剧了这种冲突,它妨碍了市场力量正确有效地发挥作用。福利国家对资本的管制和税收负担抑制了资本投资的动力,同时福利国家赋予工人的福利保障和权利,减少了工人提高工作效率的动力。这两方面结合起来,导致了福利国家自身无法解

---

① [德]弗兰茨-克萨韦尔·考夫曼. 社会福利国家面临的挑战[M]. 王学东,译. 北京:商务印书馆,2004:22.
② [加]R. 米什拉. 资本主义社会的福利国家[M]. 郑秉文,译. 北京:法律出版社,2003:19.

决的矛盾:"它既使经济不断衰退,又使社会期望不断上升;既使经济上产生'超负荷要求'(即通货膨胀),又使政治要求超负荷化(即不可能管理性)。"①而在以新马克思主义和社会主义为代表的左派眼中,福利国家具有无效力(ineffective)和无效率(inefficient)、压制性以及使工人阶级对社会政治现实的理解处于虚假状态的特征,它只是"稳定资本主义社会的一套装置,而不是使其改变的一个环节"②。

为应对沉重的财政负担和持续的经济低迷给福利国家所带来的各种压力,西方各国纷纷开始采取改革措施。总的说来,这些改革的取向表现在两个不同的层面:一是在福利或社会政策的层面,以"过载论""依赖论""福利陷阱"等理论为政策依据,试图重新界定个人与国家的福利责任,以削减政府的福利支出,也就是走向"福利多元主义";二是在公共行政的层面,以科层制的无效或无能观点为改革依据,在消除繁文缛节、提高行政效率的口号下,试图改造政府的组织结构及其运行方式以提高管理绩效。

从福利的层面来看,改革的措施要求社会福利和社会服务的提供,应由多个不同的部门承担,政府的支配作用降低并且不再是唯一的提供者。③ 这意味着社会福利的提供将改变由一个垄断性的组织支配的局面,而变得更加多样化和充满竞争。④ 福利改革有两个核心的内涵:多元化和分散化。多元化强调社会总体的福利有多个来源,除了国家之外,市场(包括企业)、家庭、志愿组织、社区等也是福利的重要来源。解决福利国家的危机,应该重视政府以外的其他社会部门在福利提供中的作用。因此,它主张应改变以前政府大包大揽的做法,引入市场、家庭以及其他社会组织。社会福利的提供,可以依靠政府部门、志愿部门、商业部门和其他非正式部门,这些部门根据自身的特点,向居民提供不同类型的福利。而就福利提供方式的转变来讲,其核心是"民营化(privatization)"或

---

① [德]克劳斯·奥菲.福利国家的矛盾[M].郭忠华,译.长春:吉林人民出版社,2006:3.
② [德]克劳斯·奥菲.福利国家的矛盾[M].郭忠华,译.长春:吉林人民出版社,2006:3-11.
③ Norman Johnson. The Welfare state in Transition: The Theory and Practice of Welfare Pluralism [M]. Brighton: Wheatsheaf Books, 1987: 55.
④ Nirmala Rao. Towards Welfare Pluralism: Public Services in a Time of Change [M]. Aldershot: Dartmouth, 1996: xi.

曰"非政府化",即政府角色的减少。从分散化的层面来看,强调社会福利和服务的提供,应从过去的中央政府或地方政府独揽的局面,改由较小的地区或组织来承担。它实质是强调社会福利和服务的地方化、社区化及消费者的参与和选择,因而具有较强的反科层制和反专业化的色彩。[①]

然而,这种以消除国家福利责任为特征的多元主义改革,除了规范性的原因以外,在现实中也存在着多重限制。在面临全球化、劳动力结构变化等外部环境的变化时,市场、家庭、非政府组织无法为公民提供稳定而充分的福利来源。(1)市场对个人福利的提供是以充分就业为前提的,因而它的福利功能不仅表现出高度的分化,而且也极不稳定。随着经济波动或转型而导致的失业率的攀升,或当劳动者因年老、疾病、伤残等多种原因而导致劳动能力退化或丧失而无法就业时,市场的福利功能也就无法得到有效的保证。在现实中,市场的这种不稳定性和高度分化的特征,常常是由国家来承担福利责任的重要依据。将个人全面地推向市场,实际上是将某些不利处境中的个人重新置入贫苦和无助之中。(2)家庭的福利功能依赖于稳定的家庭结构及收入,然而,现代家庭结构的不稳定性,也导致家庭除了提供憩息地、满足情感需要以外,在其他福利方面如养老和照顾等方面也无能为力。事实上,"婚姻的不稳定处处趋于严重,它随之造成了一堆新的贫困危机"[②]。而且把社会服务由公共部门转移到家庭,可能意味着性别上的不平等(大多数的家务活动是由女性来承担的)[③],从而容易引起文化上的冲突和管理上的困难。(3)大量的"志愿失灵"的存在导致志愿组织不能提供充分的、稳定的社会福利。"由于慈善是自愿行为,所以赠予者并没有奉献的义务。援助的性质和范围都是没有规定和不确定的。"[④]有些福利多元主义者认为,提倡志愿组织在福利提供中发挥作用,可以加强社会团结,但他们却没有看到,志愿组织本身

---

① 黄源协.台湾社区照顾的实施与冲击[J].台大社会工作学刊(台湾),2001,5:55-101.
② [丹]考斯塔·艾斯平-安德森.福利资本主义的三个世界[M].郑秉文,译.北京:法律出版社,2003:97.
③ [加]R.米什拉.资本主义社会的福利国家[M].郑秉文,译.北京:法律出版社,2003:117.
④ [加]R.米什拉.资本主义社会的福利国家[M].郑秉文,译.北京:法律出版社,2003:118.

要能够发挥作用,却首先需要社会具有这种团结精神,而这却是志愿组织自身所无法加以解决的问题。

总体来看,福利多元主义的政策方案并不足以解决自福利国家出现危机以来的社会福利需求矛盾。从根本上看,政府仍然是公民福利最重要的来源。奥菲认为,福利国家有不可逆转的趋势,"集体再生产这一事实已经成为不可逆转的问题"[1]。米什拉也认为,"我们很难看到可能会有什么样的'非政府替代品'(non-governmental substitutes)来代替政府的作用"[2]。事实上,尽管福利国家受到很多批评,也存在着多种改革的政策主张及实践,但这些改革并未大规模地缩减社会福利。相反,无论是在北欧、西欧,还是在英、美,政府的社会福利支出直到90年代仍然呈现出不断上涨的趋势。"在英美两国,普遍的社会公共福利的框架,特别是教育、健康和收入保障,基本上并未触动。"[3]解决福利国家的危机,不能简单地采取放弃政府责任的做法,"抽象讨论公民社会、地方响应、社会资本和公民增权会忽略一个严酷的事实,即需要社会服务的居民比例越高的社区通常也是社会问题最集中的社区"[4],在现代的风险社会中政府仍然需要认真地对待其对公民的责任。

既然国家的福利责任不可避免,那么改革就只能寻求责任运行机制的变化。从行政的层面来看,改革的理论及措施集中体现在"新公共管理"理论及其运动中。尽管新公共管理在各个国家有其不同的具体表现和主张,但在大多数的研究者看来,这场改革运动具有明确的统一性或"质的规定性"。根据霍尔姆斯与桑德的观点,新公共管理的典范性特征包括:① 一种更具战略性和结果导向(效率、效能和服务质量)的决策方法;② 以一种分权化的管理环境来取代高度集权的等级组织结构,使资源分配与服务提供的决策更接近于服务的一线,以获得更多的相关信息

---

[1] 克劳斯·奥菲. 福利国家的矛盾[M]. 郭忠华,译. 长春:吉林人民出版社,2006:247.
[2] [加]R. 米什拉. 资本主义社会的福利国家[M]. 郑秉文,译. 北京:法律出版社,2003:116.
[3] [加]R. 米什拉. 资本主义社会的福利国家[M]. 郑秉文,译. 北京:法律出版社,2003:19.
[4] [美]Neil Gilbert&Paul Terrell. 社会福利政策导论[M]. 黄晨熹,等译. 南昌:华东理工大学出版社,2003:217.

和来自顾客及其他利益群体的反馈机会;③ 灵活地寻求直接提供公共服务的替代方案,以便产生成本效益更好的政策结果;④ 通过签订明确的绩效合同等机制,使权利与责任保持一致性,以作为提高绩效的关键;⑤ 在公共组织内部以及公共组织之间创造竞争的环境;⑥ 强化中央"驾驭"政府的战略能力,以便对外部变化和不同利益作出迅速、灵活和成本最低的反应;⑦ 通过要求报告结果与总成本,实现更大的责任和透明度;⑧ 用宽幅度预算与管理制度支持和鼓励上述变革。①

可以看出,福利改革与行政改革存在着共通之处,其核心的特征在于行政权的"去中心化"。这种"去中心化"的改革包含了两个方面的内容:一是发挥地方政府的作用,建构多层级的公共事务治理体系或公共服务体系;二是引入包括企业、非政府组织、社区等政府以外的组织来生产公共服务,承担公共事务的治理职能。也就是建构多中心的公共服务体系或治理体系,在此许多独立的要素能够相互调适,在一个一般的规则体系之内归置其相互之间的关系。② 在多中心体制下,存在着不同规模和层次的行动中心,它们通过竞争与合作的关系,提供不同层次和规模的公共服务以满足社会需求,解决不同范围内的公共事务治理问题。因为单中心的权威与行动结构无法满足公民日益多元化和多层次的需求,而在多中心的体制下,分散化的多元组织反应更加迅捷,行动更加灵活,效率也更高。分散化的多中心体制适应了日益破碎化的民主治理需求,从而成为传统公共行政结构替代性选择方案的一个重要特征。

第二节 公共服务机制:一个分析范式

以公共选择理论和奥地利学派为代表的经济理论对官僚生产的政治经济学分析表明,在公共服务的生产过程中,由官僚制特别是单一中心的

---

① [澳]欧文·E. 休斯. 公共管理导论(第三版)[M]. 张成福,等译. 北京:中国人民大学出版社,2007:63.
② 埃莉诺·奥斯特罗姆. 长期持久灌溉制度的设计原则[A]//迈克尔·麦金尼斯. 多中心治道与发展[C]. 毛寿龙,译. 上海:上海三联书店,2000:95.

官僚体制来组织公共服务的供给,存在着低效率甚至无效的特征。然而,在民主政治不断深化以及公民权利扩张的政治背景中,面对着政府公共服务责任高度结构化的现实,这一结论的政策隐喻只能合理地导向行政权的"去中心化"改革,而无法回到传统的保护型民主范式下的"小而美"的政府。在公民权利的强大诉求下,行政权的去中心化命题最终只能体现在有效性的治理机制层面,而无法演化为规范性的责任议题。在这种情况下,行政权去中心化安排的实质,是要在公共服务机制的分析框架内,建构起进行公共服务生产的多层次、多中心的主体。也就是说,体现在从个人到科层的一系列的公共服务治理机制的选择之上。正是通过责任与治理机制的分离,以行政成本为命题的效率理性诉求,在民主政治的框架之下,最终体现为通过自由选择竞争性的服务机制,以便最有效地实现当代的社会治理对公民提供公共服务责任的承诺。

一、社会治理的公共物品叙事

如前所述,现代政治为了应对急剧变迁的外部环境,在应享的权利革命之后以及从保护型民主向可治理型民主的转换过程中,将公共服务和公共物品这个长期以来在政治思想中一直"缺席"的政治符号置于了当代社会治理的"元话语"地位。在社会治理的层面,离不开公共服务和公共物品的叙事,否则政治共同体就会退化为"弱治理"的政治,不仅失去对宪法精神和民主价值的承诺,而且还会滋生、蔓延种种社会问题。为社会和公民提供公共服务和公共物品是当代社会治理的主要内容,并成为积极行政的合法性基础。"公共物品提供理论是一种政府理论,其本质的观点是政府的建立就在于提供公共物品。"[1]在这个意义上,确当地裁定公共服务和公共物品的范围与方式,是当代政治学和行政学的重要议题。因此,重新检视公共服务和公共物品的概念、内涵及其理论发展,对于厘清解构官僚理性而引发的行政权"去中心化"命题就具有基础性的意义。

从现有的研究来看,与政府职能相关的公共物品或公共服务的观念由来已久,可以上溯至18世纪的苏格兰启蒙思想家休谟那里,甚至可以

---

[1] [美]阿伦·德雷泽.宏观经济学中的政治经济学[M].杜两省,等译.北京:经济科学出版社,2003:390.

追溯到霍布斯那里。霍布斯从社会契约论的角度指出,现代政府的本质是"一大群人相互订立信约、每个人都对它的行为授权,以便 使它能按其认为有利于大家的和平与共同防卫的方式运用全体的力量和手段的一个人格"①。霍布斯虽然没有明确提出公共物品的概念,但他通过将政府或国家的基础建立在私人社会的不自足这一点上,从而对公共物品的理论产生重要的影响。在某种程度上,他实际上开启了现代公共物品理论的两个重要的传统:私人社会的不自足——即后来的"市场失灵",以及这种不自足构成了政府行为的基础。

休谟以"草地排水"为例,探讨了人性中所具有的一种倾向,"各人都在找寻借口,要想使自己省却麻烦和开支,而把全部负担加在他人身上",并将这类集体行动或公共服务视为政府的起源,"政治社会就容易补救这些弊病"。② 休谟的分析在某种程度上已经指涉到了公共物品的核心问题:自私自利的个人在追求共同需求时存在着坐享其成的心理与搭便车的行为,由此会导致类似于"囚徒困境"那样的难题,而正义的政府组织是这种问题的解决之道。"政府虽然也是由人类所有的缺点所支配的一些人所组成的,可是它借着最精微的、最巧妙的一种发明,成为在某种程度上免去了所有这些缺点的一个组织。"③ 但是,由于休谟的重点并非是强调公共物品本身的特征,而是着重强调人性的特征,因此他对这种现象的解释就没有走向去分析这类行动或事务本身的特征,而是意图证明人性中所固有的那种"舍远图近,并根据对象的位置而不根据它的真正价值来求取对象的"倾向,这种倾向或弱点会使人们不能看到"真正的价值",因而会阻止实现利益的行动产生。④ 很显然,休谟在某种程度上只不过是重复了亚里士多德的观点:"凡是属于最多数人的公共事物常常是最少受人照顾的事物,人们关怀着自己的所有,而忽视公共的事物;对于公共的一切,他至多只留心到其中对他个人多少有些相关的事物。"⑤

在古典自由主义经济的奠基人斯密那里,已明确提出提供矫正市场失效的公共物品已经成为政府的基本职能,认为政府除了要保证对外与

---

① [英]霍布斯. 利维坦[M]. 黎思复,黎廷弼,译. 北京:商务印书馆,1985:132.
②③ [苏格兰]休谟. 人性论(下册)[M]. 关文运,译. 北京:商务印书馆,1980:579.
④ [苏格兰]休谟. 人性论(下册)[M]. 关文运,译. 北京:商务印书馆,1980:578.
⑤ [古希腊]亚里士多德. 政治学[M]. 吴寿彭,译. 北京:商务印书馆,1965:48.

对内的安全以外,还要建立并维护那些对于社会而言具有很大益处的公共机关和公共工程。"这类机构和工程的属性在于如果由个人或少数人办理,那所得利润绝不能偿还其所支付的费用。因此这项事业,不能期望个人或少数人出来创办或维持。"①在这里,斯密注意到由于公共物品的收益与成本之间的不对称,故而不能期望由私人提供的分析,表明他已经认识到私人市场存在着不足或"失灵"的地方,因此某些物品只能由政府承担,由市场来提供必然导致供给不足。

19世纪80年代以后,伴随着边际革命,经济学对公共物品的认识又不断加深。直到今天,公共物品理论已经历了二分法、三分法直至四分法的理论框架。1954年,萨缪尔森发表了经典性的《公共支出的纯理论》一文,对公共物品的性质及其有效供给问题进行了详细的理论探讨。萨缪尔森将物品分为"私人消费品"(private consumption goods)和"集体消费品"(collective consumption goods)两类,认为私人消费品指的是该物品的消费总量等于所有消费者的消费之和,而集体消费物品的特征则是每个人对这种物品的消费不会减少任何其他消费者的消费,也就是说,任何一个消费者所可能消费的数量都与该物品的消费总量相等。② 在这里,萨缪尔森实际上给出了区分公共物品与私人物品的一个条件,消费的非竞争性,并因而形成了"公共物品—私人物品"的两分法。然而,由于他没有看到在这两极之中存在着大量的中间状态,因此,这种两分法后来不免被批评为过于简单。

同许多经济学家一样,布坎南也认为萨缪尔森对物品的"两分法"过于粗糙,对于纯公共物品和纯私人物品之间的"混合物品"的研究不应该被忽略。他认为,新古典经济学是以私有产权为基础的,所有物品和服务的消费被认为是完全个人的行为,而对于共有产权的物品几乎没有什么深入的研究。布坎南认为,可以建构一个包括具有个人产权和共有产权等所有物品在内的研究框架,他将之称为"俱乐部理论"。在布坎南那里,

---

① [苏格兰]亚当·斯密. 国富论[M]. 唐日松,等译. 北京:华夏出版社,2005:516.
② Paul A. Samuelson. The Pure Theory of Public Expenditure [J]. The Review of Economics and Statistics,1954,36(4):387-389.

"俱乐部"是"一种消费、所有权—会员之间的制度安排"[1]。而俱乐部理论的核心问题是,决定俱乐部的最优规模(成员数量)和成员对俱乐部物品的最优消费之间的相关关系。布坎南认为,不同的物品由于其属性,具有与最优消费联系在一起的最优规模。如纯粹私人物品就是会员数量为"1"的物品,而纯公共物品则是最优会员数量为无穷大的物品。因此,俱乐部理论可以适用于从纯粹私人物品到纯公共物品的所有情况。如果一种公共物品的消费者群体,从部分成员一直扩大到全体社会成员的过程中,其边际成本始终为零,那么这种物品就是纯公共物产品,如国防、立法、基础科学研究等。如果一种公共产品的消费者群体扩大到一定数量时边际成本开始上升,而且继续扩大到某一数量时,其边际成本变得非常大甚至是无穷大,那么这种公共产品就是准公共物品。

在布坎南的俱乐部理论中实际上隐含着另一个前提,那就是俱乐部物品对于俱乐部以外的消费者是可以有效排他的,因而俱乐部物品都是具有排他性的物品。这导致俱乐部理论无法适用于一些不具有排他性的物品。在奥斯特罗姆看来,存在着一种与俱乐部产品不同的公共物品,也就是公共池塘资源,这类物品的特征是消费的竞争性和不可排他性。由于不能有效地将潜在的消费者排除在外,这类物品最终会导致过度使用,产生类似于哈丁所说的"公地悲剧"那样的结果。市场机制在解决这些物品时也是无效的。这样,就可以通过排他性与消费的竞争性两个维度,区分出四种类型的物品:同时具备排他性和消费的竞争性特征的纯私人物品、具备排他性但共同消费的俱乐部产品、不具备排他性同时也不能共同消费的公共池塘资源以及不具备排他性并且共同消费的纯公共物品。[2] 当然,以排他性和共同消费为特征所作出的公共物品分类还存在着很多争论,如 Margolis 认为萨缪尔森所定义的纯公共物品在现实中很难发现[3]。尽管存在着上述争议,但这种分析途径基本上已经成为当代经济

---

[1] James M. Buchanan. An Economic Theory of Clubs [J]. Economica,1965,32(125):1-14.
[2] Vincent and Elinor Ostrom. Public Goods and Public Choices [A]// E. S. Savas. Alternatives for Delivering Public Services [C].Boulder, CO:Westview, 1977:7-14.
[3] J. Margolis. A Comment on the Pure Theory of Public Expenditure[J]. The Review of Economics and Statistics,1955,37(4):347-349.

学中公共物品研究的主流视角和基本框架。

值得注意的是,在公共财政学对公共物品进行分析的过程中,马斯格雷夫曾经提出过所谓的"有益物品"(merits good)的概念,并将物品分为公共物品、私人物品和有益物品三类。在他看来,私人物品是指那些通过自由竞争的市场机制可以达到最优配置状态的物品,这类物品是传统经济学理论讨论的重点,而公共物品和有益物品则属于例外的"非私人物品"(non-private goods),它们无法由市场机制来实现最优配置,通常情况下都是通过政治组织来提供的。有益物品与公共物品的区别在于,后者是通过经济—技术属性来区分的,而前者则完全系于特定政治系统的偏好。有益物品的提出,是对经济学中公共物品理论的一种偏离,它指出了政府的实际行动并非完全遵循物品的经济—技术属性的划分,政府会根据自己的选择来确定实际的物品提供范围。因此,有益物品体现的是一种权威偏好而不是排他或共同消费方面的特征。而且,这类物品的消费常常具有强制性,公民个人在消费有益物品时没有选择权。这是一个非常重要的变化,它意味着有关公共物品的理论分析存在着从经济学那里"溢出"的现象,因为有益物品的概念完全突破了古典经济学理论的范围。因此,实际的公共物品可以分成两类,经济—技术上分类的公共物品包括俱乐部产品、公共池塘资源及纯公共物品,以及政府认为应该提供的有益物品。

实际上早在穆勒那里,已经可以看到这两种类型的公共物品区分。穆勒认为,"在我们这个时代,无论是在政治科学中还是在实际政治中,争论最多的一个问题都是,政府的职能和作用的适当界限在哪里"。也就是说,"政府的权力应伸展到哪些人类事物领域"[①]。他将政府的职能分为两类,即必要职能(necessary functions)和任选职能(optional functions)。必要职能是那些"普遍认为属于政府的职能","与政府这一概念密不可分的那些职能,或所有政府一直在行使而未遭到任何反对的那些职能;此类职能不同于那些是否应该由政府行使尚有疑问的职能。前者可以称为必要的政府职能,后者可以称为可选择的政府职能。我们使用'任选'这个词,并不意味着,后一种政府职能是无关紧要,政府行使不行使这些职能纯粹出于任意

---

① [英]约翰·穆勒. 政治经济学原理(下卷)[M]. 赵荣潜,等译. 北京:商务印书馆,1991:366.

的选择;而只是意味着,政府并非必须行使这些职能,人们对于政府是否应该行使这些职能可以有不同意见"[1]。

穆勒虽然没有运用公共物品的理论来对必要职能及任选职能进行界定,但是却已经具有先见之明地看到,有关政府职能的界定必然存在着众多的争议,无法形成普遍的共识。除了一些基本的职能存在着共识以外,大多数的政府职能范围都会是个争论不休的问题。关键的原因在于,从规范的意义上看,有关政府职能的界定问题,它远非一个经济—技术问题,而是混合了不同意识形态、政治思想甚至权力斗争的政治—伦理问题。如果考虑到规范思想在政治制度安排中的基础作用的话,那么,经济—技术特征的物品属性就远远不能构成现实中公共服务的规范性基础。

现实中政府所提供的公共服务,很少会如此严格地按照物品属性中的经济—技术特征来安排。如果考虑到实际中的公共物品往往体现为一种制度安排,即通过集体行动来提供公共物品,那么正如布坎南所言,如若不去考虑"什么商品或服务应该是公共的"这样的问题,可以将现实中的公共物品定义为"任何集团或社团因为任何原因通过集体组织提供的商品或服务"[2]。因此,检视公共服务和公共物品的理论,大致可以发现存在着两种非常不同的视角:一种是从与市场或私人物品相对的公共物品的视角,将公共服务与公共物品等同;另一种是从社会正义和福利哲学出发的分配政治的视角,将公共服务与政府所提供的福利等同。这样,在现实中,政治系统所提供的公共物品,除了上述经济—技术角度的公共物品以外,还包括了大量的根据政治系统的偏好而提供的有益物品或福利物品(worthy goods)。

二、责任与治理机制的分离:一个分析框架

从经济学的角度看,以公共物品理论为代表的市场失灵的观点,常常构成了政府治理的正当性基础和合理性范围。但如果仅仅从这个角度来

---

[1] [英]约翰·穆勒.政治经济学原理(下卷)[M].赵荣潜,等译.北京:商务印书馆,1991:367.

[2] [美]詹姆斯·M.布坎南.民主财政论:财政制度和个人选择[M].穆怀朋,译.北京:商务印书馆,1993:20.

理解社会治理，就不免有所偏失。问题并不仅仅在于现实中的公共服务除却经济—技术的视角以外，还存在着从正义和福利哲学出发的政治—伦理的视角，而毋宁在于经济—技术视角本身的不完善，它不能内化所有的有关公共物品的争论。也就是说，它无法建立一个统一的分析框架来容纳所有的争论。经济技术层面对公共服务的规范性分析中所具有的不完善主要表现在两个方面。

首先，上述公共物品的分类并不充分，不能提供一个有效的公共服务分析框架。从市场失灵的角度来看，以排他性和共同消费为特征的分类并不能有效地将具有"外部性"特征的物品容纳进去。虽然公共物品常常被视为一种典型的具有外部性特征的物品，但外部性与公共物品却并不完全是一回事，并非所有的公共物品都具有外部性物征，也并非所有的具有外部性特征的物品都是公共物品，也就是说都具有不排他性或共同消费的特征。[①]

外部性和公共物品通常被认为是市场失灵的主要原因。与公共物品类似，由于无法将个人的收益与成本完全内化，自由竞争的市场在提供外部性的产品时，同样也会遭遇到困境。外部性也构成了政府行动的一个理由。从经济学的效率角度来看，虽然市场的失灵构成了政府干预的必要条件，但却不是充分条件。以公共物品理论为例，尽管公共物品的分类决定了从效率的角度可以考虑三种可供选择的政策模型："利维坦"模型、"私有化"模型以及"多中心"模型[②]，但特定的公共物品在排他性和共同消费上面的特征，并非是固定不变的。随着技术上以及观念上的变化，物品的属性可以得到改变。例如，技术进步可以使得有些物品的排他变得更困难或更容易，人们也可以通过改变私人物品的性质来创造集体物品，从而将负担转嫁到集体的肩上。[③] 因此，受到技术条件及成本计算的影响，不同政策模型的边界具体在哪里并非清晰可见。另一方面，从外部

[①] S. E. Holtermann. Externalities and Public Goods [J]. Economica, 1972, 39(153): 78–87.

[②] [美]埃莉诺·奥斯特罗姆. 公共事物的治理之道[M]. 余逊达, 等译. 上海：上海三联书店, 2000: 22–43.

[③] [美]E. S. 萨瓦斯. 民营化与公私部门的伙伴关系[M]. 周志忍, 等译. 北京：中国人民大学出版社, 2002: 47, 59.

性的角度来看,根据科斯的观点,也可以通过界定明确的产权从而通过市场交易方式来解决,在这里政府的作用不是代替市场直接干预外部性问题,而是体现在建构产权交易市场,降低交易成本上。因为外部性的根源常常在于"没有足够的激励形成一个潜在市场,而这种市场的不存在会导致非帕累托最优的均衡"①。在这种情况下,外部性的实质体现为"界定产权的外生交易费用同不界定产权引起的内生交易费用之间的两难冲突"②。

其次,从经济学的角度来分析政府作用,常常混淆了政府的责任和行为方式。一些物品的提供由政府来承担责任并不完全意味着这些物品都将是通过官僚体制或国有企业来进行生产。政府也可以利用官僚制以外的机制来满足社会的公共需求,如它可以通过付费的方式向市场购买物品和服务,可以通过招标的方式将物品的生产完全外包出去,可以建立产权交易制度以解决外部性问题等。因此,政府并非完全处在市场等其他机制之外,同样市场等其他机制也并非是完全处在政府行为之外。在由政府公共支出所提供的公共服务中,有相当一部分可以转由私人机制生产;同样,政府也可以通过出售的方式向社会提供服务。因此,公共物品理论与外部性理论并不能提供一个有效的用以确定政府公共服务治理范围的分析框架。也就是说,对于现实中的公共服务而言,既有的经济—技术层面的规范性分析框架的不完善,不仅在于它无法提供一个统一的技术标准,而且还在于它常常无法有效地分辨有关公共物品争论的本质,将政府责任等同于官僚制生产。政府承担责任并不必然意味着由官僚组织来生产,它仍然可以通过官僚组织以外的机制来完成相应的任务或目标。

因此,在这个意义上,区分公共服务的责任和方式对于理解公共服务的机制具有重要意义,也是界定政府角色的基础。"公益物品和服务的提供与其生产相区分,开启了最大的可能性,来重新界定其(公共部门)在公共服务经济中的职能。在服务提供方面,根据绩效标准可以维护公共控

---

① [美]加雷思·D.迈尔斯.公共经济学[M].匡小平,译.北京:中国人民大学出版社,2001:295.
② 杨小凯,张永生.新兴古典经济学和超边际分析[M].北京:中国人民大学出版社,2000:86.

制,同时还允许在生产公共服务的机构之间发展越来越多的竞争。"[1]如果考虑到政府所提供的公共物品和公共服务具有多重的来源,这种区分就更有意义。因为它意味着,政府承担的公共服务责任并不意味着其生产也由官僚体制来执行,从而可以避免产生因物品属性的分析而导致政府责任的混乱。相反,任何关于政府责任的争论并不必然导致物品生产方式的变化。在这种情况下,政府责任问题可以存在争论因而需要在民主政治的框架内加以解决,但治理方式问题却可以根据效率的目标而建立起统一的行动框架。在某种程度上,这种分离体现了社会治理和公共行政的主要特征。

换句话说,当从元理论语言的层次去考虑公共服务体系的时候,区分公共服务的责任和公共服务的生产方式是非常重要的基础性工作。把责任与生产区分开来,不仅是可能的,而且也是必需的。"满足需求的集体责任与被当作手段的提供福利的形式这二者之间的区别,对于理解最近的事态发展来说十分关键。"[2]责任是社会关系中的重要概念,它涉及主体的行为后果及其影响。公共服务体系中的争论,归根到底是与责任的观念联系在一起的,"历史上,福利争论与个体性问题以及个体行动责任的问题交织在一起"[3]。对公共服务与责任性、因果观念之间联系的不同理解,常常也是决定对国家干预经济和社会事务的态度的关键因素。

从现实来看,有关责任的观念常常体现为两种较为对立的形式,一种是福利国家的观点,另一种是自由主义的观点。对福利国家来说,政府为公民提供公共服务和福利意指"国家对于公民的一些基本的、最低限度的福利负有保障责任"[4]。国家负有保障公民的责任,或者是基于工业主义的逻辑,即"在明显不可控的和随意性的经济力量背景下,几乎任何人都是潜在的脆弱者,个人行动责任观念的应用范围似乎有限"[5];或者是

---

[1] [美]迈克尔·麦金尼斯. 多中心体制与地方公共经济[M]. 毛寿龙,李梅,译. 上海:上海三联书店,2000:58.

[2] [加]R. 拉米什. 资本主义社会的福利国家[M]. 郑秉文,译. 北京:法律出版社,2003:119.

[3] [英]诺曼·巴里. 福利[M]. 储建国,译. 长春:吉林人民出版社,2005:15.

[4] [丹]考斯塔·艾斯平-安德森. 福利资本主义的三个世界[M]. 郑秉文,译. 北京:法律出版社,2003:19-20.

[5] [英]诺曼·巴里. 福利[M]. 储建国,译. 长春:吉林人民出版社,2005:50.

基于政治斗争的逻辑,"凯恩斯的充分就业承诺和社会民主式的福利国家体系的渊源,都可追溯至强大的(多变的)工人运动与农民组织结成政治联盟的能力"①。另一方面,从自由主义的角度来看,福利"是每个个人私自的、不可沟通的经验"②,这说明只有个人才能成为他(或她)福利的终极裁判者。只有个人才知道自己所需要的是什么,这一理论事实与自由主义所强调的自治观念结合在一起,决定了福利责任最终必须由个体来承担。

这两种对立的观点在现实中常常作为极端的形式而出现,在不同的国家制度中有不同的安排,体现了不同政治系统的正义偏好,它本质上应该属于由民主政治来解决的问题。也就是说,责任的问题,往往与一种社会哲学相关联,这种哲学对于个人、社会有着不同的理解,并且体现为人类历史中由来已久的争论。这决定了公共服务和福利本质上"是一个相当复杂的政治价值"③,它始终与正义、平等、自由和权利等观念交织在一起。从当代民主政治的角度而言,诸如"社会团结"和"公民资格"的观念往往证明了集体福利责任的正当性。现代公共服务以及积极行政的正当性往往诉诸对一种更为亲密的社会成员的资格,公共服务体系被看作是一套对作为来自社群成员资格的权利资格的需要作出反应的综合性制度安排。它不仅能够提供每个成员行动的能力,也不妨碍每个成员的自主性。

然而,毫无疑问,行动后果的责任无论是由个人来承担,还是由某个集体来承担——它在本质上体现为一种政治偏好,都与公共服务的生产方式无关。个人可能从市场中购买自己所需要的物品与服务,但这并不妨碍他(她)从某种集体组织中获得某种照顾的责任。政府也可以从市场中购买相应的商品,也可以通过官僚体系自己生产。没有任何理由可以得出这样的结论:即国家一旦承担公民的福利责任,也就意味着福利的提供只能通过官僚机构来生产。事实上,"服务提供与服务生产之间的区别

---

① [丹]考斯塔·艾斯平-安德森.福利资本主义的三个世界[M].郑秉文,译.北京:法律出版社,2003:17.
② [英]诺曼·巴里.福利[M].储建国,译.长春:吉林人民出版社,2005:55.
③ [英]诺曼·巴里.福利[M].储建国,译.长春:吉林人民出版社,2005:15.

是明显且十分重要的"①。原因在于,如果说责任问题往往体现为正义价值上的选择,那么可以认为生产方式问题就主要体现为服务的效率或绩效问题。它主要来源于经济学的观念,并间接地与一种人性的观念相关联。以成本与效益之间的关系考虑,生产的不同组织方式可以对应于不同的物品或服务的属性,并且可以对应于公民不同类型的服务需求。

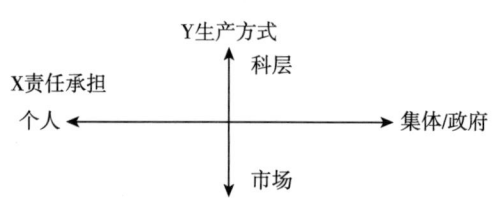

图 3-1 公共服务二维分析框架

因此,这样我们可以得出如图 3-1 所示的公共服务的分析框架,根据这一框架可以发现,传统的公共服务概念以及对政府干预进行批评的许多理论,常常模糊了责任与方式之间的分歧,这是过去与当前存在诸多争论的根本原因。更进一步,通过这种区分,我们还可以发现在由国家所组织的服务方面,存在着与作为福利安排者的政府和作为福利享有者的公民相区别的第三方,即作为福利生产者的机构。这个机构可以是官僚体系,也可以是市场机构,也可以是非政府组织。②公共服务领域的运行体系中有三个基本参与者:消费者、生产者、提供者。(1) 公共服务的消费者(也叫委托人、服务用户、顾客)。他们是直接接受服务的个人、特定地域的所有人、政府机构、私人组织或者各类社会阶层等等。(2) 公共服务的生产者(也叫供应商)。他们直接向消费者提供服务,可能是政府单位、私人企业、非营利机构,有时也可以是消费者自身。(3) 公共服务的安排者(也叫代理人、提供者)。他们指派生产者给消费者,或者反过来指派消费者给生产者,对公共服务的供应承担着重要的责任。③

在这一体系中(如图 3-2④ 所示),公共服务的实际运行过程是:

---

① [美]E. S. 萨瓦斯. 民营化与公私部门的伙伴关系[M]. 周志忍,等译. 北京:中国人民大学出版社,2002:349.
② 世界银行. 中国:深化事业单位改革 改善公共服务提供[M]. 北京:中信出版社,2005:59.
③ [美]E. S. 萨瓦斯. 民营化与公私部门的伙伴关系[M]. 周志忍,等译. 北京:中国人民大学出版社,2002:68.
④ 世界银行. 让服务惠及穷人[M]. 北京:中国财政经济出版社,2004:49.

① 公民/社会通过民主政治的机制或渠道向政府施加影响,表达对公共服务的消费愿望;② 政府确认公民/社会对公共服务的需求,并据此做出公共服务提供与生产的决策,包括筹资、付费、选择生产商等;③ 公共服务的生产单位向公民提供特定的公共服务;④ 公民对生产单位提供的公共服务进行选择,对公共需求的满足状况作出评价,并通过需求表达机制进行反馈,从而影响下一轮的需求决策。在这一体系循环的过程中,我们可以发现,公共服务的责任问题常常体现在消费者与安排者,也即公民/社会与国家/政府之间的关系与互动中,这在实际过程中表现为民主政治中的立法及决策的过程,体现为意见和利益表达、辩论、协商以及选举等政治行为,因而本质是一种政治过程。而有关生产方式的选择和安排集中体现在安排者与生产者之间的关系和互动中,也就是国家/政府和实际的生产者,这个生产者可能是政府部门本身,也可能是市场、家庭等其他的组织。

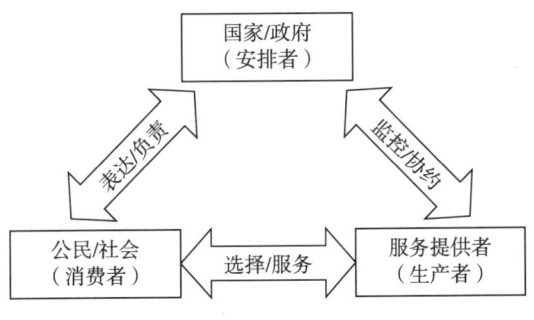

图3-2 公共服务的运行体系

因此,可以看出,有关官僚生产的政治经济学对官僚理性的解构所产生的政策建议,并不能反映到有关公民/社会与国家/政府之间的责任划分这个问题上。责任问题远远不是技术理性的效率逻辑能够加以充分解决的,因为责任问题往往是与正义联系在一起的,而对于今天的公民自由和福利而言,效率显然并不是社会正义的全部内容。根据米勒的观点,现代社会的正义原则应该根据社会关系的模式来调整。在他看来,现代社会存在着三种基本的社会关系模式——团结的社群、工具性的联合以及公民身份,分别对应三种正义原则:需要、应得与平等。① 除了在工具性的联合关系中所遵循的与个人努力相当的应得原则可以体现出效率理性的要求以外,其他的两种关系都因包含有深厚的共同体因素和历史传统背景而具有较高的规范价值色彩,其正义原则无法通过效率理性要求体

---

① [英]戴维·米勒.社会正义原则[M].应奇,译.南京:江苏人民出版社,2001:27-32.

现出来。更重要的在于,需要与平等的原则最终都体现为对共同体责任的诉求,而与效率理性命题无涉。这样,行政成本命题所体现出来的效率诉求最终只能体现在治理机制,也即生产方式或生产者的选择方面,表现为以最有效的方式去实现共同体对公民的责任承诺。

三、交易成本与系统偏好:治理机制的选择

从上述框架中也可以看出,政府的角色在本质上体现为公共服务的安排者或提供者,是一种社会工具,用以决定什么应该通过集体去做,为谁而做,做到什么程度或什么水平,怎样付费等问题。当政府决定用公共开支来提供某种服务时,并不意味着必须依靠政府雇员和设施来提供这种服务。根据责任与方式的分离,或者说提供者与生产者之间的关系,我们大致可以看到存在4种基本类型的治理机制①。(见表3-1)效率理性的命题正体现在对这些不同治理机制的选择过程之中。

表3-1 "公共"服务提供的制度安排

		安 排 者	
		政府部门	私人部门
生产者	政府部门	→ 政府服务 → 政府间协议	→ 政府出售
	私人部门	→ 合同承包 → 特许经营 → 补助	→ 自由市场 → 志愿服务 → 自我服务 → 凭单制

如上表所示,当安排者与生产者都是政府部门时,服务的资金与雇员都由政府提供,它可以表现为同一个政府,也可以由其中一个政府向另一个政府购买或雇用以提供公共服务;当安排者是政府,而生产者是私人部门时,可以采取的机制有合同承包、特许经营以及发放补贴等形式,它们的共同特征是私人部门向公民提供公共服务,由政府来支付全部或部分

---

① 参见 E. S. 萨瓦斯. 民营化与公私部门的伙伴关系[M]. 周志忍,等译. 北京:中国人民大学出版社,2002:66-105.

的生产费用,并承担监督和考核服务的标准的任选;当安排者和生产者都是私人部门时,服务的机制有市场、志愿服务、自我服务以及凭单制,在这中间凭单制由于是将补贴直接发放到消费者手中,由其在市场中自由购买,因而具有与市场之间共同的特征;最后,政府也可以向付费的个人提供服务如治安服务,在这种情况下,政府是服务的生产者,而个人或组织是安排者也即付费者。

对于政府而言,虽然选择哪一种治理机制或服务形式非常重要,但在本质上都体现为对效率目标的追求。在这个过程中,确定和比较每种治理机制或服务形式的成本与效率优势,就成为选择的主要依据。从这个角度而言,交易成本就成为一个比公共物品和外部性而言更为合适的分析视角。交易成本的优点在于,它能够体现出每一种治理机制的实际效率,因而与公共物品与外部性理论过于强调公共物品的属性而忽略治理机制的实际效果的特征相比,就更适合作为选择治理机制的恰当标准。更重要的在于,交易成本能够将公共物品的属性特征与服务形式结合起来,提供一个特定制度环境下不同治理机制在服务效能上的比较。

根据交易成本理论的观点,由于受到资产专用性、契约的不完全性、有限理性以及投机等因素的影响,每一种服务机制或形式都具有自身的成本,治理机制的选择最终不过体现为不同治理机制的交易成本的比较。"当安排者与生产者合而为一时,官僚制的成本就产生了,即维持和管理层级系统的成本。当安排者和生产者不同时,又产生了交易成本,即聘用和管理独立生产者的成本。两种成本的相对值决定了安排和生产功能分开是否值得。"① 也就是说,作为一项总体原则,在相同的制度环境下,对于特定的公共服务而言,应该选择那些交易成本较低的治理机制或服务形式。这个原则不仅适用于官僚制、混合制及市场之间的判断和选择,也同样适用于不同层级与规模的政府之间的判断和选择。

然而,在现实中这种原则可能很难操作。为此,世界银行在其2004年度发展报告中提供了一个较为简便的、可操作的替代性选择框架。在这个框架中,需要依次进行三个层次的分析,以最终确定具体的治理机

---

① [美]E. S. 萨瓦斯. 民营化与公私部门的伙伴关系[M]. 周志忍,等译. 北京:中国人民大学出版社,2002:68.

制。在第一个层次,需要区分出普惠型的或基本类型的公共服务以及可商业化的公共服务。前者意味着全部由政府买单并因而与公民的基本权利存在着密切的关联,而后者的服务水平则部分地取决于公民/消费者自身的支付能力。在第二个层次上,需要区分公共服务的对象是否存在着同质性,它与公民需求本身有关,也可能与特定社群的政治偏好有关。它的意义在于,人们的需求差异越大,分散化的决策好处越多。在第三个层面,需要根据监督服务产出的难易程度来区分服务。一般而言,监督的困难程度取决于服务本身以及监督者自身的监督能力,它可以是政府也可以公民本人。同时,监督难易程度还可能与服务生产者的选择有关。根据上述这三个依次推进的选择标准,最终大致可以形成八种可供选择的治理机制,包括从由中央政府出资外包到纯粹的市场交易等一系列的治理机制。① (见表3-2)

表3-2 治理机制的选择框架

第一个层次		第二个层次		第三个层次		可供选择的治理机制
问题	答案	问题	答案	问题	答案	
是否为普惠性服务?	是	是否为同质性服务?	是	是否易于监测?	是	中央政府出资外包
					否	中央政府供给服务
			否	是否易于监测?	是	地方政府出资外包
					否	地方政府供给服务
	否	是否为同质性服务?	是	是否易于监测?	是	合同制(国有企业)
					否	补贴或补助
			否	是否易于监测?	是	社区服务
					否	市场购买

当然,现实中治理机制或服务形式的选择,也并不完全遵循经济学的效率模型,政治活动中的多种因素也常常会影响这种选择。综合起来看,治理机制本身的特征、公共服务本身的性质、政府长期以来所形成的习惯、决策者的主观偏好,以及目标群体对这种选择所可能有的反应等,都

---

① 世界银行.让服务惠及穷人[M].北京:中国财政经济出版社,2004:12-15.

会决定着最终治理机制的选择结果。而特定国家或社会的历史文化传统以及政治体制倾向,也决定着治理机制的选择在官僚制、混合制与市场之间的权衡,以及在中央集权与地方分权之间的选择,从而形成较为固定的风格。[①] 但不管如何受到政治因素的影响,多中心、多层次的公共服务体系都是不言而喻的选择,特别是如果在考虑生产效率的经济理性命题之外还考虑到公共服务的公共性或民主化命题的话(详见本章第三节第一目以及第五章的相关论述)。

因此,从这个角度来看,在效率命题下而展开的行政权的去中心化设置,最终体现在了通过不同治理机制的选择,以最有效的方式实现政府宪法以及民主政治中对公民所作出的公共服务责任的承诺。多层次、多中心的公共服务安排,保证了当代治理能够有效地回应公民的公共服务需求。"公共服务生产者之间的竞争模式,就如市场中企业之间的竞争一样,也可以产生实质性的收益,因为整个体制的运作中在为了更有效地解决的压力之下引入了自我规范的倾向。"[②]因此,相对于强调权威和秩序的"中心—边缘"社会治理结构,以公共服务为基本价值取向的治理,内在地蕴含着多中心的结构取向。"治理是各种公共和私人的机构管理其共同事务的诸多方式的总和。"[③]公共治理中的"多中心",实质是一种民主合作管理,它是一种直接对立于一元或单中心权威秩序的思维,它意味着地方组织为了有效地进行公共事务管理和提供公共服务,实现持续发展的绩效目标,由社会中多元的独立行为主体(个人、商业组织、公民组织、政党组织、利益团体、政府组织),基于一定的集体行动规则,通过相互博弈、相互调适、共同参与合作等互动关系,形成多样化的公共事务管理制度或组织模式。

在这种情况下,社会治理越来越依赖于网络化的伙伴关系,公共服务的目标也越来越取决于政府以外的合作伙伴。从组织理论的角度来看,网络治理是组织管理演化的结果。以网络作为一种治理形式,是把网络

---

① [加]迈克尔·豪利特,M. 拉米什. 公共政策研究:政策循环与政策子系统[M]. 庞诗,等译. 北京:生活·读书·新知三联书店,2006:280,322.
② [美]迈克尔·麦金尼斯. 多中心体制与地方公共经济[M]. 毛寿龙,李梅,译. 上海:上海三联书店,2000:57.
③ 俞可平. 治理与善治[M]. 北京:社会科学文献出版社,2000:4.

与市场、科层(组织)等并列,视之为独立的一种交易活动的协调方式。科层治理(hierarchical governance)可能会产生高昂的代理成本,甚至有时会产生目标置换;市场治理(market governance)则有时因受交易成本的约束使交易的愿望受到限制,从而使市场治理的范围受到影响;而网络治理则因为强调特殊的社会关系如信任和非正式规则对个人行为的约束,能有效地降低不同主体之间的互动成本,提高合作的收益,因而成为组织与市场之外的第三种治理方式。从公共治理的实践来看,多中心的治理体系必然要求不同的组织之间的合作,组织间的网络化形态成为多中心治理的实践形式。在这个意义上可以说,社会治理形式的现代转换最根本的特征,就在于从嵌入统治权威的单一中心治理通过自反性的改造,转变为面向公共服务的以网络化为根本特征的多中心治理。

值得注意的是,在网络化的多中心治理体系中,众多部门的合作治理并非是自我运作的,它面临着组织和管理方面的巨大挑战。[①] 在多中心的治理结构中,面对着不同的行为主体,面对更高的有效性要求,政府既需要从层级制(Hierarchical)转向网络化(Networked),更需要不断地提高制度化的能力,增强政府的元治理。在网络化的治理形式中,作为主导作用的政府,要超越部门的界限,推动各种形式的府际合作、跨域合作以及公私合作。与层级制政府相对应,网络化政府在加强合作的程度以及网络管理的能力方面,都要有杰出的表现。政府需要作为"一种公共价值的促动者,在具有现代政府特质的,由多元组织、多级政府和多种部门组成的关系网中发挥作用"[②]。

在多中心的治理网络中,政府网络治理能力的构建需要在两个方面发挥作用:

(1)创建合作网络。政府作为多中心治理网络的主体,需要在社会治理结构的变革中发挥引导功能,促进多元主体合作治理网络的建构。与市场治理依赖于价格、科层治理依赖于权威不同,网络治理依赖新型的社会关系——信任。从网络治理的实践来看,虽然价格和权威仍然会成为网络中

[①] Lester M. Salamon, Odus V. Elliott. The Tools of Government: A Guide to the New Governance [M]. Oxford: Oxford University Press, 2002: 611.

[②] [美]斯蒂芬·戈德史密斯,威廉·D. 埃格斯. 网络化治理:公共部门的新形态[M]. 孙迎春,译. 北京:北京大学出版社,2008: 7.

各组织进行谈判、协商等活动的基础,但在促进各组织之间的合作意愿方面,信任却是至为关键的因素。信任同时也会降低组织间交流的成本和网络治理的成本。因此,信任是创建合作网络最重要的社会基础。政府必须在商品经济"唯私主义"文化的侵蚀下以及长期集权主义影响之下权力本位思想的浸淫中,恢复和重建社会信任关系。"信任可以在一个行为规范、诚实而合作的群体中产生,它依赖于人们共同遵守的规则和群体成员的素质。"[1]重视和及时兑现对公民的承诺,履行政府提供公共物品和公共服务的责任,是政府恢复重建社会信任关系的政治基础。同时,也应注意到,虽然信任可以促进合作意愿的产生,但合作关系最终的形成还受到社会交往机会的限制。因此,交往与沟通也是创建合作网络的重要变量,政府也要着力于促进社会交往与组织间的沟通。

(2)治理合作网络。公共服务网络中存在着不同的行动主体,虽然网络本身的主要治理方式是沟通与协商,但如果缺乏更为基础的制度框架,则这种沟通与协商也很难达成。因此,合作网络的持续运转及收益有赖于对网络本身的有效治理。在治理网络方面,政府既需要强化网络结构的设计能力,也需要增强对网络运作的监管能力。多中心治理的实践与效果首先有赖于合作网络的建构,"一种合理的设计有助于政府实现其根本政策和运行目的"[2]。当然,政府也需要在目标达成方面获得合作组织的支持与认同。其次,治理合作网络也需要对日常网络运行中的各行动主体的责任进行监管。"责任问题是网络化管理所面临的最艰巨的挑战。"[3]在多元治理主体的合作治理过程中,政府需要对责任与激励进行战略规划,实现对治理过程的总体引导。这是网络治理对政府能力提出的最为重要的挑战。因此,多中心治理网络的建立与管理,需要政府具备与传统治理不同的能力与技巧,这不但没能完全消除行政权设计的自主性议题,反而以一种独特的方式强化了自主性的重要性,重现了行政权在

---

[1] [美]弗朗西斯·福山.信任:社会美德与创造经济繁荣[M].彭志华,译.海口:海南出版社,2001:30.
[2] [美]斯蒂芬·戈德史密斯,威廉·D.埃格斯.网络化治理:公共部门的新形态[M].孙迎春,译.北京:北京大学出版社,2008:51.
[3] [美]斯蒂芬·戈德史密斯,威廉·D.埃格斯.网络化治理:公共部门的新形态[M].孙迎春,译.北京:北京大学出版社,2008:105.

混沌体系的治理中所应具有的功能。

第三节 行政权竞争性设计的实践逻辑

以行政成本为主要命题的政治经济学分析表明,以官僚制作为组织载体的行政权在承担公共服务职能时,并非具有传统理论所期待的那样的效率。在公共服务体系的运行过程中,经过高度科层化塑造的行政权,在获取相对分散的有关生产与消费的信息时,存在着不利的因素,无法及时充分地了解各种要素的成本,因而不能组织有效的生产。同时,官僚组织还因其自身的特质而具有预算约束软化的倾向,在官僚自利动机的驱使下,官僚制生产本身就并不趋向生产成本的控制。公共服务中行政成本的居高不下,使得行政权的设计需要在责任与方式相分离的分析框架中,在公共服务的生产方式环节引入竞争机制。其目的是要通过公共服务生产者之间的竞争,在绩效目标的硬约束下,使得公共服务的生产者形成自我规范的倾向,以最有效的方式实现对公共服务责任的承诺。因此,行政权竞争性设计的基本逻辑便是,通过行政权的去中心化设置,建构多元化的公共服务体系;在这一体系之中,利用服务绩效的目标约束,形成不同服务主体之间的竞争机制,既将服务责任内化为各主体自身的行动规范,也创造出了一个公共服务产品的价格市场,以保证公共服务的有效产出(如图3-3所示)。

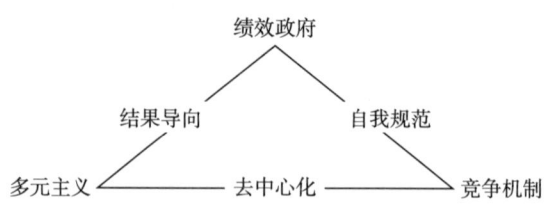

图3-3 行政权竞争性设计的基本逻辑

一、多元主义:公共服务体系的去中心化

行政权的竞争性设计,首先需要建构一个多元主义的公共服务治理体系。一般认为,多元主义是现代社会的基本特征之一,它根源于现代社会高度发达的分工体系以及由于市场经济的发展所导致的利益多元化,社会分化和专业化是推动多元利益集团产生的直接动力。社会分工的细密化和社会关系的复杂化,都表明了社会异质性的增强,它为现代利益集团的萌发提供了土壤。随着社会经济和科学技术的不断发展,相关产业部门的分工水平不断提高,社会领域出现了各种新生利益。为了维护共同的利益,围绕着具体的职业或行业形成了能够增进共同利益发展的集团。因此,社会分工不仅造就了高度异质化的现代人,更造就了高度分化的社会利益。以相同的社会利益和价值观为基础,现代社会形成了各种各样的社会组织或利益集团。"不断提高的专业化程度和劳动分工的一个不可避免的结果是,在日益增长的互相依存活动链条的不同阶段上形成各种各样的集团。"[①]

但是,这并不是说,只要存有多种多样的团体,就构成了多元主义。多元主义不仅意味着社会团体的多元化,还意味着这些团体必须是独立的和开放的,而不是依附于权力结构,更不是封闭而排他的。这两个特征是多元主义社会结构的"一个关键性的明确标志"[②]。因此,多元主义不仅表现为一种异质性,而且还表现为一种独立性或自主性以及开放性。多元主义不仅体现在社会结构上,也体现在社会价值和政治结构上。在社会价值层面,多元主义"是这样一种意识形态,它不接受任何一种单一的价值作为理想"[③],而是承认不同文化之间的差异以及这些差异的正当性及平等性,并主张相互之间进行平等的竞争与对话。在政治层面,多元主义"是指组织的多元主义,即在国家领域中大量相对自治(独立)的组织

---

① [美]戴维·杜鲁门. 政治过程:政治利益和公共舆论[M]. 陈尧,译. 天津:天津人民出版社,2005:60-61.
② 刘军宁. 直接民主与间接民主[M]. 北京:生活·读书·新知三联书店,1998:61.
③ [英]戴维·米勒,韦农·波格丹诺. 布莱克维尔政治学百科全书[Z]. 修订版. 北京:中国政法大学出版社,2002:580.

(子系统)的存在"①。对于现代社会而言,多元主义具有重要的作用。"只有那些创造力多元化、创造力首先是来自下面而非上面的社会,才能不断地增加整个社会的财富。"②同时,大量的多元化社会组织的存在,"对于民主程序自身的运行、对于使政府的高压统治最小化、对于政治自由、对于人类的福祉也是必须的"③。

在公共服务领域,多元主义主要体现为福利多元主义的主张。福利多元主义指的是社会福利和社会服务的提供,由多个不同的部门承担,政府的支配作用降低,并且不再是唯一的提供者。④ 这一概念起源于1978年英国的《沃尔芬德的志愿组织的未来报告》,这份报告主张将志愿组织(voluntary organizations)也纳入到福利的提供者行列中。⑤ 1986年罗斯提出福利多元组合的理论。他认为,一个社会总体的福利来源于三个部门:家庭、市场和国家。将这三者所提供的福利相整合,就形成了一个社会的总体福利,社会的福利是多元的组合。在现代社会中,福利的总量等于家庭中生产的福利,加上通过市场买卖而获得的福利,再加上国家提供的福利。罗斯的理论由于强调政府之外的其他社会部门在福利提供中的地位和作用,而受到重视,并由此开启了福利多元主义的研究路线。⑥ 此后,有许多学者在这个路线中展开了对社会福利的分析,由此出现了福利多元主义的三分法、四分法、五分法,甚至六分法。它们的共同特点是超越传统国家与市场的二分法,强调其他社会部门在社会福利提供方面的作用,这样一种强调由多元部门提供社会福利的理论,被称为福利多元主义或混合福利经济(the mixed economy of welfare)。

然而,如前所述,由于没有将责任与生产方式进行有效的区分,没有

---

① [美]罗伯特·达尔. 多元主义民主的困境[M]. 周军华,译. 长春:吉林人民出版社,2006:5.
② [美]戴维·S. 兰德斯. 国富国穷[M]. 门洪华,等译. 北京:新华出版社,2001:42.
③ [美]罗伯特·达尔. 多元主义民主的困境[M]. 周军华,译. 长春:吉林人民出版社,2006:1.
④ N. Johnson. The Welfare State in Transition [M]. Brighton: Wheatsheaf Books, 1987: 55.
⑤ 彭华民,黄叶青. 福利多元主义:福利提供从国家到多元部门的转型[J]. 南开学报(哲学社会科学版),2006,6:40-48.
⑥ 彭华民. 福利三角:一个社会政策分析的范式[J]. 社会学研究,2006,4:157-168.

立足于公共服务和福利的运行体系,福利多元主义的观点受到很多的批评。根据前述责任与方式相分离的分析框架,在行政权的竞争性设计中,多元主义的安排也需要首先区分责任问题,进而按照如图 3-2 所示的公共服务运行体系,来确定公共服务体系的组织问题。因此,公共服务中的多元主义具有下述的含义:① 就社会服务的责任而言,存在着政府、家庭、个人等主体之间的多元划分;② 就公共服务的安排者而言,存在着不同层级政府之间的多层划分以及不同地方政府之间的区别;③ 就公共服务的生产者而言,多元主义意味着存在着政府组织、市场组织、志愿组织、家庭等多种生产主体;④ 最后,根据公共服务的运行体系,还存在着公共服务需要的多元化表达问题。

从根本上讲,公共服务需求的表达对于社会治理而言是重要的。因为在民主政治的背景下,公共服务的诉求已经整合进公民权利或公民身份的框架之内。在这种情况下,社会治理需要公平面对公民基于其身份或权利而提出的日益多样化的需求。因此,如何有效地表达公民需求,对于社会治理及公共服务有效供给而言是至关重要的环节。如果不能有效地处理日益多元的利益诉求,将会导致民主政治的信任危机以及合法性的衰落。就此而言,如何建立多元化的民主表达机制就成为公共服务体系运行的前提条件,它面对的是社会分化所导致的多元利益基础。对于现代政治而言,需要在代表机制以外建立起更为多样化的、能够贴近公民的利益表达机制,并需要根据正义原则,优先反映和考虑弱势群体的服务需求。更为重要的是,多元化的表达机制也是提高服务绩效不可缺少的条件之一,它构成了公共服务问责体系的重要组成部分。

在公共服务的运行体系之中,表达是长途问责机制的第一个环节,其含义是公民通过表达自己的意愿来影响政府的公共服务安排。它的意义既在于向政府显示自己的偏好,保证政府的公共服务反映公民的利益与需求,更在于约束政府的行为以保证公共服务的责任与效率。公民个人通过这个渠道表达他们对公共服务产品的消费感受,并反馈到公共服务的安排者那里,安排者可以根据公民的反馈重新调整公共服务生产的协约,或者是奖励或者是惩罚使之更努力地致力于公共服务的生产。因此,多元化的表达机制,不仅为公共服务设置了议程范围,而且还为公共服务的生产提供了一个有效的监督控制机制。

其次，如前所述，由国家来承担全部公共服务责任的观点和做法常常受到来自效率和自由两方面的批评。就自由而言，由国家来承担全部公共服务的责任，意味着一种自上而下的福利分配制度，因而从根本上说是不民主的。它体现了一种家长主义的观点，主要动机是保护和照顾，它没有给个人自由留下足够的空间。就效率而言，"福利机构是官僚化的、脱离群众的、没有效率的，福利救济有可能导致违反设计福利制度之初衷的不合理结果"①。因此，需要重新界定公民个人在公共服务中的责任。"作为一项伦理原则，无责任即无权利，必须不仅仅适用于福利的受益者，而且也适用于每一个人。"②它反对传统的倾向于把公共服务视为不附带任何条件的种种权利要求的观念，主张公共服务既是每个人的权利也是每个人的义务和责任。在公共服务不断增加的同时，个人的责任和义务也应当不断延伸。因此，必须要采取多种手段，通过加大对教育、培训等人力资本的投资，并改善劳动力流动状况和适应能力，提高劳动力在市场上的销售能力，激励个人不断地进入市场，以减轻政府的负担。这样，多元责任主体的确立，意在保持由政府主导的公共服务对整个社会机体积极作用的同时修改其消极的一面，所要达到的目标是要减轻政府的负担、激发企业活力、培养个人的社会责任感，鼓励个人对自己的行为负责，从而培育一个国家、企业、个人彼此协调负责、积极互动、充满创新和活力的现代社会。

再次，公共服务的安排需要根据自身的性质和规模，在不同层级的政府以及不同区域或偏好的政府之间进行分配，由此形成交互重叠的安排体系。对于特定的公共服务而言，确定其在哪个层次及范围内得到合理的安排，必须要考虑到控制与规模要素。从控制的角度来看，公共服务的提供范围必须要与其"外溢"的范围一致，使之能够成功地内部化；而从规模的角度看，安排公共服务的适当范围需要考虑在特定政治管辖区域内提供公共服务的生产与供给是否能够形成规模经济。总的来说，哪里公共物品在适当的边界范围内适当地打包了，公共物品就已经成功地内部

---

① [英]安东尼·吉登斯. 第三条道路：社会民主主义的复兴[M]. 郑戈，译. 北京大学出版社，2000：117.

② [英]托尼·布莱尔. 新英国：我对一个年轻国家的展望[M]. 曹振寰，等译. 北京：世界知识出版社，1998：68.

化了。因此,对于许多规模较小的公共服务来说,完全可以在较小的政治组织或政治社群内加以解决。而对于规模较大的公共服务,则必须通过较高层次的政治机构来协商和组织。①

另一方面来说,公共物品的中央供给因为信息问题也许会很困难,分权化的机构对它们区域内各项目的成本与收益方面的信息掌握得更为充分。这样,地方性的信息使得公共物品的分权化供给更为可取。应该注意到,上级对下级权威的信息并不主要取决于地方官员的团结程度。中央政府可以在地方派出它的雇员以收集相关信息。然而,收集信息通常要求地方居民的合作,但在一个地方化的政治体制中,地方居民更可能愿意相信地方官员而不是遥远的官僚体制中的官员。此外,中央政府的官员通常没有努力工作发现地方情况的动机,因为他们并不在此地久居。最后,大多数的地方官员在本地长大,这使得他们具有中央权威的代表在短期内无法收集到的背景知识。于是,有理由认为地方政府比中央政府更拥有信息优势。然而,如果分权化的决策和安排不能将公共物品成功地内部化,遭受不同辖区之间的"溢出效应"之苦,那么寻求中央政府的安排则较为明智。较为适当的安排可能是,中央政府提供一些基本的普遍的职能,或者制定公共服务的基本规则;而地方政府则负责具体公共项目的安排与提供。② 因而,在公共服务的安排过程中,会出现多层次、多区域的交互重叠现象。

最后,就具体的生产者而言,涵盖着从政府组织到公民个人之间一系列的主体,包括事业单位、国有企业、私人组织等。政府组织往往承担着行政性的公共服务,如法律政策、司法服务、行政管理、国家安全等,这些公共服务其他组织常常无法取代。对于其他类型的公共服务,则可以通过其他主体来进行生产,如国有企业、事业单位、私人组织、非政府组织以及个人等。具体的安排则可以通过前述原则进行选择,可以选择单一的主体来进行生产,也可以选择多个主体以混合或复合的形式来进行生产。"政府和公民使用多种方法提供这些服务——包括中央政府供给。转包

---

① [美]迈克尔·麦金尼斯. 多中心体制与地方公共经济[M]. 毛寿龙,李梅,译. 上海:上海三联书店,2000:50-56.

② Robert Schwager. The Theory of Administrative Federalism:An Alternative to Fiscal Centralization and Decentralization [J]. Public Finance Review,1999,27(3):282-309.

给私营部门和非政府组织,下放至地方政府,社区参与和对家庭的直接提供。"①但在这个过程中,安排者和接受服务的公民个人或组织,对生产者的产出质量和效率都拥有问责的权利,前者体现为政府的监管责任,而后者则体现为公民的短途问责。

因此,多元主义的公共服务体系,在本质上体现为一种多中心的治理体系,与传统的"中心—边缘"式的单一中心治理结构相对立。它意味着为了有效地进行公共事务管理和提供公共服务,需要打破由单一官僚体制垄断公共服务供给所造成的低效率局面,在中央政府与各级地方政府合理划分服务责任和权限的基础上,由社会中多元的独立行为主体(个人、商业组织、公民组织、政党组织、利益团体、政府组织等),基于一定的集体行动规则,通过相互博弈、相互调适、共同参与等互动关系,形成多样化的公共服务的组织体系和制度体系。② 公共服务体系的多元主义安排,最终体现在了公共服务安排者的多层级或多中心、生产者的多元化以及服务的表达和生产机制的多样化上。在这个过程中,责任及其问责机制毫无疑问是提高公共服务绩效的关键机制,而在不同层面建立起竞争机制则是将责任问题内化的重要举措。

二、竞争机制:服务责任的自我规范

按照世界银行的观点,公共服务不同形式的有效提供都需要一些共同的基本条件,如能力、资源和动机。"任何单个服务交易要获得成功,都需要有一线服务提供者,他们必须有能力、有获得足够资源和投入的渠道、有实现某个目标的动机。"③也就是说,要保证在公共服务中有足够的专业能力、资源投入以及服务动机。在具备这些前提条件的情况下,责任机制就处在提高公共服务绩效的关键位置,它能够将专业能力、资源投入以及服务动机整合为有效的公共服务产出。因此,在资源投入

---

① 世界银行.让服务惠及穷人——2004年世界发展报告[M].北京:中国财政经济出版社,2004:1.
② 孔繁斌.公共性的再生产:多中心治理的合作机制建构[M].南京:江苏人民出版社,2008:32-33.
③ 世界银行.让服务惠及穷人——2004年世界发展报告[M].北京:中国财政经济出版社,2004:46.

充分的情况下,有效的公共服务只能来自于参与者彼此负责的制度关系。成功的责任机制必须能够将各种责任与行动主体的行为动机有效地结合起来,也就是需要将责任内化为行动主体的自我规范。换句话说,设置公共服务的责任机制,需要在委托—代理的框架内重点解决激励不相容的问题。

责任问题几乎是一切社会行为和社会关系研究的核心问题。在公共服务体系中,责任问题也居于关键位置,并且由于公共服务自身的特性,公共服务的责任也显得更为复杂。这种复杂性主要体现为,在公共服务的过程中存在着多重的委托代理关系。根据世界银行的观点,在公共服务体系中责任可以被视为参与者各方之间一种特定的关系,而在公共服务体系中存在着四类参与者,他们分别是公民/客户、政府/安排者、服务生产者以及服务一线的专业人员。因而,在公共服务体系中可以看出大致存在着四种关系:① 公民—政府/安排者,表现为意见表达与政治问责的关系;② 政府/安排者—服务生产者,表现为契约买卖与质量监管的关系;③ 服务生产者—专业人员,表现为管理聘用与绩效考核的关系;④ 专业人员—客户/公民,表现为服务消费与客户权利的关系。①

从公共服务体系的运行来看,这几种责任关系具体会以下列方式进行运作:首先,公民与政府之间存在着一种可以称之为"表达"的政治责任关系。公民通过选举及其他政治机制,组成政府并提出具体的公共服务要求,政府负有制订集体目标以及动员公共资源以满足公共服务需求的责任。在此,政府必须善用权力及其资源,因此必须建立合理机制以使政府向公民负责。其次,政府需通过公共决策选择具体的服务生产者,当然服务生产者可以是多种类型。作为服务的安排者,政府需要以契约购买的方式向生产者提供资金并下达目标,如果有必要还需进行授权,但服务的生产者必须要向政府提供执行情况的信息。如果不能按照契约的要求完成服务的生产,政府则拥有惩罚的权力。再次,生产者组织其人员来完成具体的生产任务,它需要向其提供资源和职位。在这里,生产者与其人员之间具有管理上的责任关系。最后,专业人员向公

---

① 世界银行.让服务惠及穷人——2004年世界发展报告[M].北京:中国财政经济出版社,2004:47-51.

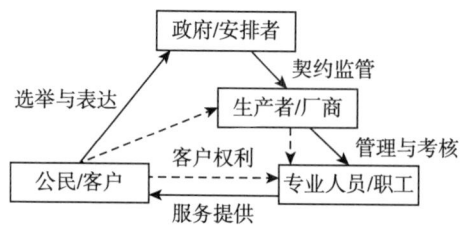

图3-4 公共服务和私人服务的关系结构

民提供服务消费。在这个过程中,由于政府常常无法直接干预服务人员的行为或了解相关的信息,公民拥有作为消费者的客户权利,向服务人员表明自身的需求并监督服务的提供。(如图3-4所示)

从本质上而言,公共服务中的责任关系是一种满足公民需求的责任关系。与公共服务的责任关系相对应,我们可以比较私人物品消费中的责任关系。在私人物品的消费中,公民可以利用手中的货币直接从市场中购买,由于市场机制的存在,私人消费中的责任问题常常可以得到合理的解决。公共服务也可以具有与私人物品消费相似的市场机制,表现为上图中虚线部分。通过赋予公民以自主选择的权利,他可以购买他最为满意的服务,这使得公共服务机构必须对此作出反应,去积极地回应公民的需求及其反馈。但与私人物品的消费不同,由于公共服务自身的特性,它必须通过政府来进行集体安排。在这个过程中,责任问题就变得至关重要,因为"任何组织一经政府控制,必定会产生责任问题"[①]。而这种责任问题的核心,乃在于存在着多重的委托—代理关系。从现实来看,在公共服务的运行体系中,除了专业人员—客户/公民之间的责任以外,每一种责任关系都可以被视为一种委托代理关系。从上图中可以看出,这几组责任关系构成了一个封闭的"责任网",正是通过这种责任关系的循环往复,公共服务体系的运行才有可能持续。如果在这四组关系中,任何一种责任关系存在缺陷,都可能会使公共服务的运行出现问题从而导致服务失败或无效。

一般而言,责任问题大致是与控制相联系的,在责任关系中要使一方对另一方负起责任,必须使后者能够控制前者才有可能。因此,控制—问责机制处在责任问题的核心位置,分析责任问题也就有必要从控制要素开始。在林德布洛姆看来,尽管现实中控制责任的方式可能千变万化,形

---

① [澳]欧文·E.休斯.公共管理导论[M].第三版.张成福,等译.北京:中国人民大学出版社,2007:126.

式复杂多样,但就根本的要素而言不外乎三种类型:交换、权威和说服。因此,解决责任问题的基本机制也就表现为三种类型:官僚制或管理、市场以及意识形态宣传或价值培养。① 在这三种机制中,权威的建立和保持往往具有很高的成本,它常常意味着要求权威优先权的普遍性和唯一性,这常常容易引起反对和抵抗。在现实中,说服的控制作用也存在着较为明显的限度,诚然任何社会的存在都需要存在一些基本的共识,但在更多的时候,个人在观念上的差异是如此之大以至于不可能存在观念完全相同的两个个体。因此说服往往只能用于一些基本的问题,而且也只局限于存在相当程度的共识的地方,并且会经常遇到不同观念的挑战。

相对于说明与权威,交换可以说是社会生活的常态。交换的优势在于,它可以使双方都能够受益,因而使行为的激励高度地内化了。更重要的在于,如果每个交换的参与者能够进行选择,交换就最好地支持着自由。在今天,这样一种交换形态的发展就是市场机制。"市场制度下自由之所以存在,仅仅是因为任何人都能够躲开被某个买者或卖者玩弄的厄运",因为"市场只有靠货币才能良好运行,它用价格指示交换可以进行的概念,建立起保护方式以反对一个交换用垄断来剥削另一个交换者"②。换句话说,市场之所以能够保护双方的利益,根本的原因在于存在着充分的竞争。在市场体系中,不断的竞争意味着个人可以进行自由的选择,从而影响对方的行为。面对竞争,交换的另一方必须要对对方的行为和偏好作出及时的反应,否则交换就不可能发生,以避免对自身的利益产生影响。因此,竞争的重要作用在于,它能够提供一种对行为的内在化激励机制,而这种内在激励机制恰恰是责任问题的最佳控制手段。

换言之,公共服务的责任问题,根本的原因在于过多地依赖于权威与说服的控制手段——这正是传统公共服务体系的重要特征,而缺乏有效的竞争机制,从而导致产生多重的委托—代理难题。正是在这个意义上,可以认为,公共服务质量和效率低下的"主要的问题不在于公营对私营,而在于垄断对竞争。'哪里有竞争,哪里就会取得较好的结果,增强成本

---

① [美]查尔斯·林德布洛姆. 政治与市场:世界的政治—经济制度[M]. 王逸舟,译. 上海:上海三联书店,1996:14.

② [美]查尔斯·林德布洛姆. 政治与市场:世界的政治—经济制度[M]. 王逸舟,译. 上海:上海三联书店,1996:65,94.

意识,提供优质服务。'"①因而,民营化或私有化并非是提高公共服务质量和效率的核心,如果缺乏必要的竞争,即使公共服务民营化了,它的垄断地位决定着它没有必要去改进和提高生产的效率,也会像公营部门那样效率低下。从根本的意义上说,竞争机制处在行政权去中心化设置的核心。对公共服务体系来说,引入竞争机制实际上意味着为公民提供更多的选择和授权,将使责任机制得到彻底的改善。"通常情况下,拥有选择权的顾客会寻找能满足其个性化需求的供应商。在选择权被剥夺的情况下,公民就不可能表达他们的偏好,投票并不是公民偏好沟通和表达的有效机制。"②由于涉及多重的委托—代理关系,在公共服务体系中引入竞争机制,有必要对于每种责任关系进行深入分析。

首先,对于公民—政府/安排者之间的表达关系而言,它本质上是一种政治责任问题。现代政治为此提供了几种主要的解决机制,如选举、法律、政治问责等。在很大程度上,表达责任关系的解决要依赖于更为广泛的政治和法律制度上的安排才可能实现,如民主政治、宪政体制以及司法体制等。这些机制的本质在于,要使公民拥有能够对政府进行选择和惩罚的权利,以增强政府对公民需求和意见的回应性。在某种程度上,选择是一种最为严重的惩罚,因为它意味着政府的变化,将某些不具备资格或行为不当的人排除在外,因而相对于其他类型的惩罚来说,对于解决政治责任问题更具根本性。因此,必须增强公民对政府的选择能力,这可以通过建构遴选政府组织人员的政治选举市场,或者通过建构地方政府竞争的市场来加以有效的解决。解决公民—政府/安排者之间责任关系的有效方法,依赖于一种政府单位上的多元化安排,这种多元化安排的实质是增强他们之间的相互竞争,并因而增强公民的权利。在根本上,这种增加政府及其组织人员之间的竞争的做法,特别是地方政府竞争的做法能够有效地增强公民的选择权利,并因此增加了公民对于公共服务的表达权利。

其次,对于政府/安排者—服务生产者之间的契约关系而言,如果政

---

① [美]戴维·奥斯本,特德·盖布勒. 改革政府:企业精神如何改革公营部门[M]. 上海:上海译文出版社,1996:57,59.

② [美]E. S. 萨瓦斯. 民营化与公私部门的伙伴关系[M]. 周志忍,等译. 北京:中国人民大学出版社,2002:126.

府安排者出于对公民负责的态度,就必须选择生产效率高和服务态度好的服务生产者。在传统的公共服务中,公共服务常常由官僚机构和公共企业来生产,它们的共同特征是按照长期合同制的逻辑建构起来的,它们是政府垄断的主要原因或形式。除此以外,传统的公共服务还建立较多的市场准入以形成垄断。在这种情况下,考虑到"政府垄断这一最根本的结构性问题是政府服务绩效不佳的最主要原因"[1],政府就不能运用权威的方式去解决责任控制问题,而是应当设法在服务生产领域引入更多的竞争者,并给予不同的竞争者以平等的竞争地位。也就是说,作为公共服务的安排者,政府需要致力于打破垄断,特别是各种行政性垄断,如通过放开市场准入、公开购买、服务外包等。这里面的核心问题是,政府/安排者—服务生产者之间的关系安排应该从长期合同向短期合同转变。政府/安排者—服务生产者应该尽量地使用短期合同制,它的关键之处在于服务生产者之间会形成现实的或潜在的竞争。[2]

最后,作为公共服务的消费者必须具有客户的权利,也就是他/她可以自由地选择公共服务的提供者,并对之进行监督。在世界银行看来,这构成了一种短途问责的机制。公民对服务的生产者选择越充分,生产者之间的竞争就越激烈,所受到的约束力也就越强。因此,在公共服务的提供过程中,公民对服务生产者的选择就至关重要。这种选择应当体现为公民能够在公共服务的市场中进行自由购买。通过这种购买行为,公民的投票构成了一种最重要的激励,迫使服务生产者去提高生产效率,改进服务质量,以吸引公民的购买。当然,这里的前提是存在着一个公开的公共服务终端消费市场。如果不存在这样一个公开的终端消费市场,那么在公共服务安排的过程中,也就是在政府选择公共服务的"外包"过程中,生产者之间的竞争和选择就必不可少。在这种情况下,公民需要将自身对服务产出的感受及时反馈到服务安排者那里,并通过服务安排者的进一步决策,构成对服务生产者的行为约束。

总而言之,提升公共服务的质量与效率,关键就在于建立竞争机制。

---

[1] [美]E. S. 萨瓦斯. 民营化与公私部门的伙伴关系[M]. 周志忍,等译. 北京:中国人民大学出版社,2002:125.

[2] [英]简·莱恩. 新公共管理[M]. 赵成根,等译. 北京:中国青年出版社,2004:160.

"完全依赖单一的供应者,不管它是政府部门或者是私人企业,都是很危险的。如果没有选择和灵活性,公共服务的最终消费者——公民会遭受无尽的盘剥和伤害。"①公共服务中竞争机制的设计是与责任问题相联系的。通过在公共服务的不同环节引入竞争机制,从而将公共服务不同环节中的责任都实现了内部化,保证了公共服务责任的有效落实。在公共服务中引入竞争机制,既能够提高公共服务产出的效率,也能够提高服务供应者对公民的回应性,还能够提高公共服务的创新水平。② 更重要的在于,竞争是一个知识发现的过程,在知识高度分散的情况下,竞争能够帮助我们发现谁能够提供更为质优价廉的服务。并且由于同样的原因,"竞争必须作用于其间的客观情势越复杂或者越'不完全',竞争就越发重要……在商品或服务的性质使得人们绝无可能创造出一种理论意义上的完全市场的那些领域当中,最需要竞争"③。因此与其他领域类似,公共服务质量和效率的真正提升,除了允许展开自由竞争以外别无其他良策。

三、绩效政府:公共服务的结果导向

作为对官僚理性命题的怀疑,公共服务体系中的多元主义安排以及竞争机制的引入成为近年来政府改革的中心议题。在这个过程中,行政权的功能正在悄然发生变化。"作为一种政策工具,政府生产的观念必然会受到人们冷落,而大规模的民营化则紧随其后。然而,公共管制仍有所增加,但其特性已发生了变化,由原先常常是反对竞争的限制性管制角色,转变为推动私营部门通过竞争提高效率的促进性管理角色。"④也就是说,民营化或私有化只应该在具体的服务生产的层面来理解,而且也只应该被理解为竞争机制的建构。民营化本身并非是公共服务改革的实质,而是通过民营化的改革,打破官僚生产的垄断地位,将行政权从具体

---

① [美]E. S. 萨瓦斯. 民营化与公私部门的伙伴关系[M]. 周志忍,等译. 北京:中国人民大学出版社,2002:125.

② [美]戴维·奥斯本,特德·盖布勒. 改革政府:企业精神如何改革公营部门[M]. 上海:上海译文出版社,1996:58-62.

③ [英]弗里德里希·冯·哈耶克. 个人主义与经济秩序[M]. 邓正来,译. 北京:生活·读书·新知三联书店,2003:153.

④ [澳]欧文·E. 休斯. 公共管理导论[M]. 第三版. 张成福,等译. 北京:中国人民大学出版社,2007:98.

的服务生产过程中解放出来,促进多种所有制之间的共同竞争。这种竞争的好处在于,它不仅可以让不同的生产者各司其职发挥自身的长处,更重要的是,既可以通过标杆竞争(yardstick competition)效应让它们互相竞争,也可以发挥所谓的蒂伯特效应(Tiebout Effect),让公民选择自己喜欢的公共服务从而达到效率上的最优。当公民对公共服务的消费是异质性的时候,多种所有制可以使公民"用脚投票",从而满足公民不同的偏好,提高了配置效率,满足了蒂伯特效应的要求;当公民的公共服务消费是同质性的时候,多种所有制并存可以互为基础,促进了标杆竞争,提高了生产效率。①

　　对于民主政治来说,这种转变并不是对公民权利的剥夺,而只是作为一种提高治理绩效的工具而出现的。由于政府在福利和服务责任上的退缩常常被视为一种"权利剥夺",特别是对于那些处于最不利状态中的公民而言,因此福利和服务责任的退缩就构成了对公民权利的侵害因而违背了社会正义的原则,在民主政治的现实中也就不大可能出现大量的大幅度福利收缩的现象。相反,由于在实际的服务生产过程中出现了大量的不同类型的生产组织,政府的监管角色变得更加重要起来。在这个过程中,政府的职能正经历着重要的变化,服务生产方式的民营化一方面意味着将政府从服务生产的功能中解放出来,另一方面却又加强了政府促进与监管服务生产职能的重要性。它一方面需要在具体的服务生产过程中引入更多的竞争者提高服务生产的效率——这正是民营化的实质,另一方面需要承担起更多的监督职能以保证服务产出的质量。

　　正是在此意义上,我们可以发现,"政府的角色正在发生着变化,政府正变得越来越像一个促进者而不是一个生产者"②。除了一些基本的服务生产功能以外,政府正从特定服务的生产者转向服务竞争的促进者以及服务质量的监管者,以一种更有效的方式来回应公民的公共服务需求。在公共服务的体系中进行多元主义的安排以及引入竞争性机制,本质上是想建构一个类似于私人物品市场那样的公共服务的多元化市场。在私

---

① 王永钦,包特.公共服务部门的所有权安排及其绩效:我们知道了什么?[J].世界经济文汇,2008(3):71.
② OECD. Public Management Reform and Economic and Social Development [Z]. PUMA, 1998:61.

人市场中，以货币为价格信号，通过消费者的货币投票，吸引着不同厂商之间的竞争，不断地提高着生产效率。但公共服务的"市场"毕竟不能与私人物品市场完全相同，虽然有了多元化的安排以及竞争机制的引入，但多数时候仍然很难出现以货币价格为信息流通的情况，而且大多数服务也不是通过公民直接的货币投票方式来购买的，因而在本质上缺乏一个自发的、完善的市场机制。

在这种情况下，政府对服务质量监管的意义就在于，通过对服务绩效指标的监管和评估，创造出类似于市场环境的信息及竞争机制，以保证和促进公共服务的效率和质量。在这个过程中，以结果为导向的服务绩效成为政府实施质量和效率监管的重要手段。一方面，由于存在着成本及信息问题，政府需要将监督及评估集中于服务的产出结果以及公民的满意度上；另一方面，出于监管的效果考虑，必须要制定明确的指标和标准，否则监管将流于形式，而且明确的指标与标准在某种程度上也构成了一种目标导向，可以激励服务的生产者产生更为清晰的动机。

从历史来看，绩效监管是在行政权扩张的背景下，为解决传统责任机制的断裂问题，作为一种新型的责任治理工具而出现的。大量的自由裁量、对公民日常生活的直接影响以及不断增加的公共项目，使得传统的"传送带"模式以及"控权"模式不再能够起作用。在缺乏有效的责任机制的情况下，不断扩张的公共服务不可避免地导致政府效率低下，政府规模膨胀以及日益增加的财政压力。日益增长的政府绩效赤字使得公众对政府有效、有回应力和高质量供给服务的能力普遍失去了信心。[①] 在这种情况下，绩效监管和评估的出现，在本质上是意欲将传统复杂而模糊的政治责任机制转变为由公共管理者直接面对公众负责的责任机制。从形式上看，以公共服务绩效为基础的监管和评估可以视为市场信号在公共服务领域中的替代性工具。它可以通过不同生产者及消费者之间的指标比较和现状评估，作为反映公共服务需求、服务质量的真实信号，并体现为一种实现约束和持续改进的动力机制，在某种意义上能够起到价格信号的功能作用，因而可以弥补政府提供公共产品与服务过程中竞争环境、利

---

① John J. Dilulio, Donald F. Kettl and Gerald Garvey. Improving Government Performance: An Owner's Manual [M]. Baltimore and London: The Brookings Institution, 1993: 79.

润刺激、市场规则和价格信号的缺失。① 可见,在市场机制不完善的公共服务体系中,绩效监管和评估机制成为竞争机制运行的重要基础。

根据奥斯本和盖布勒的观点,传统的官僚制在提供公共服务的时候,注重的是投入而不是结果,这种情况不仅会导致服务效率和质量低下,而且还会导致越差的服务效果反而能够得到更多的投入。在这种情况下,根据投入来给公共机构拨款会使官僚根本不会有动机去改善公共服务的效果及效率。对政府的最终考验也不是其业绩,而是能否重新当选。由于缺乏较为明确的判断依据,传统的以选举为基础的政治控制手段只注重竞选者的意识形态倾向以及选民的观感而不是官僚的服务业绩。不存在明确的业绩指标及其结果,有关决策也就只能根据政治情势上的考虑,而不是客观的绩效标准。这增加了官僚的惰性,并因而浪费了公共支出。相反,通过客观的绩效评估与监管,为判断公共服务的效果提供了基本的依据,并进而可以提高对官员的激励,而且通过将评估结果展示于众还能够赢得公众的支持。②

然而,也存在着对绩效评估与监管的不同观点,认为"不容易衡量公共组织的绩效,公共服务绩效评估在实际中常常存在着多种限制,如内部无能的反功能、服务绩效的因果关系难以确认、公共组织很少能够控制环境因素等"③。尽管如此,公共服务的绩效评估与监管在现实中还是得到了大量的应用,有许多政府都系统地将评估与监管信息用于改进它们的绩效。绩效评估与监管的作用可以体现在:① 它可用以支持政策制定——尤其是预算决策的制定——绩效预算以及公共计划。绩效评估与监管的信息可以用来支持那些最富成效的服务项目在政策议程上取得优先考虑。② 为政府部门进行政策开发与分析以及项目开发提供信息依据。③ 帮助政府部门在具体的服务项目上进行有效的管理,以提高对人员的开发以及对资源的利用效率,是公共项目中结果导向的管理的基础。

---

① 卓越,赵蕾. 公共部门绩效管理:工具理性与价值理性的双导效应[J]. 兰州大学学报(社会科学版),2006(5):29.
② [美]戴维·奥斯本,特德·盖布勒. 改革政府:企业精神如何改革公营部门[M]. 上海:上海译文出版社,1996:121-136.
③ Thomas D. Lynch and Susan Day. Public Sector Performance Measurement [J]. Public Administration Review,1996,19(4):404-419.

④ 提供了对公共服务人员包括官僚与专业人员的人事管理依据。⑤ 成为审计和其他部门监督的重要基础,强化为责任关系。更为重要的是,在行政权的竞争性设计中,绩效评估与监管也是不可缺少的机制。因为诸如公共服务体系中的契约及相关责任的落实,需要建立在明确而清晰的目标和真空的绩效上。①

从作用机制上看,公共服务绩效监管和评估机制属于一种"激励合同设计",因而体现为一种市场责任机制。它存在着四个重要的理论假设:① 经济学的效率假设,也就是说公共服务的目标也在于追求效率最大化;② 认为公共服务的绩效评估可以建立在成本—收益分析的基础上;③ 公共服务绩效的评估是对服务产出的评估,按照产出的模式来确定绩效标准;④ 将公民视为消费者,以公民的满意度为最终依据。② 因此,公共服务的绩效评估和监管机制意味着对公共服务效率与质量的强调,不再以传统的官僚体制内部的过程和形式控制机制为手段,也不依赖于传统的"自上而下"的责任机制。"在公共服务领域内,那种层级化的和以规则为基础的管理假设,以及在公共服务领域之外,通过公务员的权威来执行和实施法规的假设已经过时了。曾经有效的纯粹的韦伯式的管理模式并不适用于公共组织。"③相反,为了矫正传统官僚手段的不足,公共服务的绩效手段是要寓市场的竞争机制于公共服务之中,意味着要通过"顾客至上""使服务组织展开竞争""创造市场动力""利用市场机制解决问题",其目的就是要"使整个政府降低开支,提高效率"。④ 隐藏在这一概念背后的是行政成本的命题,以及这样一种坚定的信念,即通过建立一套指标式的管理和评估系统并落实下去,就能够建设更为美好的政府。因而它体现为将传统的自上而下的责任机制与市场中自下而上的责任机制相结合的设计,是意欲通过自下而上的反馈机制和自上而下的压力机制,使不

---

① [澳]凯恩·麦基. 建设更好的政府:建立监控与评估系统[M]. 丁煌,译. 北京:中国人民大学出版社, 2009:12-15.

② B. Guy Peters and Donald J. Savoie. Governance in a Changing Environment [M]. Ottawa: Queens University Press, 1995:188-189.

③ [美]乔治·弗雷德里克森. 公共行政的精神[M]. 张成福,等译. 北京:中国人民大学出版社, 2003:73.

④ Al Gore. From Red Tape to Results: Creating a Government that Works Better and Costs Less [R]. Washington DC: NPR Report, 1993:44-64, 1.

同的服务生产者之间产生提高生产效率、改善服务供给的动力。

在这个意义上,行政权的竞争性设计实际上针对的是官僚垄断的行政成本命题。它意欲通过多元化的公共服务体系安排,达到两个重要的目标,既打破了行政权对公共服务生产的垄断性控制,也将行政权从具体生活活动中解放出来,而专注于更为根本性的任务。就前者而言,它通过引入多元化的服务生产者,鼓励各生产者之间的竞争,在"标杆效应"和"蒂伯特效应"的双重作用下,激励着公共服务的生产者致力于公共服务效率和质量的提升;就后者而言,它通过政府职能的转变,将行政权从垄断者、生产者的角色转换为促进者和监管者的角色,通过公共服务绩效的控制和引导,促使公共服务的提供能够对公民的需求作出积极的回应。因此,行政权的竞争性设计,实质是在有效政府的框架内,通过公共服务的多中心安排,形成许多相互独立的决策和行动中心,"它们相互之间通过竞争性的关系考虑对方,开展多种契约性的和合作性的事务,或者利用中央的机制来解决冲突"[1],不断地实现着公共服务责任与效率的再生产。

---

[1] [美]迈克尔·麦金尼斯.多中心体制与地方公共经济[M].毛寿龙,李梅,译.上海:上海三联书店,2000:42.

第四章 行政权的服务性设计：积极的治理

以一种现实主义的立场来看，在经济全球化和民主化浪潮的双重作用下，有效性往往成为民族国家建构政治合法性的重要基础。经济理性的扩张与国家之间的激烈竞争，以及现实中公民权利的落实程度，在最终意义上也取决于国内经济的发展水平，这就迫使民族国家不得不将发展和繁荣国内经济置于国内政治议程的中心位置。在追求有效性的过程中，以经济理性为基础的管理主义也就成为塑造现代社会治理模式的重要向度。然而，从历史经验来看，政府的有效性本身并不足以支撑政府的合法性，从有效性到合法性的转变，需要经过公共性的过滤和转化才有可能。缺少公共性支撑和规训的有效性，不仅不可能转化为合法性，甚至还可能会损害合法性。落实到社会治理的层面，以公共性规训有效性也就成为善治的必然逻辑。

就善治意味着公共利益的最大化而言，公共性与有效性两者不可或缺。如果说有效性来自于以效率为目标的管理，那么公共性则来自于以公共价值为目标的民主。在这个意义上，"治理应是一枚双面币：一面是效率，另一面是民主"①。从这个角度看，积极的社会治理不仅要依赖于发挥行政权的自主性以提高管理的效率，而且还要依赖于行政权的运用从回应性走向前瞻性，以最大化地实现公共价值。在积极能动的意义上，行政权不仅要能够回应社会公共价值，使社会治理能够在正确的意义上去应对社会问题，而且还要能够富有远见地去解决和预防社会问题，要善于进行战略规划，主动地为社会提供改善问题的机遇和能力，为社会创造公共价值。

---

① ［法］让-皮埃尔·戈丹.何谓治理[M].钟震宇，译.北京：社会科学文献出版社，2010：86.

第四章 行政权的服务性设计:积极的治理

第一节 自主性的限度之二:行政权的民主化

在"权利革命"之后,行政权的扩张已经成为一个不争的事实。民主政治背景下对公民积极自由的强烈诉求,以及现代社会复杂性和动态性的不断增强,为行政国家的兴起提供了历史逻辑上的合理性证明。在今天,行政权在本质上已经成为一种建构美好社会的构成性力量,而不再是保护型民主范式下公民消极自由的保护性机制。正是在这个意义上,行政权的自主性设计才成为可能。但同时,就行政权所掌握的社会资源的广泛性以及其对社会生活影响的重大性而言,行政权的运用必须符合严格的标准,必须在积极回应社会需求和建构社会价值的过程中,高效地运用各种资源以实现其目标。因此,在行政权共和化的命题下,行政权的竞争性设计和服务性设计就成为自主性设计的重要补充。如果说行政权的竞争性设计意在表明,行政权的能动性并不意味着垄断与低效,那么可以说行政权服务性设计的实质就在于揭示行政权的自主性并不意味着专断与支配。因此,行政权的服务性设计实质上是实现行政权民主化的重要机制。行政权之所以需要走向民主化,是因为社会治理已经不再只是单纯的"事务性"领域。行政权的扩张业已表明其本身并非只是"去政治化"的执行工具,而是已经成为建构政策和目标的构成性机制,成为建构社会公共价值的决定性力量。因此,行政权的民主化实际就是要将这种积极的权能纳入公共性的轨道,使之服务于公共性的再生产。

一、"隐蔽的帝国主义":管理主义的反思

在公共行政的历史演进过程中,民主与管理之间的紧张关系一直伴随始终。两者之间一体两面的依赖关系,决定了行政权的民主化必须要以深刻理解公共行政的管理主义基础为前提。如果不能理解管理主义的问题,就不能把握行政权民主化的意义;反之,如果不能理解行政权民主化的实质,同样也不能把握管理主义的要义。考虑到管理主义对公共行政的深刻塑造,理解管理主义就成为较为优先的课题。如前所述,管理主

义是美国公共行政智识传统的重要基础之一,在某种程度上塑造着美国甚至当代公共行政的基本走向。在自反性现代性政治的重建以及当代社会治理的建构过程中,如何理解和看待公共行政甚至社会治理领域中的管理主义这一"隐蔽的帝国主义"及其影响,不论对于实践者还是理论工作者来说,都是一项较为重要的课题和急迫的任务。可以说,如果不能准确地理解管理主义的智识传统及其合理性界限,就无法为重建社会治理的自反性理论寻找出一条合适的理论路径。

从当前的研究文献来看,尽管对公共行政传统中管理主义的认识还存在着不同的争论,但大致存在着两种基本的看法:一种看法是将管理主义与市场化、竞争机制的新公共管理理论及其运动相联系,另一种看法对管理主义的理解较为宽泛,认为传统的公共行政范式和新公共管理都体现出了管理主义的倾向。在公共行政的文献中,管理主义常常被用来指称自20世纪末以来公共部门改革中所出现的思潮或理论,也就是所谓的"新公共管理"(NPM)。在这个意义上,管理主义与传统的公共行政中的"科层—专业"管理存在着对立,呈现为两种截然不同的模式和取向。如科层制是以规则限制的,并且只注意内部管理;而管理则是以结果为取向的,并且强调创新和外部管理。[1] 也就是说前者以产品为中心,关注内部程序以及组织生产,并不关心当事人是否喜欢;而后者却是以市场为中心,关注组织外部及其成果,追求像对待主权消费者那样对待当事人。然而,根据波利特的观点,这种强调对政府支出的控制、目标管理以及绩效测量体系的新公共管理的改革方案,实际上仍然是传统管理主义思想的反映,代表了向科学管理思想的回归,并将其称为"新泰勒主义"。[2]

然而,重要的不是存在着什么争论,而是这些不同模式之间所表现出来的共同取向或特征。就管理是一种通过对资源流动的控制来致力于实现既定目标的活动而言,无论是传统的科层—专业管理,还是当代的以市场化和结果取向为特征的新公共管理,都可以纳入管理主义的范畴。Newman和Clarke认为,尽管不同的管理模式之间存在着冲突,但根据

---

[1] John Clarke, Janet Newman. The Managerial State: Power, Politics and Ideology in the Remaking of Social Welfare [M]. London: Sage, 1997: 65.

[2] [澳]欧文·E. 休斯. 公共管理导论[M]. 第3版. 张成福,等译. 北京:中国人民大学出版社,2007:77.

它们的主题,可以在更高的整合框架中保持一致。作为一种更为宽泛的管理主义,存在着以下共同的特征:将管理视为社会和经济问题解决手段的承诺,特别是对于公共部门而言;将管理视为建构中心权威体系的信条;建立在不可避免的管理权利基础之上的管理观。[①] 而科层—专业管理和新公共管理之间的争论,可以视为管理主义模式内部的争论。如果说两者之间存在什么不同之处的话,那么最大的差异在于,前者是在效率—规则的主题下走向了单一中心的权威体系建构,而后者却是在效率—竞争的名义下趋向于市场化的分权体系。然而,不论它们之间存在多大的差异,它们的主题始终是一致的,那就是如何以一种量化的手段来最有效地实现既定目标。"它们尤其关注控制,而这种控制则必须通过某种本质上属于行政的方法才能得以实现,也就是要巩固以量化方法表现出来的成就水平。"[②]

尽管作为一种概念或理论,公共行政中管理主义的起源还有待考证[③],但大致可以认为它与现代社会中存在着的迷信和崇拜管理的文化与心理有很密切的关系。在这种流行文化和思想中,管理经常试图自我展现为一种可靠的、科学的、理性的行为,这种行为与不可怀疑的现实有关,如经济指标。但实际上它可以像宗教那样被视为一套原则、事先假定的信条以及在实践中得到应用的理论。管理实践中隐藏着下列基本的信念和教条:(1)世界和人们追求组织化的生存、发展及扩张;(2)人类能够控制世界,并能够利用正确的技术创造更美好的未来;(3)个人必须从属于由上级制定的更高层次的目标;(4)社会关系在根本上是科层化的,并且需要清楚的责任与回应链条;(5)工作的性质和状态应该尽可能最大限度地利用个人能力;(6)所有值得做的事情都可以被测量;(7)未来能够计划并且能够控制。[④] 在这个意义上,管理被视为一种信仰,是一套观

---

① Janet Newman, John Clarke. Going about Our Business? The Managerialization of Public Service[A]//John Clarke, Allan Cochrane and Eugene McLaughlin. Managing Social Policy[C]. London: Sage, 1994: 16.

② Christopher Pollitt. Managerialism and the Public Services: Cuts or Cultural Change in the 1990s [M]. 2nd ed. Oxford: Basil Blackwell, 1993: 188.

③ Larry D. Terry. Administrative Leadership, Neo-managerialism, and the Public Management Movement [J]. Public Administration Review, 1998, 58(3): 194 – 201.

④ Stephen Pattison. The Faith of the Managers: When Management Becomes Religion [M]. London: Cassell, 1997: 161 – 162.

念、仪式和修辞。它不需要保持内在一致性，也不需要在经验上得到证明或者纯粹以理性为基础，但却为社会提供了完整的世界观和生活方式，它将个人的生存和组织相绑定，并从根本上塑造了个人及其目标和行为。[1]

　　管理主义在公共行政中的盛行，毫无疑问离不开这种特定的社会文化心理背景。管理理论及方法在商业界的成功以及对管理的信仰，不可避免地会如泰勒那样产生出"可把科学管理原理应用于几乎所有人类的活动中去"[2]般的豪情壮志。因此，将工商界和私人部门的管理方法与技术移植到公共部门及社会治理过程中的观念和实践，只不过是时间问题而不会是理论和心理问题。如果考虑到自由主义文化对市场经济的青睐以及对政府行为的怀疑的话，那就更是如此。实际上，这也构成了公共行政中管理主义兴起的另一重要原因。

　　如前所述，在自由主义经济思想及政治文化的引领下，现代政治不同程度地走向了以消极自由为根本立足点的保护型民主范式。在这种民主范式下，限制政府的权力及其范围是政治制度设计的根本取向。从历史的角度来看，这种保护型民主范式及其有限政府，适应了市场经济早期阶段的现实需要。但随着工业化、城市化进程的不断推进，人口、贫困、治安等社会事务的急剧增加，客观上要求政府必须提供更为强大而有效的管理，各种频繁而混乱的经济和金融活动也需要政府加强监管。在这种情况下，随着保护型民主向可治理型民主的转变，有限政府的建制客观上也需要进行积极的转换。然而，在"控制国家"的宪政传统中寻求政府权力的积极扩张，首先面临的就是这一行为的合法性问题。解决的途径不外乎两种，或者是谋求宪政体制的根本转变，或者是谋求其他思想体系的支援。

　　由于宪政体制的转变涉及现代社会的自由根基，这一途径实为不可能，因此较为可取的只有第二种路径。正是在这种情况下，泰勒的"科学管理"理论就可以在政治与行政二分的情况下，为行政权的扩张提供合法性的外衣。正是在此意义上，科学管理与官僚制理论构成了传统公共行

----

[1] Stephen Pattison. The Faith of the Managers: When Management Becomes Religion [M]. London: Cassell, 1997: 1-2.

[2] [美]弗雷德里克·泰勒. 科学管理原理[M]. 马风才, 译. 北京: 机械工业出版社, 2007: Ⅶ-Ⅷ.

政理论的根本特征。然而,公共部门的急剧扩张也带来很多的问题,其中最为主要的是成本和效率问题。这一问题的产生,实质上说明了公共部门与私人部门之间存在着本质的不同。正如米塞斯所言,"他们所说的行政管理的缺陷和弊端,是其必然的属性。官僚机构不是追求利润的企业,它不能利用任何经济核算,它必须解决商业管理所不了解的问题。按照私人企业的模式去改造它,是无稽之谈。把政府部门同与市场因素相互作用的企业进行比较,以此判断它的效率,是错误的"[①]。

然而,根深蒂固的管理主义传统,并未就此止步,反而谋求更为彻底的改革。如果说在科学管理时期,管理主义对公共行政的渗透还只是停留在行政的手段和技术层面,并未涉及公共部门的基本结构的话,那么可以认为在新公共管理阶段,管理主义对公共行政谋求的则是根本性的结构转化,其典型的表现是"摒弃官僚制",通过分权化以及引入竞争机制,试图在社会治理领域再造一个有关公共服务的准市场环境,以此实现管理主义对公共部门以及社会治理领域的彻底渗透或掌控。尽管就现实来看,管理主义的市场化改革并未像其宣称的那样存在着明显的效果,但它却一直存在于公共行政及社会治理的智识传统之中,并在某种程度上占据着主要位置。究其根本原因,仍在于公共行政的合法性问题并未得到合理的解决。也就是说,管理主义的早期理论虽然为公共行政的产生及其发展提供了合法性及合理性的证明,但这种证明随着公共部门效率问题的出现,其本身即成为问题。公共部门又一次面临着合法性危机。然而,从现实来看,公民权利的扩张以及公共事务的不断增加,抛弃行政国家的选择也不切实际。在这种情况下,管理主义只好以另一种面目再次出场,承担起挽救公共部门的合法性危机的任务。

正是在这个意义上,波利特认为公共行政中的管理主义应该被理解为一种意识形态,这种意识形态与一些具体的、直接的结果相关。[②] 弗林也认为,西方各国启动以新公共管理为目标的政府改革运动,就其基本的原因来说不外乎三个:与财政支出有关的成本问题、与公众支持有关的合

[①] [奥]路德维希·冯·米塞斯.官僚体制·反资本主义的心态[M].冯克利,等译.北京:新星出版社,2007:46-47.

[②] Christopher Pollitt. Managerialism and the Public Service: The Anglo-American Experience [M]. Cambridge, MA: Basil Blackwell, 1990: Ⅵ.

法性问题以及权力斗争。① 面对这些问题,管理主义为改革以及缓解压力提供了一种智识途径。"对于新右派的拥护者来说,更好的管理提供了一种标签,在这种标签之下,可以把私营部门的纪律引入公共服务部门,加强政治控制、削减预算、减少专业自主性、削弱公务员的工会、建立一种准竞争的框架,这些将克服官僚制天生的低效率。"② 从这里可以看出,新公共管理的管理主义实际上试图通过结构性的范式转换来彻底解决公共部门的效率及合法性问题。

通过上述分析可以看出,在当代的公共行政传统中,管理主义其实成为保护型民主范式的重要补充,是控权模式下行政权扩张的意识形态基础,在从消极行政到积极行政的过程中,为行政权的扩张发挥了合法性辩护的功能。它所针对的问题是,面对急剧扩张的社会治理需求,如何在一个控制国家的宪政传统和体制中,解决公共事务的治理问题。然而,从根本上说,管理主义所提供的解决路径存在着较为明显的局限性,这种局限性既表现在公共行政的管理主义模式与保护型民主范式存在着本质上的紧张关系,也表现在管理主义本质上是与积极行政相冲突的,因而无法为重建现代社会治理理论提供合理的模式选择。

从管理主义与保护型民主范式之间冲突的角度来看,管理主义"有违宪法和代议制民主的原则",这里存在着三个主要的质疑点:(1)是什么赋予了非选任官员用公众的钱进行冒险的权力?(2)在裁定创新性计划的合法性时,选任官员的地位如何?(3)选任官员又如何对创新性计划负责和监督?③ 也就是说,管理主义一方面赋予公共管理者以一定程度的自主权,但另一方面却又将这种自主权的运用仅仅限制在结果和效率的考虑上,而忽视了对其他重要价值的回应。波利特指出,管理主义的中心理念在于必须给予经理"有权管理",即能自由地决定如何使用组织的

---

① Norman Flynn. Managerialism and Public Services: Some International Trends [A]// John Clarke, Sharon Gewirtz, and Eugene MacLaughlin. New Managerialism, New Welfare? [C]. London: Sage, 2000: 29.

② Christopher Pollitt. Managerialism and the Public Services: Cuts or Cultural Change in the 1990s [M]. 2nd ed. Oxford: Basil Blackwell, 1993: 49.

③ [美]史蒂文·科恩. 新有效公共管理者[M]. 王巧玲,等译. 北京:中国人民大学出版社,2001:7.

资源,以达到所追求的目标。① 姑且不去考虑这样做是否真的能够提高效率,但有一点是毫无疑问的,那就是公共领域中的价值,并没有被理解为与管理理论相关。

管理模型本质上是建立在私人价值之上的,即使它们的内容具有公共性。这意味着许多公共部门的活动被定义在管理主义的关切之外:抗议、政治、公共责任、公民身份、党派冲突、选举、公共讨论、权威合作以及公民权利等。在这种情况下,公共领域被简单化或私人化了,社会治理中的集体行动也走向了平庸化,甚至于一些体现着自由和民主价值的公共行为和过程会被管理主义视为干涉而遭到反对。在这种情况下,很难承认管理主义的"让管理者来管理"②的宣言在本质上是对宪法和代议制民主原则的反映和落实。管理主义的效率取向,实际上与保护民主范式的自由和民主取向形成了某种程度的对立。过度的管理主义实际上取消了民主和自由,因为那些能够体现自由和民主精神的行为,会被视为影响了管理的效率和结果。

另一方面,从管理主义与当代社会治理模式之间的冲突来说,管理必须是在一个非政治化的环境中才有可能,而当代社会治理中的积极行政在根本上却是政治化的。积极行政根源于现代政治对公民自由和福利的承诺,具有高度政治化的规范色彩。事实上,社会治理一直面临着政治环境的约束,因此,社会治理的管理主义塑造不可避免地造成一种悖论性的结果。一方面,"让管理者来管理"意味着需要赋予管理者更多的自由处置的权力以实现既定的目标;另一方面,社会治理的政治回应性和责任性又需要不断地加强对管理活动的控制性。这种悖论性的特质体现在具体的治理过程之中,就是所谓的"管理主义悖论"——对公共管理者管理资本的投资(如赋予管理者以更多的权力去管理项目)会导致政治家为了解决政策执行过程中的政治控制问题而减少对管理者政治资本的投资(如减少管理者的人事管理权),这意味着管理者对下属的激励权力受到很大

---

① Janet Newman, John Clarke. Going about Our Business? The Managerialization of Public Service[A]//John Clarke, Allan Cochrane and Eugene McLaughlin. Managing Social Policy [C]. London: Sage, 1994: 56.

② Donald F. Kettle. The Global Revolution in Public Management: Driving Themes, Missing Links [J]. Journal of Policy Analysis and Management, 1997, 16(3): 446-462.

的制约。因此,对管理者的放权会同时导致加强对管理控制的悖论性局面。① 这样,在管理主义模式下,面临着来自政治与社会两方面的压力,公共管理者所具有的管理权力和自由,必然会将他们卷入渗透在组织资源、决策、劳动等过程中的各种权力冲突之中。因而,"让管理者来管理"的实际效果和范围在现实中具有很大的不确定性。②

二、从管理到服务:行政权的效能转向

从前述公共行政发展史的角度可以发现,管理主义在塑造积极行政的过程中曾经起到了不可替代的作用,它不仅为积极行政提供了一件漂亮的合法性"外衣",而且也塑造了社会治理的基本结构和取向。然而,管理主义也存在着较为明显的局限性,表现在它和宪政秩序、民主政治以及社会治理之间的根本冲突上。换句话说,如果以管理主义为基质来重建自反性现代社会的治理模式,将会导致一种令人难堪的局面,要么走向传统模式的单一中心塑造,要么走向经济理性的市场效率哲学。在社会治理的中心—边缘式构造中,自由和效率无法得到有效的保障;而强调市场效率的经济理性哲学,也构成了对一切公共规范的怀疑,社会治理的管理主义倾向,使得公共行政显得过于平庸化了。因此,管理主义对社会治理的影响虽然存在着合理性以及特定的历史根据,但却并不充分。其根本的缺陷在于,它无法为社会治理中的积极行政权提供终极的合法性证明。

也就是说,行政权的竞争性设计和管理主义的取向,最多只能在有效性的层面提供治理方式或机制上的合理安排,无法为积极的行政权提供价值层面的合法性论证。对于管理主义这一"隐蔽的帝国主义"来说,其在公共行政和社会治理理论中的合理位置只能体现为工具理性层面治理机制的设计,目的只在于实现既定的目标,而其前提是这些目标绝大部分是可以通过经济理性的方法化约为容易测量的产出、货币价值等。③ 同

---

① Moshe Maor. The Paradox of Managerialism [J]. Public Administration Review, 1999, 59(1): 5-18.

② Stewart Ranson, John Stewart. Management in the Public Domain: Enabling the Learning Society [M]. Basingstoke: MacMillan, 1994: 4.

③ Christopher Pollitt. Managerialism and the Public Services: Cuts or Cultural Change in the 1990s [M]. 2nd ed. Oxford: Basil Blackwell, 1993: 5.

样，前述的自主性设计虽然从现实的角度诠释了积极行政权的客观基础，但却也没有为行政权的积极行使提供规范上的合理证明。诸如现代社会的复杂性、动态性等特征所导致的可治理性问题，虽然为积极行政权的历史出场提供了现实的逻辑基础，但仍然存在着太多的问题。如果不从根本上解决积极行政权的属性和品质问题，行政权自主性设计的目标和实际效果就值得怀疑，行政权的积极使用就仍然不能体现为是对公民自由和福利承诺的践履，不能体现为合乎宪政精神和民主原则的规范性要求。

因此，如果说行政权的自主性设计和竞争性设计只是在某种程度上解决了社会治理的有效性问题，那么行政权的共和化就还要依赖于在何种程度上将行政权的使用置于规范性价值的评估位置。在这个意义上，通过行政权的民主化以增加公共行动的合法性，就是行政权共和化设计不可缺少的构成性部分。那么，应该如何理解自权利革命之后社会治理中行政权的积极扩张这一客观的历史现象？

在回答上述问题时，首先需要注意到的是，积极的行政权已经远远超出了传统保护型民主范式的范围。究其原因，不外乎两个基本的要素：首先，保护型民主范式在本质上立足于支配性的权力观以及消极的自由观；其次，保护型民主范式是在政治统治的层面展开其关于政体构成的理论想象和制度建构的。换句话说，积极行政权之所以超出了传统的宪政体制，是因为当代政治的发展已经远远超越了政治统治的合法性范畴，而走向了更为厚实和坚固的公民权利和社会治理的公共性层面。民族国家的政治也从早期的国家权力建构转向了更为深远而持久的公民权利建构。在此，民族国家作为政治共同体和一项公共事业，不仅表现为对公民福利和自由的承诺，而且还体现为对共同体公共价值的不懈追求。因此，与保护型民主相关的政治统治问题，已经失去了建构和指导现实公共生活的能力并因而不断地虚化和隐退。

与此同时，跟公共物品和公共服务相关的社会治理问题却不断地凸显与呈现，进而成为构造自反性现代政治的主轴并呈现出不同的政治建构秩序。在政治统治层面，国家由于被视为一种与社会相对立的力量，因而在总体上与社会相分离。国家居于社会之上，并受到严格的制约。而在社会治理的层面，国家权力已不再被视为一种对自由的控制，而是作为一种合作伙伴的身份以及相互依赖的关系而出现的。国家与社会相对分离的现象不再持续,相反,国家与社会出现了一定程度的融合。在这种情况下,对积极行政权的理解与下述问题高度相关——"当以前对私人部门和公共部门进行区分的做法受到质疑时,当曾经引导社会国家进行经济干预的主要基点都变得模糊时,我们应该依据什么游戏规则行事呢?"[1]也就是说,当传统的机制和规则不再有效的时候,社会治理应该如何成就自身?

因此,关键的问题在于,如何理解积极行政权的属性,并以此重新建构行政权的责任机制。传统模式的做法是采取管理主义的路径,"通过其辅从性的和有时是新自由主义的内涵,治理体现出一种管理风格"[2]。也就是说,将行政权的积极行使理解为一种管理行为,并进而将行政权的责任机制或是建构为一种科层组织的内部控制,或是建构为一种市场导向的竞争机制。但这两种方向都存在着较为明显的缺陷。官僚组织内部控制的责任机制固然存在着忽视公众需求的倾向,分权体系中的市场导向机制也存在着重要问题。原因在于公共服务与私人物品的消费模式相比,存在着特殊性。公共服务中的提供者—消费交易模式显然要比普通市场中消费者面对面的交易模式更为复杂,而且公共服务的消费者也绝不仅仅是"消费者",他们同时也是公民。[3] 首先,很难知道特定产品的顾客是谁,顾客这个词的复杂性和灵活性与共同体差不多,它意味着所有人和所有事。其次,公共组织的目标经常被定义得非常宽泛、复杂,甚至是缺乏定义,在这种情况下要知道如何衡量成败是非常困难的。

更重要的问题在于管理主义将积极行政权的属性理解为管理的观点。就行政权根源于宪政体制和民主政治这一点来说,行政权无论如何也不能被简单地理解为一种与私人部门相同的管理现象。虽然在今天私人部门的管理过程中也同样存在着具有同等重要性的执行官,但从根本上说,行政权秉承的是现代政治的基本精神,并承担着兑现民主承诺的重

---

[1] [法]让-皮埃尔·戈丹. 何谓治理[M]. 钟震宇,译. 北京:社会科学文献出版社,2010:10.

[2] [法]让-皮埃尔·戈丹. 何谓治理[M]. 钟震宇,译. 北京:社会科学文献出版社,2010:89.

[3] Christopher Pollitt. Managerialism and the Public Services: Cuts or Cultural Change in the 1990s [M]. 2nd ed. Oxford: Basil Blackwell, 1993: 125 - 126.

要使命。"公务员的工作需要从本质上被认为是政治性的,尽管不一定是政党政治",但管理主义的"'非政治化'的努力则意味着不愿承认公共服务工作的政策与政治意义"①。换句话说,管理主义对行政权"非政治化"的理解意味着要将行政权的所有任务都化约为经济理性的等价物。它典型地反映着下述倾向,"在这个政治巨著不断褪色和几个世纪所形成的集体信念日渐枯竭的时代,经济将成为一种总体参考"②。反思性的政治重建所面临的重要任务之一,就是要力图打破经济理性主义的统治局面,在现代政治和社会治理的层面恢复公共理性的价值和地位。

  如果说"采取任何一个特定的治理模式都必须考虑到与之相适应的背景"③的话,那么行政权的共和化设计,就是在反思性政治重建的过程中,为当代社会治理中的积极行政权提供合法性和合理性的设计。它既要反对行政权向保护型民主范式下消极行政的回归,更要防止行政权设计落入经济理性主义的窠臼,失去对现实世界和公共价值的反思能力。在这个意义上,当前对积极行政权的属性认知,需要从管理转向服务。从根本上说,管理与服务具有不同的向度。管理的特征在于贯彻管理者自身的意图,无论这种意图来源于何处;并且在实际的管理过程中,管理者实现其目标的意图始终处于主导性的地位。与此不同,服务则意味着服务者需要贯彻的是服务对象的意图,在此服务对象的愿望及其满足始终占据着服务过程的核心位置。在这种情况下,行政权的积极使用应被理解为是对公民意志的回应与贯彻。因此,与管理相比,服务体现了一种公共理性的回归,意味着行政权承担的不仅只是经济责任,更是一种公共责任和公共精神。"比起私营部门的雇员来说,政府官员更具社会责任感和为公共事业服务的精神。"④

  将积极的行政权理解为服务,从根本上说与两个因素有关。首先是

---

① [澳]欧文·E.休斯.公共管理导论[M].第3版.张成福,等译.北京:中国人民大学出版社,2007:38.
② [法]让-皮埃尔·戈丹.何谓治理[M].钟震宇,译.北京:社会科学文献出版社,2010:95.
③ [美]B.盖伊·彼得斯.政府未来的治理模式[M].吴爱明,等译.北京:中国人民大学出版社,2001:20.
④ [美]乔治·弗雷德里克森.公共行政的精神[M].张成福,等译.北京:中国人民大学出版社,2003:63.

与现代政治中有关权力的思考方式有关。其次,是与现代社会治理的目标和内容有关。就前者而言,现代政治对权力的思考总是与权利密切相关。从某种程度上说,现代政治是一种权利政治,公民权利始终处在其核心,并且权利也构成了现代政治的起点。卢梭曾雄辩地论证道:"人民之所以要有首领,乃是为了保卫自己的自由,而不是为了使自己受奴役,这是无可争辩的事实,同时也是全部政治法的基本准则。""事实上,如果不是为了防止受压迫,不是为了保护可以说构成了他们生存要素的财产、自由和生命,他们为什么要给自己找出一个统治者呢?"①也就是说,在推翻传统的政治过程中,现代人已经从政治或政府中解放出来,在这个时候,他们选择重新组建政府就只能存在唯一的令人信服的理由,那就是这样的政府在根本的意义上必须要迥异于以前的任何政府,它的根本目的只能是为了个人的权利和自由。所以,康德将权利视为现代政治的"绝对命令":"人的权利是不可亵渎的……一切政治都必须在权利的面前屈膝。"②

在这个意义上,可以认为现代政治中的权力起源于个人权利,政治组织的形成根本上有赖于每个人的同意和赋权。因而现代国家的存在在本质上可以被视为个人发展的一种条件,它负责执行法律并维持社会的以及政治的自由。因此,从规范性和功能性的层面来看,现代国家就成为公民权利的界定者、捍卫者以及促进者,并且作为现代政治的基本原则,现代国家的这些身份以不同的形式糅合进了现代政治权力的构成以及制度设置之中。就国家内部权力结构的划分而言,如果说立法权体现为公民权利的界定者,而司法权体现为公共权利捍卫者与仲裁者的话,那么行政权就体现为公民权利的实现者、促进者以及建构者。作为现代政治的"金科玉律",公民权利神圣不可侵犯。"任何侵犯这些权利的权力都会成为非法权力"③,因此行政权的积极行使只能在本质上以一种服务的属性出现在社会治理的场域。

---

① [法]卢梭. 论人类不平等的起源和基础[M]. 李常山,译. 北京:商务印书馆,1962:132.
② [德]康德. 历史理性批判文集[M]. 何兆武,译. 北京:商务印书馆,1990:139.
③ [法]贡斯当. 古代人的自由与现代人的自由[M]. 阎克文,刘满贵,译. 北京:商务印书馆,1999:61.

其次,以公民权利为基础,当代的社会治理将其目标直接指向了促进公民的自由和福利,并因而在内容上体现为提供公共服务和公共物品的服务行政。当代社会治理的历史生成,虽然有其客观上的原因,但就其内在的规范性本质而言,却是源于当代民主政治对公民权利所作出的深厚而持久的承诺。现代政治的一个重要特征在于,公民权利不论在内涵上还是在外延上,都得到了实质性的扩展,表现在公共政策之中就是,民主政府必须在"生存照顾"或"社会福利"的名义下为每位公民提供基本的公共服务和公共物品。根源于现代社会资本主义制度的自我困境以及风险社会的威胁,在社会福利和公共服务已经作为一种社会权利被整合进公民权利的情况下,服务行政已经成为现代社会治理的主要内容。在这种情况下,行政权的积极使用最终也是适应于公民自由和福利的实践需要。

当然,行政权从管理向服务的转向也意味着责任关系的变化。在传统的控权模式下,作为秩序维护者的行政权需要向法律负责,而在社会治理的过程中,作为公共服务主体的行政权却需要直接向公民负责。在这种情况下,积极的行政权既缺乏一种品质上的重新设定,也缺少一种责任上的制度设置,因此在本质上需要得到合理的诠释。而行政权共和化的本质也是要在社会治理的层面,合理地解决积极的行政权问题。就此,作为行政权共和化构成内容之一的服务性设计,在本质上是意欲在社会治理和公共服务的过程中,将控权模式下处在"金字塔"式的等级结构之中的行政权,放置于公民的直接控制之中,是将公民而不是法律放在公共服务的中心位置。从根本上说,这既使自由精神和民主价值在社会治理的层面得到更好的落实并进而维护了宪政体制和民主政治,也使共和化从政治统治层面落实到更为厚实和坚固的社会治理层面。

然而,值得注意的是,从管理到服务的效能转向,并不意味着在社会治理的领域放弃对效率的追求。就社会治理依赖于社会资源特别是物质资源利用而言,效率问题始终构成了对社会治理活动的一项"硬"约束。实际上,在不伤害宪政精神和民主价值的前提下,社会治理在任何时候都需要对效率问题作出有力的回应。在这个意义上,行政权的积极使用就具有复合的特征。正如沃尔多所言,公共行政是政府的艺术与科学跟管理的艺术与科学的联姻。效率和经济主要属于管理理论的范畴,而社会公平则属于政府理论的范畴。① 同时,还应注意的是,行政权的服务转向,并不意味着所有有关行政权的行为都是一种服务行为。在此,对行政权的服务行动(action)和具体的服务行为(behavior)作出合理区分,显然十分必要。

三、从回应性到前瞻性:行政权的积极品质

正如前述分析所示,行政权的积极行使具有一种客观上的必然性,然而这种必然性如果不能进行成功的"驯化",那最终就会走向马基雅维利式的"嗜血君主"以及"掠夺性国家"。因此,从规范性的层面"驯化"行政权的必然性就是现代政治特别是社会治理理论的首要及关键性的议题。根据康德的命题,在规范的意义上,任何权力都应该成为权利的"仆人",听从权利的号召和命令。但从现实的角度来看,由于支配性权力所具有的扩张性本质,为了体现公民权利的优先性以及保护公民权利,现代政治实际上反对任何积极的权力。这就意味着行政权的积极行使首先面临着规范性层面的合法性问题,也就是自身的属性和品质界定问题;其次面临着功能性层面的有效性问题,也就是行政权的功能优化问题。在此,仅从管理的角度作出诠释,就存在着较为明显的局限性。因此,如果现代政治的确是以自由为基并以权利为本位,那么行政权的积极行使就只能理解为是一种服务。因为在社会治理的场域,只有"为人民服务"这一命题具有将积极的行政权进行合法化的功能。

从管理到服务的转变,是理解社会治理场域中行政权内在规定性的关键部分,它既符合现代政治的本质规定,也符合现代政治的演变规律。它意味着现代政治已经从政治统治视角出发的保护型民主范式演进到了社会治理视角下的可治理型民主范式,而服务就是从可治理型民主的视角出发理解行政权的基本观点。从根本上说,"治理意味着重要性,意味着合法性,意味着一种为达成公共目的而作出的崇高而积极的贡献"②。因此,行政权的积极行使必然是一种致力于公民权利和公共利益的服务

---

① [美]乔治·弗雷德里克森. 公共行政的精神[M]. 张成福,等译. 北京:中国人民大学出版社,2003:104.

② [美]乔治·弗雷德里克森. 公共行政的精神[M]. 张成福,等译. 北京:中国人民大学出版社,2003:78.

行动。

值得注意的是,这里所说的"为人民服务"这一命题所具有的合法化功能,不应只被理解为是对行政权的积极行使所作出的一种合理性辩护,而更应当将其视为一种规范性的"驯化"功能,也就是通过"为人民服务"这种内在的规定性来"驯化"过于"桀骜不驯"的行政权,使之既符合现代政治的自由本质,也符合公民权利的福利要求。因此,"为人民服务"实际上意味着行政权只不过是公民权利和自由的条件,是公民权利的实现者,在某种程度上更需要成为一种积极的促进者和建构者。

作为公民权利的实现者,行政权必须要贯彻和执行法律和公共政策,要对公民的需求作出回应。在这种情况下,行政权的任务被视为既定的,公民权利的目标及任务已经得到清楚的界定,行政权只负责如何将其落实。作为公民权利的促进者,行政权就必须为公民权利的实现主动地创造机会,不断地提高服务的质量和水平;而作为公民权利的建构者,行政权就必须着眼于未来,承担起公共战略的规划者的重任。在这两种功能中,"公共行政不只是实施公共政策的工具,而是确定公众看世界——尤其是政治世界——的方式以及他们在其中的位置的一个决定因素"[1]。行政权不再承担着完成既定目标的任务,而是"在不断地为未来制定规则,不断地确定法律的确切内容和法律与行动的关系"[2]。

以一种生态学的眼光来看,行政权和社会治理的目标在本质上是为了公共价值而应对社会的变迁问题[3],因此社会客观环境的变化以及公共价值观念的状况都会影响到行政权与社会治理的性质、方向和内容。而社会治理面临着来自客观环境和公共价值两方面的重要变迁。从客观环境来看,工业社会的迅速发展以及科学技术的广泛应用、全球化进程的不断加速,导致现代社会越来越具有混沌体系的特征:高度的动态性、复杂性、不确定性以及相互依赖性;从公共价值的状况来看,公

---

[1] [美]罗伯特·丹哈特. 公共组织理论[M]. 第2版. 项龙,刘俊生,译. 北京:华夏出版社,2002:116.

[2] Paul H. Appleby. Policy and Administration [M]. Birmingham:University of Alabama Press, 1949:7.

[3] [美]罗伯特·丹哈特. 公共组织理论[M]. 第2版. 项龙,刘俊生,译. 北京:华夏出版社,2002:17.

共领域正在不断地走向衰落,"随着工业化社会越来越朝向物质主义,民众也越来越不情愿思考和回答各种哲学问题,这些问题包括价值观、人类关系、对话、不信任、公平和民主治理等"①。因此在今天,面对现代社会由于工具理性的扩张所导致的价值混乱,面对现代社会由于复杂性和风险性增加而导致社会问题的层出不穷,为了迎接这种双重的挑战,仅仅作为公民权利实现者的行政权,在社会治理过程中就存在着较为明显的局限性,必须同时成为公民权利的促进者和建构者。

公民权利实现者的身份向公民权利的促进者和建构者的转变,意味着行政权的行使需要从回应性走向前瞻性。回应性曾经是行政权的重要品质,"在公共行政传统中,回应性的观点特别指意识到一种需要或一种力量,然后发动一场有效的适应性变革"②。然而,回应性的社会治理在本质上适应于"一种稳定的组织环境,在这种环境中,服务和日常运作不需要太多的创新;在这种环境中,民众的价值和需求应该保持稳定;在这种环境中,组织对各种外部因素,如政治、顾客、技术和经济具有可预测性"③。然而,随着社会的不断发展,这一切都已经不再存在。相反,"直面后工业社会动荡的、不断演进的社会环境是每一个组织不可逃避的任务"④。在这种情况下,回应性的社会治理所具有的局限性就较为明显。在一个高度变化以及多样性的社会环境中寻求具有确定性的结果,根本上不可能依赖于稳定而传统的治理方式,并进而向社会治理或行政权的行使提出从回应性向前瞻性的转变。

前瞻性是行政权在不确定性的环境中服务于公民权利的一种方式,它意味着行政权首先要承担起建构、促进以及实现公民权利的任务。"由于人们对强化社会和各类组织机构的管理,以处置动荡、变化的企求,因而,设定组织目标被认为比民主治理、参与、人类成长和社会正义等人类

---

① [美]全钟燮. 公共行政的社会建构:解释与批判[M]. 孙柏瑛,等译. 北京:北京大学出版社,2008:18.

② H. George Frederickson. New Public Administration [M]. AL: University of Alabama Press, 1980:53.

③④ [美]全钟燮. 公共行政的社会建构:解释与批判[M]. 孙柏瑛,等译. 北京:北京大学出版社,2008:2.

价值更为重要。"①建构公民权利是行政权具有前瞻性的重要标志。在现代性政治重建的过程中,有很多重要的价值,"如以人为中心的社会发展、公民治理、公共协商、参与式民主以及社会现实世界的建构等不仅没有得到广泛、充分的认识,而且也没有在新世纪开始的时候发展为有用的理论框架"②。致力于服务公民权利的行政权,必须要承担起建构新的公共价值以及公共行动方式的任务。因此,前瞻性使得行政权具有一种规划与建构功能,社会治理不应仅仅体现为解决既有的问题,而且还应具备推动社会变迁,主导政治、经济、文化发展的能力。③ 对于后发国家而言,此种能力至关重要。在这个意义上,前瞻性的产生在本质上根源于回应性治理方式的危机,"这些危机和事件导致新的政府方案的产生,并且改变了公共行政的思考和实践方式"④。

前瞻性既是一种行为品质,更是一种心智模式。它是一种面向未来的思维方式,体现为一种推进和实现公共价值的战略思考或战略规划。作为一种心智模式,前瞻性与反思性密切相关。面对推进公民权利落实的任务,有必要对社会治理进行反思,批判性地思考治理行为是如何符合伦理、行动是如何承担责任,从而构建更为广泛的、合理的行动框架。行政权的前瞻性品质,意味着社会治理不应成为社会问题的被动反应者,相反它主张要通过审慎的反思和积极的行动去影响社会环境,去建构有利于公共价值形成以及公共行动展开的各种条件。同时,前瞻性的思考也与学习有关。"有效的问题解决机制要求行政管理者通过批判、检视原初问题,形成理论假设、价值观和目标模式,把握难以预期的后果的内在性质,而不是要求他们通过强制推行某些实施策略来产出预期的结果。"⑤社会治理必须要善于检视过去的经验,善于在各种个别的、特殊的案例中

---

① [美]全钟燮.公共行政的社会建构:解释与批判[M].孙柏瑛,等译.北京:北京大学出版社,2008:1.
② [美]全钟燮.公共行政的社会建构:解释与批判[M].孙柏瑛,等译.北京:北京大学出版社,2008:18-19.
③ 吴琼恩.行政学[M].第2版.台湾:三民书局,2001:3.
④ H. George Frederickson. New Public Administration [M]. AL: University of Alabama Press, 1980: 3.
⑤ [美]全钟燮.公共行政的社会建构:解释与批判[M].孙柏瑛,等译.北京:北京大学出版社,2008:23.

发现具有指导作用的原则或机制。通过反思和学习,从"实在的判断"升华到"概念的判断"。①

在社会治理的过程中,进行反思和学习的根本原因在于,风险是现代社会如影随形的一项特征,社会治理必须要贯彻风险意识。行政权不仅要对社会风险有高度的感知,并且要认识到治理行为本身即是一项社会风险,可能会产生意想不到的后果。"我们很多美好的发展进步愿望,我们很多提高人们生活质量的努力却带来了不可预期、意想不到甚至是对立的结果。"②行政权本为解决社会问题而存在,但行政权本身可能即是社会问题的根源之一。政府可能由失败而产生风险,政府也有可能因成功而产生风险。对于前一类风险,社会都会保持高度的关注和警觉,但对后一类风险,往往却会麻痹大意。反思性的风险意识要求行政权在行使的过程中,丝毫不能放松警惕和盲目自大,对治理的经验和问题进行批判性反思,对社会问题保持高度的关注和警觉,对治理行为保持高度的责任感。其次,反思和学习还源于现代治理的混沌性。在非线性组织动态中,治理者应该认识到治理是一个不断学习和改进的过程。组织的复杂性和无序性特征使得管理者和其他雇员通过"做"来学成为必要。这就意味着,政府组织的产出和质量将会发生变化,其绩效的改进将会是一个不间断的过程。因此,组织的学习是非线性管理的一个核心概念。正如基尔所说,"混沌理论的基本方面就是学习"③。

前瞻性意味着治理行动的设计,本质上要根据自身价值追求和对社会环境的判断,积极主动地采取社会行动,要对社会需求和主观价值予以同样的关注,以积极进取的态度去接受现有的环境,并致力于形塑和改变环境,在建构环境的行动中去实践和实现行政人员和公众的价值④,以促进和实现公民权利。因此,前瞻性的行为在本质上体现为一种公共伦理

---

① 王建伟. 简析前瞻性思维的本质规定及其特征[J]. 天津社会科学,2006(4):37-39.

② [美]全钟燮. 公共行政的社会建构:解释与批判[M]. 孙柏瑛,等译. 北京:北京大学出版社,2008:1.

③ Kiel L. Douglas. Managing Chaos and Complexity in Government: A New Paradigm for Managing Change, Innovation and Organizational Renewal [M]. San Francisco: Jossey-Bass, 1994:7.

④ 武玉英. 变革社会中的公共行政:前瞻性行政研究[M]. 北京:北京大学出版社,2005:82-89.

的在场,它指向的是一种积极地践履公共服务责任的治理方式。它意味着行政权以一种"舍我其谁"的道德气概承担起公共服务的义务。面对高度复杂的社会问题,面对可能成功也可能失败的风险,行政权以一种无畏的精神致力于建构那些有利于促进或落实公民权利的条件或环境。在这个意义上,前瞻性体现为公共治理者在献身于公共服务的过程中所应具备的那种义无反顾的公共精神和公共责任意识。

第二节 创造社会价值:行政权的公共权能

休斯认为,当代社会科学对政府问题的研究中存在着一个不良的倾向,那就是过多地关注政府的规模问题。事实上,政府职能或责任问题可能更为重要,更具根本性,因为政府规模问题本身只是一个衍生性的问题,从根本上说来源于政府职能或责任问题。因此,"政府规模的问题有必要变成政府做什么的问题"①。从规模到职能或责任的转换,意味着社会治理的关键议程是要确定政府在现代社会中的规范性使命。从实践来看,在现代社会的发展过程中,政府已经被赋予越来越多的职能,从早期的安全保障和秩序维护,到当前福利国家阶段的经济干预和福利提供,承担公共服务的提供已经成为行政权的核心任务。如果政府职能或责任应该被视为公共部门对社会的、政治的以及历史的需求进行积极应对的结果,那么,在今天的社会中作为一种积极的行政权,还应该承担建构起公共价值以推动社会变革的任务。

一、重申公共行政的精神:社会治理的公共哲学

如前所述,在服务行为(behavior)与服务行动(action)之间作出区分,是认识行政权效能转换的关键之处。同样,也需要在管理行为(behavior)与管理行动(action)(或管理主义)之间作出区分。这意味着从管

---

① [澳]欧文·E. 休斯. 公共管理导论[M]. 第3版. 张成福,等译. 北京:中国人民大学出版社,2007:109.

理到服务的转变,只是行政权积极行使的内在规定性的一种转变,它并不意味着每种运用行政权的行为都是服务行为。实际上,在社会治理的过程中,将会不可避免地存在大量的管理行为,只不过在这里,管理行为成为服务行动的特定方式。因此,管理行为与服务之间的关系在于——套用黑格尔式的名言,管理行为是服务的定在,服务是管理行为的本质。正是在这个意义上,可以发现"在政府的许多规划中,服务和管制皆互为一体"①。而管制行为之所以不能被认为是一种管理行动,是因为它的结果是在增加着公共利益或者说是对公民权利的实现。换句话说,在社会治理的场域,行政权从管理到服务的效能转换与下述问题有关——"在公共行政中,管理,即我们如何做事,是重要的,但更重要的是我们要做什么和为什么要这样做"②。在这个意义上,管理行为只不过是社会治理的表现形式,而服务却是社会治理的实质,服务规定了管理行为的内在性质,并对其提出规范性约束和功能性引导。

也正是在这个意义上,行政权的积极行使不仅在内容上主要设定为提供公共服务,而且更需要在规范性的层面,强调公共价值的引导。因此,从管理到服务的转变,实际上要求在社会治理领域排斥经济理性单向度的决定性意味,重建一种符合民主政治和宪政精神的公共哲学。管理主义的问题就在于,它将社会治理和公共行政完全看作"非政治化的"和"商业化的",从而使社会治理和公共行政完全化约为经济理性的产物,不仅降低了社会治理和公共行政的品质,使其过度地平庸化了,也使其失去了灵魂和精神,无法兑现对宪法和公民的承诺。因此,渗透着管理主义思想和价值的现代公共行政,可以说是"误入歧途"。在管理主义思维的支配下,"行政国家的首要损失在于,它逐渐丧失了公共行政的公共性"③。

不仅如此,如果缺乏公共性的基础,公共行政的研究将一直存在着合

---

① [美]戴维·H.罗森布鲁姆,罗伯特·S.克拉夫丘克.公共行政学:管理、政治和法律的途径[M].张成福,等译.北京:中国人民大学出版社,2002:15.

② [美]乔治·弗雷德里克森.公共行政的精神[M].张成福,等译.北京:中国人民大学出版社,2003:13.

③ [美]乔治·弗雷德里克森.公共行政的精神[M].张成福,等译.北京:中国人民大学出版社,2003:4.

法性问题。正如哈特所说,"长久以来公共行政学术或专业地位一直未受重视,可能直接归因于公共行政忽略了存在的合理依据,即公共性"[①]。由于深受管理主义之苦,社会治理一直缺乏一种有效的公共哲学。重申公共行政的精神,即是试图在社会治理领域重建公共哲学,以唤起社会治理行动中的价值观,激发和引导社会治理行动服务于宪政精神和民主政治。在这种公共哲学的引导下,产生大量负责任的治理行为。如果说公共行政的精神指的是隐藏在公共行政背后的那些指导公共行政行动的价值和信念的话,那么可以认为公共行政的精神从根源上说并非是管理主义,而毋宁是对宪政精神和民主政治坚定的持守和恒久的承诺。

从公共行政的发展历史来看,抛弃其管理主义的"意识形态"外衣,可以看见其内在的公共精神本质,这种本质在其初期阶段,体现为对宪政精神的持守和执行。的确,在公共行政的早期阶段,存在着一种将其从法律框架推向管理主义的强烈倾向。例如,怀特曾经明确指出,"行政学的研究应当建立在管理的基础上,而不应当建立在法律的基础上。因此,研究的材料应更多地来自美国管理协会,而不是各级法院的判决"[②]。但如果正本清源,从其历史源头的角度来考察,则可以发现公共行政的历史生成,其意义在于它表明了这样一种观念,即"徒法不足以自行",良好的法律和政策最终还必须依靠人来执行。实际上,从威尔逊的名言——"执行一部宪法变得比制定一部宪法要困难得多"[③]——就可以看出公共行政的内在规定性,那就是负责宪法的执行。威尔逊断言,"公共行政就是对公法详细而系统的执行"(Public administration is detailed and systematic execution of public law)[④]。

除了要执行宪法以外,在古德诺那里,可以发现公共行政还存在着另外的源头。他发现,作为一种普遍的原则,"在所有的政府体制中都存在

[①] 江明修. 第三部门:经营策略与社会参与[M]. 台湾:智胜文化事业有限公司,2000:167.
[②] 彭和平,等. 国外公共行政理论精选[C]. 北京:中共中央党校出版社,1997:43-44.
[③] Woodrow Wilson. The Study of Administration [J]. Political Science Quarterly, 1887, 2(2):200.
[④] Woodrow Wilson. The Study of Administration [J]. Political Science Quarterly, 1887, 2(2):212.

着两种主要的或基本的政府功能,即国家意志的表达功能和国家意志的执行功能。在所有的国家中也都存在着分立的机关,每个分立的机关都用它们的大部分时间行使着两种功能中的一种。这两种功能分别就是:政治与行政"①。古德诺的观点经常作为政治—行政两分法的经典性论述。但值得注意的是,"政治—行政"两分法的实质并不是将行政从政治中剥离出来,使其走向技术主义或管理主义的路线,而毋宁意味着明确了公共行政与政治之间的关系,那就是承担着的执行政治决策的任务。实际上,丹哈特已经注意到了古德诺的这种区分远比我们想象的要"灵活得多"。他认为,政治与行政两分法实质是表达一种"反对正统的法律观念,即政府的运作遵守宪法所规定的行政、立法和司法三权分立的模式",因而他"关注的确实是政治与行政的关系,但却不是政治与行政的区别"。② 也就是说,古德诺在这里所试图表达的是,作为国家意志的执行,公共行政在本质上应该体现为对公共意志的承诺与践履,并因而需要对民主政治负责。

因此,从其早期的生成逻辑与发展历史来看,公共行政确实应该被认为是宪法和民主政治的产物而不是管理主义的结果,公共行政的本质特征及其内在规定性是对宪法精神和民主政治的坚守与捍卫。正是在此意义上,著名的公共行政学家罗森布鲁姆认识到宪法和政治对公共行政的影响,并认为存在着三种认识和研究公共行政的途径。他认为,"法律途径主要是将公共行政视为特定情境中应用法律与施行法律的活动",它存在着三个重要的源头:行政法、行政司法化以及宪法。而公共行政的"政治途径则强调公共行政中的政治多元主义",公共行政应该基于代表性及回应性,反映社会多元的利益和价值。最后,公共行政中的管理主义途径则反映了一种借鉴工商业部门的做法,将公共行政视为追求效率与经济的最大化。③ 在他看来,公共行政的这三种途径都有其自身的价值观及结构取向等,并因而成为公共行政出现分裂和混乱的根源。

---

① [美]古德诺. 政治与行政[M]. 王元,等译. 北京:华夏出版社,1987:12-13.
② [美]罗伯特·丹哈特. 公共组织理论[M]. 第2版. 项龙,刘俊生,译. 北京:华夏出版社,2002:52.
③ [美]戴维·H. 罗森布鲁姆,罗伯特·S. 克拉夫丘克. 公共行政学:管理、政治和法律的途径[M]. 张成福,等译. 北京:中国人民大学出版社,2002:16-35.

然而，尽管这三种途径对于公共行政而言都是重要的，但它们对于公共行政的意义却具有很大的差异。考虑到宪法对于现代民主政治的基础性作用，公共行政必须要体现宪法的精神，它"不仅提供了公共行政存在的空间，也同时对其运作形成限制"[①]。但是，在社会事务急剧增加以及民主政治进程不断深化的政治背景中，公共行政或社会治理如果仅仅只是体现为对宪政精神的承诺则存在着很多的不足，那将带来严重的"可治理性"问题，如果考虑到宪政体制所具有的限制权力这一内在倾向的话。因此，公共行政应该被视为是在宪法的框架内回应通过民主政治过程所定义的社会价值的活动。而公共行政的管理主义色彩，则应该被视为这种回应活动的一种有效率的方式。也就是说，它表达了这样一种思路，在宪政的框架内，"以民主的方式作出决策后，执行决策要靠与私营企业一样的管理技术"[②]。

因此，公共行政虽然在内容上主要涉及的是一些技术性的事务，但在内在规定性上则表现为对宪政精神和民主政治的承诺和践履。实际上，如果不能兑现对宪政精神和民主政治的承诺，公共行政或社会治理本身就失去了其存在的价值。在今天，随着"应享的权利"革命以及民主政治的深化，宪政精神和民主政治的要义已经被整合进包含着自由与福利的公民权利之中。公众是众多的拥有宪法和法律权利的个体的集合，因而公共行政对宪政精神的持守和承诺与公民权利的保护和实现是一致的，并在实际的社会治理过程中体现为对公共利益的维护。因此，公共行政或社会治理的根本目的是指向以公共利益为载体的社会价值，而其内在规定性则表现为对公共性的持守和承诺。社会治理在本质上是一种实践公共价值的活动。"就公共行政而言，其关切的焦点在于公共利益，需在宪法的规范下运作，它较少受到市场力量的限制，它基于公众的信任来代表主权运作。"[③]

---

① [美]戴维·H.罗森布鲁姆，罗伯特·S.克拉夫丘克.公共行政学：管理、政治和法律的途径[M].张成福，等译.北京：中国人民大学出版社，2002：6.
② [美]罗伯特·丹哈特.公共组织理论[M].第2版.项龙，刘俊生，译.北京：华夏出版社，2002：48.
③ [美]戴维·H.罗森布鲁姆，罗伯特·S.克拉夫丘克.公共行政学：管理、政治和法律的途径[M].张成福，等译.北京：中国人民大学出版社，2002：15.

在某种程度上,可以将社会治理中对有效性的追求,视为对公共资源的稀缺性这一必然性进行回应的方式。然而,如果考虑到正义原则的普遍性的话,那么对公共资源稀缺性的回应方式则不能单纯地走向有效性的追求。相反,社会治理对必然性的解决方式首先需要解决自身的正义性问题。正是在这个意义上,如何在对必然性的解决过程中落实结合着宪政精神和民主要义的公民权利要求,才是社会治理的精神或灵魂所在。因此,如果说管理针对的是治理行为的必然性问题,而服务就是治理行为的规范性价值所在。而就其规范性的伦理意味来看,从管理到服务的转变,则是要求在社会治理的场域中行政权的积极行使要重申公共行政的精神。

就公共行政致力于挽救宪政体制以及民主政治的治理危机以及重建社会对政府的信任而言,公共行政其实是在传承着现代社会的公共理念和公共精神。正如弗雷德里克森所言,"人们曾经把公共行政这一研究领域称为'公民精神和公共行政'"①。公共行政的精神根源于公共行政者的公民身份及其公民性,在本质上体现为一种公民精神,它来自于共和主义的传统观念。重申公共行政的精神,其实质是要在社会治理的过程中贯彻一种公民共和主义的理想。"对于个人而言,公共行政的精神意味着对于公共服务的召唤以及有效管理公共组织的一种深厚、持久的承诺。"②

公民身份是现代社会中个人在政治生活中的一种定在,它是作为一种解决国家与公民之间冲突关系的范畴而存在的,"它表明,公民与国家之间的关系是一种主体之间的关系"③。以共和主义的观点来看,公民身份包含有公民权利和公民责任的双重维度,并在根本上体现为国家(共同体)与个人之间的辩证关系。在现代政治中,公民身份既成为个人进入政治领域的一种资格或条件,也是其进行政治活动的一种规范性集合。国

---

① [美]乔治·弗雷德里克森.公共行政的精神[M].张成福,等译.北京:中国人民大学出版社,2003:12.
② [美]乔治·弗雷德里克森.公共行政的精神[M].张成福,等译.北京:中国人民大学出版社,2003:2.
③ [英]昆廷·斯金纳,等.国家与公民:历史·理论·展望[C].彭利平,译.上海:华东师范大学出版社,2005:51.

家和公民作为两个不同的主体,虽然在事物的属性上存在着不同的规定性,但在价值取向上却有着共同的追求并因此呈现出相互依赖的关系。公民自由和国家自由虽然并非同一种事物,但却在逻辑脉络上存在着一致性并互为对方的条件。

在当代的政治生活中,面对着自由主义的"去政治化"操练,共和主义的公民身份正在逐渐消失并因此而导致共同体的衰败,表现在社会治理领域就体现为管理主义有效性逻辑的支配性地位,并因此失去对公民权利的承诺。因此,必须恢复共和主义的公民观,"我们每一个人作为公民最需要拥有的一系列能力,这些能力能够使我们自觉地服务于公共利益,从而自觉地捍卫我们共同体的自由,并最终确保共同体的强大和我们自己的个人自由"[①]。如果说共和主义的积极公民身份在普通公民那里表现为积极地参与政治生活,并视之为公民政治身份的内在规定性的话,那么对于卷入到社会治理过程中的官员来说,则集中体现在其职业伦理中并因此在其行为中所表现出来的一种"乐善好施的爱国主义"精神[②]。这种精神体现着积极行政权的内在本质,成为社会治理的公共哲学。

在公共服务时代,这种在公共官员的职业伦理中所体现出来的公民性的核心就体现为公共服务精神,Aldridge 和 Stoker 将其具体化为五点要求:(1)绩效文化。在提供服务的过程中体现出为个人和社区服务的强烈承诺,以及通过培训和支持系统不断地加以强化以保证服务文化的可持续性及服务品质的不断改进。(2)责任信念。对个人或团体公开信息以及强烈的公共责任感。(3)提供普遍服务的能力。对于那些选择和利用服务的能力受到严格制约的公民,应该认识到具有一种特别的责任感去提高他们享受服务权利的可能性。(4)负责任的人事管理。那些能够专业地履行职责、训练有素的、获得良好管理和激励的雇员应该得到公正的奖励。(5)对社会福祉的贡献。应该认识到和其他的伙伴共同工作,对提高社会的福利和满足个人的需求作出贡献。[③]

---

① 许纪霖. 共和、社群与公民[C]. 南京:江苏人民出版社,2004:74.

② [美]乔治·弗雷德里克森. 公共行政的精神[M]. 张成福,等译. 北京:中国人民大学出版社,2003:176.

③ Rod Aldridge, Gerry Stoker. Advancing a New Public Service Ethos [M]. London: NLGN, 2002:17.

二、复权公共性:合法性危机的拯救

重建社会治理的公共哲学,以公共服务的精神引领治理活动,实际上是要在社会治理的过程中抵抗必然性的支配,将社会治理的行为从必然性的逻辑转向公共性的逻辑。必然性虽然构成了社会治理的客观条件,但如果社会治理的行为只服从必然性的逻辑,那么它就与私人的劳动行为无异。就社会治理服务于公民权利并因此体现为对宪政精神和民主政治的承诺和践履而言,它在本质上属于"自由的领域",是一个从必然性中解放出来的领域,是一个与私人领域通过决断而分离的领域。因而,任何仅由必然性所支配的行为,都不被允许在政治领域占据支配地位,都不能决定社会治理的过程。

阿伦特认为,公共性是政治的本质特征,并因而与私人性及必然性存在着区别。在她看来,从源头上说,"私人性"与家庭生活方式联系在一起,并在本质上表现为服从于外在物质的必然性支配。在私人生活领域内,人们的生活方式往往为身体和自然的必然性所驱使,其目的是直接指向了维持生计或者是繁衍后代,表现为在自然的限制下满足自身的生理性欲望。因此,私人领域的显著特点是,人们被他们的需要和需求所驱使而一起生活。私人领域的共同体产生于必然性,必然性统治着私人领域中的活动。"必然性主要是一种前政治现象","所有人都受制于必然性"。然而,与私人领域不同,公共领域与自由相关,这种"自由意味着不受制于生命必然性或他人的强制,亦不受制于自身的强制",意味着"摆脱统治者关系上的不平等,进入一个既没有统治也没有被统治的空间"。[①] 因此,社会治理如果是服务于公民自由的领域,则它就应该是一个摆脱必然性束缚的领域。

然而,阿伦特认为,随着现代商业经济的萌芽和发展、劳动分工以及以出卖劳动维持生计的雇佣劳动形式的兴起,出现了一个既不是私人领域,也不是公共领域的社会领域。在这个领域中,大量的经济活动和生计活动被社会化地组织起来,并因此形成了市场以及私人经济的组织化场所。这种社会领域虽然具有社会化的形式并因此具有公开化的特征,但

---

① [美]汉娜·阿伦特.人的境况[M].王寅丽,译.上海:上海人民出版社,2009:19-20.

其本质上仍然属于家政管理的范畴,并因此具有强烈的私人性特征。"社会——家务管理及其活动、问题和组织化设计——从被遮蔽的家庭内部浮现出来,进入公共领域的光天化日之下,不仅模糊了私人和政治之间的古老界限,而且使这两个词的意思变得几乎不可辨认,同时也改变了它们对于个人和公民生活的意义。"①必然性通过由商品化而逐渐兴起的"社会"这个渠道,不断地以这样或那样的形式导入公共领域,也就是社会治理的领域。"在一个相当短的时间内,新兴的社会领域把所有近代共同体都变成了劳动者和打工者团体;换言之,他们都一下子围绕着生命所必需的活动组织起来。"在这个社会里面,"人们为了生命而非别的什么而相互依赖的事实,获得了公共的重要性"。②

因此,在这种情况下,社会治理作为一种公共事务的治理,变成了一种与传统的家政管理没有多大区别的事物。"它们之间的分界线完全模糊了,因为我们所见的人民组织和政治共同体都是依照家庭形象建立的,一种巨型的、全国性的家务管理机构照管着人民的每件事情。"③公共事务治理的这种形象,典型地体现在社会治理的管理主义塑造之中。通过将社会治理行为的目标锁定在经济、效率和效能之上,并且随着将官僚视为追求个人私利的行动者,行政权在根本上失去了对民主、公正及自由的回应能力,行政权被"家政化"了。因此,随着必然性在社会治理领域的浮现,公共性开始隐退,公共领域也就开始衰落。传统的被认为是用来展现公民卓越品质的公共事务治理的领域,如今正在被不断增加的对经济理性以及组织化利益的追逐活动所代替。

在这种情况下,政治自由已经走向了终结。随着必然性的扩张,不断增加的各种组织化利益正在日益破坏着社会治理的公共基础:它扰乱和破坏了民主政治的秩序,政治议程往往由太多的私下交易所决定;它使公共政策的结果最终操纵在少数的垄断集团之手,使政治被少数利益集团所俘获,无法致力于实现公共利益;它将多数的普通人排除在公共议程之外,一般的公民对政治表现出越来越多的无力感和冷漠感;过多的利益组

---

① [美]汉娜·阿伦特. 人的境况[M]. 王寅丽,译. 上海:上海人民出版社,2009:23-24.
② [美]汉娜·阿伦特. 人的境况[M]. 王寅丽,译. 上海:上海人民出版社,2009:30.
③ [美]汉娜·阿伦特. 人的境况[M]. 王寅丽,译. 上海:上海人民出版社,2009:18.

织化行为以及政治交易,也使公民对政府的信任感不断地降低;最终组织化的利益不仅降低了民主政治的品质,也削弱了自由的可能性。① 如果说在这里洛伊还将政治自由的终结归因于民主政治过程中组织化集团的兴起及其对政治议程的操纵的话,那么在阿伦特那里,政治自由的终结则在根本上归责于必然性在政治及社会治理领域的操纵。

在阿伦特看来,商业社会的兴起使得人的行为变得"规范化"了,除了对利益的合理性考虑之外,任何其他形式的自发行动都不可能,个人在其他方面的行动变得也可以像经济活动那样采取行动。在这种情况下,"经济学获得了科学的特征,以至于任何不遵守规则的人都被看作是反社会的或反常的","其目的是把人的所有活动在总体上都简化到依照条件来行为的动物水平"。② 因此,在必然性支配逻辑的扩张下,以公开的组织化形式追逐个人利益的行动吞没了传统的国家或政治的领域,社会治理被简化为纯粹形态的经济管理形式。所有的个人行为都被不同程度地卷进了受必然性支配的对私人利益的追逐中去,这才是政治自由消失的根源。

如果说在阿伦特及洛伊那里,在必然性的支配下,私人利益特别是有组织化的私人利益在民主政治和社会治理领域的横行并因此导致了政治自由的终结,那么在哈贝马斯看来,这种必然性的扩张则导致了现代民主政治面临着一场合法性的危机。现代民主政治的危机是晚期资本主义的危机,它根源于一种致力于解决必然性问题的经济系统的危机,是经济系统的危机向政治领域扩张的结果,并因而表现为国家系统的干预危机。按照阿伦特的理解,现代社会的资本主义体系在本质上可以被认为是一个解决必然性问题的社会化体系,因而在性质上属于一个私人性的体系,并因此呈现出不对等的支配和强制特征。在这个意义上,哈贝马斯认识到经济体系始终面临着整合或控制的危机。在早期自由主义阶段,这种社会整合问题只交由市场自行解决,然而这种方式面临着周期性的控制问题,危及社会整合。在这种情况下,晚期资本主义试图通过国家政治系

---

① Theordore J. Lowi. The End of Liberalism: Ideology, Policy, and the Crisis of Public Authority [M]. New York: Norton & Company, 1969.

② [美]汉娜·阿伦特. 人的境况[M]. 王寅丽,译. 上海:上海人民出版社,2009:27,29.

统的干预来加强社会整合问题,然而这意味着必然性开始渗透到政治系统之中。这给现代政治带来了无法解决的困境。

一方面,"如果国家对危机的控制失败了,那么它就落后于它自身所提出的一整套要求。对于这种失败的惩罚,就是合法性被撤消了"①。另一方面,国家必须依靠通过充足的生活消费品的供应以及提供相对稳定的生活保障来赢得合法性,这又导致对市民日常生活越来越官僚化或行政化的干预。政治系统中"形式民主的制度与程序的安排,使得行政决策一直独立于公民的具体动机之外"。公民在政治社会中享有的只是消极公民的地位,只有不予喝彩的权利。而合法性也被压缩成两个剩余的需求:"第一,公民私人性,即对政治冷漠,而转向关注事业、休闲和消费,助长了在系统内获得适当回报的期望。第二,结构失去政治意义本身就需要证明,或是用精英理论,或是用科技专家治国论。"②在这种情况下,政治和社会治理的领域流行的是必然性的逻辑。"在帝国主义时代,商人变成了政治人,并被承认为政治家;而政治家只有使用成功的商人语言和'从全世界角度来思考'时,才会受到认真注意;这时,私人的实践和手段才逐渐转变为执行公共事务的规则和原则。"③

因此,在某种程度上,现代政治的合法性危机其实是源于治理过程中在必然性的支配下陷入有效性的窠臼之中而日益丧失公共性的危机。拯救现代政治合法性危机的出路在于,恢复政治和社会治理领域的公共性,将矛头直接对准必然性逻辑在政治及社会治理领域的扩张,重建已经私人化了的政治及社会治理领域。然而,值得注意的是,在社会治理领域的复权公共性,并非要抹杀必然性的价值,将必然性排除在公共领域之外。其最终目的也并非是像阿伦特所认为的那样,要在公共领域中彻底地取消必然性的影响。实际上必然性构成了社会治理活动的条件,阿伦特实际上也认识到了这一点:"如果不拥有一幢房屋,一个人就无法参与世界

---

① [德]尤尔根·哈贝马斯.合法化危机[M].刘北成,曹卫东,译.上海:上海人民出版社,2009:76.
② [德]尤尔根·哈贝马斯.合法化危机[M].刘北成,曹卫东,译.上海:上海人民出版社,2009:41.
③ [美]汉娜·阿伦特.极权主义的起源[M].林骧华,译.北京:生活·读书·新知三联书店,2008:202.

上的事务,因为他在这个世界上没有一个真正属于他自己的处所。"① 因此,公共性的复权毋宁是试图从政治的角度来解决必然性,将必然性的解决纳入到一个有意义的方式之内,是用公共性来驯化必然性,使必然性的逻辑在公共性的引导下最终导向自由的逻辑。

除此以外,以公共性补救合法性还根源于另外两个重要的理由。首先,它与下述观念有关,即一个良好的政治共同体不能仅仅依赖于经济发展的速度和水平,还要依赖于其所坚持的公共道德观。政治合法性的支持不仅在于其经济基础,还在于其道德或价值基础。在这个意义上,公共性所需要解决的是,当前公共哲学中流行的中立性语言——程序共和国的理想。共和主义反对国家中立性的看法,认为国家不仅仅是保护个人权利和发展经济的有限政府,也不仅仅是各种私利博弈的场所,更不仅仅是实现各种社会目标的公共管理机器。国家应当是具有公共性和政治性的共同体,隐含在国家法律程序技术和社会治理技术背后的公共意蕴和政治意识构成了国家的灵魂和动力。② 中立性的问题在于它不能支撑一个负载公共性价值的社会治理场域。"程序共和国不是把自由与自治以及维系自治的德行相联系,而是寻求建立一种权利框架,在目的间持守中立,在其中个人能够选择并追求他们自己的目的。"这结果导致"政治议程缺乏实质性的道德话语",政治本身变得平庸化了。不仅如此,它还"制造了一种道德真空,为不宽容和其他误导的道德说教开辟了道路"。同时,程序共和国也增加了普通公民的无力感,"让他们感到受挫的是,他们正在失去对统治他们生活的力量的控制"。普通公民"所面对的世界依然受到非人化的权力结构的支配",失去了对公民的吸引力。因此,程序共和国最终导致了共同体和公民自治理想的侵蚀。③

其次,复权公共性还与这种观念有关,即权力的获取与权力的运用存在着本质性的区别,以公共性补救合法性,意在说明权力获取的合法性并不能保证权力运用的合法性。换句话说,获取了统治的资格并不意味着

---

① [美]汉娜·阿伦特.人的境况[M].王寅丽,译.上海:上海人民出版社,2009:18.
② 刘诚.现代社会中的国家与公民:共和主义宪法理论为视角[M].北京:法律出版社,2006:47-48.
③ [美]迈克尔·桑德尔.民主的不满[M].曾纪茂,译.南京:江苏人民出版社,2008:376-377.

统治的行为就能够始终合法。要保证权力运用的合法性,就必须关注权力是如何加以使用的,关注权力的使用是否符合特定的目的或要求。在这个意义上,公共性的复权意味着,选举并不是治理权威正当性的唯一来源。相反,由于有组织化利益的操纵以及必然性逻辑的扩张,公共利益才是治理行为是非对错的最高和最终裁决标准。社会治理在何种程度上体现了公共性的要求,即在何种程度上具有合法性。因此,在规范性的意义上,公共性的实质是对权力合法性危机的拯救,它意在表明,权力不仅需要合法地产生,更需要合法地运用。而在操作性的层面,公共性直接针对的是有效性的逻辑。以公共性视角来看,社会治理恰恰是作为一个抗拒必然性及其支配的公共性场域而出现的,而行政权的积极行使也就不是服从必然性及有效性的逻辑,而是要在宪政体制及民主政治的框架中服从公共性的召唤。因此,在我们这个时代最重要的就是公共理论,因为它确定了我们在一个组织社会中处理公共事务时愿意做出的承诺。①

三、公共价值的战略规划:前瞻性的民主治理

福克斯认为,无论是哪一个政府都需要回答这样一个问题:"如果需要一个国家,哪怕是有限的国家,它应该如何并代表谁的利益而行为呢?"②国家应该是像自由主义程序共和国的理想那样成为一个中立性的结构或工具,而将最终的选择权交由公民及其社团之间的竞争,还是像一些实质性民主理论那样,强调自身的积极主动性?这在现代政治中的确构成了一个重大的问题并引发了一系列的争论。但正如上文所分析的那样,这样一种将政治视为中立性,而将治理视为技术性的自由主义观点,在今天存在着很大的问题,并导致其内部呈现出分裂的危机。政治中立性以及治理技术性的视角,实际上意味着否认了公共性存在的必要性,从而将必然性带入政治及社会治理的场域之中,由此导致在政治及社会治理场域中创造出一种不平等的结构。"一个不可避免的后果就是一个强硬的国家为在市场上取得成功的人的利益服务。"③

---

① [美]罗伯特·丹哈特. 公共组织理论[M]. 第2版. 项龙,刘俊生,译. 北京:华夏出版社,2002:44.
② [英]基思·福克斯. 政治社会学[M]. 陈崎,等译. 北京:华夏出版社,2008:66.
③ [英]基思·福克斯. 政治社会学[M]. 陈崎,等译. 北京:华夏出版社,2008:67.

因此,在社会治理领域中复权公共性,其实质就是对必然性的一种拒斥或抵抗,其目的就是要在必然性之外建立一个自由的共和国。在这个意义上,民主政治以及社会治理其实是对经济力量的一种必要的约束,它用以防止社会在必然性的经济逻辑的支配下,创生出一种不平等因而是不自由的结构和秩序。如果现代政治在本质上体现为一种以自由为基的"解放政治",那么它的焦点问题即在于如何应对市场社会所带来的必然性扩张问题,它的核心即在于如何在克服经济逻辑的支配下,创生出具有公共性的公共领域和社会治理的场域。在这个意义上,社会治理行为以及行政权的积极行使就不能成为一种中立性的技术行为,而是需要不断地回应公共精神的召唤以及对公民权利的承诺。将行政权视为一种技术性的操作行为,无疑是在社会治理的场域中承认了必然性的支配。

因此,那种以"去责任化"及"去政治化"为核心的管理主义设计本身存在着特定的范围与限度。"公共行政的目标不能用金钱去衡量,也不能用会计方法进行核查",因此"任何改革也无法把一个公共部门改造成私人企业"。[①] 更重要的在于,如果以必然性的逻辑来改造政治及社会治理行为,那将使不平等的社会分层予以结构化。"无论诸如此类的观点有什么样的抽象吸引力,放松管制在实践中只会导致政策的自由裁量权力一次转移,从行政机关那里转向大型的、高度组织化的私人利益团体。在一个以经济和社会权力高度集中为特征的现实世界中,由私人自行安排秩序的制度只会反映组织化利益和未组织化利益之间的不对称,因此,为了使这样的不对称恢复平衡,一项行政干预措施是必要的。"[②]

因此,在一个过度自由化或去政治化的自由主义语境中,恢复政府在当代社会治理中应该具有的积极权能已经成为必要。从根本上说,社会治理承担着私人部门不可能解决的任务,正是在这个意义上,它与私人领域存在着本质的区别。按照阿伦特的理解,如果说必然性的逻辑支配着私人领域中的一切行为的话,那么社会治理的一切行为就只能接受公共性逻辑的支配。正因为如此,作为一种不可取代的社会行为,在公共治理过程中行政

---

① [奥]路德维希·冯·米塞斯. 官僚体制·反资本主义的心态[M]. 冯克利,等译. 北京:新星出版社,2007:44,49.

② [美]理查德·B. 斯图尔特. 美国行政法的重构[M]. 沈岿,译. 北京:商务印书馆,2002:38-39.

官员的理想角色是：

(1) 扮演捍卫与执行宪法的角色：行政官员在就职时应该宣誓要捍卫宪法及执行宪法，执行宪法的短期目标是营造出一个稳定且有效运作的政治体系，而终极目标则是增加机会、促进平等以及持续地提高全民的生活品质，这是行政官员的天职。

(2) 扮演人民受托者的角色：行政官员受人民的托付，在治理过程中扮演着正当与重要的角色。不能屈服于强烈短视的压力，应考量长远及全民的利益。行政官员必须要能不惧强权，更不能妄自菲薄，只把自己当成工具，应自觉以追求公共利益为职责。

(3) 扮演少数贤明的角色：行政官员要能做到众人皆醉我独醒，不可人云亦云，要能做到"自反而缩，虽千万人吾往也"。行政官员要扮演"贤明的少数"，而不是随波逐流追求时尚的"喧嚣的多数"或"有权的少数"。民主政治可贵之处乃在于人人皆有表达与良知的自由，而贤明的少数在充分讨论后，应能说服理性无知的多数而变为贤明的多数。行政官员有责任通过吸引民众参与公共事务，使贤明的少数变成多数。

(4) 扮演着平衡轮的角色：行政官员必须对外在环境有回应或有反应，但绝对不是像地震仪一般只忠实地从事刺激反应式的记录，或像忠诚的仆人一样只听命行事，也不能只是很有技巧地在各种利害团体压力间折中、闪躲、求存。行政官员必须要肩负专业责任，也就是要以维持专家观点、公共利益以及宪政运作为职责。行政官员应以其合法权力及专业判断在治理过程的各种势力中，扮演着平衡轮的角色。

(5) 扮演分析者与教育者的角色：行政官员应该或必须能够有意识地了解自己决策的价值体系与假定，为自己所作所为提出合理说明，并尽量将人民纳入治理过程。行政官员应扮演分析者与教育者的角色，以增加政治领导、民意代表、所在治理过程的参与者乃至一般民众对公共事务的了解，并向他们宣传公共利益的观念。[①]

行政官员在本质上区别于私人部门中的经理及其技术人员，行政权的

---

① G. L. Wamsley, R. N. Bacher, C. T. Goodsell, et al. Public Administration and the Governance Process: Shifting the Political Dialogue [A]//Gary L. Wamsley, et al.. Refounding Public Administration [C]. Thousand Oaks, CA: Sage, 1990: 47-49.

积极行使也在根本上区别于私人部门的管理行为,它本质是一种以服务为内在规定性的治理行为。在今天,面对日益突出的可治理性问题,面对着在必然性逻辑的支配下公共领域的凋敝状态,行政权不仅需要回应性地实现公民权利,而且更需要前瞻性地去建构有利的社会环境,以促进公民权利的界定、维护以及实现。面对各种复杂的情势以及观点,公共行政要在各种相互竞争的价值、势力、观点之间作出审慎的选择。法律和政策本身的抽象性和模糊性,使得它们很少能够直接处理具体事务。在这种情况下,行政机关经常需要"在若干受影响之特定利益星云密布般充斥其间的某个特定事实情形中,必须重新衡量和协调隐藏在立法指令背后的模糊不清的或彼此冲突的政策。必要的政策平衡就其内在本性而言就是自由裁量的过程,归根结底就是政治的过程"①。

从社会治理的层面来看,从管理到服务,从回应性到前瞻性,从中立性到建构性,意味着行政权承担着为社会创造公共价值的规范使命。在公共服务的过程中,很少存在一项服务不与特定的道德或价值议题有关。在斯通看来,政策议题总是负载着特定的道德、价值或政治判断,并因而呈现出争论或悖论性局面。② 而行政权的运用并非只是被动地回应各种价值,相反,在前瞻性的社会治理过程中,行政权是以一种积极的方式介入到各种道德、价值或政治判断之中,行政人员在执行笼统或普遍性立法时要行使决断权,也因为政策规划需要专职公务员的建议和咨询。③ 在这种情况下,自由主义对政治中立的看法及其所建立的程序共和国,将所有的政治决断都交由个人并通过政治竞争的方式决定,这种做法导致的结果只能是让现代政治听任偶然性、经济力量的操控甚至是强力的支配。"只有正确的哲学才能为我们分辨什么东西对社会和个人是正义的。"④ 在这个意义上,对公共价值作出战略性的规划,发现、定义和创造公共价

---

① [美]理查德·B. 斯图尔特. 美国行政法的重构[M]. 沈岿,译. 北京:商务印书馆,2002:22.

② [美]德博拉·斯通. 政策悖论:政治决策中的艺术(修订版)[M]. 顾建光,译. 北京:中国人民大学出版社,2006:12.

③ [美]罗伯特·丹哈特. 公共组织理论[M]. 第2版. 项龙,刘俊生,译. 北京:华夏出版社,2002:51.

④ [古希腊]柏拉图. 柏拉图全集[M]. 第4卷. 王晓朝,译. 北京:人民出版社,2003:80.

值,就成为前瞻性社会治理方式的重要任务。

所谓公共价值,就是"政府通过公共服务、法律规制以及其他行动所创造出来的价值","而整个政府的合法性都在于它如何去创造价值"。[①] 社会治理的本质目标即在于如何去实现或创造由社会公众定义的价值。在这里,价值并不仅仅意味着一种观念形式的东西,而且还包括各种有形无形的价值载体,从而公共利益以及公共服务都可以在不同程度上纳入公共价值的范畴。公共价值在本质上是一个与私人价值相对应的概念,因此在本质上具有与私人价值相异的质的规定性。从根本上说,公共价值反映的是宪政体制以及民主政治的精神,公共价值的内涵与外延是在宪政体制的框架内,通过民主政治的程序来加以界定的。因而,宪政体制和民主政治对于公共价值具有基础性的地位,并因而折射出对公民权利的一种追求。从某种意义上说,公共价值是由宪政体制和民主政治交由社会治理的一项任务,社会治理的结构及其机制乃是以公共价值为核心而组建出来的。也就是说,社会治理必须要考虑到各种价值因素,它不仅需要考虑那些能够提高服务能力或服务效率的价值因素,而且更要考虑那些与自由、正义、公民权利、民主政治、宪政精神以及公共利益相关联的价值因素。

在一般的意义上,公共价值具体内容的界定只能来自于社会及民众,"公众偏好是公共价值的中心。在民主国家中,唯有公众才能决定对他们来说什么是真正具有价值的"。[②] 然而,正如前文所述,社会治理并非仅仅是被动地对公众偏好汇总及其结果的反映,有多重因素决定了行政权是在以积极的、前瞻性的方式影响或回应着公共价值。首先,政府行为对社会价值观存在着影响或者形塑作用。霍尔巴赫很早就注意到,"再也没有什么东西能够像政府那样对人民的风俗习惯产生如此直接的影响",因此"当权者必须通过各种途径确定应该怎样理解他国内哪些事是'公正的',哪些事是'不公正的'"。否则,就会出现"在不道德国

---

① Gavin Kelly, Geoff Mulgan, Stephen Muers. Creating Public Value: An Analytical Framework for Public Service Reform [R]. Discussion paper prepared to the Cabinet Office Strategy Unit, United Kingdom, 2002: 4.

② Louise Horner, Louise Hazel. Adding Public Value [R]. London: The Work Foundation, 2005: 17.

王的统治之下,恶德本身也变得高尚起来"的情况。① 不仅如此,政府不仅能够影响人们的道德观念以及价值信念,通过"国家自主性"的议题,我们还能发现政府能够积极地建构社会结构以及影响利益分配,甚至还具有推动社会进程的能力。因此,在这种情况下,提高公共价值对行政权的召唤和引导能力就成为非常紧迫的重要问题。

在这个意义上,"公共管理者被视作一个探索者,即与其他人一起寻找发现、定义并创造公共价值。与仅仅是为完成要求的目的来设计手段不同,他们变成了帮助发现和定义什么将是有价值去做的重要部门。简而言之,公共管理者变成战略者而非技术人员"②。社会治理的行为既是一种以效率为目标的技术性行为,更应该是一种以公共价值为目标的规范性行为,它们必须向社会展示出自身行为的价值在哪里。为了提高社会治理创造公共价值的能力,在实践层面,莫尔提供了一个所谓的"战略三角模型"的思考框架(见图 4-1)。

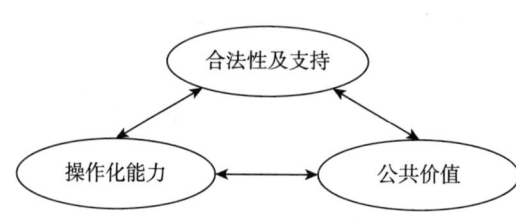

图 4-1 公共价值规划的战略三角模型

莫尔认为,为了创造公共价值,社会治理必须要着眼于未来,善于战略筹划——这实际上构成了前瞻性治理方式的本质。社会治理的战略规划必须要满足三个标准,或者说需要从三个维度去进行思考:(1)社会治理的战略必须具有实质性的价值因素,以便能够以较低的经济或权威成本去为社会创造价值,也就是说对于具体的社会治理行动而言,要确定什么是最重要的公共价值;(2)社会治理的战略必须具有合法性,并且能够在政治上得到持续的支持,因此要确定,实现这些公共价值,需要从对其负有治理责任的政治权威环境那里得到哪些经济和权威上的持续支持,以及可以通过什么方式获得这些支持;(3)社会治理的战略必须要能够在技术层面或操作层面具有可行性,也就是说,要确定必须依靠或建构哪

---

① [法]霍尔巴赫. 自然政治论[M]. 陈太先,眭茂,译. 北京:商务印书馆,1994:330.
② Gavin Kelly, Geoff Mulgan, Stephen Muers. Creating Public Value: An Analytical Framework for Public Service Reform [R]. Discussion paper prepared to the Cabinet Office Strategy Unit, United Kingdom, 2002:36.

些治理组织及其机制才能够保证这些有价值的行动最终能够得到实现。① 因此,前瞻性的社会治理要能够为社会创造公共价值,必须要获得两方面的支持,外部环境在经济与政治资源方面的支持以及实际行动方案的可操作性。

第三节　行政权服务性设计的实践维度

就现代政治的基本要义而言,它并不必然指向一个以制约权力为核心特征的保护型民主范式。从洛克式的观点来看,现代政府存在的本质即是服务于个人权利。这既说明了政府自身的价值及其内在规定性,也表明了一种政府可以有所作为的观点。这种观点同时也意味着以公民权利为起点的现代政府并不必然是一个"最小"意义上的政府。事实上,现代政府可以有所作为而且必须有所作为。有所作为的现代政府除了受到可治理性问题等必然性逻辑的决定以外,更需要在价值层面受到规范性的支持。因此,如何在价值层面为积极的行政权进行正当性的论证,就成为现代政治和社会治理遇到的关键性问题。如果失去价值层面的有效支持,积极的行政权以及社会治理就会遭遇到合法性困境而无力正当化自身的行为。而根据现代政治的基本特征,积极行政权的正当化只能回到现代政治的原初语境中去,从公民权利那里获得合法性的支持,这使得行政权的积极行使具有了一种全新的内在规定性,那就是在宪政体制和民主政治的框架内,致力于服务公民权利的需要。而要满足此种内在规定性并实现其目标,必须对行政权进行服务性的设计(如图4-2所示),使之在价值维度上满足公共伦理的规范性标准,在制度维度上满足精英治理的民主化要求,最终体现为以服务取向来重构行政国家的治理范式。

---

① Mark H. Moore. Creating Public Value: Strategic Management in Government [M]. Cambridge, MA: Harvard University Press, 1995: 71.

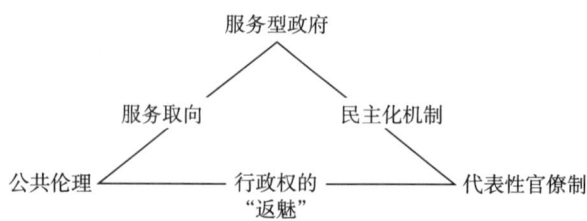

图 4-2 行政权服务性设计的实践维度

一、公共伦理:走向"返魅"的行政权

在政治或社会治理的领域,权力无疑具有基础性的地位,政治活动以及治理活动无不是建立在权力的基础上。失去了权力这一工具或媒介,政治或治理也就失去了其行动基础。正是在这个意义上,对权力的理解就成为建构政治制度和社会治理秩序的重要前提。法国著名的治理学家戈丹认为,"从 13 世纪起,关于权力的想法就带有善恶二元论的色彩,充满希望或恐惧,但是始终有一定之规:善对恶。在当今世界,这种想法并未完全消失;即使在自称务实与效率的模式下"[1]。的确,在政治思想的历史传统中,权力总是或者被视为善,或者被视为恶。然而,善恶二元论的权力观并不完全准确。在现代政治或治理的过程中,还存在着一种将权力从价值判断中剥离出来并使之建立在纪律—技术基础之上的第三种权力观,一种可以称之为"祛魅"的权力观。实际上,自马基雅维利开始,随着政治生活与伦理生活的分离,权力已走向了一种实用主义的建构。而且随着韦伯理性官僚制的出现,权力已经被技术理性化了。这种技术理性化的权力,实际上已经构成了今天民主政治和社会治理过程中的基础性权力。面对高度复杂多变的现代景象,如果缺乏这种技术理性化的权力,民主政治和社会治理的局面将不可想象。

一般而言,这种技术理性化的权力,在本质上是一种中立性的权力。它的关键之处在于,它不去进行价值或伦理上的反思,而只专注于效率的

---

[1] [法]让-皮埃尔·戈丹. 何谓治理[M]. 钟震宇,译. 北京:社会科学文献出版社,2010:47.

生产。在这个意义上,权力被高度工具化了。祛除了价值判断的权力,并被官僚制高度的形式理性组织起来,因而具有了普遍性的意义,并因此在"形式上可以应用于一切任务"①。虽然一个在道德或价值上持守中立的工具性立场,本身并不能证明什么,但如果考虑到下述命题,那么这种纯粹中立化的道德立场就成为一个问题。这个命题就是,"一旦充分实行的官僚体制,就属于最难摧毁的社会实体"②。可怕之处在于,这种"最难摧毁的社会实体"一旦被用于不那么光彩甚至是"恶"的目的时会产生什么样的结果。实际上,现代官僚制度的问题就在于它对效率的追求显得过于刻板,而对道德的反应又过于盲目。由于官僚制度可以用于任何任务和目的,并且又最难以摧毁,其在道德上的盲视很显然将会导致难以预料的结果。

在鲍曼看来,这种过分崇尚(工具)理性而过于漠视道德的官僚制度,最为严重的后果是,曾经在人类的历史上创造了"大屠杀"这样极为惨烈的现代性事件。"大屠杀"植根于现代性,是现代文明"单向度"发展的结果。经过了韦伯所言的"祛魅化"过程,现代文明的进程表现为"是一个把使用和部署暴力从道德计算中剥离出去的过程,也是一个把理性的迫切要求从道德规范或者道德自抑的干扰中解放出来的过程"③。从某种意义上说,"祛魅"和理性化并不必然导致恶的结果,但在一个充满意义和价值判断的现实世界中,完全的中立化几乎不可能。在道德上无法进行有效的反思并因而不能接受善的引导,那就意味着这种中立化的工具可能会演变为恶行的可怕帮凶。在这个意义上,失去道德反思或价值判断的中立性和技术理性所带来的恐怕只能是一种"恶"而不是"善",如果考虑到人性的命题的话。因此,充分工具理性化的官僚制实际上无法做到完全的中立,抽离了道德或价值色彩的官僚制更可能是现代文明中的一朵"恶之花"。而对于现代社会而言,"大屠杀"就不只是一个独特的事件,它其实只是一种标志,是一种现代文明可能造成的可怕后果的标志,是由官

---

① [德]马克斯·韦伯. 经济与社会(上卷)[M]. 林荣远,译. 北京:商务印书馆,1997:248.

② [德]马克斯·韦伯. 经济与社会(下卷)[M]. 林荣远,译. 北京:商务印书馆,1997:309.

③ [英]鲍曼. 现代性与大屠杀[M]. 杨渝东,等译. 南京:译林出版社,2002:38.

僚制这个现代文明的"恶之花"而结成的"恶之果"。

不过,认为官僚体系存在着道德虚空其实也不准确。相反,官僚体系中充斥着关于道德的语言,只不过"在权威的官僚体系内,关于道德的语言有了新的词汇。它充斥着像忠诚、义务、纪律这样的概念——全部都朝向上级。上级是道德关怀的最高目标,同时又是最高的道德权威。事实上,它们全部可归结为一点:忠诚意味着在纪律规范的限制下尽个人的义务"①。也就是说,官僚制度试图在法理形式的权威关系结构中,用严格的"纪律来取代道德责任",创造一种新的道德体系,在这种道德体系内,"惟有组织内的规则被作为正当性的源泉和保证,现在这已经变成最高的美德,从而否定个人良知的权威性"②。个人行为中的道德价值被忠诚于职责因而忠诚于权威关系的责任关系所取代了,个人成为单纯地向上级以及权威负责的工具性存在。每个人都被"平庸化"了。这种道德转化的意义不仅在于它能够促生像"大屠杀"这样的"恶行",更重要的是它还能够以职责、忠诚等官僚体系内部的道德名目将这些"恶行"合法化。在这种情况下,对"恶行"的执行反而被认为是一种荣誉而受到鼓舞,而在良心的驱使下抵制恶行的做法却被视为违背了官僚的道德和责任要求。在这里,组织化的权威和纪律机制实际上具有了一种"颠倒黑白"的效果,"好官僚"实际上是个"恶棍"。③

但是,个人之所以在官僚体系之内会执行"恶行",并不在于个人内心的幽暗意识,而在于"恶行"得经发生的社会机理。虽然人性可能自私,但自私的个人并非必然会产生"恶行"。"恶行"的产生更多的是基于社会原因,而不是人性原因。正如米格拉姆实验所揭示的那样,在"大屠杀"的背景下,"恶行"并不是生性残酷的个人所为,而是众多如你我这样的普通人所为,他们放弃了日常生活中的义务和责任。他发现,"残酷只是微弱地与执行者的个性相关,而实际上却非常紧密地与权威和下属的关系,与我们正常的、每天都碰到的权力与服从的结构相关"④。也就是说,现实中大规模、组织化的"恶行",实际上并非出于人性之恶,而毋宁与权威的组

---

① [英]鲍曼.现代性与大屠杀[M].杨渝东,等译.南京:译林出版社,2002:210.
② [英]鲍曼.现代性与大屠杀[M].杨渝东,等译.南京:译林出版社,2002:30.
③ [美]艾赅博,百里枫.揭开行政之恶[M].白锐,译.北京:中央编译出版社,2009:184.
④ [英]鲍曼.现代性与大屠杀[M].杨渝东,等译.南京:译林出版社,2002:202.

织化有关,这种组织化的权威一旦被"恶行"启动,它就具有了将"恶行"自动地高效地执行下去的机制。如果没有这些权威—控制的纪律规范,个人对"恶行"将存在着反思能力,会出于良心而自觉地抵制或者放弃"恶行"。然而,官僚体系通过建构单一的权威中心,将体系之内的每个人都置于权威链条的控制之中。在这种情况下,纪律化的责任观念取代了道德或良心上的认知。"官僚体系的双重技艺就是伴随着否定非技术问题的道德意义,而使技术道德化。"①

另一方面,官僚体系内行动者道德责任感的消失,还根源于官僚体制创造了一种新型的生产方式——"距离的社会生产"。这种生产方式将个人从具体的、直接的以及面对面的环境中剥离出来,并利用各种形式化的、技术化的操作标准或规范,阻止了个体从特定的历史与文化脉络中去进行思考与判断的倾向,也因此降低了个体对环境的回应能力。因此,这种生产方式的意义在于,"它废止或者削弱了道德责任的压力;技术责任代替了道德责任,这有效地掩盖了行动的道德意义以及区隔和割离的技术,这增加了对那些应该是道德评价对象以及道德刺激反应对象的他人所遭受的命运的淡漠"②。因为"道德看起来符合视觉法则。靠近眼睛,它就庞大而厚实;随着距离增大,对他人的责任就开始萎缩,对象的道德层面就显得模糊不清,直到两者达到消失点,并逸出视野之外"③。当然,这种距离在本质上并非只是一种物理上的距离,而毋宁是一种关系上的距离,或者说是一种责任上的距离。在面对面的直接互动中,之所以存在着道德责任上的压力,是因为存在着相互依赖的责任关系。而官僚制正是将这种相互依赖的责任关系替换为一种权威等级体系下的责任关系,封闭式的官僚制以体系内部的互动取代了日常的社会互动,因而消解了官僚与对象之间的道德压力,并因而将道德虚置,也使官僚对对象的命运漠不关心。

不仅道德被虚置,而且官僚体系内部还存在着责任被虚置的情况。官僚体系内的多个等级形成了多重的代理关系,在官僚体系内部造成了

---

① [英]鲍曼.现代性与大屠杀[M].杨渝东,等译.南京:译林出版社,2002:211.
② [英]鲍曼.现代性与大屠杀[M].杨渝东,等译.南京:译林出版社,2002:260.
③ [英]鲍曼.现代性与大屠杀[M].杨渝东,等译.南京:译林出版社,2002:251.

一种"自由漂浮的责任"状态。不仅如此,官僚组织的高度分工,使得个体的工作高度碎片化,个人仅仅是以一种"角色"的面目出现,每个人只承担着整个任务中的一小部分,没有一种角色能与整体相一致。于是,责任被高度碎片化的分工分解了。在这种状态下,整个组织出现了"有罪过,但无犯过者;有犯罪,但无罪犯;有罪状,但无认罪者"这种责任"漂流"的状态。① "组织中的每个成员都相信,并且在被询问时都会说他是受别人操纵,而被别人指认为是责任承担者的人又会把责任再推诿给他人。可以说组织在整体上是一个湮没责任的工具。"②正如阿伦特所言,"官僚政治是一个复杂的政治系统,没有人承担责任——不管是个人还是精英,也不管是少数还是多数,这样的统治的一个更恰当的叫法是:无人政治……无人政治就是所有政府形式中最残暴的一种,因为我们连一个能对发生的事情负责的人都找不到"③。

正是在这个意义上,鲍曼认为,"官僚制度文化是大屠杀主张得以构思,缓慢而持续地发展,并最终得以实现的特定环境;它促使我们将社会视为管理的一个对象,视为许多亟待解决的'问题'的一个集合,视为需要被'控制'、'掌握'并加以'改进'或者'重塑'的一种'性质',视为'社会工程'的一个合法目标……我还认为正是由于工具理性的精神以及将它制度化的现代官僚体系形式,才使得大屠杀之类的解决方案不仅有了可能,而且格外'合理'——并大大地增加了它发生的可能性"④。在官僚体制的文化中,理性是现代的,道德是传统的。文明的发展即是一个以(工具)理性计算不断地取代或化约道德规范的过程。在传统的道德发生作用的地方,如今取而代之的却是职业伦理规约之下的理性计算。而这种理性计算及其行为,本质上是一种工具理性的计算和行为,它是一种道德虚空之下的计算和行为,甚至是一种没有责任的计算和行为。每一个个体都在道德与责任的真空中被权威推向"恶行",这才是"恶行"规模化生产的社会机制。

---

① [英]鲍曼. 后现代伦理学[M]. 张成岗,译. 南京:江苏人民出版社,2003:21-22.
② [英]鲍曼. 现代性与大屠杀[M]. 杨渝东,等译. 南京:译林出版社,2002:214.
③ [美]罗伯特·希尔福斯,芭芭拉·爱泼斯坦. 一个战时的审美主义者[C]. 高宏,译. 北京:中央编译出版社,2000:17.
④ [英]鲍曼. 现代性与大屠杀[M]. 杨渝东,等译. 南京:译林出版社,2002:24-25.

因此，权力必须走向"返魅"，它应该首先被视为是一个与道德有关的存在，即使不具有"绝对的善"也应该被视为"平庸的善"。因为政治在本质上是应该被视为一种超越必然性的领域，而权力则应该被视为是对必然性进行超越的手段而不是服务于必然性的一种工具。"返魅"的行政权，实际上意味着赋予每个个体以一定的"伦理主权"，也就是赋予其在执行活动之前、之中以及之后，对其行为及行为的目的进行伦理或价值上的反思与评估的权力。这种"伦理主权"的要义在于，它是要恢复行政官员的道德良知，要求行政官员拒绝那种没有思想、没有道德感从而也失去独立思考能力的"平庸"。① 它要行政官员具有反思的能力，使行政责任、官僚纪律以及忠诚必须建立在伦理与道德的判断这一基础之上。因此，它实际上是要恢复价值理性对工具理性的引导以及规范作用，防止创造出一个从历史和道德背景中"脱嵌"的权力。它力图将权力"嵌入"文化与历史背景之中，使执行活动直接地面对各种道德压力。具有"伦理主权"的行政官员，在执行命令之前必须进行以公共责任为基础的伦理或道德上的思考与判断，如果认为命令存在着伦理上的问题，可以与上级之间进行争论，并可以提交相关部门进行审议和裁决。

除了一些紧急的状况以外，这种"伦理主权"赋予了执行者基于良知上的判断而拒绝执行或有选择执行的权力，因为"在政治中，服从等于支持"②。对"恶行"的服从其实就与为虎作伥之类的行为没有什么本质上的区别。这实际上意味着在官僚体系的单一权威中心之外，再造一个甚至多个权威来源，官僚行动不仅听命于官僚权威的等级链条所发出的"权力命令"，而且也需要接受来自伦理评估的结果所发出的"道德命令"。这意味着存在权威上的多元主义，而正是这种"多元主义是防止道德上正常的人在行动上出现道德反常的最好的良药"③。值得注意的是，这种多元主义不仅指的是一种权力（威）分配上的多元主义，而更是一种价值或伦理上的多元主义。权威的命令之所以能够形成不同的指向从而形成竞争

---

① [美]汉娜·阿伦特.《耶路撒冷的艾希曼》：伦理的现代困境[M].孙传钊，译.长春：吉林人民出版社，2003：54.

② [美]汉娜·阿伦特.《耶路撒冷的艾希曼》：伦理的现代困境[M].孙传钊，译.长春：吉林人民出版社，2003：47.

③ [英]鲍曼.现代性与大屠杀[M].杨渝东，等译.南京：译林出版社，2002：217.

性的结果并赋予个体以自主选择的权力,从根本上说,乃是立足于不同的价值或伦理判断的结果。当然,它同时也需要在权力关系上承认这些不同判断的权威性。正如米格拉姆实验所确认的那样,当个体被赋予道德思考和伦理判断的权力时,当个体可以进行争论或选择时,"恶行"的概率被大大地降低了。

因此,以"伦理主权"为基础的"返魅",对于恢复官僚制在社会治理过程中的正当性,特别是对于行政权的积极行使就至关重要。值得注意的是,行政权的"返魅"不能仅仅定位于"行政责任"的行政伦理层面,而需要立足于社会治理的层面,以公共伦理来定位行政权的"返魅"。行政官员的"伦理主权"实际上意味着公共伦理的在场,是在宪政体制和民主政治的框架下对公民权利的价值回应,其实质是要超越"行政责任"的层面来重构社会治理领域的权力伦理。对于现代社会的治理而言,行政权的积极行使仅仅是忠诚于组织的命令远远无法正当化自身,它必须直接地体现为对宪政体制和民主政治下公民权利的承诺,是对由社会所定义的公共价值的有效回应。因此,官僚体制的"道德文化"必须从"行政责任"转换为一种"公共责任",而行政官员的"忠诚",则必须从对权威关系的忠诚也就是对上级的忠诚,转换为对宪政精神、民主政治以及公民权利的忠诚。而行政官员的"伦理主权"则是一种基于公共责任之上的道德良知及其决断权力,正是这种良知及其决断权力可以防止或阻断行政权的"恶行"。

二、代表性官僚制:精英治理的民主化机制

对于现代社会的治理而言,行政权的"返魅"其实质是要提高行政权对公民权利的回应能力,提高行政权实现、促进和建构公民权利的能力。这是社会治理过程中积极行政权的价值之所在,也是其具有合法性的价值基础。从这个角度而言,赋予社会治理过程中的个体以"伦理主权"就只是第一步,它虽必要但远未充分,它还要保证这种伦理判断与宪政精神和民主要义保持一致。在这个意义上,行政权的"返魅"过程,在制度上也就表现为一个民主化、社会化的过程。因此,要真正落实行政权对公民权利的责任,则还有赖于将"伦理主权"的运作真正植根于民主政治的道德背景和制度框架之中。在这个意义上,社会治理的民主化机制就非常

重要。

如前所述,从现代政治的逻辑来看,社会治理的民主化,其合理性既根源于保护型民主范式的治理困境,也根源于代议制民主的"共和病"。一方面,在保护型民主范式下,制约权力问题取代了人民统治问题,成为现代民主政治的核心问题。这使得保护型民主就其基本逻辑和取向而言,并不支持一个积极的、职能范围广泛的政府。然而,一个消极有限的政府在本质上只适应于一个自给自足的前工业社会,它在客观上无法适应工业化社会和风险社会中急剧增长的治理需求,因为受到严格制约的权力无法根据复杂多变的情势和环境作出积极有效的回应。保护型民主范式客观上存在着自身无法克服的治理困境:如果不支持一个具有积极行动能力并且具有合理干预范围的政府,则将造成治理能力不足的局面;而如果支持一个积极有为的政府,则又与制约权力的基本机制相抵牾。正是在这个意义上,我们才可以理解沃尔多为何发出这样的感叹,"在现有宪政体制、宪政理论和民主意识形态下,这一问题不可能得到圆满妥善的解决。我们所期望的是渐进的解决和暂时的妥协"[①]。

另一方面,代议制民主的问题在于,它并没有创造一个能够体现公民真正参与的空间,因而在本质上背离于民主的实质。在阿伦特看来,代议制民主的核心是投票选举,但投票选举不能为公民提供一个能够直接体验政治和生成正确观点的空间,公民只能以间接的方式表示同意或反对,因而是在一种消极的状态中被参与到政治生活中去。因此代议制民主的局限性就在于"选票箱无疑太小了,它只放得下一张选票"[②]。由于无法真正地参与到政治和公共事务中去,大多数的公民只能局限于自己的私人事务,缺乏对政治和公共事务的直接体验和全面认识,因此在政治观点上总是存在着不完善。这样,代议制实际上阻碍了解决政治问题和公共事务合理观点的形成。代议制民主对多数票决机制的依赖,实际上将决策最终交付于统计学标准,阻碍了公共辩论、公共协商在政治和公共事务治理过程中的价值和地位。同时,代议制民主将多数公民排除在根本的

[①] Dwight Waldo. The Administrative State[M]. 2nd ed. New York: Holmes and Meier, 1984: Ⅷ.
[②] [美]约翰·F.希顿.阿伦特论委员会民主[J].江棘,摘译.国外理论动态,2007(2):35.

政治决策过程之外,实际上意味着给予少数人统治的机会。因此代议制民主由于不能为公民提供直接参与的机会或空间,要么是走向多数的专制统治,要么是走向少数的专制统治,自始就患了"共和病"而走向了民主的反面。

　　正是出于现代民主政治的上述困境,社会治理的民主化具有了较高的合理性。首先,它表现为对保护型民主治理困境的突破。社会治理的民主化意味着,它恢复了权力在现代政治和社会治理过程中的合法性,并因而用权力的民主化机制取代了权力的制约机制。因此,它突破了保护型民主范式,使得民主政治不得不走向最小政府和弱的治理这一理论困境,从而将如何建立一个强大的民主政府置于现代政治和社会治理的核心位置。其次,社会治理的民主化意味着它在代议制民主之外,重新开拓了一个民主化的场域,将民主化的进程推向具体的公共事务的治理过程中来,因而在本质上使现代政治规避了"共和病",使得社会治理的民主化得以可能。民主政治的要义并不仅仅体现在将领导人的产生机制交由公民定期性地选择,更重要的是将公共事务治理的决策机制也民主化,以使现代政治和公共事务的治理能够真正地体现公民的意志和利益。因而,社会治理的民主化是要致力于解决当代政治和社会治理过程中最为核心的一个难题,官僚制的民主化问题或曰精英治理的民主化问题。

　　当代社会治理的困难之处在于,一方面,面对集体行动的难题,它不得不依赖于科层制才能提供统一的集体行动和有效的治理;另一方面,一旦建立起科层体制,其内部权威中的等级制和权威控制又与民主的平等和自由原则相违背,因而可能不利于民主政治的发展。也就是说,现代民主政治既不能没有官僚制,又有可能与官僚制相冲突。因此,正如韦伯所言,现代民主的难题就在于它将"不可避免地陷入同由它——由于它反对绅士统治——产生的官僚体制化倾向的矛盾之中"[1]。这一判断不仅在于它揭示了民主与官僚之间的紧张关系,更在于它实际上意味着在官僚体制以外的任何民主化机制都不能为此问题提供有效的解决机制。那种

---

① [德]马克斯·韦伯. 经济与社会(下卷)[M]. 林荣远,译. 北京:商务印书馆,1997:307.

试图将民主政治和官僚治理相分离,然后再令它们彼此相互制约和抗衡的做法在今天已不切实际。"环式民主"的断裂以及"传送带"模式的失效,也充分说明了官僚体制以外的力量都无法对其形成有效的制约。更为可取的办法,或许就是深入官僚体制内部,改变官僚体制本身的高度封闭性、形式化以及自上而下的权威体系等特征,使之与环境及其背景之间进行充分的交换,将其"嵌入"到特定的社会环境与历史背景之中,使官僚能够真正地理解、反映并服务于它所服务对象的利益和要求。也就是说,在官僚体制内部建立起民主化、社会化的机制。正如"韦伯所见及的解决之道乃是'科层组织化的民主',亦即阶层化与社会化、绩效成就与自我做主、效率与自由之间的一种结合"[1]。在这个意义上,它需要将民主与官僚制以某种方式结合起来,这一实践形态在今天可以称之为"代表性官僚制"。

值得注意的是,就官僚体制化以及民主控制的削弱现象而言,它的根本问题在于官僚体制取得了权力的垄断地位,并因此在官僚支配的逻辑下导致利益垄断或剥夺问题。也就是说,不受民主制约的官僚治理不能真正地代表或反映人民的利益或要求,因此提高官僚治理民主化的实质是要提高官僚治理服务于人民利益的能力。代表性官僚制的要义在于它体现了这样一种基本的信念,官僚制的代表性程度是与其服务于人民利益的程度正相关的,官僚组织如果想变得更民主,则必须是它们所服务的群体的代表。在伊文思看来,代表性官僚制建立在下述几个相互联系的信念之上,即"(1) 在民主社会,公共官僚体系必须服务于它所代表的人民的利益;(2) 只有能够真正代表人民所有部分的官僚体系才能最好地服务于人民的利益;(3) 因此,通过为那些在以前被排除在公共部门雇佣之外的群体或人口创造更多的雇佣机会,能够提高官僚体系的代表性;(4) 如果官僚体系的代表性提高了,那么官僚体制将能够最大限度地服务于人民利益"[2]。因此代表性官僚制要求公共部门的雇员构成"必须基于其能力并力求来自于所有的社会、种族以及宗教群体,尽管没有必要按

---

[1] [德]施路赫特.理性化与官僚化[M].顾忠华,译.桂林:广西师范大学出版社,2004:106.

[2] James W. Evans. Defining Representative Bureaucracy [J]. Public Administration Review,1974,34(6):628.

照精确的程度来复制它们在社会中的构成比例"①。

如前所述,代表性官僚制的历史生成,实际上立足于这样一种基本的观念,即"公共官僚无法充分地(甚至可能无法主要地)由立法者、政治性官员、法庭和其他上级代表制政府的机制所控制"②。这种观念与下述事实相关,即在现代政治和社会治理的实践过程中,并非所有的决策都在民主政治的过程中作出,或者是在法律控制的情况下作出。事实上,社会治理中大量的决策都处在民主政治和法律控制的领域之外,而依赖于行政官员的自由裁量。因此,在这种情况下,行政权力就成为社会治理过程中的关键因素,它对社会问题的解决具有决定性的作用。一个关键的问题是,由于行政官员终身雇佣并且不能被有效地识别出来,因而不能被受到侵害的公民加以弹劾,这意味着必须建立相应的机制以提高官僚体制对人民的负责程度。因此官僚组织自身的民主化就成为解决民主危机、防止官僚体制化倾向的重要手段,而代表性官僚制的真正目的就是要提高官僚治理对人民利益的服务能力。也就是说,一个在公共价值的基础上运作的代表性官僚制,如果能够产生与全民参与的情况下相同的政策产出,那么它就能够用来提高官僚制的责任性。

除了能够提高官僚制的责任性这一规范性的价值以外,代表性官僚制还具有功能层面的意义,还在于它能够在社会治理的过程中获得更多的支持从而能够优化社会治理的能力。如前所述,朗很早就注意到权力的获得和维持对于公共行政以及社会治理的基础性地位。对于社会治理而言,如果没有足够的权力来配置资源以及影响社会,落实既定的政策及其目标就成为空谈。然而,社会治理仅仅具有宪法和法律所赋予的权力是不够的,只依据"通过法律和授予的权力在政治上往往是不成熟的"③。政治体系和社会治理过程中的官僚机构要推行公共政策,就必须要在政治及法律之外为自己的生存和发展建立权力基础。也就是说,就社会治

---

① W. Lloyd Warner, et al. The American Federal Executive [M]. New Haven: Yale University Press, 1963: 5.

② Julie Dolan, David H. Rosenbloom. 代表性官僚制[J]. 胡辉华,译. 公共行政评论, 2008(3): 1.

③ Norton E. Long. Power and Administration [J]. Public Administration Review, 1949, 9(4): 257-264.

理最终是面向社会而言,权力的运用必须要在最终的意义上获得社会的认可和支持。在实际的社会治理过程中,几乎每一个问题都与特定的社会群体有关并因此牵涉到他们的利益,因此,对社会问题的解决必须要考虑到它的社会根基问题。如果不能获得社会力量的支持,则对社会问题的解决将举步维艰。在这个意义上,就政府行动通常要获得社会支持这一点而言,代表性官僚制具有积极的功能性价值,因为要获得社会的有效支持,"最古老的方法之一,是把社会的广泛阶层吸收进政府以起到传达和推销政策的效果"[①]。

可以看出,代表性官僚制之所以能够提高服务于人民利益的能力,与两个关键性的环节有关:首先,通过提高公共部门雇员对社会人口构成情况的代表程度,能够使不同部分人口或社会团体的利益在社会治理的过程中得到充分的反映或代表;其次,官僚机构代表性程度的提高,还能够使其获得更多的社会支持,因而有利于公共政策的执行。这两者之间高度相关。因此,代表性官僚制其实意味着行政权的民主化或社会化,它实质上是要将一个在理性官僚制中已经高度形式化了的因而呈现为"脱嵌"的权力,通过官僚代表的方式,重新"嵌入"民主政治和社会历史的背景中去,因而在根本上体现为一个拒斥"距离化生产模式"的社会治理过程。在这个意义上,代表性官僚制构成了行政权"返魅"的客观实践形态。它实际上意味着,向公民权利负责的行政权只能内在于行政权运用的过程之中,缺乏这种内在的"嵌入"机制,外在的政治控制和法律控制都会导致公共责任状况的恶化。

根据莫舍尔的分析框架,在实践中,代表性官僚制的"嵌入"机制可以采取两种基本的方式:一种是可以被称之为"被动代表性"的方式,另一种为与此相对的"主动代表性"的方式。[②] 前一种方式与公共部门雇员的构成比例有关,它要求公共部门的雇佣必须能够给予不同的社会群体,例如种族、性别、职业、地区、宗教等,以平等的机会,以尽可能从社会所有的阶层或团体中获得雇员。公共部门的雇员构成,必须在总体上能够大致反

---

① Samuel Krislov. Representative Bureaucracy [M]. Englewood Cliffs: Prentice Hall, 1974:4-5.
② Julie Dolan, David H. Rosenbloom. 代表性官僚制[J]. 胡辉华,译. 公共行政评论, 2008(3):3.

映上述各种因素在社会人口中的分布状况。这种方式被认为提高了公共部门的合法性,特别是那些处于弱势中的社会群体会认为这些官僚的服务行动更合法。这意味着在公共部门内部保持雇员的来源及其价值观的多样性具有重要的意义。然而,问题在于,这种着眼于雇员构成的"被动代表性"方式,并不足以保证每个雇员都能够根据自身的社会背景和价值观来决定服务的取舍,并不能保证他们一定能够对他们所代表的那些群体负起责任。实际上,因教育、年龄、工作时间等因素所导致的价值观上的变化,都可能削弱这些雇员与他们所代表的那些群体之间的责任联系。在这种情况下,仅仅立足于被动性代表的方式并不足以提高行政权的民主化程度,它还必须要立足于持续的诸如群众路线这样的"社会化"机制。通过建立相应的机制,增加或强化政府雇员与其所代表的群体之间的沟通与联系,使之能够从与其所属社会群体的立场出发进行思考,从而独立作出决策,或者提出政策建议并促使建议得到采纳。这样就可以将"被动代表性"方式转化为"主动代表性"方式。

三、服务型政府:行政国家治理范式的重构

如前所述,随着现代政治及其社会环境的发展和变化,民族国家在建构的过程中已经被赋予了越来越多的角色期待,这些不同的角色通过民主政治的方式已经被整合进公民权利的框架之中。作为一种普遍的正义性要求,现代国家不仅要为其公民提供法律和自由的框架,还需要作为福利提供者为其公民提供平等而普遍的公共服务。在这个意义上,现代国家更像是一个谦卑、忠诚而负责的为公民服务的"仆人",而不是一个高高在上、专断骄横的"统治者"。这实际上是现代政府的本质所在,也是其职能和行为的基本立足点,是现代政府存在的正当性基础,因而"为人民服务"构成了政府行为的内在规定性。舍此,政府的合法性就会成为问题。因此,对于一个范围广泛、权力强大的现代政府而言,将其行为和目标锁定在"为人民服务"这一范畴之内就成为现代政治发展的基本趋势,构成了可治理型民主的核心内容。

考察现代政治的发展轨迹,大致可以发现存在着两次基本的逻辑转换:第一次基本转换是从人民统治转向宪政民主;第二次基本转换是从保护型民主转向可治理型民主。按照吉登斯的观念,现代政治首先是一种

"解放政治",是一种将个体从传统的束缚和不良境遇中解放出来的政治,它体现为"力图克服某些个人或群体支配另一些个人或群体的非合法性统治"①从而建立一个自由社会的过程。因此,现代政治的核心原则是通向自由。然而,在解放的过程中,伴随着政治激进主义以及革命话语的重复操练,现代政治的组织原则在人民主权的引导下走向了多数统治的民主制。因此,出于对平民专政以及多数暴政的担忧,现代政治在这里出现了第一次转换,就是试图以宪政的形式抑制多数民主的暴政潜能以保护公民权利。民主政治首先是一种宪政民主,作为公共意志代表的宪法具有至高无上的权威,它构成了民主政治的基本框架及权威来源。除了通过宪法限制权力的范围及方式来保护自由和权利以外,宪政民主建立了分权体制,利用不同权力之间的相互牵制来实现对其的制约。"分权的成本,从管理取向的公共行政来看,是不合理的,但是从宪政的角度来看,则属理所当然的。"②同时,代议制形式的"间接民主在很大程度上则是一种对权力的限制和监督体系"③,它能够有效地杜绝平民专政以及党派篡权的可能。

因此,宪政民主在本质上是一种限制政府权力的民主制度。对于宪政民主而言,如何有效地制约权力取代人民统治成为民主政治的核心议题,因而体现为一种保护型民主范式。在保护型民主范式下,出于对权力滥用的担忧和警惕,政府的权力范围及其行使方式被严格地限定起来,政府不但规模狭小而且权力还必须消极行使。然而,规模狭小的政府无法承担起秩序维护之外的更多职能,而消极被动的行为方式,也使政府无法积极、主动甚至前瞻性地解决社会问题。伴随着工业化、城市化以及经济体系的扩张,宪政民主政治下的治理危机日益突出。为应对日益严重的"可治理性"问题,行政国家的崛起就具有必然性。"行政国家的实质和大规模地依赖公共行政来实现国家政治目标的政策选择有关",它包含了两个重要的观念,一是"政府必须存在以促使某些目的之达成,诸如国防、经

---

① [英]安东尼·吉登斯. 现代性与自我认同:现代晚期的自我与社会[M]. 赵旭东,等译. 北京:生活·读书·新知三联书店,1998:248.

② [美]戴维·H. 罗森布鲁姆,罗伯特·S. 克拉夫丘克. 公共行政学:管理、政治和法律的途径[M]. 张成福,等译. 北京:中国人民大学出版社,2002:523.

③ [美]乔·萨托利. 民主新论[M]. 冯克利,阎克文,译. 北京:东方出版社,1998:315.

济增长、社会福利等",二是"社会越来越多地依赖政府,而不是依赖私人提供各种服务"。① 在这里,现代政治发生了第二次逻辑转换,那就是从保护型民主范式转向可治理型民主范式。

在可治理型民主范式下,如何提高政府的治理能力,建立一个强大的民主政府,取代此前的权力制约问题,成为现代民主政治的核心问题。因此,可治理型民主本质上反对对权力的单向制约,而是主张政府权力应当去积极地回应民主政治中由公民所定义的公共价值。可治理性的问题,实际上意味着行政权的必然性,也意味着行政国家的必然性。然而,行政国家的崛起并不必然意味着可治理性问题得到有效解决。因为可治理性并不单纯具有客观的维度,它实际上是由客观问题与公民需求建构而成,在本质上反映了在新的环境中公民的政治愿望与权利期待。如果行政权不能有效地回应公民的治理需求,行政国家不但不能解决可治理性的问题,反而会加剧民主政治的治理危机。在这种情况下,如果说保护型民主范式的主要问题在于如何建立一个有限政府的话,那么可以认为,可治理型民主的主要问题则在于如何在规范性层面正当化行政国家,并在功能性层面实现效率上的优化。

随着可治理型民主范式的兴起,当代政治生活的重心也发生了转换。不仅相对于传统的选举,治理问题日益重要起来,而且相对于传统的代议制民主制度,官僚体制的重要性也日益凸显出来。然而,官僚体制的扩张给现代民主带来持续的挑战。"公民有限的政治参与与大规模的公共行政发展之间存在着脱节的现象,人们感到国家是由官僚统治的。"② 因此,可治理型民主范式下社会治理的首要命题就在于,要"驯服"建立在官僚体制之上的政府,使之真正能够成为一个"为人民服务"的"公仆"型机构。也就是说,必须要以服务型政府模式及其实践形态,来重新建构可治理型民主范式下行政国家的治理范式。

如果从最原初的意义上进行追问就会发现,正如任何经济组织都会

---

① [美]戴维·H. 罗森布鲁姆,罗伯特·S. 克拉夫丘克. 公共行政学:管理、政治和法律的途径[M]. 张成福,等译. 北京:中国人民大学出版社,2002:51、53.

② [美]戴维·H. 罗森布鲁姆,罗伯特·S. 克拉夫丘克. 公共行政学:管理、政治和法律的途径[M]. 张成福,等译. 北京:中国人民大学出版社,2002:483.

面临三个基本问题一样①,当代政府的建设实际上也是围绕着三个核心的议题——政府应当做什么、政府为谁做以及政府应该如何去做。服务型政府作为一种独立的政府模式,意味着它对这三个问题的回答有着自身的规定性,那就是政府应该以一种服务的方式,有效地为公民提供公共物品和公共服务,以及那些政治系统认为应当提供的物品和服务。在服务型政府模式中,对于服务绩效的追求固然不可缺少,但基于公共责任之上的服务职能及其治理机制却是其关键部分,它构成了服务型政府模式的内在规定性。因为恰恰是这种对政府职能、服务对象以及行为方式的不同理解,构成了服务型政府模式与其他政府模式之间的本质区别。服务型政府的要义不仅在于它的主要职能是提供公共服务,更在于它在本质上也是以服务的方式提供公共服务。根据这一理解,可以建构出用来分析服务型政府建设的基本框架(如图4-3所示)。

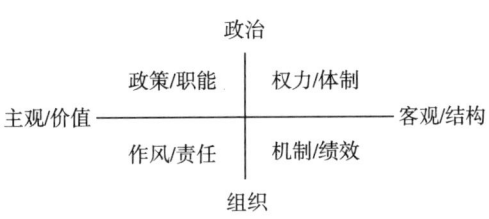

图4-3 服务型政府建设的基本框架

一方面,应该看到,如果没有政府职能的转变和权力体系的重新分配,政府对公共服务的提供就无从谈起;另一方面,如果没有在行政权力的运行中贯彻公共服务的意向和机制,公共服务的治理也就失去了坚实的组织基础。当从两个维度来观察时,可以发现公共服务型政府的建设始终围绕着四个相互联系的关键领域:(1)以民生取向的社会政策为主体的政府职能建设;(2)以促进多元主体的合作共治为核心的政府体制建设;(3)以公共服务的责任意识为内容的行政作风建设;(4)以公共服务的运行绩效为目标的行政机制建设。

(1)政府职能建设:民生取向的社会政策。从发达国家的实践来看,随着后工业化社会的来临以及公民权利内容的扩展,向公民提供社会经济福利已成为国家建构公民的政治认同和民族认同的正当性手段。公民

---

① [美]萨缪尔森,诺德豪斯.经济学[M].第16版.萧琛,等译.北京:华夏出版社,1999:4.

权利的历史变迁表明,仅仅具有消极性的自由权利并不能保证个人得到充分的发展,反而会将部分群体置于经济与社会的发展进程之外,将整体性的社会分裂成两个对立的部分,从而埋下社会冲突和不稳定的隐患。这不仅降低了政权的合法性,也降低了公民对政治共同体的认同。作为一种不可缺少的合法化策略以及对民主政治价值本身的确认,政府为在市场社会的激烈竞争中处于不利地位的个人和群体提供应有的福利,已经成为世界各国共同的政策选择。以改善民生的社会政策为主体的政府职能,为个人在激烈的社会竞争中和无常的命运面前提供了基本的保护。这种保护不仅挽救了政权的合法性,还避免了社会走向崩溃。①

(2) 政府体制建设:促进多元主体的合作共治。在古典的自由主义经济学那里,政府的作用被限制在极为有限的范围之内,以官僚制为基础的政府被看作是"市场失灵"的替代选择。在奥斯特罗姆看来,这种传统思维存在着明显的局限性,它认为一个外在的"利维坦"式的政府可以避免类似于"公地悲剧"之类的"市场失灵",这导致了一种实施中央集权控制的政府体制。但是这种体制的有效性是建立在诸如信息准确、监督能力强、制裁可靠有效以及行政费用为零这些假定的基础上的,缺乏这些有效的条件,单中心的、封闭的政府体制在实现效率和目标方面的能力,无疑是值得怀疑的。② 在今天,公共物品和公共服务的制度逻辑已经导向了一个合作主义的政策时代。在合作主义的政策框架中,政府谋求与社会其他组织建立伙伴关系,构建公共服务的政策网络。"国家政府与许多公共和私人机构——其他层级的政府、私人企业、银行、保险公司、私人非营利机构——之间形成了日益扩大的联盟网络",导致公共服务"已经超出了政府作用的边界,把大量的第三方包含进来,与政府大量分享对公共出资服务的自由裁量权"。③ 以多元主体的合作治理为特征的治理体系,成为公共服务时代基本的制度框架。

(3) 行政作风建设:公共服务的责任意识。有学者认为,"公共行政

---

① [英]波兰尼. 大转型:我们时代的政治与经济起源[M]. 刘阳,冯钢,译. 杭州:浙江人民出版社,2007:171.

② [美]埃莉诺·奥斯特罗姆. 公共事物的治理之道——集体行动制度的演进[M]. 余逊达,等译. 上海:上海三联书店,2000:23-25.

③ [美]莱斯特·M. 萨拉蒙. 公共服务中的伙伴[M]. 田凯,译. 北京:商务印书馆,2008:2.

与私营部门管理的区别在于:政府有义务增进社会的公共利益"①。这也是对现代政府责任的简明概括。现代政府要贯彻它们对公共利益的服务意图,在根本上依赖于行政人员的具体行动,因而这些具体行动的方式及其特征,对于公共服务意图的实现程度具有不可估量的影响。公共行政学家哈蒙认为,行政官员个体的行动是有意识和有意向的,它发生在由社会建构而来的规范、规则、价值与期望的网络之中,这些规范、规则、价值与期望是由社会成员所分享的。行动的意向性和社会性导致了个体既是自主的,又是社会的。个体虽然受到社会规范的制约,但他并非只是社会环境的被动支配物,相反他是现实世界的主动者。个体的这种双重特征,导致了每个人会形成自己的行为风格,在公共行政领域,就表现为不同的行政作风。而实施公共服务的行为,就是行政人员根据自己的行政作风,因应社会环境的要求而实施的行动。② 这说明,政府对公共利益的追求,并不能寄托在官僚体制中非人格化程序与责任控制上,相反,它强烈地依赖于行政官员"公平地及乐善好施地服务于公民"的责任意识和公共精神。如果缺乏这种意识和精神,"用来确保政体的价值的就只有职业主义、利己主义的动机",仅此是不能够保证政府的公共利益追求的。③

(4)行政机制建设:公共服务的运行绩效。虽然以成本—收益为主题的这种对政府效率的经济学解读,无疑可能会导致政府忽视它所应该承担的社会责任,但在服务型政府的建设中,公共服务的绩效问题早已超越了此种经济学上的单一含义,而具有了更多的社会性、价值性内容。因此,尽管对政府绩效的具体内涵至今仍缺乏一致的认识④,但它无疑是目前评判政府服务水平的重要依据,对公共行政和公共服务的日常运作提供了一种激励和导向作用。它不断地激励着政府改善自身的流程运作以及内部管理,加强对其他公共服务组织的监管,运用先进的技术手段提高

---

① [美]戴维·H.罗森布罗姆,罗伯特·S.克拉夫特.公共行政学:管理、政治和法律的途径[M].张成福,等译.北京:中国人民大学出版社,2002:9.
② Michael M. Harmon. Action Theory for Public Administration [M]. New York: Longman, 1981:64.
③ [美]乔治·弗雷德里克森.公共行政的精神[M].张成福,等译.北京:中国人民大学出版社,2003:178.
④ 丁元竹.界定基本公共服务及其绩效[J].国家行政学院学报.2009(2):18-21.

服务的质量和效率。当然，公共服务绩效虽然可以采取量化的手段，但就其最为核心的内容，无疑是公众的满意度。就权力为民所赋并为民所用而言，人民是否满意构成了对政府服务结果最终也是最权威的评判。因此，服务型政府的目标之一就是以公共服务的绩效为中心，形成高效的行政运行机制，向社会提供优质的公共服务，从而提高社会对政府的满意度。积极的行政权，应当趋向建构人民满意的服务型政府。

第五章　行政权的参与性设计：
合作的治理

如前所述，在行政权急剧扩张的时代，如何有效地"驯化"行政权无疑已经成为现代政治以及社会治理领域中最为重要的议题之一。社会治理中的积极行政取向，最为本质的规定性并不在于行政权的功能扩张以及自由裁量的增长，而毋宁在于它必须以一种前瞻性的方式有效地服务于公民权利的需求，这也成为现代社会治理的一项"绝对命令"。在这个意义上，社会治理中的行政权实际上承担着两项彼此相关的功能，即与有效性相关的服务生产功能，以及与公共性相关的权利回应功能，并且在民主政治的规范意义上，后者对前者具有决定性的意义。以共和主义的立场来看，在可治理型民主的社会背景下，面对不断激增的社会问题以及公民权利吁求，既要发挥行政权的积极能动性以应对复杂多变的社会问题，也要对行政权形成有力的制衡，使之有效地服务于公民权利。因此，对行政权进行强有力的约束，无疑是积极行政的重要面向。

另一方面，对权力的制约也常常是创生更多权力的重要源泉，就此，对行政权的制衡不但不会影响社会治理的效果，反而为实现社会治理的目标创造了更多的力量和机会。在宪政体制和民主政治的背景下，竞争与参与往往成为制衡行政权的有效手段。如果说行政权的竞争性设计在本质上体现为提高行政权服务生产的有效性，那么行政权的参与性设计则是从以公民为中心的立场出发来解决行政权回应权利的公共性问题。与此同时，如果说服务性设计的目的在于建构与强化积极行政的服务意识和权能，那么参与性设计的本质则在于加强这种行政权与社会公众之间的纽带。这里面的逻辑在于，如果缺乏从公众角度对社会公共价值的定义与理解能力，那么仅仅具有服务社会的意愿和能力是不够充分的。行政权的公共性，既体现在它内在精神的"乐善好施"方面，更体现在它与社会公众之间的非常紧密的联系与纽带方面。也就是说,积极的行政权必须扎根于公民社会。

第一节 公民社会与生活世界:治理的社会基础

无论是从比较政治学的视角还是从发展政治学的视角出发,民主政治的社会基础正在变得越来越重要。从早期托克维尔对美国社会的观察以及摩尔关于民主与专制的社会起源的研究中,就可以观察到社会的构成及其结构对于政治发展及其现状的重要影响。往近一点,阿尔蒙德的公民文化研究、李普塞特的政治人研究以及普特南的社会资本研究,都在不同的程度上证明了一个道理,那就是特定的政治形式总有其特定的社会基础或社会根源。与传统的专制统治类似,民主政治同样也不是无水之源、无根之木,相反它深深扎根于历史传统和社会实践所形成的社会网络、公民文化等社会背景之中。

对于社会治理而言,社会基础的地位同样具有决定性的意义,没有一个积极的公民社会的参与,社会治理无疑将会演化成官僚垄断下的专家统治模式。对于现代社会的治理而言,在专家理性与社会理性之间取得平衡已经成为一项重要原则。在晚期现代性阶段,"以公民为中心的治理才算是一份真正的公共生活"[①]的观点已经成为重建政治现代性的关键共识。值得注意的是,对民主政治和社会治理的社会基础的强调,并不仅仅是从一种社会支持的合法性角度作出的观察而得出的结论,而更重要的是从民主政治和社会治理发展及运行的角度所得出的结论,在这个意义上,社会基础实际上构成了民主政治和社会治理不可缺少的一项构成性要素。

---

① [美]卡尔·博格斯.政治的终结[M].陈家刚,译.北京:社会科学文献出版社,2001:10.

一、从政府到公民:民主治理的类型学

如前所述,由现代社会发展所导致的治理需求以及公民权利呼求的增加,使得可治理型问题构成了现代民主政治的最为重要的挑战。为了应付来自政治体系内部与外部的双重压力,民主政治需要不断地提高自身的治理能力以服务于公民。对治理能力的追求,使得民主的治理化已经成为当代民主政治发展的重要面向。在这一过程中,民主的危机与治理问题紧密地联系在一起,而治理能力就成为衡量民主政治成熟程度的重要标志。然而,在对治理能力的追求过程中,对治理有效性的过分强调又使得民主政治误入了"管理主义"的歧途。官僚垄断和理性支配的传统治理模式,构成了对现代宪政及民主政治的最为基本的挑战,它使现代政治陷入自相矛盾的混乱之中。一方面,治理能力的重要性超越了制约权力的重要性,并因此造成了权力的积极行使以及单一中心的结构塑造;另一方面,在集权结构下不断增加的自由裁量和政府规模,又冲击了传统的以限权为中心的民主模式,造成宪政体制的混乱。出于对"管理主义"这一不良倾向的反思,治理或行政的民主化趋势就成为解决这种混乱性危机以及重建现代政治的重要路径之一。

换句话说,保护型民主范式的政治均衡是建立在下述三个要素的基础之上的:(1)国家与社会之间的分离;(2)最小规模的政府;(3)代议制民主的有效运作。国家与社会之间的分离,意味着政府的活动范围只能在私人领域的边界之外,政府无权干涉私人领域以外的活动。这使得最小规模的政府成为可能,也使得议会权力能够始终占据着主导性的地位。因此,依赖于代议制的这种间接民主制的方式,民主政治就能够得到有效的落实。然而,随着资本主义市场社会、工业体系以及城市化进程的迅猛发展,诸如劳工问题、环境问题、人口问题等社会问题的急剧增多,面对集体行动的难题以及社会正义的普遍呼求,首先是最小规模的政府不再奏效,其次是国家与社会之间的关系及其结构面临着调整的压力,最后是伴随着政府干预规模的不断扩大以及行政权力对立法进程及公共决策的影响,代议制民主不能够继续成为落实民主政治的有效机制。随着这三个要素的相继消失,保护型民主的政治均衡局面也不再持续,传统的宪政民主模式与治理之间的裂缝不断扩大。这实际上意味着,公民权利的维护

以及民主政治的落实无法继续以独立于治理之外的外部机制的方式贯彻下去,需要在治理的内部实现民主化,以此才能解决宪政民主与社会治理之间的内在性紧张。

作为一种新的治理范式,民主治理具备一些重要特征。全钟燮教授认为,民主治理(行政)必须具备六项特色:(1) 公共利益的表达;(2) 代表性;(3) 开放性;(4) 超越党派利益;(5) 严防专业主义对民主原则的伤害;(6) 参与。① 文森特·奥斯特罗姆采纳马克斯·韦伯的意见,认为民主治理(行政)体现为:(1) 每个人都有资格参与公共事务处理的平等至上主义的假设;(2) 所有重要的决定都留给所有社群成员以及他们所选择的代表考虑;(3) 把命令的权力限制在必要的最小范围内;(4) 把行政机关的地位从主子的行政机关变成公仆的行政机关。② 因此,民主治理就其核心来说,是要在重新确定社会治理体系的结构基础上,调整专业官僚与政治家及公民之间的角色或关系,以使社会治理更为充分地反映公共利益或公共价值。这实际上意味着需要在社会治理的层面推进民主进程的深化,其实质是要求社会治理或公共行政以一种有效的方式服务于公民权利或者由社会公众所定义的公共价值。

从历史的角度来看,治理的民主化进程涉及两个方面的变化:一是从社会治理的结构来说,国家与社会之间的分离不再持续,取而代之的是国家与社会之间的合作与制衡。在社会治理的体系之内,存在着包括政府以及其他非政府组织在内的多种行动主体。但尽管存在着多元的行动主体,社会治理的结构取向仍然存在着以政府为中心与以社会或公民为中心的持续争论。③ 二是从社会治理的方式来说,存在着回应性与前瞻性之间的变化。以民主治理的本质来说,它需要直接面向公民权利,需要直接因应社会所定义的公共价值的变化。对于这种因应的方式而言,如前所述,它既可以以一种被动的方式去回应公民权利的需求及公共价值的变化,也可以以一种主动的方式去应对公民权利需求与公共价值,表现为介入

---

① 孙本初,等. 行政学辞典[Z]. 台湾:一品文化出版社,2008:195.
② [美]文森特·奥斯特罗姆. 美国公共行政的思想危机[M]. 毛寿龙,译. 上海:上海三联书店,1999:87.
③ Stephen Bell, Andrew Hindmoor. Rethinking Governance: The Centrality of the State in Modern Society[M]. New York: Cambridge University Press, 2009:1-2.

公共价值定义过程、引导公民对公共价值的关注与参与,以及为公民参与及其活动创造更多的资源与机会等等。以此两个维度,大致可以发现民主治理可能存在的四种类型(见表5-1)。

表5-1 民主治理的类型学分析

		社会治理的结构取向	
		以政府为中心的治理	以公民为中心的治理
民主治理的取向方式	回应性	消极的官僚治理:控制官僚	消极的公民治理:社会问责
	前瞻性	积极的官僚治理:公共精神—价值规划	积极的公民治理:社会设计—合作治理

借助于外部控制的机制来保证以政府为中心的治理方式对公民权利的回应能力或责任性,是传统的民主治理类型的重要特征,它的核心机制在于控制官僚。或者是以法律为中心的"传送带"模式以及司法审查来实现对官僚的控制,或者是借助于代议制以及对官僚体制内的责任机制这种"环式民主"的模式来提高社会治理或公共行政的民主程度。然而,正如前文所述,行政自由裁量以及官僚对立法与决策进程的影响与日俱增,这种以控制官僚为基本特征的消极官僚治理模式已经无法持续。在这种情况下,出于对社会事务复杂性的认识以及专业主义的依赖,以新公共行政学派为代表,强调官僚基于自身的道德良知出发,服从对公共伦理或公共精神的召唤,前瞻性地进行公共价值规划,为公民提供积极的服务这一模式,就成为替代控制官僚模式的重要选择。官僚不能只从回应性的角度以被动的方式服务,而更重要的是基于专业主义及公共精神的角度,主动地、前瞻性地解决社会问题,既要防患于未然,也要为社会发展及公民权利创造更多的机会和良好的环境。

然而,以政府为中心的治理本质上存在着不足。对于民主治理而言,其本质在于解决行政权与公民权利或者说与民主政治之间的紧张关系。因此,"民主行政(治理)理论就是一种当代的政治理论,而民主行政(治理)理论的中心,就是讨论民主与官僚之间的适当结合的理论"[①]。在这

---

① 陈敦源.民主与官僚:新制度论的观点[M].台湾:韦伯文化国际出版有限公司,2005:10.

种情况下，增强政府对公民社会的应对能力和责任无疑是解决行政权问题的主要思路。然而，面对可治理性的问题以及公民权利吁求的增加，仅仅着眼于"以政府为中心"这一结构取向存在着重大的不足，它可能意味着行政权将面临不断增加的"超载"问题，也可能意味着公民被排除在社会治理的主要进程之外从而无法保证公共价值的代表性。在这种情况下，社会治理的民主转向，必须要对社会治理的结构进行转换，必须将更多的公民行动主体包容进来，或是以问责的方式加强政府的回应性，或是以参与的方式影响政府对公共事务的规划，提高公共价值的代表性。正是在这个意义上，"以公民为中心的治理"成为 21 世纪社会治理发展趋势的一个重要特征。①

值得注意的是，以公民为中心的治理并非意味着取消政府或官僚在社会治理体系中的地位或作用。恰恰相反，面对现代社会事务的复杂性以及社会治理客体系统的混沌特性，如果没有职业化或专业化的管理者，社会治理的任务将不可能完成。因此，以公民为中心的治理转向，其实质在于改变治理体系中不同行动主体的角色及其行动取向。"有效的或者说真正的公民参与不仅意味着找到有效扩大公共决策过程中公民参与规模的合适工具和技术，还要求重新思考行政人员和公民各自的基本角色及其相互关系。"②在以政府为中心的治理模式中，并非没有公民参与，而毋宁是政府与公民之间的关系并未发生实质性的变化，它"旨在保障行政人员的中心地位并且公开赋予他们（以）公众代表、顾问或参与者的多元角色"③。公民只是一个被动的参与者，并未能够对政策进程或项目管理发挥实质性的影响。

而以公民为中心的治理，意味着公民在社会治理中的地位发生了实质性的变化，公民参与是一种真正的参与，它构成了社会治理的一个有机组成部分。公民参与不仅具有形式上的象征功能以增加社会治理的合法

---

① [美]理查德·C. 博克斯. 公民治理：引领 21 世纪的美国社区[M]. 孙柏瑛，等译. 北京：中国人民大学出版社，2005：10.

② 谢里尔·西姆瑞尔·金. 参与问题：通向公共行政中真正的公民参与[A]//王巍，牛美丽. 公民参与[C]. 北京：中国人民大学出版社，2009：50.

③ 谢里尔·西姆瑞尔·金. 参与问题：通向公共行政中真正的公民参与[A]//王巍，牛美丽. 公民参与[C]. 北京：中国人民大学出版社，2009：54.

性,而且要在社会治理的过程中发挥实质性的影响,这种影响包括从社会治理的议题选择到事后评估的全过程,表现为从社会问责、社会设计到合作治理等多种参与形式。换句话说,以公民为中心的治理实际上表达了这样一种愿望,那就是实现专业的官僚与政治家、公民之间的良性互动,最终使得公民的利益与愿望能够直接地在社会治理的过程中得到真实的反映,而官僚的专业化治理也直接地服务于公民的利益与需求。它力图在传统的政治架构之外,推进社会治理的民主化进程,也是对传统的"以政府为中心"的治理模式的超越或完善。

正是在这个意义上,可以认为以公民为中心的治理观实际上与那些致力于解决因为行政国家的兴起而导致的宪政危机的新宪政论学者们的观点存在着一致性,那就是"限制政治权力的行使这个问题必须仍然是任何关于政治制度的适当概念的中心问题——而且那些不言而喻的限制权力的手段,例如分权,特别是一个独立的司法制度的中心地位,必须是制度设计的核心。但是,政治制度还有两个其他的用途。第一,它们是执行决策的手段。或者,更广泛地说,它们是解决社会问题的方法。第二,政治制度逐渐形成那些在其中活动的人的性格,而且,在较小的程度上,形成那些与它接触的人的性格。政治制度具有教育性,从而有它道德的一面。因此,适当的宪政理论必须着眼于设计政治制度时不仅要注意控制掌权者而且要关注社会问题明智的解决和公民性格的形成"[①]。

因此,以公民为中心的治理,从根本上说是一种落实"善治"理想的制度性安排和操作性机制。"三个基本点对善治尤为重要:公共行为不断增长的可视性,即公共政策更容易被所有公民接触到;通过技术和财政评估保证的可说明性(可计量性);在援助计划执行过程中对管理能力的切实动员。"[②]也就是说,社会治理对善治目标的追求,将依赖于三个重要的机制,公民对公共政策的实质性影响,公民对社会治理的问责,以及公民以合作者的身份加入社会治理的实际过程。而以社会问责、社会设计以及合作治理的方式参与到社会治理过程中的以公民为中心的治理,正是满

---

① [美]斯蒂芬·L.埃尔金,等.新宪政论:为美好的社会设计政治制度[M].周叶谦,译.北京:生活·读书·新知三联书店,1997:144.
② [法]让-皮埃尔·戈丹.何谓治理[M].钟震宇,译.北京:社会科学文献出版社,2010:48.

足上述善治条件的重要安排。

正是在这个意义上,我们可以认为"公民社会是善治的现实基础,没有一个健全和发达的公民社会,就不可能有真正的善治"[①]。以公民为中心的治理,从根本上源于现代政治的基本规定性。如果说现代政治是以自由为基,那么维护、促进和实现公民权利始终是现代政治和社会治理的核心议题。在保护型民主范式下,以宪政体制和民主政治的方式确认了公民权利在现代政治中的基础性地位和中心位置。但随着可治理型民主的崛起,公民权利在社会治理过程中的实现,迫切要求改变以政府为中心的传统治理模式,转而将公民置于治理的中心地位。以公民为中心的治理,实际上是打破传统治理模式在行政权与公民社会之间的隔绝,将行政权与公民意志之间的断裂联系起来,使之积极的权能服务于公民在交往过程中通过共识意志而建构起来的公共价值。

二、回归生活世界:行政权的社会建构

从规范政治学的角度来看,民主治理的实质正是将社会治理从技术理性的支配逻辑中解放出来,使之能够对生动活泼并且也是丰富多彩的公共生活作出回应。以公民为中心的治理,实际上是要改变行政国家崛起以来社会结构中所出现的理性系统对生活世界的"殖民化"以及政治领域中的行政权力系统的"自我编程"现象,它要求将行政权的建构从功能主义的理性系统中转向意义丰富的生活世界,恢复生活世界对行政权、对社会治理的决定性地位。也就是说,只有将行政权重新置于生活世界的影响之下,奠基于公众的意见、价值及利益之上,才能使之对公民权利作出积极的应对。让社会治理回归生活世界,以交往理性规训、引导技术理性,通过公民在交往活动中所取得的共识来建构行政权的活动,这正是公民参与及民主治理的核心机制。

如前所述,社会治理是现代社会的产物。而现代社会的发展具有不同的维度,但在韦伯看来,"合理化"是其重要的精神特征。理性主义也是现代社会历史进程区别于其他历史进程的主要原因。在韦伯看来,这种"合理化"的进程表现在多个方面,如社会、文化以及个性等,最为重要的

---

① 俞可平.治理与善治[M].北京:社会科学文献出版社,2000:11.

是社会的合理化。在社会方面,合理化进程表现为出现了资本主义的经济系统和现代国家的行政系统,它们共同奠定了现代社会的制度基础。①然而,在哈贝马斯看来,韦伯对现代社会历史进程的解释存在着不完整性。

首先,在韦伯看来,现代社会的"合理化"仅仅意味着"合目的理性化"或"合工具理性化"。虽然韦伯区分了不同类型的理性,如实质理性和形式理性、价值理性与目的理性或工具理性,但现代社会在"祛魅"过程中所表现出来的"合理性",却主要是一种工具理性或目的理性。"韦伯认为,所谓合理化,就是经验知识的增加、诊断能力的提高、控制经验过程的工具和组织的完善等。""合理化涉及到的是价值实现的技术,而不是价值本身。"②更进一步,这种工具理性与价值理性存在着根本性的冲突,"由于世界的'祛魅'而消失的正是第一次导致现代社会产生的——像加尔文主义者所表现的那样——那些价值和观念"③。与工具理性相联系的"祛魅"过程,最终导致了一个没有意义和价值的世界。然而,与这种单向度的理性观相比,哈贝马斯认为还存在着另一种被遮蔽的理性化过程,那就是"交往活动的理性化"。

与韦伯类似,哈贝马斯对交往理性的分析也是以对人的行动类型的分析为基础。在他看来,人的行动模式可以区分为四种类型:目的—策略行为模式、规范调节行为模式、戏剧行为模式以及交往行为模式。每一种行为模式都有自身的理性标准,而"行为者的行为具有多大程度的合理性,主要取决于我们为行为所设定的世界关联"④。目的—策略行为涉及行为者在一定情况下使用有效手段或恰当方法来实现特定的目的,其着眼点在于功效或对功效期待的最大化;规范调节行为是社会群体的成员以共同的规范为基础调整自身的行为以满足一种普遍的行为期待;戏剧

---

① [德]哈贝马斯.交往行为理论(第一卷):行为合理性与社会合理性[M].曹卫东,译.上海:上海人民出版社,2004:154.
② [德]哈贝马斯.交往行为理论(第一卷):行为合理性与社会合理性[M].曹卫东,译.上海:上海人民出版社,2004:155,156.
③ [英]尼格尔·多德.社会理论与现代性[M].陶传进,译.北京:社会科学文献出版社,2002:44.
④ [德]哈贝马斯.交往行为理论(第一卷):行为合理性与社会合理性[M].曹卫东,译.上海:上海人民出版社,2004:83.

行为涉及行动者以一种自我操纵的方式来有意识地展示自己的主观情感、品质或愿望等的主观性行为,其核心在于自我展示;交往行为涉及两个及以上的互动主体,他们通过沟通以便在相互谅解的基础上协调行动。

如果说前三种行为都只涉及一种单一的行动主体的话,那么以相互理解为取向的交往行为则涉及多个平等的主体并因而呈现为一种主体间性的特征。因而前三者行为都可纳入目的—策略的行为范畴,因为它们都只涉及目的的实现与否,而不需要从"他者"这一相互主体性的角度对目的本身加以反思。① 因此,它们都属于合乎"目的理性"的行为范畴。而交往行为中所表现出的理性则在本质上与此不同,它属于一种交往理性,这种理性涉及一种使交往行为能够通过理解而达成共识的理性。也就是说,它是那种保证共识产生于自由和公开讨论的结果而不是依赖于任何形式强迫的结果的理性。

在哈贝马斯看来,交往理性是目的理性的重要补充。如果说目的理性的增长意味着主体具有能够有效地实现自身的目的的能力,这使得人类社会能够更为有效地控制自然环境从而创造物质财富,那么交往理性则是社会团结和集体行动成为可能的基础,它使人们能够进行有意义的交往从而形成更为复杂的社会群体以延续人类的生存。因而对于现代社会而言,交往理性具有与目的理性同等重要的位置,甚至更具有价值上的优先性。只不过在现代化的历史进程中,交往理性的重要性被有意无意地遮蔽了。遮蔽的原因与现代社会历史进程的第二个特征有着重要关联。

其次,韦伯虽然指出合理化的重点在于现代理性组织系统的产生,也即出现了资本主义经济组织及现代国家组织的分化,但并未指明在这种社会组织的分化之上还存在着一个更高层次的体系分化过程。哈贝马斯认为,从更高的层次来看,现代社会的历史进程在总体上表现为在理性化的过程中所出现的系统与生活世界之间的分化。哈贝马斯从结构论的角度借助于波普尔三个世界的划分,将现实世界分为客观世界、社会世界以及主观世界三个层面。所谓客观世界是指"作为现存事态的总体性的'外

---

① [德]哈贝马斯. 交往行为理论(第一卷):行为合理性与社会合理性[M]. 曹卫东,译. 上海:上海人民出版社,2004:95.

部世界'";而"在一个既定的社会中,作为所有被认为是合法的、被规范调节着的人际关系的总体"构成了社会世界;主观世界则是"主体意向经验之总体性的'特殊的内在世界'"。① 上述三种目的理性的行为都以与这些不同的世界建立关系为前提,如目的—策略行为是以对客观世界的干预为前提,而规范调节行为则涉及客观世界和社会世界的关系,戏剧行为则涉及主观世界与客观世界的关系(包括社会客体)。

与上述三种行为与三种世界之间的关系不同,交往行为的出现则依赖于另外一种"世界图景"——"生活世界"。在哈贝马斯看来,交往行为本质是一种建立在语言基础上的沟通行为。"所谓交往行为,是一些以语言为中介的互动,在这些互动过程中,所有的参与者通过他们的言语行为所追求的都是以言行事的目的,而且只有这一个目的。"②也就是说,语言构成交往行为的媒介,而交往行为就是"以言行事",通过行为者的相互沟通以取得理解,使各自的行为得到协调。在这种情况下,交往行为的协调机制就是以语言作为媒介的理解。理解处在交往行为的中心地位,没有理解也就没有交往行为。而要使得各方通过语言的沟通能够获得理解,那么背景及语境就成为交往行为展开的必要条件。而这些不同的背景及语境就共同构成了生活世界。"交往行为最终依赖的是具体的语境,而这些语境本身又是互动参与者的生活世界的片断。"③只有具有相同的背景和语境,交往过程中的各方才能够理解对方的言和行,共识及社会集体行动才成为可能。

因此,生活世界是交往行为得以展开的可能性"境域"。生活世界是行动者在其中互动的视域,它是人们在交往中达成相互理解所必需的共同的背景知识,这种知识是借助语言而符号化、客观化的,它为相互理解的主体间性提供了可能。人与人之间的交往是在"生活世界"中发生的,并且以它的在先存在为根本前提。"在生活世界中,交往参与者相互之间就一些事情达成共识,只有转向关注作为语境的生活世界,我们才能变换

---

① [德]哈贝马斯.交往与社会进化[M].张博树,译.重庆:重庆出版社,1989:69.
② [德]哈贝马斯.交往行为理论(第一卷):行为合理性与社会合理性[M].曹卫东,译.上海:上海人民出版社,2004:281.
③ [德]哈贝马斯.交往行为理论(第一卷):行为合理性与社会合理性[M].曹卫东,译.上海:上海人民出版社,2004:266.

视角,从而揭示出行为理论与社会理论之间的内在联系:社会概念必须与生活世界概念联系在一起,而生活世界概念又与交往概念形成互补关系。"①生活世界不仅为交往行为者提供背景知识,使交往行动成为可能,还作为"信念储存库"为行为者提供"信念支持",成为交往行为者创造性见解的源泉。

正是在生活世界和交往行为这两个概念上,哈贝马斯又借鉴了帕森斯的"行为理论"和"系统理论"对现代社会的历史进程作出了分析。在哈贝马斯看来,社会的演变包含两种秩序的区分过程,一种是复杂性的不断增长,另一方面是合理性的增长。而社会的这种演变可以通过系统—生活世界的框架得到理解。哈贝马斯认为,从行为观察者的视角来看,社会可以被理解为一种系统,而从行为参与者的视角看,社会可以理解为生活世界。在这里,和"生活世界"一样,"系统"也并非一种实存的结构,而毋宁是一种分析者的建构。与生活世界构成交往行为的"空间"不同,系统是指人类控制社会环境和自然环境,从事物质再生产以维持自身生存的能力机制及其体系,它以人与环境之间的交换和控制关系为主。人们在系统中主要进行目的合理性的行为。

对于社会的发展而言,系统与生活世界的关系在不同的历史阶段中有所不同。在传统社会中,这两种不同的协调机制整合在一个"文化共同体"之中,但随着社会的演变及复杂性程度的不断增加,目的合理性行为不断地从社会中释放出来,系统开始与生活世界相分离,具有独立的地位。这种自主的系统表现为韦伯所说的资本主义体系以及现代国家组织,它们分别利用金钱和权力这两个媒介来操控社会的整合。对于哈贝马斯的这种判断,波兰尼对市场经济的分析可以作为参照。

按照波兰尼的观点,经济活动一直存在人类的社会系统之中。只不过在传统社会中,经济活动的形式受到历史、文化、传统甚至宗教的严格制约,表现为形式理性的市场交易活动长期以来在经济行为体系中只处在从属性的地位,主要的经济活动表现为结合着特定文化内涵的"互惠"和"再分配"模式。经济活动从属于政治、宗教和社会关系。而现代市场

---

① [德]哈贝马斯.交往行为理论(第一卷):行为合理性与社会合理性[M].曹卫东,译.上海:上海人民出版社,2004:320.

经济的发展,在本质上体现为一种形式理性的商品化系统,打破了传统社会所附加的种种束缚,从政治、历史和文化背景之中"脱嵌"出来的过程。作为这种"脱嵌"过程的结果,市场经济的商品化原则最终处在社会的支配性地位,社会关系不再能够有效地约束经济活动,反而成为商品化的对象。①

波兰尼的分析是以经济系统为中心的,并没有涉及对行政系统的探讨,但如果按照韦伯所提出的形式理性化命题,行政理性系统的成长是经济理性系统成长必不可少的条件之一,那么一个"脱嵌"的经济系统必然要依赖于一个"脱嵌"的行政—法律系统。因此,波兰尼的分析,在某种程度上可视为哈贝马斯关于现代社会系统与生活世界相分离的发展趋势的佐证之一。现代社会的变迁,最为典型的是造就了一个主要由经济组织和行政组织构成的"脱嵌"的理性系统。

这样,韦伯所说的"意义的失落"和"自由的丧失",本质上根源于理性系统对生活世界的侵入,伴随着这种侵入的是生活世界的萎缩。"现代病就病在具有交往结构的生活领域听任具有形式结构的独立的系统的摆布。"②也就是说,本来是形成公共意志的空间被由工具理性所主导的经济与行政系统的侵略性逻辑所殖民了。在这个意义上,交往理性被遮蔽是与系统对生活世界的侵入有直接关联的。生活世界是交往行动发生的"空间",交往行动只有在生活世界所构成的"境域"中才能得以进行。然而,理性系统对生活世界的"殖民化"使得在工具理性支配下的交往行动受到了严格的限制或排挤,交往理性也就无从说起。当经济和政治系统通过金钱和权力这种操控媒介不断地侵入生活世界,语言和交往的作用就不断受到侵蚀,生活世界就萎缩为系统控制的对象,生活世界被殖民化了。

正如波兰尼在分析市场经济的发展过程中认为一个"脱嵌"的市场社会将导致人类的毁灭一样,哈贝马斯也作出同样的结论。他认为,"今天,经济制度和行政制度的命令已经侵入了生活世界不能再放弃的领域。简

---

① [英]波兰尼.大转型:我们时代的政治与经济起源[M].刘阳,冯钢,译.杭州:浙江人民出版社,2007.

② [德]哈贝马斯.交往行为理论(第一卷):行为合理性与社会合理性[M].曹卫东,译.上海:上海人民出版社,2004:4.

单地说:迄今为止,延误了资本主义现代化道路的破坏过程,一般已经结束,新机构已经建立,这些新建立的机构把社会内容从生活世界的领域转引到受媒介操纵的、形式上按法律组织起来的行为领域……今天,超越金钱和权力为媒介调节的经济与管理的命令侵入了这样一些领域,如果这些领域离开了以理解为目的的行为,变成以金钱和权力为媒介调节的相互作用,它们必将毁灭"[①]。

从民主政治和社会治理的层面来看,理性系统对于生活世界的侵入正是一个行政国家崛起的过程。作为现代社会的重要产物,以理性官僚制为基础的行政权,自始就处在功能主义系统之中,并深受工具理性的塑造。随着自由裁量的泛滥,理性系统的殖民化倾向典型地体现为"行政权力系统的自我编程"。新公共行政虽然强调行政官僚基于道德良知的立场,服从公共精神或公共伦理的召唤,服务于公民之需求,力图在高度工具理性化了的行政权之中植入价值理性,但由于行政权仍然处在系统之中,官僚的价值理性也就常常成为无根之木。因此,必须强调公民参与,将行政权重新植入生活世界,只有交往活动才能使价值理性找到生根发芽的土壤,才能使民主治理具备了永续的根基。

生活世界对行政权的建构,实际上表明了下述观念:在现代社会,公民,也只有公民,才能构成公共行动指令的最终来源。在这个意义上,行政权的指令只能来自于在生活世界的交往活动中所形成的共识,而不是与生活世界相"脱嵌"的理性系统,特别是在传统民主制不断衰落的前提下。这意味着行政权的行动必须由社会来建构,而不是社会行动由行政权来建构。在这个意义上,提倡公民参与,走向以公民为中心的社会治理,其实质就是运用交往理性,将行政权从功能主义系统的工具理性建构中解放出来。它试图将"脱嵌"的行政权重新植入具有交往理性的生活世界,以挽救在现代社会中技术理性作为一种意识形态所导致的"自由的丧失"和"意义的丧失",使技术和科学在交往理性的指导下通过一定的中介或媒介,服务于在生活世界中从事交往行为的公民。

[①] [德]哈贝马斯.哈贝马斯精粹[M].曹卫东,译.南京:南京大学出版社,2004:502-503.

三、投资社会资本:信任与合作的再生产

按照哈贝马斯的分析,现代社会中的行政权自其诞生之始就进入了一种功能主义系统的理性塑造。这种单向度的工具理性,带来的是"意义的丧失"和"自由的丧失"。这一理性系统产出的无非是"没有心肝"的"纵欲者"以及"没有灵魂"的"专家"①,使行政权无法对由公民所定义的社会价值以及公民自由本身作出回应。"现有公共行政强调将行政管理的重要性置于公共行政的公共性之上。效率、工具理性、职业主义、实证主义和功能主义的认识论以及管理领导力均是主流公共行政的根基……但是,它们却无力把握民众介入其中时社会状况的复杂性。隐藏在主流公共行政背后的理性把其关注的焦点放在经济、效率、绩效、目标维持和冲突管理,认为这样的思路是为公众提供更好的服务。然而,恰恰正是这种理性,摧毁了或者说至少是忽视了公民、商业组织、非政府组织和草根组织所发挥的重要作用,其实这些行动者本来能够界定地方问题并解决问题。"②

根本的解决之道在于回归生活世界,将被高扬的工具理性所遮蔽的交往理性重新释放出来,使行政权奠基于交往理性的基础之上。"自由政治和经济体制只有依靠健康、有活力的文明社会才有生命力。"③生活世界中的交往行为,在公民与政治国家以及行政权力之间架起了对话的通道,使政治和社会治理行为尊重并能够充分地反映公民的意见和利益,使行政权能够真正地在由社会公众所定义的公共价值的指引下行动。从某种程度上说,在生活世界与理性系统之间的选择,实际上意味着是将社会交由"没有灵魂的专家"来操纵,还是将行政权交由公民来指挥。因此,立基于生活世界的交往行为,为社会治理确立了稳定的秩序和规范。公民的各种要求和主张,通过交往行为,在公民社会里积聚、成长,并通过公民

---

① [德]马克斯·韦伯.新教伦理与资本主义精神[M].于晓,等译.北京:生活·读书·新知三联书店,1987:143.

② [美]全钟燮.公共行政的社会建构:解释与批判[M].孙柏瑛,等译.北京:北京大学出版社,2008:26.

③ [美]弗朗西斯·福山.信任:社会美德与创造经济繁荣[M].彭志华,译.海口:海南出版社,2001:4.

社会中特有的各种组织向政治国家表达。同样的道理,政治国家也通过交往理性对公民的行为进行引导。

那么,如何才能恢复生活世界对理性系统的调节作用,如何才能使社会整合机制建立在交往理性和交往行为的基础之上?如果说在哈贝马斯那里,"生活世界"并非一个实存的结构和实体,而只表现为一种由文化和语言建构出来的作为交往活动展开的"境域",那么在现实中能够承载和释放生活世界与交往活动中所展现出来的交往理性的领域,就只能是处在被理性系统所操控的政治和经济领域之外的、作为公共领域的公民社会。一方面,作为必然性的经济领域已经被高度形式理性化的现代经济系统组织起来;另一方面,随着传统民主机制的衰落而导致的"公司政治"、"老板政治"以及理性官僚系统对政策议程的操控,政治领域中的交往理性也受到日益严重的压缩与排挤。因此,交往理性的来源只能是这两个理性系统之外的空间,而在当代,这样一个实存的领域就只能是公共领域或公民社会。

从另一方面说,公民社会在经过漫长的演化之后,今天正在实现着自身的规范性和功能性转型,其对现代政治建构和社会治理的意义主要表现在两个方面,公民社会抗衡国家以及公民社会对于民主治理的积极意义。[①] 以一种规范主义的眼光来看,公民社会的这种当代转型与其对市场社会的文化超越,与一种去经济化以及去"唯私主义"的公共文化趋向之间存在着紧密的联系。但值得注意的是,这种转向并不仅仅意味着公民社会只是在公共精神的引领下维持着一种政治批判功能,更重要的在于它实质上认识到科层制在公共治理中的不足,从而跨越了国家与社会之间相对立的思维定式,基于公共精神的积极品质,以合作伙伴的合法身份,参与到以公共物品和公共服务的生产为目的的社会治理行动中来。

因此,哈贝马斯认为,"今天称为市(公)民社会的……构成其建制核心的,是一些非政府的、非经济的联系和自愿联合,它们使公共领域的交往结构扎根于生活世界的社会成分之中……旨在讨论并解决公众普遍关切之问题的那些商谈,需要在有组织公共领域的框架中加以建制化,而实

---

① 何增科.公民社会与第三部门[C].北京:社会科学文献出版社,2000:194.

现这种建制化的那些联合体,就构成了市(公)民社会的核心"①。从这个角度看,公民社会在今天已经发展成为承担着重要的社会使命和社会承诺的领域。在自反性现代性命题下,治理革命需要在利维坦和无政府之间实现超越,重建现代民主政治合法性的努力,只能来自于自主治理的强势民主模式。"政府、国家同市场一样也是社会问题的根源……一个强大的市民社会对有效的民主政府和良性运转的市场体系都是必要的。""只要以上三者中有一者居于支配地位,社会秩序、民主和社会正义就不可能发展起来。一个多元社会若想维持,它们之间的平衡必不可少。"②

从公共服务和公共政策的角度来看,福利国家危机、发展的危机、环境危机以及后社会主义国家转型,在技术革命和社会结构革命的催生下国家的力量受到削弱,志愿公民行动的潜力不断扩大,全球范围内正在进行一场真正的"结社革命",成为20世纪后期重要的社会和政治发展现象。③ 善治目标的实现,越来越需要鼓励公民社会的参与和公民社会的自治能力。"政府的改革之道,就是运用它的力量去培育创造出更多的第三部门。"④数量众多、多种多样、活跃而积极的公民社团,是社会治理不可或缺的行为主体。在社会治理的实践中,公民社团正承担着越来越多的治理任务,在公共事务的治理中,扮演着日益重要的角色。公民社团不仅有助于民主政府的效率和稳定,而且还有利于经济可持续发展能力。

社会治理的多中心实践对公民社团的依赖,自然使得公民社团的建构成为社会治理的前提和基础。"自治与合作治理是多中心治理的灵魂,而自治的主要形式和基本标志则是公民社团的存在。"⑤面对培育公民社会的任务,政府可以从促进社会融合和社会自组织以及投资社会资本等几个层面,促进社会网络的形成和公民团体的发育,培育民主治理赖以运

---

① [德]哈贝马斯. 在事实与规范之间:关于法律和民主法治国的商谈理论[M]. 童世骏,译. 北京:生活·读书·新知三联书店,2003:453-454.
② [英]安东尼·吉登斯. 第三条道路及其批评[M]. 孙相东,译. 北京:中央党校出版社,2002:29,57.
③ [美]莱斯特·M. 萨拉蒙. 公共服务中的伙伴[M]. 田凯,译. 北京:商务印书馆,2008:256-276.
④ [美]B. 盖伊·彼得斯. 政府未来的治理模式[M]. 吴爱明,等译. 北京:中国人民大学出版社,2001:72.
⑤ 孔繁斌. 公共性的再生产[M]. 南京:江苏人民出版社,2008:81.

作的社会基础。

(1) 促进社会融合。冲突导致对抗,融合促进合作。在一个利益高度对抗、缺乏共识的社会中,怨恨、不合作甚至抗争必将肆意横行。在分裂的社会中,社会组织化程度的提高不仅会导致对抗的升级,还会引发暴力等激烈的社会行为,严重的甚至会导致系统的崩溃。因此,在社会矛盾暗流汹涌的时期,推进社会融合实是一项非常紧迫的任务。从历史实践来看,"在社会矛盾的推动下,西方国家也经历了一个从社会分化到社会重新构建的过程"[①]。政府需要运用社会政策的手段,抹平社会差距,消除社会分割,夯实公民权利的社会经济基础,为推动社会融合建立起客观的物质条件。在此基础上,通过制度变革,发展民主政治,开放政策议程,建构对话协商,推动共识型社会和互利型社会的发展。

(2) 推进社会自组织。从一般性的层面讲,公民结社程度的高低,受制于公民的社会交往机会与自组织的能力。高频度的社会交往不仅可以增加市民团体形成的机会,还可以促进社会资本存量的提高。通过增进社会交往,可以形成公众参与的局面。而公众参与的网络造就了一般性交流以及广泛互惠的准则,并促进了社会信任的出现。这种网络有利于协调与沟通、扩大信誉,并有利于解决集体行动的困境。当经济和政治谈判被置于社会活动的密集网络中时,机会主义的诱因减少了。同时,公众参与的网络在合作中具体表明了过去的成功,使之成为未来成功的文化样板。最后,严密的活动网络可以拓宽参与者的自我意识,将"我"发展成"我们",或提升参与者对集体利益的"兴趣"。[②] 如果说多种形式的社会交往拓宽了公民结社的机会,而社会自组织能力的提高则赋予了公民结社的能力。

(3) 投资社会资本。一般而言,社会自组织能力受文化支持性、规则有效性、关系稳定性以及获利可能性的重要影响。大量的具有公共性的活动是公民社会的本质所在。以公民为中心的治理意味着要不断地发挥或动员公民组织的力量。而无论是社会交往层面的突破,还是社会自组织能力的提高,都有赖于重新确定政府与社会的界限,有赖于政府对社会的信任

[①] 周建明,等. 和谐社会构建:欧洲的经验与中国的探索[M]. 北京:清华大学出版社,2007:6.

[②] 虞大鹏,等. 独自打保龄球:美国下降的社会资本[J]. 规划师,2002(8):82-86.

与分权。不仅如此,由于公民社会与社会资本之间存在着密切的联系,公民社会是社会资本积累之基础,而社会资本是公民社会发育之关键。① 在这种情况下,投资社会资本已经成为一项重要的政治发展战略。②

根据克里希娜(Krishna)的观点,信任与合作构成了社会资本的核心,构建社会资本的任务在于,增强彼此信任,产生对所有人而言更大的信任度。更进一步,克里希娜通过对两种类型社会资本的区分,建构了一个从制度资本和关系资本的交叉角度,诊断和建设社会资本的二维分析框架。根据这一框架的不同诊断结果,可以采取不同的策略以提高社会资本的存量或活动范围。③ 信任与合作之所以处在社会资本的核心位置,主要原因在于社会资本的价值及功能就是提高行动者合作的意愿和水平,而信任构成了影响合作意愿和水平的重要变量。如果说协作源于纪律,那么合作只能源于信任,不管这种信任的关系类型是什么。"合作的基础是合作参与者能够切身感受的极其真实的共同价值观念"④,信任对于合作的重要性正在于此。它能够促进合作关系的生成,降低合作的成本,并使合作关系不断拓展。而社会治理的结果在最终的意义上就取决于合作行为的水平,投资社会资本实际上就是提高社会的信任水平,从而产生更多的合作行为。

第二节 公民共和行政:一个新的治理框架

从所涉及的主体及其相互之间的互动关系这一角度来看,可以将现代国家中的政策过程分为三种基本类型:强调社会决定论的多元主义模

---

① Nicholas Deakin. In Search of Civil Society[M]. New York:Palgrave, 2001:19.
② 燕继荣. 投资社会资本:政治发展的一种新维度[M]. 北京:北京大学出版社,2006:131.
③ 帕萨·达斯古普特,等. 社会资本:一个多角度的观点[C]. 张慧东,等译. 北京:中国人民大学出版社,2005:96,100.
④ [英]罗伯特·D. 帕特南. 使民主运转起来[M]. 王列,赖海榕,译. 南昌:江西人民出版社,2001:197.

型、强调国家自主性的国家主义模型以及处在两者之间的政策网络模型。① 具体到公共行政或社会治理的过程中来,就表现为行政决策的三种模型:多元论、专家统治论(expertocratic)以及公民共和主义(civic republican)或者协商民主模型(deliberative democratic model)。② 在多元主义模型中,公共决策是社会势力竞争的结果并因此呈现出利益高度组织化的趋势,因而实际的社会治理内在地具有沦为利益集团操纵工具的趋势;在专家统治模型中,专业主义和技术理性的"独白"式决策,也使"专家对问题的理解淹没了公民的声音"③,社会治理侵害了民主的价值,失去了对公共价值的回应。因而这两种模式都体现为理性系统对生活世界的殖民化,前者表现为"老板政治"、"公司政治"的大行其道,而后者就表现为官僚操纵的"理性决断"模式。

值得注意的是,在这两种模式中,并非没有公民参与。相反,无论是多元主义还是专家统治,都依赖于一定程度的公民参与。或者是将其作为一种合法化的手段,或者是作为决策信息的来源之一。然而,这些公民参与只具有从属性的地位,对最终的决策结果并没有什么实质性的影响。利益的高度组织化以及官僚集团的垄断,使得普通公民对民主政治以及社会治理常常有一种无力感。正是面对这种政治衰败的倾向,作为一种复兴公共生活以及重建政治的努力,以话语理论和协商民主为基础,公民共和行政作为一种新的治理模式正在不断地发展之中。在这一模式中,建立在交往理性以及话语伦理之上的参与及协商构成了社会治理活动展开的基本框架。

一、"公共能量场":治理民主化的践行空间

著名的公共行政学家沃尔多曾经指出,"如果行政的确是当代政府的核心,那么21世纪的民主理论必须拥抱行政"④。同样的道理,如果民主

---

① [英]米切尔·黑尧. 现代国家的政策过程[M]. 赵成根,译. 北京:中国青年出版社,2004:25.

② Jim Rossi. Participation Run Amok: The Costs of Mass Participation for Deliberative Agency Decisionmaking[J]. Northwestern University Law Review, 1997, 82(1):196.

③ [德]哈贝马斯. 在事实与规范之间:关于法律和民主法治国的商谈理论[M]. 童世骏,译. 北京:生活·读书·新知三联书店, 2003:436.

④ Dwight Waldo. Development of Theory of Democratic Administration[J]. The American Political Science Review, 1952, 46(1):81–103.

仍然是现代政治的基本形式,那么 21 世纪的行政必须建立在民主的基础上。行政与民主之间的紧张关系,既是现代政治的基本难题,也是公共行政和社会治理的根本矛盾。如何使公共行政既能提高治理能力以应对复杂的治理环境和社会问题,又能对公民权利作出积极的承诺以应付不断激增的治理需求,可以说是新世纪公共行政或社会治理实践过程中的核心议题。在这种情况下,民主治理就具有重要的理论价值和实践意义。然而,无论是民主拥抱行政,还是行政奠基民主,最为核心的问题莫过于确定民主治理的空间或领域。也就是说,如果民主与行政能够成功地加以结合,那么可能性空间在哪里,这种结合必须置于何种框架之中?

从一般意义上而言,要寻找民主与行政相结合的可能性空间,必须既要对传统作出评估,也要对未来作出展望。在这一方面,福克斯和米勒的观点可以作为重要的参考。他们认为,"作为一种可以接受的治理模式,传统的治理已经死亡"①。在这一判断中,宣告传统治理模式的"死亡"实际上意味着代议制民主制下的官僚制模式走向"寿终正寝"。因此,如果这一判断是正确的,那么它就具有两层相互联系的含义:首先是传统的、封闭的官僚体制无法继续作为社会治理的主要组织形式;其次是代议制形式无法继续承担民主化的功能。这对于民主治理的启示在于,它必须在对代议制以及传统官僚制进行超越的基础上寻找其他的可能性空间,而不是徒劳地试图使两者结合。在福克斯和米勒看来,这一新的可能性空间就是"公共能量场"。

"公共能量场"是一个重要的隐喻,它来自于物理学中"场"这一概念所给予的启示。作为一种民主治理活动发生的空间,"公共能量场"在结构上与"建立在层级控制模式前提上的官僚化组织显著不同"。② 这种不同体现在两个重要方面:首先是"场"的结构具有不确定性,它取决于最终事件发生的趋向及结果,因而具有高度的动态性,在"场"中活动的主体及其行为会改变"场"的结构及状态;其次是"场"高度开放,每个具有话语理性(交往理性)及行动能力的个体都可以进入"场"中,对"场"中正在发生

---

① [美]查尔斯·J. 福克斯,休·T. 米勒. 后现代公共行政:话语指向[M]. 楚艳红,等译. 北京:中国人民大学出版社,2002:3.
② [美]查尔斯·J. 福克斯,休·T. 米勒. 后现代公共行政:话语指向[M]. 楚艳红,等译. 北京:中国人民大学出版社,2002:10.

的事件产生影响。另外,"公共能量场"也显然不同于代议制的活动空间,它既不在议院及其"前厅"与"长廊",也并不以民选代表为核心。在某种程度上,它实际上代表了"在某种新的(非选举式的)意义上实现民主"的尝试。① 当然,"公共能量场"也不可能与私人领域相重叠,因为"场"的开放性决定了它不可能是一个私人性的空间。因此,"公共能量场"是一个为治理提供民主化的新的可能性空间。

那么,"公共能量场"到底是什么?"公共能量场"作为一个开放性的公共场域,其"公共性"来自于阿伦特的洞见。在阿伦特那里,"公共性"的含义具有三层意味。首先,公共性是指"公开性",它意味着"任何在公共场合出现的东西能被所有人看到和听到,有最大程度的公开性"②。与私人生活强调遮蔽相比,公共性是指一种致力于呈现的生活,正是在这种公共生活中的呈现,构成了个体的自我特性。当然,能够呈现在公众面前的事物,也必然是那些"去私人化"和"去个人化"的事物,只有那些被认为与公共生活有关的东西才值得被看到和听到。其次,公共性意味着"共同性","就世界对我们所有人来说是共同的",我们"在世界上一起生活,根本上意味着一个事物世界存在于共同拥有它们的人们中间,仿佛一张桌子置于围桌而坐的人们之间"③。在这个意义上,共同性构成了公共性的基础,公共世界构成了所有共同聚会的场所。最后,公共性意味着多元性,在这个世界上生活的人必然表现出差异性,"每个出场的人在里面有不同的位置",而"被他人看到或听到的意义来自于这个事实:每个人都是从不同角度来看和听的。这就是公共生活的意义"。④

因此,对阿伦特而言,"公共性"在本质上意味着一个向所有人公开的公共空间,它既把我们聚拢在一起,又把我们相互分开。而公共性的价值就在于,在这样一个呈现的透明空间中,人们聚集在一起,通过公开的对话和协商,以互动的方式作出关乎公共事务的治理决策,同时又使人们在致力于服务公共事务的过程中展示自身的成就和品质。在这个意义

---

① [美]查尔斯·J. 福克斯,休·T. 米勒. 后现代公共行政:话语指向[M]. 楚艳红,等译. 北京:中国人民大学出版社,2002:25.
② [美]汉娜·阿伦特. 人的境况[M]. 王寅丽,译. 上海:上海人民出版社,2009:32.
③ [美]汉娜·阿伦特. 人的境况[M]. 王寅丽,译. 上海:上海人民出版社,2009:34.
④ [美]汉娜·阿伦特. 人的境况[M]. 王寅丽,译. 上海:上海人民出版社,2009:38.

上,"公共能量场"从阿伦特那获得的灵感就在于,首先它向所有具有服务于公共事务之意愿和能力的公民开放,其次它呼吁公民就公共事务展开公开的辩论与协商,并就公共事务的治理展现出优秀的品质和技能,呼唤公民为公共事务的治理作出实质性的贡献。因此,"公共能量场"本质上就是一个为所有愿意服务于公共事务的个体,不管是公民、行政官僚还是政治家,聚集在一起,就公共事务治理发表意见、进行辩论,以达成共识并采取合作行动的地方。在现实中,"公共能量场"就表现为一个个特定的公共事务议题而引发的公共活动聚集、运作及变化的空间,由那些与这一议题相关的言论、政策、行动等及其可能的延展空间所构成。在这里,"能量"代表了一种治理公共事务的意愿及其相互作用,"能量场是由人在不断变化的当下谋划时的意图、情感、目的和动机构成的"①。

作为一种新的治理实践,"公共能量场"的隐喻代表了一种将治理从封闭的官僚制引出,使之走向一个向所有具有治理意向和能力的公民开放的公共空间的意愿和努力。在这里,"公共能量场"代表了社会治理与其环境之间的不同关系模式。在传统的官僚制那里,社会治理是在一个封闭的等级式组织中运作,它与环境以及相关的行动者之间的作用必须通过组织边界的转化和过滤,因而在本质上呈现出两者相分离的特征。而"公共能量场"体现了一种相互依赖的社会治理观,它的公共性"使组织的行为者和环境的行为者之间的交互活动,以及他们的动机和他们带入场内的能量都更具有自由性"。② 在某种程度上,环境以及利益相关者的影响对于社会治理具有了"渗透性",而这种"渗透性"正是民主治理的核心特征。它意味着通过"公共能量场"中不同行为者之间的交互作用和相互依赖的机制,公民的意愿成为行政权行动的基础。在这个意义上,在"公共能量场"中行政权的运作是奠基于交往理性的基础之上,是被根植于生活世界的交往权力所调控的。

因而,"公共能量场"的价值不仅在于社会治理空间或结构的转换,更在于使社会治理的方式从命令与权威相统一的独白式的控制模式转向基

---

① [美]查尔斯·J. 福克斯,休·T. 米勒. 后现代公共行政:话语指向[M]. 楚艳红,等译. 北京:中国人民大学出版社,2002:103.
② [美]查尔斯·J. 福克斯,休·T. 米勒. 后现代公共行政:话语指向[M]. 楚艳红,等译. 北京:中国人民大学出版社,2002:104.

于话语伦理之上的协商治理模式,表达了一种将行政权置于生活世界中进行社会建构的治理实践观。在前述哈贝马斯关于生活世界的讨论中,交往行为"以言行事"的特征已经说明了话语对于交往行为的基础性地位。作为一种建立在协商与参与基础上的治理模式,民主治理首先就表现为一种在场的"公共对话"。通过向所有公民开放的"公共对话",参与者表达着自身对于公共事务的情感、意志和愿望。通过将各种策略性的、巧妙说服的艺术运用于政策论证,公共事务的状态、意义及目的能够得到阐明,而公共对话的目的就在于在理解的基础上形成治理行动。因此,"公共能量场是表演社会话语的场所;公共政策在这里制定和修订"[①]。

对话、协商之所以在民主治理中具有基础性的地位,主要存在着两个原因。首先,从认识论的角度来看,我们对社会现象的认识既取决于其自身的客观状态,也取决于我们认识它们的方式及框架。社会现象和现实是建构的结果。"一个组织的成员通过交流互动、对话和话语体系创造了组织的现实;他们在认知自己以及认知周围日常互动环境的基础上持续工作;他们也可以在理解的基础上建构公众可供选择的问题解决方案。社会和组织的现实被建构或者被创造,这取决于作为人类的我们如何去定义、理解和解释这个我们生活的世界。"[②]其次,从政策议题的建构角度来看,政策过程中总是存在着各种歧义和争论。由于现实源于建构,当个体如阿伦特所言处在不同的位置,便会对同一个问题形成多样化的观点,这种多样化的观点是政策过程中充满悖论的重要根源。对于民主治理而言,根本性的问题不在于分歧性本身,而在于多样化的观点能否经过非强制性的交往而达成共识。"如果对象的同一性不再能被观察得到,那么无论是人的共同本性,还是大众社会非自然的顺从主义,都不能抵挡共同世界的毁灭。"[③]因此,民主治理的核心问题之一就在于理解。

按照哈贝马斯的分析,所谓理解,"它在最狭窄的意义上表示两个主体以同样方式理解一个语言学表达;而最宽泛的意义则是表示在与彼此

---

① [美]查尔斯·J.福克斯,休·T.米勒. 后现代公共行政:话语指向[M]. 楚艳红,等译. 北京:中国人民大学出版社,2002:10.

② [美]全钟燮. 公共行政的社会建构:解释与批判[M]. 孙柏瑛,等译. 北京:北京大学出版社,2008:44.

③ [美]汉娜·阿伦特. 人的境况[M]. 王寅丽,译. 上海:上海人民出版社,2009:38.

认可的规范性背景相关的话语的正确性上,两个主体之间存在着某种协调;此外还表示两个交往过程的参与者能对世界上的某种东西达成理解,并且彼此能使自己的意向为对方所理解"①。也就是说,以话语为基础的交往行动,最终的目的是通过理解来取得认同并以此为基础协调行动,如果致力于理解的任务失败了,交往行为就不能继续。在这种情况下,人们只能选择或者中断交往转向其他的行为选择,或者重建以理解为取向的交往行为。因此,理解对民主政治和社会治理的要义在于,它排除了以暴力为基础的强制和支配等行为,而转向以辩论、理性为基础的说服和协商行为,从而将公民之间非暴力、非欺骗的合作行动置于社会治理的中心地位。

理解的重要性使得现代政治和社会治理都不得不进行一场"语用学的转向"。这种转向决定了民主治理将"以言行事"的交往行为和话语伦理作为协调不同意见和行为的基本机制,它超越了传统的权威控制模式以及唯利是图的功利主义计算。在这个意义上,民主治理实际上恢复了传统的亚里士多德式的政治观,"政治是实践和说话能力在其中共同形成的领域。这是一个真正的公共活动领域,说话和行动的个人在其中看和听,并且彼此认真对待。说话是一种实践的形式"②。只要把民主政治和治理理解为通过交往达成共识的过程,那么,建立有关交往行为合理性的一般规则就成为民主政治和治理的基础性工作。而现代政治和民主治理的"语用学转向",目的就在于重建能够为理解创造条件和可能的一般性规则框架。

为了使对话富有成效,具有意向性的个人在进入"公共能量场"之前必须具有相应的交往资质。个人要能够进行有效对话,除了要具备基本的表达能力以外,还要使话语满足包括真实性、正当性、真诚性及可领会性等有效性的要求。也就是说,"言说者必须选择一个可领会的表达以便说者和听者能够相互理解;言说者必须有提供一个真实陈述的意向,以便听者能分享说者的知识;言说者必须真诚地表达他的意向以便听者能相

---

① [德]哈贝马斯.交往与社会进化[M].张博树,译.重庆:重庆出版社,1989:3.
② [英]约翰·基恩.公共生活与晚期资本主义[M].马音,等译.北京:社会科学文献出版社,1999:140.

信说者的话语;最后,言说者必须选择一种本身是正确的话语,以便听者能够接受之,从而使言说者和听者能在以公认的规范为背景的话语中达到认同"①。而且,为了使有效的对话能够持续地进行,所有的参与者都必须要满足这些有效性的要求。

总之,"公共能量场"代表了一种走向民主治理的实践取向。著名的公共行政学家全钟燮认为,"我们这个时代,是要以生机勃勃的方式将民众带入公共行政之中的时代"②。公民之所以在社会治理和公共行政中具有不可或缺的位置,是因为"一种高度复杂的社会的整合,是无法以系统家长主义的方式,也就是绕开公民公众的交往权力而实现的"。"建制化的意见形成和意志形成过程,是依赖于来自公共领域、联合团体和私人领域这样一些非正式交往情境的输入的。换句话说,政治行动领域是根植于生活世界情境之中的。"③系统与生活世界的分离(哈贝马斯),以及必然性对公共领域的侵蚀(阿伦特),已经构成了我们这个时代最为严重的公共问题。在这个意义上,作为民主治理实践形式的"公共能量场"这一隐喻,其所内含的意义就在于要"找到一种新的框架,一方面,它能承受后现代的状况,另一方面,能提出与民主理想相一致的主张"④。这一"新框架"实际上意味着当代的民主治理出现了两个重要的转变:从公民的行动立场来看,越来越从代表性走向参与性;从治理的互动方式来看,越来越从竞争性走向协商性。

二、从代表性走向参与性:民主的立场变迁

与古典意义上的直接民主制相比,代表性无疑是当代民主政治和社会治理的重要特征。在前述有关民主的讨论以及有关官僚制的讨论中,都可以看到代表性的存在。现代政治和社会治理走向一种代表制的建构

---

① [德]哈贝马斯.交往与社会进化[M].张博树,译.重庆:重庆出版社,1989:3.
② [美]全钟燮.公共行政的社会建构:解释与批判[M].孙柏瑛,等译.北京:北京大学出版社,2008:33.
③ [德]哈贝马斯.在事实与规范之间:关于法律和民主法治国的商谈理论[M].童世骏,译.北京:生活·读书·新知三联书店,2003:437.
④ [美]查尔斯·J.福克斯,休·T.米勒.后现代公共行政:话语指向[M].楚艳红,等译.北京:中国人民大学出版社,2002:8.

框架,主要基于几条正反相成的理由。一方面,首先就全国范围内的公共事务而言,直接参与制由于规模、成本、时间、技术等问题在客观上不可行;其次就现代公共事务的复杂性以及对治理能力的要求而言,大多数人既不具备治理公共事务的资格,也没有足够的参与兴趣,即使有兴趣也至多只具备"门外汉"的水平。另一方面,将公共事务治理交由那些负有责任和抱负,并具有卓越才能的政治家及官僚,不仅可以防止多数暴政的潜能以及党派利益的倾轧,而且还能防止公共事务的治理沦为业余水平的无能和低效率。因此,代表性无疑是大国治理中比较明智的选择和安排了。

然而,随着可治理型民主的发展,那些使得代表制得以有效运作的外部条件正在发生着重要的变化,这些变化使得代表制民主在今天正面临着合法性的丧失以及功能上的混乱等众多难题,越来越成为问题的来源而不是有效的解决机制。

首先,随着福利国家和规制国家的兴起,国家权力干预的范围不断扩张,国家与社会分离的局面难以为继,代表制失去了其赖以有效运转的政治框架。从历史的角度来看,代议制的出现要早于民主政治的形成,它的产生是市民社会与政治国家相分离的结果。市民社会是市场经济发展的产物,本质上作为一个"需要的体系"而存在,并在中世纪后期的政治发展进程中与政治社会相分离。作为物质生产的领域,它为政治体系的运转提供着物质来源;而另一方面,市民社会也需要参与政治生活来保护自身的独立性与完整性。因此,作为市民社会和政治社会之中介的代议制,就形成于"税收"这一早期的互动过程之中。"为了估定与征收这种税款,为了应付随着城市人口增加而产生的不断增长的需要……设立或选举市参事会很快就成为必要……12世纪时,各处的市参事会都成为公众权力机关所承认的组织,并且成为每一个城市中相沿的制度。"①

然而,早期的代议制并未能够对行政权力产生有效的约束。在这种情况下,不断扩张的权力干预越来越严重地威胁着市民社会的财产和自由安全。最终,通过民主变革的方式,代议制议会成为代表人民主权的机

---

① [比]亨利·皮朗. 中世纪欧洲经济社会史[M]. 乐文,译. 上海:上海人民出版社,1964:49.

构,以合法的名义成功地实现了对行政权力的控制或制衡。此时,议会已经从早期的纳税协商机构转变为具有最高立法功能的权力机关。市民社会通过立法权参与政治社会,而政治社会通过行政权干预市民社会。这样,立法机关就成为市民社会的全权代表,而行政机关则代表立法机关的权力予以执行。代议制机关的确立,不仅使得市民社会成为现代政治的重要基础,确定了现代政府的基本性质,而且也使行政权力第一次从私人性质的"王权"转化为一种"公共权力",其行使只能为公共的目的。

因此,代表制度的产生根源于国家与社会相分离的政治结构,而最终代表制的有效运作也依赖于这一政治结构。"市民社会通过议员来参加政治国家,这正是它们互相分离的表现"[①],这种分离的核心在于,行政权力的范围受到严格的限制。但是,随着国家权力干预范围的不断增长,行政权力广泛地介入社会经济生活,对公民的生活形成直接而广泛的影响。在这种情况下,公民有必要去参与政治生活,去决定那些影响他们生活的公共政策。同时,良好的教育和灵通的信息交流也使他们有能力就那些公共政策发表意见。因此,代表制的有限参与能力无法有效地应对公民不断增长的参与需求,代表制的政治运作面临着广泛参与的困境。作为一种历史趋势,"今天,受过良好教育和信息灵通的公民,有能力同时也希望参加政治决策,他们要求参与的程度是当前代议民主制无法满足的"[②]。

其次,有组织的利益集团对民主政治的渗透,既破坏了民主政治的合法性,也使社会治理功能失调。随着政府广泛地干预和管理社会经济事务,以及社会经济事务本身的复杂性不断加强,由政治家这些"外行"所组成的立法机关已无法有效地应对立法需求,赋予行政机关以一定的立法、司法权力已经成为必然。国家权力的重新配置使得立法机关对行政机关的控制能力大大降低。行政决策越来越置于社会公众的视线之外,这为有组织的利益集团提供了操纵政治议程的机会。最终,在这种多元主义的民主政治体系之中,公共政策不是出于对社会公共价值的回应,而是在

---

① [德]马克思.黑格尔法哲学批判(单行本)[M].北京:人民出版社,1963:158.
② [美]约翰·奈斯比特.大趋势:改变我们生活的十个新方向[M].梅艳,译.北京:中国社会科学出版社,1984:258.

"铁三角"的模式之下服务于高度组织化的利益需要。由于不能实施有效的监管和控制,代表式的权力运作最终出现委托—代理的难题。因此,在行政权扩张的情况下,多元主义的代表制安排最终导向一个利益集团垄断公共政策的局面,公众逐步成为利益集团与官僚组织的统治对象,侵害了民主的基本原则和公民权利。

在这个意义上,代表制最终无法阻止或避免"寡头统治"现象的出现。"当公众把他们的基本管理职责委托给代表的时候,这也就产生了一个异化的过程,其结果是败坏公共利益和共同立场的观念。"[1]除此之外,代表制还存在着内在的逻辑矛盾。按照代表制的规范含义,它是对直接民主制的替代,意图通过代表来表达作为委托者的选民的意见和要求,以此来成全民主制的理想。然而在实际的操作过程中,代表制却面临着两种截然不同的运作逻辑:是作为全景式的再现、复制或传递选民意见的消极代表,还是基于自己的判断代替选民作出独立选择的积极代表?对于前者而言,它无疑符合民主制的理想,在这种运作逻辑下,代表实际上只作为一个"传声筒",真实地反映了公民的意见。但是,它却面临操作上的困境:首先是联系选民的成本问题;其次是代表性与有效性之间的困境。

作为个体的代表,他无法全部传达所有的公民意见,必须对公民意见进行化约,非如此公民意见就不能得到有效的反映。因此,"如果选民坚持以绝对符合他们的意见作为代表保持其席位的条件,他们这样做是不明智的"[2]。然而,如此一来,代表制无法做到它所允诺的状态。对于后者而言,独立判断和自主决定虽然在操作上可行,甚至在某些情况下也极有必要,但这种行为本质并非是"代表"而是"代替",又无法在规范的意义上符合民主的要求。更严重的危险还在于,代表们的独立判断,实际上也给予了他们可乘之机,选民无法保证自身的利益真正能够得到代表。在这种情况下,公民有理由质问代表制究竟代表了谁。另一方面,将治理公共事务的权力和责任交由代表,实际上意味着公民行使自身权利的过程却变成了放弃参与公共事务治理的权利的过程。在这个意义上,投票

---

[1] [美]本杰明·巴伯. 强势民主[M]. 彭斌,吴润洲,译. 长春:吉林人民出版社,2006:5—6.

[2] [英]约翰·密尔. 代议制政府[M]. 汪瑄,译. 北京:商务印书馆,1982:174.

选举代表只能是一种最弱意义上的民主。

行政权力的扩张以及代表制的有限参与容量,一方面使得公民参与要求不能得到有效地满足,另一方面又使实际的政策沦为利益集团操纵的局面,那些受到公共政策影响的大多数人却最终被排除在这些公共政策的过程之外。在这种情况下,普通公民对政治只能徒生一种无力之感,在客观上造成政治冷漠或逃避政治成为非此即彼的选择。然而,"现代世界的问题并不由于放弃政治就可以得到解决,而只有采取能够使我们更有效地塑造和组织人类生活的方式来发展和改造'政治',这些问题才能予以解决"①。因此,应该作出的选择不是从政治生活中退出,而是需要积极地参与来改变政治生活本身。作为一项原则,那些"受到决策影响的人们定要参与决策的制定过程"。在这个意义上,我们发现"代议民主制的历史作用已经完成了",而"当前,我们在政治上正处于一个从代议民主制到共同参与民主制的大规模转变过程中"②。

以一种客观的眼光来看,代表制本质上只应被认为是一个在大国范围内落实民主的消极性制度。这种制度上的消极性主要体现在三个方面。首先,作为一种防御性机制,代表制的适当职能不是治理公共事务,而是监督和制约政府。从代表制产生的历史过程来看,其最初的形式和功能也是作为一个约束政府征税权力的机构而出现的。因此,代表制只适用于一些消极的保护性职能,而无法适用于积极的生产性职能。在现实中,议会也往往成为一个辩论和批评政府的场所。因此,代表制本质上是保护型民主的重要组成部分。当民主政治从消极保护走向积极治理时,依赖于代表制将可能导致民主专制的危险。其次,代表制只适合于那些治理全国性公共事务的场合,因为在这种情况下,"不能想象人民无休止地开大会来讨论公共事务"③。最后,代表制只能在原初的意义上,为权力的获取给予合法性,它却无法保证权力的运用也始终符合合法性的要求,因而它无法为社会治理过程及其结果的正当性提供有效的论证。"对于一个人或是一个共同体来说,同其观点是否被听取和考虑相比,一

---

① [美]戴维·赫尔德. 民主的模式[M]. 燕继荣,译. 北京:中央编译出版社,2004:374.
② [美]约翰·奈斯比特. 大趋势:改变我们生活的十个新方向[M]. 梅艳,译. 北京:中国社会科学出版社,1984:170,162.
③ [法]卢梭. 社会契约论[M]. 何兆武,译. 北京:商务印书馆,1980:88.

项决策是否经过了合法的程序并不那么重要。因此,传统的民主机制,即可能与多数人暴政相混淆的机制,并不足以保证治理的正当性。"①

总之,代表制的运行在某种程度上是以牺牲公民直接参政的权利为代价的,而这一权利今天因为行政权力的扩张正变得越来越重要起来。从消极的意义上而言,由公民直接表达和捍卫自身的权利和要求,对处在扩张中的行政权力形成了有效的制约,因而参与对于保护公民权利具有不可取代的价值。"每个人或任何一个人的权利和利益,只有当有关的人本人能够并习惯于捍卫它们时,才可免于被忽视。"②同样,从积极的意义上而言,公民个人也应该亲自出场才能真正地按照自身的利益和愿望来决定那些影响他们的公共政策,"只有靠他们自己的双手才能作出对他们的生活情况的任何积极的和持久的改善"③。因此,参与对公民权利以及自我实现的意义也不可取代。从根本上来说,"对自由的平等权利和自我发展只能在'参与性社会'中才能实现"④。如果社会治理本质是必须对公共价值作出应对,那么,参与以及公共协商就是一项不可缺少的构成性要素。在阿伦特看来,真实的意见唯有通过公共领域的公开讨论才能形成,而不是简单地被代表。⑤

因此,随着多中心的治理实践,由公民亲自出场的参与式民主或参与式治理越来越具有价值上的优先性及功能上的可行性。正是在这个意义上,在今天民主有必要被重新理解为"一个多中心秩序环境中的自主治理的过程"⑥。值得注意的是,参与式民主或治理的兴起,并不是要全面取代传统的代表制民主的地位和作用。在全国性的关键议题中,代表制民主仍然作为一种主要的机制发挥着不可缺少的作用。而参与式民主或治理的兴起主要着眼于那些普通公民能够接近和控制的地方治理的层次,

---

① [法]皮埃尔·卡蓝默.破碎的民主:试论治理的革命[M].高凌瀚,译.北京:生活·读书·新知三联书店,2005:93.
② [英]约翰·密尔.代议制政府[M].汪瑄,译.北京:商务印书馆,1982:44.
③ [英]约翰·密尔.代议制政府[M].汪瑄,译.北京:商务印书馆,1982:46.
④ [美]戴维·赫尔德.民主的模式[M].燕继荣,译.北京:中央编译出版社,2004:340.
⑤ 许纪霖.两种民主的反思平衡[A]//刘擎,关小春.自由主义与中国现代性的思考(下)[C].香港:香港中文大学出版社,2002:324.
⑥ [美]迈克尔·麦金尼斯,文森特·奥斯特罗姆.民主变革:从为民主而奋斗走向自主治理(上)[J].北京行政学院学报,2001(3):91.

在这个意义上,参与式民主或治理成为传统代表制民主的重要补充。正如萨托利所言,"参与是微型民主的本质,或者说,它为上层结构即民主政体,提供了关键的基础结构"①。它反对的恰恰是传统的主权理论或管理理论塑造下社会治理的单一中心结构——在这种结构下,公民及其社团在治理公共事务的过程中只具有边缘性的地位,而主张将那些能够由公民直接治理的事务归还给公民或其自治共同体。由公民亲自出场的参与式民主或治理,不仅能够从规范性的层面拯救代表制的合法性危机,而且还能在功能性的层面优化社会治理的效果。"如果治理能够理解、反映并利用现代社会的动态性、复杂性和多样性,那么,这个社会只能是一个'积极的社会',也就是说,是'一个能够自我控制的社会'(be master of itself)。"②

三、从竞争性走向协商性:参与的方式转换

如前文所述,可治理型民主的实践给传统的代表制带来了严重的挑战,并因此赋予了古典的参与型民主在当代以复兴的机遇。虽然民主立场的参与转向,已经成为挽救政治合法性以及优化社会治理的重要实践取向之一,但参与的思想在现代民主政治的智识传统中还是受到持续的质疑。"参与思想不仅在民主理论中地位低微,而且近来民主理论的一个显著特征是强调大众广泛参与的政治所具有的内在危险。"③参与之所以在近现代的民主政治中身份低微,主要源于近现代民主的自由主义转向及其对大规模的政治参与可能引发的激情政治以及多数暴政的恐惧。

自由主义的核心特征在于强调个人权利和自由的价值优先性,并在这个意义上主张一种消极自由的政治立场,将民主政治的核心机制视为对权力的限制。对于自由主义的民主观而言,对自由最严重的威胁莫过于政治权力与大众民主的结合。在这种情况下,莽撞的大众受到政治激情的渲染,会以民主的神圣名义,以不妥协不宽容的极端态度对待政治立场中的异己分子。面对群情高涨的大众,作为"异端"的少数,其争辩与抗

---

① [美]乔·萨托利.民主新论[M].冯克利,阎克文,译.北京:东方出版社,1998:128.
② 俞可平.治理与善治[M].北京:社会科学文献出版社,2000:236.
③ [美]卡罗尔·佩特曼.参与和民主理论[M].陈尧,译.上海:上海人民出版社,2006:1.

争无疑是软弱而无效的。因此,现代政治最为严重的危险就在于以人民主权这一神圣而合法的名义,行暴政和专制之实。由大众来主导民主政治的运作,将不可避免地使现代政治危机四伏。这些危机"将导致生灵涂炭,国运衰微,乃至文明没落"①。从现实来看,20世纪最为严重的纳粹统治也的确是以大规模的政治参与为基础。正是出于对由广泛参与而引发的大众政治的担忧,在现代有关民主政治的智识传统中存在着一种倾向,这种思维倾向认为"参与是与极权主义联系在一起,而不是与民主制度联系在一起"②的。

然而,自由主义式民主对广泛参与的怀疑和担忧,将公民参与和极权政治联系在一起的想象,存在着几个逻辑上的问题,需要仔细地作出辨析。首先,在自由主义民主那里,公民参与之所以会产生暴政,是与特定的"大众心灵"的假设联系在一起的。普通的大众往往没有见识、易于受到蛊惑,并且大众行为也不具备理性,只受到激情的驱使,对行为的结果也毫无预见性。更重要的在于,大众行为的普遍性以及匿名性,还会导致普通公民失去责任感,因而会放肆自身的激情冲动。因此,普通大众无法承担起有责任感的政治行为,也无法作出理性的判断和决策,最后只能导致背叛民主政治。在这种情况下,政治必须交由那些少数有责任感和能力的精英。毫无疑问,在精英与大众之间的取舍,必须基于两种类型的人格判断,"少数精英是指那些具有特殊资质的个人或群体,而大众则是指没有特殊资质的个人之集合体"。其间的区别在于,"一种人对自己提出严格的要求,并赋予自己重大的责任和使命;另一种人则放任自流——尤其是对自己"③。

对于自由主义民主的上述假设,当然可以提出有效的质疑。没有很多的证据表明大众的心灵是"闭塞"的,也没有很多的证据表明大众的行为不具有理性或只受激情的控制。恰恰相反,如果说大众的公共行为总是不负责任,那正是由于自由主义本身对于现代社会个人人性的预设或

---

① [西班牙]奥尔特加·加塞特. 大众的反叛[M]. 刘训练,佟德志,译. 长春:吉林人民出版社,2004:3.
② [美]卡罗尔·佩特曼. 参与和民主理论[M]. 陈尧,译. 上海:上海人民出版社,2006:2.
③ [西班牙]奥尔特加·加塞特. 大众的反叛[M]. 刘训练,佟德志,译. 长春:吉林人民出版社,2004:6,7.

塑造。在自由主义那里,个人只具有自私自利的观念,"个别的人,作为这种国家的市民来说就是私人,他们都把本身利益作为自己的目的"①。他们丝毫也不关心共同体的命运,"他们生而分立,死而分立,身不由己"②。自由主义以自然权利为名,将追求享乐、舒适和消遣的生活作为人的终极目标,认为追逐私利、实现个人欲望是人生的目的所在,从而使现代人自诞生伊始,就染上了自私、放纵的不良品质。对个人自然欲望的迁就和放纵,不可避免地导致公民精神的失落。患上了"唯私主义综合征"的个人,自私自利的本性自然导致其无法担当实现公共利益的政治责任。

正如韦伯所言,小市民的"道德"是"政治生活"的天敌。一个栖息着"没有灵魂的专家"和"没有心肝的纵欲者"的庸俗市民社会必然充斥着"政治厌倦症"和"政治侏儒症"。为了"过日子"而进行利益盘算和妥协的小市民不可能成为担当政治上的责任和义务、富有爱国精神和公共精神的公民。③ 而暴政和极权统治的危险,并不在于普通大众的参与本身,而恰恰在于每个公民在这种自私人性的塑造下走向了"平庸"。正如阿伦特的洞见所表明,这些"平庸之恶"才是极权统治存在的社会—心理基础。在这个意义上,自由主义民主将质疑的矛头指向大众参与,就不能不说是选错了目标,而应该值得怀疑的恰恰是自由主义本身的人性观。这种人性观将公民视为不关心共同体利益的自私个人已成问题,而在精英与大众之间作出区分就更无逻辑可言。

其次,自由主义民主视大众政治为个人自由的严重威胁,还与一种胜者全赢的竞争性政治观不无联系。在这种政治中,参与政治的各方都处在竞争之中,竞争的结果是一方必须胜过另一方。参与的各方都不可能改变自身的立场,也就是采取既不妥协也不宽容的政治态度。因此,最终的结果必然是以一方的牺牲为代价。在这种情况下,不是牺牲少数人的利益就是牺牲多数人的利益。因此,自由主义的现实逻辑就是,通过将普通大众排除在决策过程之外,政治最终沦为少数精英的游戏。从这个角

---

① [德]黑格尔. 法哲学原理[M]. 范扬,张企泰,译. 北京:商务印书馆,1961:201.
② [英]安东尼·阿巴拉斯特. 西方自由主义的兴衰[M]. 曹海军,等译. 长春:吉林人民出版社,2004:19.
③ 刘诚. 现代社会中的国家与公民:共和主义宪法理论为视角[M]. 北京:法律出版社,2006:11.

度来看,根本的问题不在于政治的主导权属于大众还是属于精英,而在于这种建立在竞争基础上的民主政治本质上只是一个确定输赢的政治机制,它无法对弱势群体的利益作出回应,也无法去创造和缔结普遍的价值共识。"通过合计的民主模式所产生的投票结果就只具有最弱意义上的合法性。它提供了确定输赢的机制,但却没有提供旨在发展共识、塑造公共舆论甚或形成值得尊重的妥协的机制。"①在这种机制下,政治沦为社会力量的竞技场,从而使政治最终成为势力集团的操纵物,而没有给社会弱势群体留下任何机会。

更重要的问题在于,这种政治不能为社会团结培养出共识的基础,内在地给现代政治埋下了分裂的种子,使现代社会最终走向结构性危机。自由主义之所以会将政治视为一种胜者全赢的竞争性过程,根本的原因在于它将个人的偏好视为外在于政治过程之外的。由于其自身的消极自由立场,自由主义对于塑造性政治特别警惕。个人的偏好来自于他的自然人性,而不能接受任何的政治社会化过程。在自由主义那里,塑造性政治无异于一种干涉行为因而被视为对自由的侵犯。更重要的在于,塑造性政治预设了一种"善"的品质,而这与自由主义的中立性和程序性政治观是相悖的。在自由主义那里,政治本质是一个中立的过程。政治的过程就是一个汇聚既定的个人偏好的过程,是一个将汇聚起来的个人偏好转化为集体偏好的过程。由于个人偏好外在于政治过程并具有价值上的优先性,集体偏好的形成要么取决于个人偏好之间的一致性,要么取决于不同偏好之间"你死我活"的竞争。

因此,在由自由主义民主所主导的政治那里,不同的利益之间无法达成共识,最终的结果只能取决于不同利益之间的势力对比。在这种情况下,多元主义模型最终演化成为组织化利益操纵的场所也就在所难免了。"权力正逐渐从政治中转移——这种情况可以同时解释何以政治冷漠在日益增长;除了对众目睽睽之下的高层人士的绘声绘色的丑闻,选民对所有'政治'事务都愈来愈不关心;对来自政府大楼的救助的希望日益渺茫,不管谁掌权,都一样。在政府大楼中所做或可能做的事,对在日常生活中

---

① [加]威尔·金里卡.当代政治哲学(下)[M].刘莘,译.上海:上海三联书店,2004:523.

打拼的个体而言,越来越没有意义。"①

在这种情况下,现代政治改变民主的机制,发展出一种以合作与共赢为目标的协商机制就成为重要的选择,以趋向于共识的协商与理解取代胜者全赢的竞争。现代政治不仅应该相信普通公民的政治人格,还应相信普通公民的治理能力。"监督者,选民,委托人——这些都是对民主主义状态中的公民的不充分定义",因为他们更是"管理者,也就是自治者、共治者与自己命运的主宰者。他们不需要在所有时间都参加所有的公共事务,但是他们至少应该在某些时间里参加某些公共事务"②。当然,参与的前提是公民在没有外力或权威影响的情况下,自主地参与。"恰当地理解,参与的含义是亲自参与,是自发自愿的参与。"③因此它与代表不同,也与动员相异。当公民能够作出积极的承诺,能够基于公共理性而进行政治参与,甚至能够进行自主治理时,民主治理才能够从专家或组织操纵中解放出来并具有活力。

在这个意义上,我们可以看到,"多元主义的内在冲突、对抗的不可判定性和不可根除性,这些都是审议民主模式煞费苦心想要予以消除的东西"④。值得注意的是,强调公民参与和协商的公民共和主义,并非是像墨菲的批评那样,要在政治领域中消除冲突或矛盾。公民共和主义仍然承认政治是一个存在冲突和分歧的领域,如果没有冲突和分歧,政治本身也没有存在的必要性。公民共和主义的不同之处在于它处理冲突的方式不同于多元主义的竞争模型。在多元主义那里,由于私人偏好的不可变更,因而不同的利益冲突在根本上具有不可调和性。政治竞争的结果就只能是零和甚至是负和的游戏。

但在公民共和主义那里,个人偏好的产生和形成并非完全是一个外在于政治过程的现象,而毋宁是受到政治过程的影响,特别是受到政治过程中有关实质正义的审议结果的影响。因此,政治过程中的个人偏好部分地取决于理性协商的结果。"在交往行为中,参与者主要关注的不是自己的目的;他们也追求自己的目的,但遵守这样的前提,即:他们在共同确

---

① [英]鲍曼.寻找政治[M].洪涛,等译.上海:上海人民出版社,2006:11.
② [美]本杰明·巴伯.强势民主[M].彭斌,吴润洲,译.长春:吉林人民出版社,2006:7.
③ [美]乔·萨托利.民主新论[M].冯克利,阎克文,译.北京:东方出版社,1998:127.
④ 谈火生,等.审议民主[M.].南京:江苏人民出版社,2007:360.

定的语境中对他们的行为计划加以协调。"①在这种情况下,公民共和主义对政治冲突的解决机制就并非是"胜者全赢"的方式,而毋宁是基于可协商的共识之上的"共赢"。这样,与多元主义的模型相比,在公民共和主义模型下,民主治理的运作过程就能够同时兼顾"正义的外观"和"正义的内涵"。

在公民共和主义看来,公民参与是民主政治不可缺少的构成部分,参与或者具有工具性的价值,或者具有本体论的价值。在工具性的价值那里,参与被视为保护和实现自由的一种手段;而在本体论的价值那里,参与本身即被视为一种价值存在。然而,不论是从工具论的角度还是从本体论的角度,作为一种原则,"不管谁,只要能作出相应的贡献,就应当允许他参与论证;所有人都应当享有均等的机会,在论证中作出自己的贡献;参与者必须言出心声;交往必须同时摆脱外在强制和内在强制,以便有更好理由的说服力能促使人们对可以批判检验的有效性要求采取肯定或否定的立场"②。有争论的规范是否获得赞同,最终取决于辩护的理由能否说服参与各方。

如果将民主政治理解为对特权的抵制,是一种基于平等公民身份的政治,那么,与精英没有特权相同,大众也应该没有特权。因此,当精英的治理理应受到质疑时,大众的选择也并不一定合理。公共行动的选择既不应来自于多数票决的结果,也不应来自于少数精英的真理决断,而应该来自于以理解为基础的共同协商的决定。因此,"协商程序制度化的核心是存在公民能够为政治议程提出问题,并参与到这些问题谈论的舞台"③。

总之,民主政治若要取得令人满意的结果,必须寻求将自上而下与自下而上的努力相结合的机制。一方面依赖于公民站在"自助"的立场,以一种同情和包容的态度积极地参与到公共生活中去,另一方面也依赖于官僚自觉地控制权力的运用以及民选政治家不偏不倚地将政策导向公共

---

① [德]哈贝马斯.交往行为理论(第一卷):行为合理性与社会合理性[M].曹卫东,译.上海:上海人民出版社,2004:273.
② [德]哈贝马斯.包容他者[M].曹卫东,译.上海:上海人民出版社,2002:47.
③ [美]詹姆斯·博曼,威廉·雷吉.协商民主:论理性与政治[C].陈家刚,等译.北京:中央编译出版社,2006:65.

利益的目标。否则,丧失任何一个条件,都可能导致民主的危机。"当公民依赖的态度为集权化行政的存在所强化的时候,结果就是托克维尔所界定的民主独裁制。当公民失去了对其他群体的观点的同情感的时候,中央集权化的统治者就有强烈的激励来迎合多数的愿望,因而产生了多数暴政的条件。当选任官职的候选人把自己的努力集中于向那些观点缺少宽容态度的群体宣传其自己符号化的世界观的时候,就开始走向可能导致种族冲突和内战的过分党派性的道路了。"①

第三节 行政权参与性设计的现实维度

从某种程度上说,当代可治理型民主的核心难题在于行政权的民主化问题。一方面,现代民主政治的可治理性要求客观上赋予行政权以广泛的自主性;另一方面,这种能够进行广泛自由裁量的行政权却在当代以限权为特征的宪政体制和民主政治中一直缺乏一个合法性的地位,以至于在美国被称为"无头的第四部门"(a headless fourth branch of government)②。而导致行政权面临合法性危机的关键之处就在于它无法向全体公民负责,从而无法保证自身的公共性。可见,在可治理型民主中,如何为能够广泛自由裁量的行政权设计出一种民主化的公共责任机制,以公共性来补救合法性就成为重要的议题。为了解决这一问题,前述行政权的服务性设计,就是力图通过社会治理场域中的"道德重建",唤醒公共官员的公共伦理意识,使之能够在公共精神的召唤下对宪法及民主政治下的公民权利负责。然而这种服务性的设计虽然必要,但对于公共行政或社会治理的民主化却不充分。

诚如哈贝马斯的分析所表明的,如果没有来自生活世界中的交往行为所发出的指令,行政权的服务性设计虽具吸引力,但仍将容易沦为单向

---

① [美]迈克尔·麦金尼斯,文森特·奥斯特罗姆. 民主变革:从为民主而奋斗走向自主治理(上)[J]. 北京行政学院学报,2001(3):94.

② President's Commission on Administrative Management. Report of the Committee with Studies of Administrative Management in The Federal Government [R]. 1937:4.

度的理性设计,无法对公民真正的需求作出有效回应。公民权利的真正内涵及其真正的需求,只有在特定的语境中通过交往理性才能得到清楚的阐明。行政专家虽然可以以宪政捍卫者及公民权利保护者的身份进行积极的治理,但专家理性与社会理性之间仍然存在着较为明显的差距。服务性的设计只不过表明了专家理性的民主化立场或姿态。就专家和公民必须发展出一种共享的价值解释体系而言,"拥有合法性的行政国家必定要根植于积极的公民参与文化环境之中"①。正是在这个意义上,以公民为中心的行政权的参与性设计具有了鲜活的价值,它试图通过组织体系的扁平化改革,建构开放的社会治理场域,向具有正当资格的积极公民赋能,真正实现以公民为中心的参与式治理,以使行政权的共和化获得坚实的社会基础。(见图 5-1)

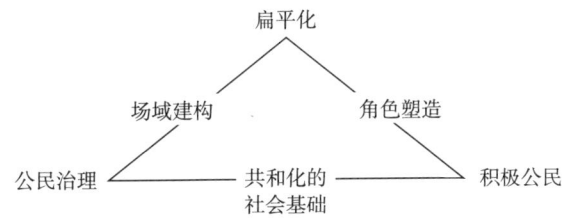

图 5-1 行政权参与性设计的现实维度

一、扁平化:建构社会治理的开放场域

正如前文所述,无论是传统的官僚制还是新公共管理的民营化或市场化,其核心的特征仍然是将行政权的目标锁定在对有效性的追求上,从而不仅不能为积极的行政权提供正当性的基础,反而造成了现代治理的危机。前者使社会治理沦为理性体制及多元组织的操纵工具,后者又使社会治理重归"无政府状态"下治理失败的边缘。关键的问题在于,可治理型民主的实践不得不依赖于行政权,而能够为积极的行政权提供正当性的只能是将治理视为服务的过程。在服务行政的视角下,行政权不仅

---

① C. M. Stivers. Active Citizenship and Public Administration [A]//Gary L. Wamsley, et al. Refounding Public Administration [C]. Thousand Oaks, CA: Sage, 1990: 247.

要能够积极有效地回应公民社会的需求,而且还要向公民开放,寻求与公民社会之间的合作。换句话说,如果行政权需要建构社会价值,那么,为了保证社会价值的公共性,则仅仅依赖于行政官员出于公共伦理以及公共精神的召唤而生发的那种公共责任意识虽属必要但却远未充分,它还要求公民社会的积极参与,以一种参与的方式建构社会公共价值。官僚不仅需要走向社会,公民也需要走进治理过程,其目的是加强行政权与"民主的意见形成和意志形成过程保持联系,而这种过程不仅仅要对政治权力之行使进行事后监督,而且也要为它提供纲领"[①]。

因此,治理的民主化意味着公共官员在公共决策和政策制定时,应坚持以公共利益或公共价值为目标,将公共利益视为一个开放且公正的对话、讨论及思考的过程,在这个过程中公共利益在特定案例中所具有的内涵得以明了,政策制定及执行的目标得以呈现。只有通过与公民进行充分的对话与协商,公共价值的内涵与外延才能得到清晰的界定,而只有将行政权置于公众的视野与控制之中,才能保证行政权的运作实现公共性的再生产。

为了实现这一目标,一方面固然需要公共官员养成如下的心智倾向(habits of mind):试图调和议题的多元分歧性而非自限于少数的选项之中、将长远的视野纳入思维当中以平衡人们过度将焦点置于短期效果的自然倾向、平衡相关个人与团体的各种彼此竞争的需求而非采取单一的立场、决策时考量较多的知识与信息而不是将目光集中在少数的资料之上、认识到公共利益的特定内部总是存在着诸多争议但这种争议并非是毫无意义的。[②]

另一方面,也需要作出结构性的改革,开放社会治理的场域,以真正地吸引和方便公民的参与。为了便于分析公民参与的推动进程,King 等人建构了一个公民参与模式改进的分析框架。在这个分析框架中,影响公民参与过程的主要有四个因素:(1)议题或情景;(2)行政组

---

① [德]哈贝马斯. 在事实与规范之间:关于法律和民主法治国的商谈理论[M]. 童世骏,译. 北京:生活·读书·新知三联书店,2003:373.

② G. L. Wamsley, R. N. Bacher, C. T. Goodsell, et al. Public Administration and the Governance Process: Shifting the Political Dialogue[A]//Gary L. Wamsley, et al. Refounding Public Administration [C]. Thousand Oaks, CA: Sage, 1990:41.

织的结构、制度及参与发生的过程;(3)行政人员;(4)公民。根据这四个不同要素之间的结构化关系,可以看出传统参与模式与真正参与情景之间的差异(见图 5-2)。① 在传统的参与情景中,行政人员占据着解释政策议题的主导权。金字塔式的治理体系以及权威运作的封闭过程,将普通公民的参与排斥在实际的治理过程之外。高耸的垂直体系常常被视为对公民参与的排斥,公民参与最多也只具有边缘性的地位。这导致公民实际上无法影响那些涉及他们利益的众多决策,"他们的参与无异于服从"②。而要实现公民真正的参与,必须使公民本身能够拥抱和影响现实的政策议题。在社会治理过程中,议题的建构与解释,必须置于以公民活动所构成的生活世界这一特定背景与情境之中,政策议题的最终结果只能取决于公民与行政人员之间真诚而有效的对话与协商。

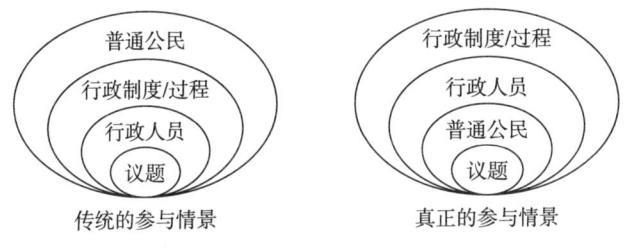

图 5-2 公民参与模型的比较

对于社会治理而言,民主化的要义在于必须积极应对社会的公共价值。因此,政策议题的建构与理解必须与社会公共价值相一致。对于任何一种政策议题而言,它的界定与解释都不能脱离于特定的社会情境。按照哈贝马斯的观点,政策议题要能真正地反映社会的公共价值而不是虚假地"建构"社会价值,则必须置于由交往行为所建构的生活世界这一领域之中,并经过由公民平等参与的广泛对话与讨论才有可能。在这个意义上,造成传统参与情境的"虚假性问题"的关键原因,就在于社会治理

---

① 谢里尔·西姆瑞尔·金. 参与问题:通向公共行政中真正的公民参与[A]//王巍,牛美丽. 公民参与[C]. 北京:中国人民大学出版社,2009:54-58.
② Emmette S. Redford. Democracy in the Administrative State [M]. New York: Oxford University Press, 1969:66.

的结构与过程安排上的差异。等级森严的封闭式权威体系排斥了普通公民参与的可能性,将政策议题的界定与解释置于权威的理性话语体系之中,从而割裂了政策议题获取公共价值的情境。"统治的思想与等级化的权力、垂直和自上而下的指挥关系,以及以整齐划一的方式推行的意志等概念联系在一起,与对国家整体性的思考紧密相关。"[1]因此,倘若这种垂直一体化的统治方式居于垄断地位,那实际上就意味着体制性的需要代替和支配着人类社会的真正需求。

因此,要推进公民的真正参与,除了前述行政官员要建立平等开放的心智模式以外,关键之处就在于推动治理权威结构的改变,从传统的垂直而封闭的治理结构转向一个水平而开放的治理场域。"对治理的政治研究告诉我们,我们现在正在经历着从一个权力等级和主权观念转变为一个更加注重调节的观念,新治理观的形象更加强调明示谈判、组织学习和开放公共讨论"[2]的时代。因此,从权威的结构来看,民主治理的推进过程即是一个治理体系不断扁平化的过程。与企业组织的扁平化设计通过适应性以及人性化管理而专注于效率目标不同,建构开放的治理场域以实现公民真正的参与始终位于治理体系扁平化的核心位置。这一扁平化的体系与传统的垂直而封闭的体系存在着多方面的不同:首先,在扁平化的治理体系中,公民是以平等的合作者或对话者的身份参与进来,取代了传统的权威体系中的服从地位;其次,治理的运作也越来越依赖于协商而不是命令;再次,为了使协商能够真正体现公共性的特征,沟通的过程必须是对称的,包括信息的充分公开;最后,作为一种新的治理结构,它鼓励而不是限制公民的自治。[3](见表 5-2)

---

[1] [法]让-皮埃尔·戈丹. 何谓治理[M]. 钟震宇,译. 北京:社会科学文献出版社,2010:14.

[2] [法]让-皮埃尔·戈丹. 何谓治理[M]. 钟震宇,译. 北京:社会科学文献出版社,2010:40.

[3] Ank Michels, Albert Meijer. Safeguarding Public Accountability in Horizontal Government[J]. Public Management Review,2008,10(2):165-173.

表 5-2　作为理想类型的垂直体系与扁平体系的特征比较

	垂直的权威体系	扁平的治理体系
公民的地位	服从	平等
治理的机制	命令	协商
沟通的方式	不对称	对称
自治的程度	限制	充分

从社会治理的微观层面来看,"公民与政府之间的平等对话一直是民主理想的核心"①。在这个意义上,扁平化改革的核心是将公民以平等的身份整合进政策议题界定与解释的场域中去。只有当公民立足于平等的身份与行政官员展开充分的对话与协商,才可能使社会公共价值得到准确的阐释与界定。因此,扁平化改革同时也是一个分权的过程。这意味着,公共事务的治理将更多地由处在代表制及官僚制之外的公民来决定,依赖于一种广泛的社会团结机制以及社会对话机制,将不同的行动主体整合进既多样化又能够通过协商而充分统一的社会治理体系之中。"分权化的管理则通过开放式交往、对话和分享社会知识,将组织与民众联结起来,从而凸现建立非科层制的、合作治理形式的可能性。"②因此,扁平化的关键在于,通过结构上的变革,将官僚制与公民社会以一种相互信任、彼此依赖的方式有效地连接起来。

公民社会在开放的社会治理场域中具有基础性的地位。在制度层面上,公民社会是一种由追求共同利益的公民,自愿组成之民间非营利性社团的互动网络,它属于整体社会的一个部分(a part of society);在规范层面上,公民社会对内必须要以信任与合作作为基础,对外则需与其他部门如政府、企业与小区享有共同追求的价值,它是社会的一个类型(a kind of society);在政治层面上,公民社会中的公民应该以和平、理性、公开的方式进行沟通,让各种意见得以表达,并在最后能以民主的程序达成决

---

① [美]玛莎·麦科伊,帕特里克·斯卡里.协商对话扩展公民参与:民主需要何种对话?[A]//陈家刚.协商民主[C].上海:上海三联书店,2004:115.
② [美]全钟燮.公共行政的社会建构:解释与批判[M].孙柏瑛,等译.北京:北京大学出版社,2008:10.

议,它是一个公众审议的场域(an area of public deliberation)。① 因此,扁平化实际上就是以建制化的方式,将公民社会的这种生机勃勃、公共理性、信任与合作带进官僚制的治理场域,使行政权分享公民社会的价值观、语言、权威以及目标成为民主治理的重要条件。因此,扁平化实际上意指治理权威的运作从传统的垂直单向方式转为水平互动方式。它可以表现在多个层次,也可以从政府体系的内部与外部相继展开(见表5-3)。

表 5-3 扁平化的层次与类型

	内部扁平化	外部扁平化
宏观层次	中央与地方	政府与社会
中观层次	政府部门和机构	政府组织与社会组织
微观层次	上级与下级	行政官员与公民

首先,从政府体系的内部来看,扁平化最为关键的内容体现在宏观层次,主要涉及中央与地方关系的安排,也就是如何处理国家权力在全国范围内的分布问题。按照民主治理的观点,扁平化的要义在于推动公民参与的落实,地方性的政治单位更符合扁平化的标准。于大型的中央集权化的机构而言,地方治理更能推动广泛的公民参与并因而更具有合法性。因此,作为政府机构扁平化的一项原则,"许多较小规模公共的利益可以在较小的政治社群范围内进行适当的协商,而不要求与大型体制有关的中央集权决策者的关心"。② 实际上,"地方政府的目的,在于实现地方自治,(地方政府的存在,)自始即是一个自治的作用,自始就是以一个自治的姿态出现,不然的话,中央政府尽可能在地方上广设分支机构(Field Agency),以发布命令,执行其职务,又何必设置地方政府"③? 其次,政府体系内部的扁平化还涉及政府各部门和机构之间的关系安排以及减少行政官员的等级序列。在这种安排上,扁平化主张要减少行政层级以及由此而产生行政等级序列的控制,更多地依赖横向的协调机制,特别是对于

---

① Michael Edwards. Civil Society [M]. Malden, MA: Polity Press, 2009: 4.
② [美]迈克尔·麦金尼斯. 多中心体制与地方公共经济[M]. 毛寿龙, 译. 上海:上海三联书店, 2000: 56.
③ 董翔飞. 地方政府与自治[M]. 台北:五南图书出版公司, 1982: 5.

一些部门间或地区间的公共事务而言,协商式的解决办法更符合民主的要求。最后,在微观层次上,扁平化也意味着上下级之间关系的重构,上级将依赖于授权而不是严格的命令进行管理,而下级也将拥有更多的自主权和主动性。

当然,作为一种开放的治理场域,政府体系外部的扁平化可能更为重要。首先,在宏观层次,政府改变自身凌驾于社会之上的地位,以平等的姿态接受社会的参与。作为更大系统的组成部分,国家自主性和社会中心论者都存在着偏颇,政府与社会之间都应分别具有各自独立的影响力,并在此基础上相互依赖。其次,在中观层次,开放的治理场域主要体现为包括政府组织和社会组织在内的多元的组织参与,通过协商及合作的方式共同承担治理公共事务的职能。最后,扁平化的设计最终还体现在微观层次行政官员与普通公民之间的对话上。"在地方,公民正不断通过对话和直接讨论,以不同于以往代表制和官僚机构的决策方式,向政府显示需求,表达不同方面的利益,以求对公共政策产生实际影响力,可以说,这是当代治理的标志。"①

在根本性的意义上,作为治理结构民主化的体现,扁平化要求将公民组织进社会治理的体系及运作过程之中,强调公民的自我组织与交往对民主治理的基础性地位。它"是使民主政治体制有效运作的必要条件。有民意基础的自治精神才能把粗略的自由制度转变成有秩序的自由。但是在大众无序、个体孤立的状态下,这样的系统是不可能存在的"②。因此,扁平化的设计要求官僚们必须将自己的"技术倾向"与公民的"大众情趣"相结合,公民必须要参与到公共行政中来,与官僚们及其他组织权威进行互动和沟通,表达愿望和要求、反馈评价与意见。现代政府被认为面临着日益多元性与复杂性的环境,社会问题的日趋复杂性,使政府面临的不确定性因素空前增加,常常产生政府无法独自解决问题的困境。在协商民主和话语理论的视角下,处于这一困境中的政府需要寻求与社会各种力量之间的互动而形成的"话语"治理。通过平等、自由的公民在公共

---

① James G. March, Johan P. Olsen. Democratic Governance [M]. New York: Free Press, 1995: 31.
② [美]弗朗西斯·福山. 信任:社会美德与创造经济繁荣[M]. 彭志华,译. 海口:海南出版社,2001: 369.

对话过程中提出各种相关理由说服他人,或者转换自身的偏好,在充分考虑公共利益的基础上利用公开审议过程的理性指导协商,从而赋予公共管理和公共政策过程以合法性,使公共行政更符合民主社会中日益高涨的公民主权对良好治理形式及结果的普遍需求。

二、积极公民:面向治理的公民身份塑造

由于民主治理需要以公民参与为基础,从微观层面来看,这意味着需要改变治理过程中官员与公民之间的相互关系。因此,从某种程度上说,治理体系的扁平化改造,实际上也是重建不同主体之间身份和心理的过程。"有效的或者说真正的公民参与不仅意味着找到有效扩大公共决策过程中公民参与规模的合适工具和技术,还要求重新思考行政人员和公民各自的基本角色及其相互关系。"[①]对于官员来讲,治理体系的扁平化设计意味着权力的分享,从官员总是谋求权力的最大化这一角度而言,这意味着官员可能会成为阻碍公民参与的重要因素之一。但如果说权力的最大威胁并不在于分享权力而在于权力失去了合法性的话,那么在政治民主化的汹涌浪潮下,官员就更可能倾向于希望公民参与而不是阻碍治理的民主化进程。在这个意义上,可以发现真正影响治理民主化进程的,并不是官员的态度,而是公民参与本身的有效性。

社会治理的民主化实质上是以公共性的再生产为目标,是使行政权持续地服务于由社会公众所定义的公共价值。因此,就治理的民主化要求来说,公民参与必须符合公共理性的标准,也就是要建立在一种以公共利益为导向的参与责任意识之上。非理性的参与行为往往构成反对治理民主化的理由,在这种参与过程中官员对公民之间存在着太多的不信任并由此抵制参与,这给治理的民主化制造了不少的紧张和冲突。"几乎每个公民都会不同程度地对抗政府,而官僚机构也会做出对抗性的回应。"[②]事实上,公民的理性参与能够改善官员对公民参与的评价,能够在

---

① 谢里尔·西姆瑞尔·金.参与问题:通向公共行政中真正的公民参与[A]//王巍,牛美丽.公民参与[C].北京:中国人民大学出版社,2009:54-58.

② Cheryl S. King, Kathryn M. Feltey, Bridget O'Neill Susel. Citizens and Administrators: Roles and Relationships [A]//Cheryl S. King, Camilla Stivers. Government Is Us [C].Thousand Oaks, CA: Sage, 1998:49.

官员与公民之间建立起相互信任的关系,从而使行政官员从对公民的消极态度转换为积极的立场,为推进公民参与创造机会与条件。对公民参与的公共理性要求,使得社会治理的民主化转向了一种可以称之为"积极公民"的公民角色建构。"在行政管理者的各种责任中,促进公民能力成长成为一项公共的义务,经由此,公民、非政府组织、协会和以社区为基础的组织能够积极地参与进入公共话语体系。"①

公民身份是近年来各种实践哲学研究的热点话题,无论是在福利国家的政治哲学话语中,还是在共和主义、社群主义等公共性思潮中,都能发现公民身份理论的基础性地位。公民身份理论在当代实践哲学和公共哲学中的复兴,既是理论本身演进的自然结果,也是出于对社会实践的反思。从理论演进的逻辑来看,自由主义与社群主义的争论最终可以归结到公民身份在个人权利与共同体之间的定位问题,从而使得公民身份理论处在了"主义之争"的核心地位。同时,当代的女性主义、环境保护主义等思潮的勃兴也推动了公民身份理论的进一步发展。从社会实践的角度来看,作为各种公民权利运动以及福利国家、工业化社会发展的后果的反思,公民身份在权利与责任之间的重新理解也成为重建现代性政治的重要基础。公民身份理论的复兴,最终表明了下述观点的重要性,即"健全和稳定的现代民主不仅仅依赖于其'基本结构'的正义,而且还依赖于其公民的品性与态度,如……他们对异己人群的宽容能力以及与之合作的能力;他们为促进公共利益以及促使政治权威负责而参与政治过程的愿望;在经济需要和在影响自身健康与环境的个人选择中,他们表现自我节制与担负个人责任的愿望"②。

公民身份理论的复兴与流行,也说明了这一理论可能被运用到更广泛领域的可能性。对于社会治理而言,公民身份理论的重要性在于,"一方面,公民对自我责任、德性而不仅是权利的认同,构成了当代治理理论的前提性内容;另一方面,培养有责任的、忠诚于社群的公民,培养友爱和相互信任的公民精神,则成为公共行政的'天职'"③。从根本的意义上

---

① [美]全钟燮.公共行政的社会建构:解释与批判[M].孙柏瑛,等译.北京:北京大学出版社,2008:32.
② 许纪霖.共和、社群与公民[C].南京:江苏人民出版社,2004:236.
③ 孔繁斌.公共性的再生产[M].南京:江苏人民出版社,2008:253.

说，无论是民主政治还是社会治理只能以公民为根本目的，也只能以特定的公民身份为基础。以当代民主治理的实践而言，诉诸公民积极的参与，无论是从提升合法性的规范主义角度，还是从优化治理的功能主义角度，都具有不可取代的意义。因此，在参与和协商为基础的民主政治和社会治理中，"有效的公民身份的内容是处于主导地位"①的。

值得注意的是，在建构"有效的公民身份"过程中，首先需要区别的是两种不同的公民身份理论。一种是"以法律地位来界定的公民观"，一种是"以合意行为来界定的公民观"②。如果说前一种公民观最终定位于公民身份的权利承认，那么后一种公民观则取向于公民身份的责任建构。对于当代的社会治理实践而言，这两种不同的公民观及其身份建构具有不同的意义。以权利定位的公民身份通常被称为"消极的公民权"或"私性的公民权"，因为这种公民身份不支持任何形式的公共参与行为，它只界定了公民应当从公共生活中获取什么。从它对于构造平等的公民地位以及对每位公民提供基本的权利保障这一立场而言，这种消极的公民权构成了政治正义以及社会正义的重要基础，并构成了现代政治以及社会治理的根本出发点，成为形塑现代政治以及社会治理发展方向的规范性力量。

另一方面，责任问题大约居于现代政治的核心位置，并且这样一种责任问题的建构是与权力问题密不可分，并最终指向于握有权力的政府机关的。"在民主制度中，责任是行政机关和政治领导的一个根本要求。"③假如责任与权力始终如影相随，那么随着社会治理的实践逐渐向公民开放，吸引越来越多的公民主体参与进来并与之分享权力，责任问题就不仅只是由政府机关来承担，公民在分享相应的权力时，分担相应的责任也就不可避免。当然，这种责任指向的是一种公共责任。在开放的社会治理场域中，作为分享权力的所有主体都应该承担起这种公共责任。"一个人不能躲在一个'私人的'或'企业的'招牌下，逃避公共的责任，也不能躲藏在一个组织、一个政府或者一个企业之中，逃避公共的责任。公共责任不

---

① [美]本杰明·巴伯.强势民主[M].彭斌,吴润洲,译.长春:吉林人民出版社,2006:2.
② 许纪霖.共和、社群与公民[C].南京:江苏人民出版社,2004:237.
③ [澳]欧文·E.休斯.公共管理导论[M].第3版.张成福,等译.北京:中国人民大学出版社,2007:274.

是集体的责任,而是我们每一个人的个人责任。"①

在当代的社会治理实践中,以责任为基础的公民身份建构相对于以权利为基础的公民身份建构,获得了价值上的优先性,主要与下述两个正反相成的原因有关。一方面,以权利为基础的公民身份,在其消极的面向上造就了过度索取的公民,这些公民日益养成了一种福利依赖的综合征,并使得福利国家变得不可撤销,因此导致了福利国家的不断膨胀,最终造成政府负担"过载";另一方面,现代公共生活的事实是"政治离公民越来越远,而政策则离公民越来越近"②,只注重索取的公民一般只关心自身的福利状况,而越来越不关心政治以及公共生活的状况,最终导致政治的衰退以及公共领域的没落。面对这种双重的批评,以责任为基础的积极公民权在当代的公民身份理论复兴中获得了高度的重视。"民主政治的含义是积极的公民权而不仅是消极的公民权,是每一个人不仅有作国家的,而且有作与他的人格或环境有关系的团体的积极的公民的机会。"③

以权利为基础的消极公民权的问题在于,它使现代社会中的公民一个个患上了"唯私主义综合征",它不仅消解了公民对共同体以及公共性的认同,而且也解构了公共责任的心理基础和道德基础。"自私行动的个人的自我中心视角的聚合,怎么可能产生出促使人们考虑别人利益的公共关怀呢?"④因此,就当代社会治理的公共性复权而言,以权利为基础的消极公民权就不充分。更进一步,按照哈贝马斯的观点,这种公民权可能正是社会治理公共性衰落的根源。"公民唯私主义综合征和从当事人利益出发运用公民角色,随着围绕这些权利而建制化的经济和国家越来越具有一种系统的自身逻辑、越来越将公民角色压缩成单纯的组织成员的边缘性角色,而具有越来越大的可能性。"⑤在这个意义上,以责任为基础的公民身份对于社会治理的民主化而言,就具有重要的意义。

---

① [美]乔治·弗雷德里克森. 公共行政的精神[M]. 张成福,等译. 北京:中国人民大学出版社,2003:47.
② [德]克劳斯·奥菲. 福利国家的矛盾[M]. 郭忠华,译. 长春:吉林人民出版社,2006:39.
③ [英]道格拉斯·柯尔. 社会学说[M]. 李平沤,译. 北京:商务印书馆,1959:73.
④ 孔繁斌. 公共性的再生产[M]. 南京:江苏人民出版社,2008:256.
⑤ [德]哈贝马斯. 在事实与规范之间:关于法律和民主法治国的商谈理论[M]. 童世骏,译. 北京:生活·读书·新知三联书店,2003:670.

而行政权的共和化,也最终取决于社会治理场域中这种积极的公民身份塑造。在此个人被视为"是一种社会的甚至是政治的动物,其本质属性在民主社会里得到充分实现,在该民主社会中,人们广泛而坚实地参与政治活动……参与民主政治被看成是在善的生活中占据特权地位"①。

在共和主义看来,对个人自由和权利的追求,并不是使个人逃避到私人领域之中,相反,权利是与责任相对应的。要实现个人自由,只有积极地参与公共生活和政治生活才能有效地实现。"自由的代价就是公民美德(civic virtue),这种美德既包括积极自愿地参与政府,也包括对统治者保持永恒的警惕。"②处于现代社会中的市民,不应局限于追求个人自然权利的资产者身份,他同时也是共同体的成员。所以实际上他拥有双重身份:一方面作为个体,他在现代性伦理的支持下有正当的理由去追求日常生活中的幸福和私人领域中的自由;另一方面作为政治共同体的公民,他必须在公共责任呼唤和公共精神的感召下,积极地关心公共利益和公共事务。当然,值得注意的是,行政权的共和化虽然将以责任为基础的积极公民置于了重要地位,但并没有放弃消极的公民身份。共和主义"强化了对于责任、社群、共同善的诉求,同时也保留了对于权利的诉求"③。

Stivers曾在其名为《行政国家中的积极公民身份》的博士论文中,对积极公民身份的关键构成作出述评,并认为不论是古代的还是现代的积极公民身份,都支持四种关键的品质:(1) 具有合法权威的治理行为;(2) 对公共利益的关注;(3) 通过学习成为合格的政治人;(4) 在共同的关系上建构共同体。④ 这一界定实际上是强调了社会治理中积极公民身份的内涵,那就是基于对公共利益的责任感和对共同体的忠诚,以合法的权威身份和有效的行动能力参与到社会治理中来。如果考虑到责任的践履必须与能力联系在一起的话,那么就公民参与社会治理的本质在

---

① [美]约翰·罗尔斯. 政治自由主义[M]. 万俊人,译. 南京:译林出版社,2000:218-219.

② 应奇,刘训练. 公民共和主义[M]. 北京:东方出版社,2006:87.

③ Richard Dagger. Civic Virtues: Rights, Citizenship, and Republican Liberalism [M]. New York: Oxford University Press, 1997:5.

④ Camilla Stivers. The Public Agency as Polis: Active Citizenship in the Administrative State [J]. Administration & Society, 1990, 22(1):88.

于提高治理的公共性这一点而言,可以认为与公共利益相关的公民美德和公民能力,构成了以责任为基础的积极公民身份的两大支柱。"民主只能在强势民主的状态下才能存在,只能在有能力胜任和负责任的公民而不是伟大的领导者的状态中才能得以保全。"①

首先,积极的公民身份依赖于公民美德,"对公共事务的关注和对公共事业的投入是公民美德的关键标志"②。在社会治理中,与积极公民相关的公民美德主要表现为对社群的忠诚、对公共善的信念、对同胞的友爱、对异己的宽容以及对公共事务的热爱等。除此之外,公民需要审慎而平等地对待他人以及参与过程中的分歧与合作。"'公众'的概念需要符合这样一种内在的品质,这种品质意味着,'构成公众群体的每一个成员都站在平等的基点上,他们并不认为自己是一群享有特权的少数人。在彼此的交流中,公众群体的每个成员作为平等的个人来交流,他们并不期求获得高于他人的权威'。这种理想表明,在一个多元文化和民主社会里,公众就应该是来自不同背景的民众相互包容,从而实现他们的权利和自由。"③

除了公民美德以外,有效的公民参与还依赖公民能力。就公民意指"有能力部分参与管理政治系统"④这一点而言,积极的公民身份塑造,不可缺少公民能力的建设。公民能力的意义在于,它不仅是实现有效参与的主观基础,还与公民参与的意愿高度相关。阿尔蒙德关于公民主观能力的分析已表明,只有当公民自认为具有参与的能力时,他或她才会积极地参与政治生活,也才会认同政治参与系统的合理性以及他人的参与。换句话说,只有自信的公民才会符合民主的公民要求。当然,公民能力不仅只包含公民对自身能力的认知部分,更重要的在于公民的确能够具有参与的实践能力。与主观能力主要涉及对自身的信念不同,实践能力是

---

① [美]本杰明・巴伯. 强势民主[M]. 彭斌,吴润洲,译. 长春:吉林人民出版社,2006:8.
② [英]罗伯特・D. 帕特南. 使民主运转起来[M]. 王列,赖海榕,译. 南昌:江西人民出版社,2001:100.
③ [美]全钟燮. 公共行政的社会建构:解释与批判[M]. 孙柏瑛,等译. 北京:北京大学出版社,2008:28.
④ [美]阿尔蒙德,等. 公民文化:五个国家的政治态度和民主制[M]. 徐湘林,等译. 北京:华夏出版社,1989:282.

公民发挥对民主政治和社会治理实际影响的能力。从社会治理的立场来看,公民的实践能力包含以表达和理解为基础的协商对话能力、以合作和自主为基础的治理能力以及从经验中进行学习及反思的理性能力等关键部分。"'自治'意味着人类自觉思考、自我反省和自我决定的能力。它包括在私人和公共生活中思考、判断、选择和根据不同可能的行动路线行动的能力。"[1]也就是说,公民的实践能力包含着智慧和技巧的成分。

正如阿尔蒙德的经验研究所显示,成功的民主制度依赖一种积极的公民身份,这种公民的行动包含理性—主动的成分。只有当公民主动地投身政治,获得有关政治的信息并通过审慎的思考与公开的交流,发挥对政治的影响时,民主政治及社会治理才具有坚实的社会基础。[2]民主政治和社会治理对积极的公民身份的依赖,使得塑造公民成为行政权参与性设计的重要内容。对公民美德与公民能力的诉求,使得公民教育在行政权的参与性设计中占据着非常重要的地位。正如孟德斯鸠所言,共和政体要避免腐败和衰朽,就需要教育的全部力量,通过对公民教育,培养公民热爱法律与祖国,要求人们不断地把公共利益置于个人利益之上。[3]总之,一个繁荣而自由的共和国,不仅仅需要各种复杂的法律程序来保证强大的国家始终服务于公共利益,也不仅仅需要各种精巧的治理技术来促进国家最大限度地实现公共利益,更重要的是,要从根本上依赖于公民个人的责任意识、公共美德、爱国精神、公民能力等优良的政治品质以及在此基础上形成的公共生活机制。

三、公民治理:行政权共和化的强纲领

在现代政治生活中伴随着行政国家的崛起,现代民族国家以公民权为基础,通过建制化的方式将每一位公民整合进民族国家的政治建构过程中,将公民纳入到公共服务和社会福利的项目中来。从民主化的角度来看,公共服务和社会福利项目的运作,必须要能够体现公民自身的意

---

[1] [英]戴维·赫尔德.民主的模式[M].燕继荣,等译.北京:中央编译出版社,2004:380.

[2] [美]阿尔蒙德,等.公民文化:五个国家的政治态度和民主制[M].徐湘林,等译.北京:华夏出版社,1989:518-519.

[3] [法]孟德斯鸠.论法的精神(上册)[M].张雁深,译.北京:商务印书馆,1961:34.

愿。在这个意义上,承认并尊重公民参与的价值已经成为行政国家崛起的合法化基础。为了便于公民参与,突破官僚制的封闭式权威结构以建构开放的、扁平化的治理场域,成为重塑行政国家的必然选择。地方层面的治理和以公民为中心的治理,在以公共服务和公共物品为元叙事的社会治理体系中,不论是在规范性层面还是在功能性层面上,都获得了价值上的优先性。正是在此意义上,博克斯宣称,"我们正处在一个发生重大变化的时代,这个时代是要求回归地方治理而不是州或国家政府治理,要求小而富有回应性的政府而不是庞大的官僚制政府的时代"[①]。

尽管博克斯的观点过于激进,但的确在地方治理的层面或基层,社会治理正越来越以公民为中心而组织起来。因此,可以看到现代社会的治理正在以两种不同的方式展示在世人面前:一方面,在国家或地方以上的层面,官僚制仍然占据着社会治理的主导地位;另一方面,在地方和社区层面,多种形式的公民治理正在取代官僚制而成为地方治理的主要形式。可治理型民主的实践,正在以不同的方式复活着美国联邦党人的治理理念。一方面,行政国家的崛起使得汉密尔顿的强政府理念成为现代社会治理的主导模式;另一方面,在基层的公民治理实践中又重现了杰弗逊对小型地方政府的偏爱。可以说,当代的社会治理正在以矛盾的方式拥抱着联邦党人的政治智慧。然而,正是在这种看似矛盾的情况下,可治理型民主获得了鲜活的生机。

因为行政权的积极行使,既意味着社会治理事务的不断增多,政府承担着越来越多的职能,同时也意味着对公民的影响越来越直接,越来越广泛。就前者而言,强大的政府成为必需;而就后者而言,公民必须拥有那些对他们产生直接影响的公共事务的决定权。强大的政府,在更广泛的范围内创造着公平正义的社会环境,并以强大的行动能力解决着更高层次的公共问题,为基层的、以公民为中心的治理创造着有利环境;而回归地方控制的基层治理,也通过广泛的公民参与,使得公共服务不断地回应着公民的需求,从而在根本的意义上从规范性和功能性两个层面优化着行政权的积极行使。因此,只有存在一种积极的公民社会时,积极的行政

[①] [美]理查德·C.博克斯.公民治理:引领21世纪的美国社区[M].孙柏瑛,等译.北京:中国人民大学出版社,2005:86.

权才有可能。"为了培育一个良好的社会,促进有效能和有效率的行政管理固然重要,但同样重要的是,还要塑造一个有生机的公民社会。"①在这个意义上,以公民为中心的治理,构成了行政权共和化的强纲领。

从公共政策的角度讲,公民的有效参与构成了民主的首要条件。"在政策被社团实施前,所有的成员应当拥有同等的、有效的机会,以使其他成员知道他对于政策的看法。"②这意味着是公民社会而不是政府和企业在民主治理过程中发挥着首要的作用。③要真正发挥公民在基层治理中的作用,以公民为中心的治理必须遵循下列要求:(1)规模原则。将公共政策制定与执行过程尽可能放在贴近那些被政策影响的民众的位置上,既可以保证公民直接参与,创造富有意义的自主治理,同时,也可以保证政府的公共项目更富有弹性,能够回应变化。(2)民主原则。公共政策制定的结果,最终取决于公民是否能够获得充分的信息,以及对政策问题展开自由而公开的讨论,而不是依赖于精英集团的偏好或局限于选任代议者的审慎决断。应赋予公民以更多选择和决定其未来生活的机会。(3)责任原则。公民作为最终的"所有者"并应该成为最终的决定者,政治家及专业官员的作用是提供协助与支持,而不是作为公民的上级。因此,公民应该与政治家及专业官员一同全程参与到公共政策的整个过程,并对最终的结果进行问责。(4)理性原则。公共政策是一项重要的事业,它需要时间和审慎的思考,需要公开地表达自己意见并认真地听取他人的观点。因此,在进行公共决策的过程中,根据理性的原则进行论辩、判断和选择就至关重要。④

以公民为中心的治理,意味着公民参与是一种真正的参与。除了要确认社会治理民主化的上述原则性要求以外,合理地戡定公民的身份以及治理形式,具有同等的地位。在以公民为中心的治理体系中,相对于管

---

① [美]全钟燮.公共行政的社会建构:解释与批判[M].孙柏瑛,等译.北京:北京大学出版社,2008:27.

② [美]罗伯特·达尔.论民主[M].李柏光,等译.北京:商务印书馆,1999:43-44.

③ [美]全钟燮.公共行政的社会建构:解释与批判[M].孙柏瑛,等译.北京:北京大学出版社,2008:10.

④ [美]理查德·C.博克斯.公民治理:引领21世纪的美国社区[M].孙柏瑛,等译.北京:中国人民大学出版社,2005:18-19.

理主义的"顾客"定位,公民所具有的身份是"所有者"。"顾客"的身份定位,使得公民只是社会治理的一个"反应性"角色,他或她只能对公共服务表达喜欢或者不喜欢。个人微弱的影响力使得只有当这种态度达到一定的规模时,才能对公共服务进程产生实质性的影响。相反,"所有者"的身份可以使公民在社会治理中扮演积极的角色,并发挥着实质性的影响。这种影响表现在公民以两种重要的角色决定着社会治理的进程、走向及最终结果:一方面,公民需要"在政治对话中作为主题利益代言人",影响实质性的议程设置及其政策制定;另一方面,公民也需要"在政治—实践管理工作中作为社会服务工作者",以合作伙伴或自主治理的方式影响着社会治理的实际进程。①

也就是说,从公共政策过程这一角度来看,所有者的身份使公民在民主治理过程中既参与到公共决策的过程中来,也参与到政策执行的行动中去,并以对结果问责的方式影响着社会治理的最终目标。"公共服务的民主化要求行政管理者与民众共同工作,了解他们的价值观和需求,并帮助他们实现自主治理。"②具体而言,公民对社会治理的实质性影响方式可以依据自主性的不同程度而采取以下方式:

(1) 社会问责。如前所述,责任问题一直处在民主政治和社会治理的核心位置。相对于公民享有政治共同体的最终所有者这一合法身份而言,政治家和专业官员只具有代表和公仆的合法身份,并在最终的意义上向公民负责。随着行政权的积极行使,责任问题变得更加重要起来。在这个意义上,民主化的进程始终与问责的有效性相伴随。近年来,随着公民参与实践的推广,"一种依靠公民参与来加强行政问责的问责途径"正在发展起来,"它通过普通的市民或公民社会组织,以直接或间接的方式来推进行政问责"③,并成为政治问责、行政问责、法律问责之外的一种有效方式。

---

① [德]康保锐. 市场与国家之间的发展政策:公民社会组织的可能性与界限[M]. 隋学礼,译. 北京:中国人民大学出版社,2009:1-2.
② [美]全钟燮. 公共行政的社会建构:解释与批判[M]. 孙柏瑛,等译. 北京:北京大学出版社,2008:8-9.
③ 世界银行专家组. 公共部门的社会问责:理念探讨及模式分析[M]. 宋涛,译. 北京:中国人民大学出版社,2007:4.

对于民主政治以及社会治理的民主化而言,社会问责的意义在于,它是行政国家崛起之后一种完善传统问责机制的重要方式。行政权对公民生活所形成的广泛而直接的影响,赋予了社会问责的正当性;而传统机制对积极行政权的问责困境,又赋予了社会问责的合理性。一方面,在行政国家时代,政治领域与私人领域的分离不再持续,国家正在运用权力对社会进行着高度的整合,公民也正在越来越多地纳入到公共项目的行动中来。在这种情况下,作为这些公共项目的最终影响者,公民有权对公共项目的运作状况和结果进行问责。另一方面,大量的授权行为使得无论是立法机关还是司法机关都无法实施严密的监控,而行政机关内部的审计与监督,又始终面临着有效性、真实性等方面的质疑。更重要的在于,传统的问责机制无法做到前瞻性,它只能依赖于事后的监督与处理机制,因而无法做到"防患于未然"。在这个意义上,"在自上而下的'警察巡逻'的监督方法之外,还必须建立自下而上的'火警'预警机制"[①]。

对于公民而言,社会问责构成了最弱意义上的参与或治理形式(见第五章第一节第一目)。首先,社会问责是对社会治理行动状态或后果的影响,它意味着公民无法直接地影响到政治议程的设置、政策方案的选择等关键环节。其次,社会问责本质上属于一种间接的影响方式,公民对治理行为的影响还要取决于问责机制本身的有效性以及行政官员的认同。在这个意义上,社会问责具有不确定性,它可能面临来自于参与深度、范围以及制度化水平等因素的重要影响。更直接的,可能受到权威体系的开放性、信息的可获得性、问责体系准入性、分权或授权的程度等一系列因素的影响。最后,社会问责更多的还是一种事后的责任控制方式。

(2)社会设计。为了使公民真正能够影响社会治理的进程,公民参与或治理就不能局限于对政策后果的评估与问责,还必须有效地拓展到政策议程的设置以及政策方案的选择等关键环节,这实际上也是"所有者"身份的重要含义。因此,能够将公民吸引到公共决策过程中来的社会设计就具有了重要的民主价值。"设计"是一种理解社会治理行为的新观念或新视角,它本质上是一种运用知识智力、分享思想、相互辩论、充满批

[①] 世界银行专家组.公共部门的社会问责:理念探讨及模式分析[M].宋涛,译.北京:中国人民大学出版社,2007:20.

判的行动和过程。而就它所涉及的要素而言,设计既是一项纯粹的智力和思想活动,也是一项充满社会和政治色彩的活动。从设计的角度来看,社会治理也是一项由不同政治和社会主体参与的,通过智力互动以建构社会问题、提供解决方案并加以落实的社会活动。

作为设计活动的社会治理,存在着四种不同的设计模式,定位于反应性的问题解决而又缺乏沟通的危机设计、倾向于技术理性但却缺乏社会价值理解的理性设计、倾向于理解沟通但却定位于问题反应的渐进设计,以及倾向于在理解沟通的基础上前瞻性的解决社会问题的社会设计。① 就社会治理需要走向民主化而言,与其他三种设计类型相比,社会设计无疑更符合民主治理的要求。"当行政管理者、专家、政治家、社会团体、顾客和因特殊议题和问题联合起来的公民之间建立起社会互动和网络,可行的方案被清楚表达的时候,社会设计过程就被创造出来。"② 因此,社会设计的重点在于参与和理解,这两者相辅相成。

作为一种民主治理的实践,社会设计具有两种基本的形式:一种表现为公民只参与到公共决策的过程中来,另一种涉及公民及其组织以合作治理的方式,参与到社会治理的全过程。对于公民而言,前者意味着公民能够对公共决策发挥实质性的影响,各种社会问题应该得到公开的反应,特别是那些弱势群体的声音和意见应该被整合进公共决策,而不同的政策方案也受到公开的批判、质疑与评估;后者则意味着"在中央与地方之间、公共部门与私人部门之间发展普遍的合作伙伴关系来实现治理"③。公民不仅通过表达、对话、协商等方式影响公共决策,还以合作伙伴的身份参与实践的治理行动。与社会问责相比,社会设计表达了一种社会建构的哲学立场,将社会治理的民主化本质上视为一种由社会理性而不由专家理性建构的活动,从而呼应了将行政权植入生活世界的民主观。

(3) 自主治理。与社会问责和社会设计相比,对于一种理想的公民

---

① [美]全钟燮.公共行政的社会建构:解释与批判[M].孙柏瑛,等译.北京:北京大学出版社,2008:66.
② [美]全钟燮.公共行政的社会建构:解释与批判[M].孙柏瑛,等译.北京:北京大学出版社,2008:75.
③ [法]让-皮埃尔·戈丹.何谓治理[M].钟震宇,译.北京:社会科学文献出版社,2010:54.

治理,自主治理这一形态给予了最强的表达。与前两者依赖于官僚制不同,自主治理高度依赖于社群或社区自我组织以达成集体行动的能力,因而它取决于对社会资本、交往行动、积极公民等核心要素的动员与整合能力。因此,自主治理本质上属于公民社会自身的治理公共事务之道。在积极的行政权时代,"社群自主治理的能力比任何特定的制度形式(如竞争性的选举)更为重要"①。然而,自主治理也存在着自身的限度,除了可能面临资源的瓶颈以外,还可能存在制度上的缺陷。作为一种基本的分析框架,奥斯特罗姆认为,自主治理面临着新制度的供给、可信承诺以及相互监督等集体行动的难题。② 当最终通过不同层次的规则设计能够成功地解决这些难题时,自主治理就无疑能够广泛地应用于小规模的、基层的公共池塘类型的事务的治理,从而将以公民为中心的治理实践推向极致。

总之,以公民为中心的治理变革体现了下述事实:随着行政国家的崛起,行政权能力的增强以及干预范围的不断扩大,人们开始普遍抱怨政府管得太宽,而官僚们也过于专制。因此,形形色色的以解构政府和官僚体制为目标的改革运动风起云涌。这些改革运动都不约而同地将矛头直接指向了官僚体制。然而,他们似乎忘记了重要的一点,那就是导致政府规模膨胀以及官僚体制扩张的土壤不在别处,正在我们自身。那些放任官僚横行的人们,不是别人,正是日益冷漠的我们;那些听凭政府膨胀的人们,不是别人,正是只求获取而不愿付出的我们。因此,正如一部著作的书名所提示的那样,真正需要改变的是政府及官僚,还是我们每个公民本身?(Reinventing Government or Reinventing Ourselves?③)

行政权的共和化命题让我们重新审视这些具有"霸权"地位的改革话语的合理性。在这个意义上,重温米塞斯的谆谆教导就具有重要意义:

---

① [美]迈克尔·麦金尼斯,文森特·奥斯特罗姆. 民主变革:从为民主而奋斗走向自主治理(上)[J]. 李梅,译. 北京行政学院学报,2001(3):95.
② [美]埃莉诺·奥斯特罗姆. 公共事物的治理之道[M]. 余逊达,等译. 上海:上海三联书店,2000:69.
③ Hindy Lauer Schachter. Reinventing Government or Reinventing Ourselves: The Role of Citizen Owners in Making a Better Government [M]. New York: State University of New York Press,1997.

"质朴的公民抱怨说,官僚是在越权。他们错了:是他们自己和他们的官员放弃了他们的主权。是他们对基本问题的无知,才使得专家凌驾一切。立法机关的所有技术和法律细节,可以也必须留给专家。但是,对于基本的社会、经济和政治政策的原则,如果共同体中的杰出公民和知识分子领袖无法形成自己的看法,民主将变得举步维艰。""民主意味着自决。如果人民过于冷淡,不想通过自己的思考,对根本性的政治和经济问题得出独立的判断,他们如何决定自己的事务呢?民主不是可以坐享其成的产品,相反,它是一座必须发奋努力日夜守护和不断争夺的宝库。"①

从根本的意义上说,自由不仅是由上天所赋予的,更是由我们自己所持守的。假如我们不能坚持,那么不自由的原因不是来自别处,恰恰是来自于我们每个人,是我们每个人的言语和行动共同创造的结果。正如霍布斯在建构"利维坦"的时候那样,如果我们不能相互尊重对方的权利和自由,那么我们要么选择极权统治的"利维坦",要么选择走向"人与人之间斗争"的无政府。"如果这样的社会不发展成无政府状态或无法管治的社会,那么在政府之下的社会组织就必须能够自我管治。这样的社会最终不仅仅依赖于法律,而且还依赖个人的自我约束。如果他们不能彼此忍让、相互尊重,或不能遵守他们自己设定的法律,他们将需要一个强大而且强制的国家来维持社会秩序。如果他们不能为共同的目标团结在一起,那么他们将需要一个干预性的政府来提供他们自己无法提供的组织。"②因此,自由不仅是一种权利,更是一种每个公民都不应放弃的义务。

---

① [奥]路德维希·冯·米塞斯.官僚体制·反资本主义的心态[M].冯克利,等译.北京:新星出版社,2007:105.
② [美]弗朗西斯·福山.信任:社会美德与创造经济繁荣[M].彭志华,译.海口:海南出版社,2001:356.

结　　语

从政治思想史的角度来看,曼斯菲尔德首先提出了行政权共和化的命题。在他看来,行政权共和化是始于马基雅维利所发现的嗜血君主式的执行官。虽然共和国的创建必须依赖于有勇有谋的霸主,但共和国事务的治理和自由的永续却是众人的志业。马基雅维利为共和国奠基而设立的过于强大且残忍的执行官,在共和国的治理过程中会削弱共和体制。因此,共和国在建国之后的政治发展史就是一个致力于驯化嗜血君主,将其反律法主义的能量纳入一种独特而灵活的宪政框架的历史。这就是行政权共和化的命题及其历史过程。然而,曼斯菲尔德的论述存在着重大的缺陷。

首先,曼斯菲尔德主要是立足于英美的政治传统和现实,在宪政主义的传统框架中得出行政权共和化的命题。在这种情况下,行政权的共和化似乎只是一种特殊的历史现象。曼斯菲尔德没有看到这一命题所包含的普遍性逻辑,因而失去了引领当代治理变革话语的主导权。行政权共和化命题的普遍性逻辑在于主权政治所具有的极权主义潜能。主权政治起源于人民主权理论,并在现实中表现为雅各宾党人的专政传统。由于民主理论的霸权性地位使之成为引领政治革命的主导性话语,并在现实中成为多数民族国家政治建构的主要形式,因此,在主权政治成为极权主义统治重要渊薮的现实中,消解主权政治建构逻辑的单中心秩序,就成为当代政治发展的主要任务之一。在此,行政权共和化命题就具有了普遍性的逻辑。

其次,曼斯菲尔德的分析没有容纳行政权在当前的重要变化,因而没有将行政权的共和化命题推向深入,从整体上呈现出是一种过时的传统理论,也就无法为当代的治理变革提供有效的理论支持。以美国为代表的宪政分权以及执行官(总统)的选举制,虽然初步实现了强大的执行官与保护个人自由的民主宪政体制之间的平衡——这是曼斯菲尔德论述的主题,但这种平衡却因为下述事实而无法持续:一是为了应付不断激增的治理需求,行政权受到管理主义集权的单一中心塑造;二是不断扩张的自由裁量权使得行政权居于社会治理的支配性地位。这两者导致宪政体制中以法律为中心的控制模式以及民主制度中的代表控制模式都不再有效。很显然,行政权与民主宪政体制的平衡不再成为可能。在此情况下,行政权的共和化命题远未结束,相反需要在新的层面获得推进。

换句话说,行政国家的出现是对传统的国家与社会关系结构的突破,它意味着保护型民主范式下国家与社会相对分离的均衡局面不再存续,行政权日益渗透到社会生活的各个领域。在这种情况下,需要在国家与社会之间以新的方式建立起新的交往和联系。也就是说,对于今天的社会治理来说,最为重要的问题在于,"当以前对私人部门和公共部门进行区分的做法受到质疑时,当曾经引导社会国家进行经济干预的主要基点都变得模糊时,我们应该依据什么游戏规则行事呢"[①]。行政权共和化命题,在本质上体现为对这一核心问题的尝试性解答。它是意欲将曼斯菲尔德的共和化命题从政治统治的层面推进到社会治理的层面,以解决由于社会型国家和干预主义的出现打破了传统的政治均衡局面,而造成的宪政秩序的"混乱问题",并进而保护公民的自由和福利。

从学术史的角度来看,在当代社会治理的层面重新发现共和化命题的,无疑首推理性选择理论家奥斯特罗姆夫妇。奥斯特罗姆夫妇在对公共池塘资源的研究过程中,通过对公共事务治理的"利维坦"模型以及"私有化"模型的解构,重新发现了美国联邦党人所创立"复合共和制"理论,并提出了"以共和制补救共和病"的主张,因而将共和理论推进到社会治理的层面。但他们对于共和化命题的重新阐述,却选择了单一的结构——规则性视角,并将研究的重心放在了规则的重新设计之上,而忽视了当代社会治理中积极能动性的发挥。从社会治理的角度来看,治理规则的重新设计并不能解释共和化命题的全部内涵,存在着重大的缺陷和不足。而这种局限性只能通过积极能动的权力视角来弥补,规则的本质只有在

[①] [法]让-皮埃尔·戈丹.何谓治理[M].钟震宇,译.北京:社会科学文献出版社,2010:7.

重新理解权力的意义上才能得到准确而深刻的认识。正是在这个意义上,当代治理的共和化命题需要通过行政权共和化获得新的推进。同时,以经济理论为基础的复合共和制设计,多少也具有经济理性主义的化约倾向。

综合来看,在当代的政治—经济框架中,行政权重新共和化的逻辑体现在下述三种因素之中:首先是人民主权政治的极权主义潜能;其次是保护型民主范式的式微;再次是管理主义单向度的经济理性扩张。这三种政治体制和形式都无法为现实的社会治理提供充分而有效的设计,最终自由与民主国家的社会治理不得不向共和主义靠拢。出于对社会正义以及公共利益的追求,在各种管理主义或极权主义塑造下的单一中心的行政权,不得不转而寻求共和传统中的多元共治以及公民品德的支持。

这一共和化的过程表明,行政权的设计既不能完全依赖于统一的官僚体系,简单地将之化约为官僚统治,更不能完全地将行政权契约化,走向管理主义和市场体系。行政权的设计需要考虑到治理的实践需求,那就是既要能够有效地解决社会问题,又要能够积极地回应社会价值。在这种情况下,虽然官僚制和市场力量仍然是社会治理的重要基础,但以公共精神和公共伦理重建理性官僚制的正当性,以公民参与和公民共和行政重建公共领域的治理权能,就更能够体现行政权共和化设计的应有之义。这实际上就是行政权的共和化命题在当代社会治理变革中所具有的内在逻辑,也是其在新的层面得到更深推进的主要内容(见图6—1)。

换句话说,行政权共和化的命题,本质上起源于对下述问题的思考,即在当代社会治理领域中,伴随着行政国家的崛起以及自由裁量权扩张的是,大量的规范性危机和功能性混乱。一方面,行政国家与自由裁量冲击了传统的宪政秩序和民主范式,导致了规范性的危机或合法性的危机;另一方面,官僚制的垄断供给以及有效回应性的缺乏,也降低了公共服务的效率和效能问题,导致了治理面临高昂的成本。正是出于对上述问题的尝试性解答,行政权共和化的要义就在于说明一个积极的行政权如何既能够与宪政价值以及公民权利相容,又能解决资源约束下的效率危机,也就是积极的行政权如何能够有效地致力于促进和实现公民的自由和福利,以实现社会正义和公共利益。

行政权的共和化,实际上是取向于善治的。就其最理想的状态来说,行政权的共和化设计,不仅要在规范性的层面为积极的行政权提供正当性的证明,使之能够与公民权利相容,而且还要在功能性的层面优化行政权的运用,使之能够更有效地服务于公民的自由和福利。这样一种理想状态,必须依靠一种对现实的复杂性有着深刻理解,从而包含多重维度的制度结构才能实现。行政权的共和化设计所具有的不同维度,实际上表达了下述观点,即"一个自由的世界,靠的是更为复杂的人类社会制度安排的结构"①,没有任何一种单一的制度安排能够保证我们的自由。

对于后发国家来说,行政权的共和化命题也具有重要的启发性价值。后发国家的现代化进程首先面临的往往是民族解放和主权独立的革命性要求。在民族革命的政治动员过程中,建立在民族主义基础之上的人民主权理论无疑具有极高的政治正确性并因而主导着民族国家的革命和政治创建的现实,成为解读和诠释民族革命史与政治发展史的主导性模式和话语,具有极高的合法性。在这种情况下,革命的逻辑和创建的逻辑往往替代了民族国家的政治建设和社会治理的逻辑,表现在现实中就是:一方面混淆了统治与治理之间的巨大差异,将施政与执政等同,从而视施政的问题和困境为执政的合法性危机,并因此采取过度政治化的解决方案。这种过度政治化的倾向在现实中往往会导致在社会治理或施政的层面,形成以意识形态和政治正确评估施政体制和治理机制的习惯性思维,并以此为依据建立社会治理的体制和方式,忽略了施政体制和治理机制本身应具有有效性和公共性的特质,最终导致社会治理与现实需求相脱节,产生大量的治理危机。而这种丛生的治理危机又催生了合法性忧虑,并最终又诉诸过度政治化的解决方案,由此形成"累积性的恶性循环"。

另一方面,革命式的政治动员仍然成为现实社会治理的重要手段,运动式治理成为社会治理的重要形式,导致无法建立起社会治理有效的常态性机制。日常的社会治理既无法有效地解决社会问题,也不能积极回应社会需求,在社会矛盾高度集聚的状态下,最终只有通过启动自上而下的命令—动员机制获得一时宣泄性的解决。这种高度组织化和运动式的解决方式,面对来自上层政治系统与社会系统的双重压力,往往不得不诉

---

① [美]文森特·奥斯特罗姆.隐性帝国主义、掠夺性国家与自主治理[A]//[美]迈克尔·麦金尼斯.多中心治道与发展[C].毛寿龙,译.上海:上海三联书店,2000:227.

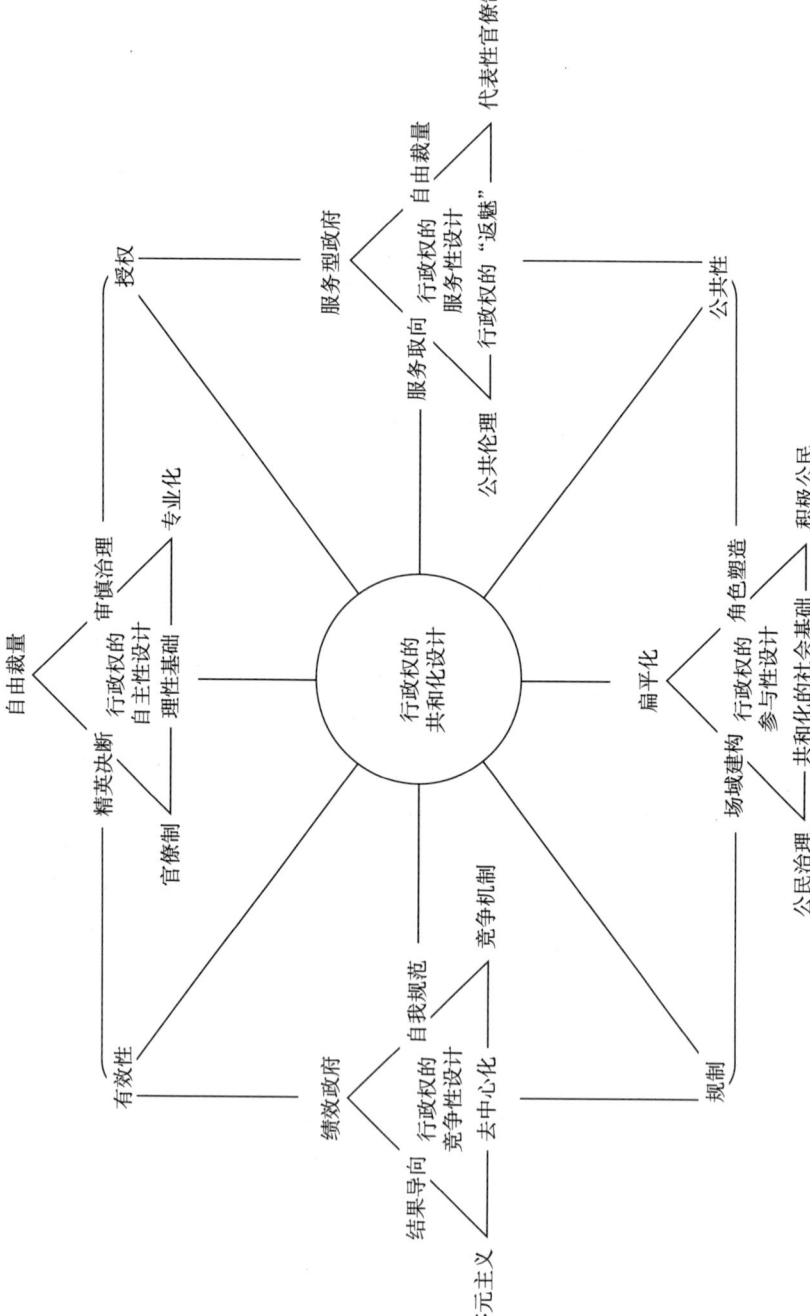

图 6-1 行政共和化设计的总体框架

诸即时性的效果,在迅速的解决过程中不但会遗留大量的社会问题,也会造成新的社会矛盾和问题。在运动式的治理取得即时性效果之后,社会压力和政治压力往往会得到一些缓解。而一旦社会压力和政治压力得到缓解,自上而下的命令—动员机制就会解除,社会治理重新陷入僵化的常态化机制,失去有效的回应和治理能力。在这种情况下,社会问题的解决只能重新等待矛盾的高度集聚形成强大的社会压力和政治压力,在这种压力的推动下再次启动高度组织化的命令—动员机制,然后诉诸疾风骤雨式的解决。

因此,对于后发国家而言,将社会治理与政治统治进行有效的区分,并在社会治理层面落实施政机制,建立起具有有效的治理能力和回应能力的常态化社会治理机制,就有着重要的意义。在此,行政权的共和化命题无疑具有重要的启发性价值。当然,由于涉及不同的政治制度、社会背景与历史方位,行政权共和化命题的价值还应受到更为深入而细致的探讨,而这一命题所涉及的具体路径也就更应该考虑到这种体制和背景上的巨大差异。只不过这些已经远远超出了本书的研究目的和研究范围,在某种程度上为本书的后续研究指明了重要的方向。

参 考 文 献

一、中文部分

（一）著作

1. 共产党宣言（单行本）[M].北京:人民出版社,1997.
2. 亚里士多德.政治学[M].吴寿彭,译.北京:商务印书馆,1965.
3. [古罗马]西塞罗.论共和国 论法律[M].王焕生,译.北京:中国政法大学出版社,1997.
4. [澳]菲利普·佩迪特.共和主义:一种关于自由与政府的理论[M].刘训练,译.南京:江苏人民出版社,2009.
5. [澳]欧文·E. 休斯.公共管理导论[M].第3版.张成福,等译.北京:中国人民大学出版社,2007.
6. [德]哈贝马斯.交往与社会进化[M].张博树,译.重庆:重庆出版社,1989.
7. [德]哈贝马斯.在事实与规范之间:关于法律和民主法治国的商谈理论[M].童世骏,译.北京:生活·读书·新知三联书店,2003.
8. [德]哈贝马斯.交往行为理论[M].曹卫东,译.上海:上海人民出版社,2004.
9. [德]马克斯·韦伯.新教伦理与资本主义精神[M].于晓,等译.北京:生活·读书·新知三联书店,1987.
10. [德]马克斯·韦伯.经济与社会[M].林荣远,译.北京:商务印书馆,1997.
11. [法]米歇尔·克罗齐,[美]塞缪尔·P. 亨廷顿,[日]绵贯让治.民主的危机[M].马殿军,等译.北京:求实出版社,1989.
12. [法]皮埃尔·卡蓝默.破碎的民主:试论治理的革命[M].高凌瀚,译.北京:生活·读书·新知三联书店,2005.
13. [美]查尔斯·J. 福克斯,休·T. 米勒.后现代公共行政:话语指向[M].楚艳红,等译.北京:中国人民大学出版社,2002.
14. [美]古德诺.政治与行政[M].王元,杨百朋,译.北京:华夏出版社,1987.

15. [美]哈维·C. 曼斯菲尔德.驯化君主[M].冯克利,译.南京:译林出版社,2005.

16. [美]汉娜·阿伦特.论革命[M].陈周旺,译.南京:译林出版社,2007.

17. [美]汉娜·阿伦特.人的境况[M].王寅丽,译.上海:上海人民出版社,2009.

18. [美]汉密尔顿,杰伊,麦迪逊.联邦党人文集[M].程逢如,等译.北京:商务印书馆,1980.

19. [美]理查德·J. 斯蒂尔曼二世.公共行政学:概念与案例[M].第 7 版.竺乾威,等译.北京:中国人民大学出版社,2004.

20. [美]罗伯特·达尔.多元主义民主的困境[M].周军华,译.长春:吉林人民出版社,2006.

21. [美]罗伯特·丹哈特.公共组织理论[M].项龙,刘俊生,译.北京:华夏出版社,2002.

22. [美]迈克尔·桑德尔.民主的不满[M].曾纪茂,译.南京:江苏人民出版社,2008.

23. [美]乔治·弗雷德里克森.公共行政的精神[M].张成福,等译.北京:中国人民大学出版社,2003.

24. [美]斯蒂芬·L. 埃尔金,等.新宪政论:为美好的社会设计政治制度[M].周叶谦,译.北京:生活·读书·新知三联书店,1997.

25. [美]文森特·奥斯特罗姆.复合共和制的政治理论[M].毛寿龙,译.上海:上海三联书店,1999.

26. [英]戴维·赫尔德.民主的模式[M].燕继荣,等译.北京:中央编译出版社,2004.

27. [英]哈耶克.个人主义与经济秩序[M].邓正来,译.北京:生活·读书·新知三联书店,2003.

28. [英]霍布斯.利维坦[M].黎思复,黎廷弼,译.北京:商务印书馆,1985.

29. 孔繁斌.公共性的再生产[M].南京:江苏人民出版社,2008.

30. 俞可平.治理与善治[M].北京:社会科学文献出版社,2000.

31. 张凤阳,等.政治哲学关键词[M].南京:江苏人民出版社,2006.

(二)论文

1. Julie Dolan, David H. Rosenbloom.代表性官僚制[J].胡辉华,译.公共行政评论,2008(3).

2. [美]迈克尔·麦金尼斯,文森特·奥斯特罗姆.民主变革:从为民主而奋斗走向自主治理(上)[J].李梅,译.北京行政学院学报,2001(3).

3. 孔繁斌.社会治理的多中心场域构建:基于共和主义的一项理论解释[J].湘潭大学学报(哲学社会科学版),2009(2).

4. 张凤阳.共和传统的历史叙事[J].中国社会科学,2008(4).

二、外文部分

（一）著作

1. Al Gore. From Red Tape to Results: Creating a Government that Works Better and Costs Less[M]. Washington D.C.: NPR Report, 1993.

2. Dwight Waldo.The Administrative State [M]. 2nd ed. New York: Holmes and Meier, 1984.

3. Gary L. Wamsley, et al. Refounding Public Administration[M]. Thousand Oaks, CA: Sage, 1990.

4. Hannah Arend. On Violence [M]. New York: Harcourt, Brace and World, 1970.

5. Mark H. Moore.Creating Public Value: Strategic Management in Government [M]. Cambridge, MA: Harvard University Press, 1995.

6. Samuel Krislov. Representative Bureaucracy[M]. Englewood Cliffs: Prentice Hall, 1974.

7. Theordore J. Lowi.The End of Liberalism[M]. New York: Norton & Company, 1969.

（二）论文

1. Dwight Waldo.Development of Theory of Democratic Administration[J]. The American Political Science Review, 1952,46(1):81-103.

2. Jan Kooiman, et al.Interactive Governance and Governability: An Introduction [J]. The Journal of Trans-disciplinary Environment Studies, 2008,7(1):2-11.

3. Mark Seidenfeld.A Civic Republican Justification for the Bureaucratic State[J]. Harvard Law Review, 1992,105(7):1511-1576.

4. Norton E. Long.Power and Administration[J]. Public Administration Review, 1949,9(4).

5. Robert A. Dahl.The Science of Public Administration: Three Problems[J]. Public Administration Review, 1947,7(1):2.

6.Woodrow Wilson.The Study of Administration[J]. Political Science Quarterly, 1887,2(2):197-222.

后　　记

　　记得曾在一篇文献中看到这样一个故事,说的是近代福州有位秀才,认为中西文化的一个重要差异就在于是重"男女之防"还是重"公私之辨":"予意以为东西俗尚所判,即在于国人最重男女礼节之防,而无公私之分,反熟视若无睹。西人则反之。"①这个故事中的观点很是值得玩味。诸如"饿死事小,失节事大"之类的古训,倒真的体现了中国传统文化中男女之防的严重性。另一方面,虽然传统文化中一直不乏"公"的思想,但却始终不能建制化,不能在社会结构以及社会制度中对公和私作出严格的界定。传统中国一直就不存在所谓的"公域"与"私域"之分,而国家权力虽名为"天下之公器",但实际上也一直掌握在一姓之手。在"家天下"的社会结构和制度安排下,无所谓公也无所谓私。因为公就是私,而私也就是公。在这种情况下,以家庭伦理建构社会伦理,男女关系自然就成了最大的忌讳。但是,如果"公域"和"私域"的分化代表着社会进步与发展的必然趋势的话,那么中国传统文化和传统社会之不成熟就可以此而窥见一斑。

　　自中国现代化进程启动至今,对男女关系严防死守的现象已有较大改观,但公私之间的区分仍然不能令人满意。市场经济的发展虽然使当代中国初步具备了私人领域的结构雏形,但公共领域的建设却一直落后于私人领域的发展。就私人领域总是与公共领域相对这一点而言,如果没有公共领域的建制,则私人领域的发展也不容乐观。从这个意义上而言,在国家体制内拓展公共性就甚为重要。特别是在社会转型之际,伦理失范,人心浮动,正应该通过制度化的公共性建设,既推动

---

① 陈弱水. 中国历史上"公"的观念及其现代变形[A]//许纪霖. 公共性与公民观[C]. 南京:江苏人民出版社,2006:4.

社会成功转型,也推动中国的政治文化走向成熟。而公共性建设的核心莫过于国家权力的公共性,真正使之名实相符。如果说民主政治的建设,即是一个将权力的获取"化私为公"并使之合法化的过程,那么行政权的共和化,就是一个将权力的运作也"化私为公"并使之具有正当性的过程。因此,在当代中国社会,拓展国家体制的公共性,在根本上就离不开政治的民主化以及行政权的共和化这个双重进程。

很高兴自己辛苦大半年的成果终于面世了,但更重要的还是要感谢曾经给予我无私帮助的老师、同事、朋友还有家人。首先,要感谢我的导师庞绍堂教授。在读博和论文写作期间,庞老师的渊博知识增广了我的见闻,开拓了我的学术视野,并且庞老师一直对我关怀备至,给予我很多的鼓舞和激励。其次,要感谢我在硕士阶段的导师孔繁斌教授,他一直关心和引导着我的成长,给予我很多指点,对我启发良多。再次,还要感谢童星教授、严强教授、张凤阳教授、林闽钢教授等。另外,还要感谢在书中参考引用的文献的作者们,以及很多应该值得感谢的老师与同学。

写作的过程固然困难,出版的过程也并非易事。对于本书的出版,首先,应当感谢的是南京师范大学公共管理学院的院长赵晖教授。2013年,我正式加入南京师范大学公共管理学院。甫一报到,赵院长就将我的博士论文列入该年度的丛书出版计划,这种提携与关照之情真是令我备受感动。其次,应当感谢南京师范大学出版社副总编辑林荣芹以及其他编校人员。在这个夏天令人难耐的高温酷暑中,他们仔细地校对文稿、设计版面。没有他们的辛勤劳动,本书也无法顺利付梓。

最后需要感谢的是我的家人。想当年考博之际,小女康琳刚刚出生,嗷嗷待哺。如今论文将要出版时,她已经是一个健康、活泼、惹人怜爱的小女孩,也已踏上人生的求学之路。可以说,伴随着我学术生涯的,将会是她一路茁壮地成长。当然,在这些年中,我的妻子与岳母更是付出了太多。为了使我能够心无旁骛地学习和工作,她们承担起了全部的家务劳动。如果没有她们无私的支持与鼓励,读书、写作真是不敢想象的事情。这本书应当是献给她们的。

王家峰

2015 年 8 月 3 日